말씀과 기도가 있는 구역 만들기 8

하나님과 함께하는 사람들

| 정명철 지음 |

쿰란출판사

머리말

하나님께서는 우리가 사는 세상에 찾아오셔서 우리의 죄를 사해주시고 영생을 약속해주셨습니다. 이것이 복음입니다. 영원히 죽을 수밖에 없었는데 영원히 살 수 있는 길을 주신 것이 복음입니다. 복음을 받은 사람들은 미래가 불확실하여도 담대하게 살아갑니다. 행복하게 살아갑니다.

올해는 국가적으로 어려운 일들이 많습니다. 이러한 때에 이 책이 성도들에게 위로가 되고 희망이 되기를 바랍니다. 성경에 나오는 이야기는 하나님의 이야기인 동시에 사람들에 대한 이야기입니다. 사람들이 하나님의 말씀에 대하여 사람들이 어떻게 믿고 순종했는가의 이야기이며 혹은 불신앙으로 불순종한 이야기입니다.

하나님께서는 사람을 사랑하시고 관심을 가지고 계십니다. 사람들은 하나님의 말씀대로 살아가면 행복합니다. 말씀이 우리의 인생길을 인도하십니다. 말씀이 우리를 변화시켜 새로운 인생을 살게 합니다. 말씀과 함께 살아가면 절망에서 희망으로, 어둠에서 빛으로, 불안에서 평안으로 변화된 삶을 살 수 있습니다.

그런 의미에서 여덟 번째 책의 제목을 《하나님과 함께하는 사람들》로 정하였습니다. 우리 성도들이 이 책을 통해 매 주일 가정이 함께 모여 예배를 드리면 가정이 행복해질 것입니다. 구역에서 함께 예배를 드리면 구역이 행복해질 것입니다.

제8권 《하나님과 함께하는 사람들》이 출판될 수 있도록 허락하신 하나님께 감사와 영광을 돌립니다. 이 책이 출판될 수 있도록 힘써 주신 쿰란출판사와 도림교회에서 하나님과 함께 행복한 신앙생활을 위하여 헌신하고 섬기는 모든 성도들에게 이 책을 바칩니다.

2016년 12월

정명철 목사

차 례

1

나는 행복한 사람입니다

- 본 문: 신명기 33장 29절
- 찬 송: 204장(주의 말씀 듣고서, 통 379장)
- 요 절: 이스라엘이여 너는 행복한 사람이로다 여호와의 구원을 너같이 얻은 백성이 누구냐 그는 너를 돕는 방패시요 네 영광의 칼이시로다 네 대적이 네게 복종하리니 네가 그들의 높은 곳을 밟으리로다(신 33:29)

미국의 하버드대학교 숀 아처(Shawn achor) 교수가 강의한 '행복의 특권'이란 강의가 10년 동안 연속 하버드대 인기강의 1위였습니다. 전 세계 260만 명이 열광하는 Ted 인기 강의였습니다. Ted란 미국의 비영리재단으로 빌 게이츠, 앨 고어 같은 저명인사들로부터 이름 모르는 소년에 이르기까지 다양한 사람들이 나와 강의하는 유명한 프로그램입니다. 숀 아처 교수는 하버드에서 강의하면서 1,600명의 학생과 전 세계 2만5천 명의 비즈니스맨을 대상으로 12년 동안 프로젝트를 진행했습니다.

우리나라에도 《행복의 특권》이란 책이 출판되어 베스트셀러가 되었습니다. 숀 아처는 "행복한 사람이 똑똑한 사람보다 더 나은 성적, 좋은 직장, 높은 성과를 거둔다"라고 말합니다. 하버드대학에 들어가면 행복합니까? 그러면 왜 그렇게 많은 학생들이 열광하며 이 강의를 듣겠습니까? '지금 행복하지 못하다. 나는 행복해지고 싶다'

는 것입니다. 사람들은 행복해지고 싶어 합니다. 그런데 행복의 비결을 잘 모르고 무작정 행복해지려고 합니다.

1. 행복이란 무엇입니까?

국어사전에 행복이란 '생활에서 충분한 만족과 기쁨을 느끼어 흐뭇함, 또는 그러한 상태'라고 나옵니다. 생활에서 무엇을 가지면 만족할 수가 있습니까? '돈이 있으면 행복하겠다, 사업이 잘되었으면 행복하겠다, 결혼하면 행복하겠다' 등등 각 사람이 꿈꾸는 것들이 있습니다. 그런데 그 조건이 우리를 행복하게 만드는 것이 아닙니다. 결혼하면 행복하리라 생각했는데 결혼하고 나서 보니 결혼이 지옥 같은 사람도 있습니다. 돈을 많이 벌었으면 행복하겠다고 생각했는데 돈을 너무 많이 벌어 돈 때문에 가족과 원수가 되고, 친구를 만나 따뜻한 대화를 나눌 시간도 없고, 매일 사업을 위해 잠도 자지 못하고 뛰어다니는 사람도 있습니다. 돈이나 명예나 권력을 중요하게 생각하는 사람은 행복이 없습니다. 이러한 것들은 목마른 사람과 같이 항상 더 많은 것을 요구하기 때문입니다.

무엇을 소유해서 행복해지는 것은 잠깐뿐입니다. 1등을 해서 행복한 사람은 2등을 하는 순간 좌절에 빠집니다. 뉴스를 보니 한 여고생이 성적비관을 이유로 자살을 했습니다. '얼마나 공부를 못해서 그런가?' 했더니 3등을 했다고 합니다. 1등만 하다가 3등을 하고는 견디지 못한 것입니다. 3등이 얼마나 대단합니까? 30등 하기도 쉬운 일이 아닙니다. 고등학교 시절에 친구와 "누가 꼴찌하나?" 하고 내기를 했습니다. 저는 순진해서 그 내기를 믿고 아는 답을 다 거꾸로 적고 문제도 읽지 않고 답을 적었습니다. 그래서 꼴찌에서 두 번째를 했습니다. 교장실까지 가서 혼이 났습니다. 그런데 놀라운 사실은 저보다 더 못한 사람도 있다는 것입니다. 꼴찌 하는 것도 쉬운 일이 아닙니다. 꼴찌하다가도 1등 할 수 있고 1등 하다가도 3등 할 수 있는데 그것을 못 참는 사람들이 참 많습니다.

성경에는 그런 이야기가 수도 없이 나옵니다. 이집트의 왕자로 늘 1등을 했던 모세는 꼴찌가 되었습니다. 사형을 당하지 않기 위해 광야로 도망치는 신세가 되었습니다. 그런데 하나님께서는 다시 모세를 이스라엘의 지도자로, 1등으로 만들어주십니다. 요셉은 아버지 야곱의 가장 사랑받는 아들이었는데 하루아침에 노예가 되고 감옥에 갇히는 신세가 됩니다. 그런데 다시 이집트의 총리가 되어 유대인들을 구하는 1등 공신이 됩니다. 야곱의 이야기도 그렇고 다윗의 이야기도 그렇습니다. 엘리야의 이야기, 사무엘의 이야기, 사도 바울과 베드로의 이야기 모두가 같은 이야기입니다.

세상의 조건은 하나님께서 언제든지 바꾸어주시는 것입니다. 행복이 세상의 조건에 달려있는 것이 아니라 하나님의 손에 달려있는 것입니다. 숀 아처 교수는 "성공해서 행복한 것이 아니라 행복해서 성공한다"라고 주장합니다. 맞는 말입니다. 사람들은 내가 원하는 것을 손에 넣으면 행복해지리라 생각을 합니다. 구멍가게를 하여 성공했는데 그 다음에는 슈퍼마켓을 하려고 하고, 작은 사업을 해서 성공하고 나서는 중소기업이 되고 그리고 그 다음에는 점점 더 커지려고 발버둥을 칩니다. 조건이 우리를 행복하게 하는 것이 아닙니다. 숀 아처 교수는 결론적으로 "행복한 사람이 행복의 특권을 누릴 수 있다"라고 했습니다. 구글, 코카콜라, IBM 같은 세계적인 회사들이 이 이론을 도입하여 회사경영에 효과를 거두었습니다.

그런데 성경은 이미 수천 년 전에 이 사실을 우리에게 말씀해주셨습니다. "너는 행복한 사람이다. 너 같은 복을 얻은 자가 또 어디 있느냐?"라고 말씀하셨습니다. 우리 교회는 하나님의 말씀을 따라 행복한 사람이 되기를 꿈꿉니다. 직원들이 행복해지면 우리가 함께 행복해집니다. 직원들의 불행을 통해 우리가 행복해지려고 해서는 안 됩니다. 직원들에게 더 좋은 집을 주고 더 행복한 조건에서 기쁨으로 일하게 하려고 합니다. 그런데 갑을의 관계로 생각하는 것에 익숙해진 사람들은 더 안 주려고 합니다. 억지로 일하는 것은 서로를 행복하게 만들지 못합니다. 힘으로 만드는 행복은 다른 한쪽이 불행한 것입니다.

우리 교회는 성도들이 함께 행복해지는 교회를 꿈꾸며 기도합니다. 성도들이 행복하면 주의 종이 행복하고, 함께 행복하면 하나님께서도 행복해 하십니다. 모두가 행복해집니다. 오늘의 기업이 왜 불행한 사람들이 생깁니까? 다른 사람의 불행을 통하여 내가 행복해지려고 하기 때문에 사실은 함께 불행해지는 것입니다. 우리 교회는 늘 "행복한 사람이 됩시다" 하고 인사를 합니다. 이 인사는 중요한 의미를 담고 있습니다. 하나님과 동행하면 행복하기 때문에 하나님과 동행하는 사람이 되자는 것입니다. 하나님께서는 우리를 행복한 사람으로 만들어주셨습니다. 행복한 사람이 되는 비결을 수없이 말씀해 주셨습니다.

그 비결이 성경에 기록되어 있습니다. 성경에 행복하게 된 사람들은 성경의 길을 따라간 사람들입니다. 우리는 다윗보다도, 사도 바울보다도 더 행복한 사람들입니다. 그분들이 갖지 못한 하나님의 말씀을, 성경 66권을 우리는 갖고 있기 때문입니다. 하나님의 음성을 세밀하게 들을 수 있기 때문입니다. 그분들은 시편도 없었고, 예레미야서도 없었고, 고린도서도, 에베소서도 본 적이 없습니다. 그래서 우리는 하나님의 말씀을 가지고 살아가는 행복한 사람들입니다. 우리가 이 성경의 길을 따라가기만 하면 우리는 행복한 사람이 되는 줄로 믿습니다.

2. 행복한 관계를 만들어나가는 한 해가 되십시오.

세상의 관계는 참 우리를 고통스럽게 하는 것이 많습니다. 갑을의 관계가 사회적인 이슈가 되고 있습니다. 갑을의 관계는 한쪽이 행복하려고 하면 다른 쪽이 불행해지는 서로간의 관계를 갖고 있기 때문입니다. 착취가 있으면 한쪽에는 궁핍이 있습니다. 권력을 잡은 자가 있으면 굴복하는 자가 생깁니다. 그러면 행복하지 않습니다. 우리 인생은 아름다운 사람이 함께 있으면 행복합니다. 그래서 하나님께서는 천국의 모형으로 두 가지를 주셨는데 그것은 가정과 교회입니다.

하나님께서 우리를 행복하게 만드시려고 우리와 함께 평생을 살아갈 사람들을 선물로 주셨습니다. 천국에서도 함께 살 것입니다. 그러므로 성도들은 서로 얼마나 귀한 존재인지 모릅니다. 우리 교회에 수많은 사람들을 주신 것은 함께 동행하라고 주신 것입니다. 여러분이 힘든 일이 있을 때 함께 기도해주는 사람들이 모여 있는 곳이 교회입니다. 그래서 교회는 천국의 모형입니다. 교회는 서로가 있어 함께 행복해지는 곳입니다. 서로를 위해 기도해주는 곳입니다. 이 교회에서 우리는 함께 행복해야 합니다.

사탄 마귀는 교회에서 행복하지 못하게 하려고 애를 씁니다. 교회에서 행복하지 못한 이유가 무엇입니까? 미움 때문입니다. 시기 때문입니다. 서로 속닥속닥 나쁜 말을 하고 험담하는 말을 하고 은혜가 안 되는 말을 하고…… 왜 그런 말을 한다고 생각하십니까? 정의로워서 그렇습니까? 진리를 전파하는 것입니까? 아닙니다. 마귀에게 속아서 그런 것입니다. 하나님의 말씀을 그렇게 듣고도 하나님의 말씀을 경외하고 두렵게 여기지 아니하고 왜 자꾸 나쁜 말을 합니까? 속아서 그런 것입니다. 나쁜 말을 들으면 믿음의 사람도 믿음이 흔들립니다. 사람은 그런 존재입니다. 다윗도 흔들리고 아브라함도 흔들리는 것입니다. 그래서 성도들은 나쁜 소리는 입에서 끊어버리고 축복의 이야기, 행복한 이야기를 말해야 하는 것입니다.

시험 드는 교인들은 공통점이 있는데 항상 속닥거리는 것을 좋아합니다. 나쁜 이야기 험담하는 이야기 하는 것을 좋아합니다. 나는 새해에는 "내 입에서 복된 말만 하리라", "내 입에서 나오는 말로 서로에게 행복하게 해주리라" 하고 작정하고 사셔야 합니다. "얼굴이 참 좋습니다." "목소리가 진실해 보이네요." "날씬해지셨어요." "다이어트 하셨어요?" 이렇게 이야기하면 얼마나 좋습니까? 그런데 "어디 아펴?" "얼굴이 왜 그래?" "집에 무슨 일 있어?" 그러면 듣는 사람이 다이어트를 하고, 건강해도 괜히 불편해지는 것입니다. 올해는 복된 말만 하시기 바랍니다. 그러면 서로가 좋은 관계, 행복한 관계가 됩니다. 우리 교회 성도들은 서로 만나면 행복해지는 관계를 만들어 나가는 한 해가 되시기를 바랍니다.

그 다음 천국의 모형이 가정입니다. 우리는 가정을 천국처럼 만들어야 합니다. 동물들은 가족끼리도 먹을 것이 있으면 싸웁니다. 동물의 왕국을 보면 새들이 알을 낳는데 끔찍한 광경을 보았습니다. 어미가 두 개의 알을 낳았습니다. 그런데 한 마리가 조금 먼저 부화를 합니다. 그랬더니 힘이 약한 새를 어미가 없는 틈을 타서 있는 힘을 다해 밀어 붙이는 것입니다. 새둥지가 있는 바로 밑에는 악어들이 새가 떨어지기를 기다리고 모여 있습니다. 이미 악어들이 다 알고 있습니다. '위에서 싸우는구나, 한 마리가 떨어지겠구나.' 그래서 악어들이 서로 자리다툼을 합니다. 눈도 못 뜬, 털도 안 난 새빨간 새끼가 있는 힘을 다해 상대방을 밀어 결국은 아래로 떨어트립니다. 떨어지는 즉시 악어가 받아먹습니다.

그것을 보면서 '사탄이 바로 저렇구나, 지금 성도들 마음속에 미움과 시기를 집어넣어놓고 저렇게 떨어지기를 기다리고 있구나' 하는 생각을 했습니다. 뻐꾸기도 작은 새의 둥지에 알을 낳습니다. 이것을 '탁란'이라고 합니다. 그러면 뻐꾸기 새끼는 둥지에서 부화하자마자 눈도 못 뜬 것이 다른 알을 밀어 떨어트립니다. 그리고 혼자서 먹이를 다 먹고 자랍니다. 자기만 살겠다는 것입니다. 본능이 그렇습니다. 그런데 가족은 그렇지 않습니다. 먹을 것이 적어도 함께 고생을 합니다. 우리나라가 가난하던 시절 먹을 것이 늘 부족할 때에 부모님은 늘 자녀에게 먹을 것을 주고 나는 부엌에서 많이 먹었다고 합니다. 이것이 가족입니다. 서로를 위하여 희생하는 것입니다.

자녀는 부모를 위하여 희생하고 부모는 자녀를 위해 희생하는 이것이 천국의 모형입니다. 가정에서 아내의 거칠어진 손마디를 보며 눈물이 날 때 그 가정은 행복한 가정입니다. 남편의 희어지는 머리카락을 보며 구부러지는 어깨를 볼 때 눈물이 나면 그 가정은 행복한 가정입니다. '나 때문에 저렇게 되었구나' 생각하니 가슴이 아픈 것입니다. 부부간에 행복하면 이 세상이 힘들어도 견딜 수 있습니다. 부부간에 행복하면 결국은 행복한 인생이 됩니다. 그러면 "남편과 아내가 없는 나는 어떻게 하라고……" 이렇게 부정적으로 생각하지 마시기 바랍니다.

3. 하나님과 동행하면 행복합니다.

남편이 없어도 아내가 없어도, 자식이 없어도, 병에 들었어도, 돈이 없어도 하나님과 동행하면 행복한 사람이 됩니다. 성경에 나오는 행복의 원어는 '아사르'입니다. '하나님이 우리와 함께하신다'는 뜻입니다. 복이란 하나님께서 나와 함께하시면 저절로 오는 것입니다. 하나님이 함께하시면 사탄이 떠나갑니다. 악한 것이 물러갑니다. 천사가 수종을 듭니다. 그러니 행복하게 되는 것입니다.

구약에서 복에 대한 대표적인 구절이 시편 23편입니다. "여호와는 나의 목자시니 내게 부족함이 없으리로다"라고 고백합니다. 여호와께서 나와 함께하시는 것이 복이라는 말씀입니다. 신명기 28장에 성읍에서도 복을 받고 들에서도 복을 받고, 네 몸의 자녀, 네 토지의 소산과 짐승의 새끼와 네 광주리와 떡 반죽 그릇까지도 복을 받고 나와도 복을 받고 들어와도 복을 받는 것은 하나님과 함께할 때 저절로 주어지는 약속의 복입니다. 신약에서 예수님께서 마태복음 5장에 말씀하신 팔복도 다른 것이 아닙니다. 심령이 가난한 자, 애통하는 자, 온유한 자, 의에 주리고 목마른 자, 긍휼히 여기는 자, 마음이 청결한 자, 화평케 하는 자, 의를 위하여 핍박을 받은 자 이 모든 것은 하나님과 함께할 때에 이루어지는 것입니다.

오늘 말씀에도 너는 이미 행복한 사람이라고 하십니다. 너같이 얻은 백성이 또 어디 있느냐 말씀하십니다. 이 말씀이 믿어지십니까? 하나님께서는 여러분을 행복한 집으로 초대하셨고, 행복한 길로 가는 말씀을 주십니다. 그러므로 이 길을 따라가면 행복한 인생이 되는 것입니다. 세상에는 수없이 많은 소리가 있습니다. 달콤한 것 같지만 우리를 넘어뜨리고 망하게 하는 소리도 많습니다. 아름다워 보이지만 더러운 소리도 많습니다. 우리는 하나님의 음성을 잘 들을 줄 알아야 합니다. 양은 목자의 음성을 안다고 했습니다. 다른 소리를 들으면 안 됩니다. 목자의 음성을 듣고 따라가면 연약한 심령을 강하게 해주십니다.

찬바람이 불던 가정도 말씀을 따라 살려고 애써 보세요. 화목한 가정으로 변화가 됩니다. 사람들 때문에 힘들어 하셨습니까? 복된 사람들을 만나게 해주십니다. 그래서 여러분의 심령이 천국이 되도록 도와주십니다. 환경도 바꾸어주십니다. "한 해 동안 주님의 음성을 듣고 따라가겠습니다" 고백하고 순종하면 여러분을 행복한 사람으로 만들어주실 것입니다. 한 해 동안 모두 더 행복한 성도들이 되십시다.

적 용

ⓐ 오늘 말씀의 주제 파악하기

ⓑ 오늘 말씀 중 은혜 받은 부분 나누기

ⓒ 삶에 구체적으로 적용하기

함께 드리는 기도제목

1. 성경의 길을 따라 한 해 동안 행복의 길을 가게 하옵소서.
2. 공동체 안에서 행복한 관계를 만들어가는 한 해가 되게 하옵소서.
3. 한 해 동안 하나님과 동행하게 하옵소서.

2

너희와 항상 함께 있으리라

• 본 문: 마태복음 28장 18–20절
• 찬 송: 508장(우리가 지금은 나그네 되어도, 통 270장)
• 요 절: 내가 너희에게 분부한 모든 것을 가르쳐 지키게 하라 볼지어다 내 가 세상 끝날까지 너희와 항상 함께 있으리라 하시니라 (마 28:20)

예수님의 3대 사역 중 첫 번째가 복음전파입니다. 교회의 다섯 가지 지표 중의 하나도 복음전파입니다. 예수님께서 마지막으로 우리에게 주신 사명도 복음전파입니다. 예수님께서는 세상을 떠나가시기 직전 바로 오늘의 말씀을 주셨습니다. 이 말씀은 예수님의 마지막 말씀입니다. 사람들은 마지막에 가장 중요한 이야기를 합니다. 임종하는 분들을 가끔 만나게 되는데 이때 정말 중요한 이야기를 해야 합니다. "목사님, 내 영혼을 위해 기도해 주세요. 천국에서 만나요." 이런 이야기가 나와야 합니다. 그런데 간혹 "큰일 났네. 큰일 났네" 하는 사람도 있습니다. 그런 말을 들으며 '정말 큰일 났네' 하는 마음이 들 때가 있습니다.

어떤 권사님이 돌아가시게 되어 목사님을 불렀습니다. 부임한 지 얼마 안 된 젊은 목사님이 말씀을 전하고 기도하고 일어났더니 이 권사님이 "세마두치" 하고 숨이 끊어지더랍니다. 이 목사님이 궁금

했습니다. '도대체 세마두치가 뭔가? 얼마나 중요한 말이기에 돌아가시면서 마지막에 세마두치 하고 돌아가신단 말인가?' 혼자서 고민하다가 며느리 집사님을 불러 물었습니다. "집사님, 세마두치가 뭐요?" 그랬더니 이 젊은 집사님이 부끄러워하시면서 "우리 시어머님이 옛날에 포목점을 하셨어요" 세마두치란 바로 포목점에서 쓰는 말 아닙니까? 한 마, 두 마, 세 마 이렇게 길이를 재지 않습니까? 세상을 떠나면서 이 권사님은 포목점에서 장사하던 생각이 났던 것입니다.

여러분, 마지막에 세마두치 하면 안 됩니다. 예수님은 마지막에 가장 중요한 말씀을 하십니다. 그래서 오늘 이 본문을 예수님의 지상명령이라고 합니다. 영어로는 Great Commission이라 하는데 가장 위대한 명령, 반드시 지켜야 할 명령입니다.

오늘 말씀의 배경을 보면 예수님의 부활 후 사람들이 예수님을 뵙고 경배를 하는데 아직도 의심하는 사람들이 있었습니다. 며칠 전 십자가에 달려 피를 흘리고 죽음을 맞이하는 예수님을 분명히 보았는데, 지금 그 예수님이 나타나셨으니 귀신인가 아닌가 하여 두려워하는 사람들이 있었습니다. 그래서 예수님은 두려워하지 말라고 하늘과 땅의 모든 권세를 내게 주셨으니 그러므로 너희는 세상으로 담대히 나아가라는 것입니다. "볼지어다 내가 세상 끝날까지 너희와 항상 함께 있으리라" 말씀하셨습니다. '볼지어다'라는 말씀은 복음을 전하며 너희 눈으로 내가 함께하는 것을 '보라'는 말씀입니다. 복음을 전하는 자는 하나님께서 함께하시는 것을 보아야 합니다. 전도하는 일에는 여러분 각자의 간증이 있어야 합니다.

예수님께서 보라고 말씀하셨기 때문입니다. 전도하면서 간증이 있는 사람은 담대합니다. 우리나라 선교 초기에는 기적이 참 많이 나타났습니다. 지체장애인들이 일어나고, 들것에 실려 온 사람들이 기도 받고 걸어서 돌아가는 일들이 많이 있었습니다. 지금은 이 나라에 이런 기적들이 많이 나타나지 않는 것에 대해서도 우리는 기도해야 할 제목인 것입니다.

부친이 시골교회에서 복음을 처음 전할 때에도 기적적인 역사가 많이 나타나던 것을 보았습니다. 몇 달을 누워 마지막에는 밥도 못 먹고 죽어가던 사람이 기도 받고 일어나 밥을 먹었습니다. 그래서 온 가족이 하나님을 믿었습니다. 어떤 사람은 교회에 와서 "하나님이 어디 있냐?"고 소리 지르고 난동을 피웠습니다. 그런데 집에 돌아가다가 쓰러져서 일어나지를 못했습니다. 그래서 가족들이 리어카에 싣고 다시 교회로 왔는데 기도 받고 일어나서 갔습니다. 이런 수많은 일들을 눈으로 보게 되니 복음을 위해 담대해지는 것입니다. 순교자들이 담대한 이유는 하나님께서 함께하시는 것을 수없이 보았기 때문입니다.

우리 주님이 함께하신다는 약속을 믿고 사는 사람처럼 행복한 사람은 없습니다. 우리가 사는 세상은 내일 일을 모르는데 세상 끝날까지 우리 주님이 함께하신다니 담대한 것입니다. 그래서 제자들은 복음을 위해 목숨을 걸었습니다. 어떤 사람에게 함께하십니까? 모든 사람이 아닙니다. 복음을 전하는 자입니다. 여러분이 복음 전하는 자가 될 때에 세상 끝날까지 우리 주님이 여러분과 함께하심을 바라볼 수 있기를 바랍니다.

19절을 보면 "그러므로 너희는 가서"라고 말씀합니다. 가야 합니다. 하나님의 말씀을 듣고 은혜를 받고 성령을 받았으면 세상으로 가야 하는 것입니다. 사람들은 우리가 가서 복음을 전하면 될까 의심을 합니다. 그래서 복음을 전하지 못합니다. 우리 교회에도 전도를 많이 하시는 분들이 있습니다. 특별한 사람들이 아닙니다. 말씀을 믿고 나가서 전하니 매주 전도의 열매가 맺히는 것입니다. 여러분, 예수님께서 가라 하셨으니 믿고 가서 복음을 전하면 내가 알지 못했던 놀라운 역사가 일어나는 것입니다.

얼마 전 한 장로님과 대화하면서 감동적인 이야기를 들었습니다. 어린 손녀를 데리고 낮예배에 참석했었는데, 이 손녀가 "목사님 설교 듣고 안 울었어요?"라고 그러더랍니다. 그러면서 자기는 목사님 설교 듣고 눈물을 많이 흘렸다는 것입니다. 그래서 천국은 어린아이와 같아야 가는 것입니다. 어른 설교를 어린이가 어떻게 듣겠냐고 우리는 생각합니다. 그렇지 않습니다. 어린이도 다 듣고 다 은혜 받습니다. 하나님께서 하시는 일이기 때문입니다. 옛날에는 어린이들도 어른예배 참석하며 다 은혜를 받았습니다. 수요예배와 새벽기도회도 참석하며 다 은혜 받았습니다. 그 믿음으로 오늘의 한국교회를 세워 온 것입니다.

하나님의 말씀에는 능력이 있고 성령님의 감동하심에는 차별이 없으시기 때문입니다. 요즘 한국교회의 교회학교 위기를 이야기합니다. 요즘 한국교회의 교회학교가 재정이 없어서 어려운 것이 아닙니다. 공과 교재가 없어서 어려운 것이 아닙니다. 장소가 없어서 어려운 것이 아닙니다. 너희는 가서 모든 민족을 제자로 삼으라고 했는데 제자를 삼지 못해서 문제가 되는 것입니다. 사실은 제자를 삼을 줄을 모르는 것입니다. 오늘 한국교회 교회학교는 한 영혼을 위해 울어줄 교사가 필요합니다. 얼마 전 어떤 목사님과 만나 교회학교 이야기를 하면서 그런 이야기를 했습니다. '지금 한국교회는 어린이의 영혼을 위해 울어줄 교사가 필요하다. 그러면 그 교사를 누가 길러낼 것인가, 결국은 교역자의 문제다. 교역자는 어린이의 영혼을 책임지는 교사들을 위해 울어주고 길러내야 하는데, 교역자가 영적인 지도자가 되어야 하는데 한국교회의 현실이 그렇지 못하다'는 것입니다.

여러분, 교육전도사님이나 교육목사님에게 다른 것을 요구하면 안 됩니다. 우리 아이들의 영혼을 책임져 달라고, 그래서 우리가 믿고 따라가겠다고 해야 하는 것입니다. 위대한 베드로에게 야고보에게 요한에게 예수님의 제자들에게 다른 것을 요구하지 않았습니다. 이들에게는 행정적인 능력이나 세련된 교양미나 설교의 방법이나 이런 것이 없었습니다. 그러나 이들이 분명히 가지고 있었던 것은 예수님께서 가라고 하셨다는 불같은 소명감이 있었습니다. 내 생애가 마치기 전까지 한 영혼이라도 더 구원하겠다는 구령의 열정이 있었습니다. 바로 여기에 성령님께서 역사하시는 것입니다.

영혼을 책임지는 사람, 얼마나 그 책임이 무거운 사람입니까? 그러면 그 교역자를 누가 키워낼 것인가? 결국 신학교인데 신학교의 교수들은 이론이나 방법론은 잘 알지만 현장에서 아이들과 뒹굴고 아이들을 대하면서 실천가들을 키워내야 하는데 그렇지 못하다고, 그래서 한국교회의 교회학교 총체적인 위기다라는 이야기를 했습니다. 이 위기가 제자를 만들지 못해서 그런 것입니다.

19절 말씀에 “제자로 삼아”라고 했습니다. 제자는 스승을 따라다니며 스승의 모든 것을 배운 사람입니다. 그런데 우리의 스승이 누구입니까? 예수님입니다. 여러분은 예수님께 배운 예수님의 제자들입니다. 이 종은 여러분을 예수님께로 인도하는 역할을 맡은 사람입니다. 중매하는 사람입니다. 예수님과 연애는 여러분이 해야지 대신해 줄 수가 없습니다. 목사가 아무리 뛰어나도 뛰어난 목사는 넘어질 때가 있습니다. 그래서 교회의 위기가 오기도 합니다. 시험에 들지 않는 방법이 무엇입니까? 예수님을 스승으로 삼는 것입니다. 그러면 안전합니다.

우리 교회의 로고가 “예수님을 따라 사는 사람들”입니다. 누구를 따라 사는 것이 아니라 예수님을 따라 살면 됩니다. 사람 보고 예수 믿으면 시험을 만납니다. 교회 다니며 사람 때문에 시험 드는 사람은 잘 아셔야 합니다. 예수님 바라보고 살면 시험에 들지 않습니다. 예수 믿으러 왔다가 사람 때문에 시험에 들고 미끄러지면 어리석은 것입니다. 제자를 삼는다는 것이 내 사람 만들려고 하면 안 됩니다. 예수님의 사람을 만들어야 합니다. 예수님을 소개하고, 예수님의 말씀을 전하여 예수님을 닮게 만드는 것, 이것이 제자를 삼는 것입니다.

20대 교육전도사 시절 학생들을 임시로 맡아 지도했는데, 1년도 안 되어 6~7배로 부흥이 되었습니다. 내가 잘 하는 줄로 알았습니다. 1년 만에 그 교회를 떠났는데 불과 2~3개월 만에 원상복귀가 되었습니다. 그때 충격을 받고 회개를 했습니다. '예수님의 제자를 만든 것이 아니라 내 제자를 만든 것이구나!' 흔히 청년부나 선교단체에서 1년이나 2년 성경공부 교재를 가지고 공부하고는 제자훈련을 했다고 생각을 합니다. 성경이 말씀하는 제자훈련은 평생을 하는 것입니다. 성경의 말씀을 따라 평생 하는 것이 제자훈련입니다. 여러분은 지금도 제자훈련을 받고 있는 것입니다.

내가 다 배웠다고 생각해서는 안 됩니다. 이런 사람이 제일 위험한 사람입니다. 이런 사람은 한국교회를 비판하고 선교를 비판하고 늘 다른 사람을 비판합니다. 바리새인과 똑같은 모습을 보입니다. 우리의 스승은 예수님이십니다. 예수님께 1년 2년 배워서 다 배우는 것이 아닙니다. 죽을 때까지 예수님께 배우는 성도가 되어야 하는 것입니다. 우리 교회 성도들은 모두가 끝날까지 예수님의 제자가 되시기 바랍니다.

다음에 "세례를 베풀고"라고 했습니다. 세례는 물에 잠기는 것을 말하는데 호흡하는 생명체는 물에 잠기면 죽게 됩니다. 그러므로 세례는 죽음의 의식입니다. 세례는 "이전의 나는 십자가에 못 박아 죽고 새로운 사람으로 살겠습니다. 내가 이전의 삶을 떠나겠습니다. 내 가치관, 내 방법, 내 주장을 떠나 예수님의 방법으로 살겠습니다" 하는 서원이 세례입니다. 지금은 세례가 쉽지만 예수님 당시의 세례는 자기 목숨을 내어놓는 각오가 있어야 하는 일이었습니다. 세례를 받고 기독교인이 되면 원형경기장에 끌려가 죽음을 당하기도 했습니다.

"아버지와 아들과 성령의 이름으로 세례를 주라"는 것은 삼위일체의 하나님을 말씀하신 것입니다. 다른 세례는 안 됩니다. 오늘의 이단들은 다른 세례를 이야기합니다. 성부 하나님과 성자 예수님, 그리고 성령님의 이름으로 세례를 주라고 했습니다. 삼위일체의 하나님께서 우리와 함께하시는 것을 믿음으로 고백하고 살라는 말씀입니다.

20절에 "내가 너희에게 분부한 모든 것을 가르쳐 지키게 하라"고 하셨습니다. 하나님의 말씀을 가르치라는 것입니다. 유대인의 교육이 강력한 것은 이들은 하나님의 말씀을 그대로 가르쳤습니다. 유대인의 가정에서는 지금도 율법서를 암송하게 합니다. 4살 때부터 모세오경, 즉 율법서를 암송하게 하고 13세에 성인식을 하는데 모세오경 중 하나를 통째로 암송해야 합니다. 국민교육헌장 하나도 외우기 힘이 드는데 창세기를 통째로 암기하고 신명기를 통째로 암기하는 일이 얼마나 어려운 일입니까? 머리도 좋아야 되는 일입니다.

유대인들이 무조건 말씀을 암송하기 위해 애쓰니 하나님께서 유대인의 머리도 뛰어나게 해주셨습니다. 그래서 전 세계 인구의 겨우 0.2%밖에 안 되는 유대인들이 노벨상의 30% 정도를 차지하고 있습니다. 하버드의 30%가 유대인들입니다. 유대인들은 성경을 암송하고 자라납니다. 유대인이 유대인답게 자라는 것은 바로 이렇게 가르쳤기 때문입니다.

오늘의 한국교회가 예수님의 제자가 되기 위해서는 하나님의 말씀을 제대로 가르쳐야 합니다. “하나님의 말씀은 살아 있고 활력이 있어 좌우에 날선 어떤 검보다도 예리하여 혼과 영과 및 관절과 골수를 찔러 쪼개기까지 하며 또 마음의 생각과 뜻을 판단하나니”(히 4:12)라고 했습니다.

하나님의 말씀이 성도들을 가르치고 인도하고 변화시키는 것입니다. 하나님의 말씀을 높여드려야 합니다. 말씀 중심의 교회가 되어야 합니다. 하나님의 말씀을 최고로 여겨야 합니다. 교회가 하나님의 말씀대로 움직이면 그 교회는 최고의 교회가 되는 것입니다. 자꾸 다른 것을 말하고 다른 것을 주장하니 교회가 갈라지고 이상해지는 것입니다. 그리고 가르치는 데서 끝나서는 안 됩니다. 지키게 해야 합니다. 실천의 문제입니다. 말씀을 듣고 지키지 않으면 소용이 없습니다.

예수님의 포도나무에 접붙임을 입는 것이 제자가 되는 것인데 열매가 없는 사람은 가지가 썩은 것입니다. 교회는 극장의 관객이 되어서는 안 됩니다. 내가 연극의 주인공입니다. 하나님께서 여러분 각자에게 대본을 주셨는데 그것을 따라가는 주인공들입니다. 그 대본대로 따라가면 행복이 있고 성공이 있고 축복이 있습니다. 맨 마지막에는 영생이 있습니다.

우리 주님께서는 예루살렘에서부터 땅 끝까지 복음을 전파하라고 하셨습니다. 복음의 열매를 맺기 위해서는 한 알의 밀이 땅에 떨어져 썩어야만 합니다. 내 시간을 드려야 합니다. 내 기도를 드려야 합니다. 내 물질을 드려야 합니다. 내 자존심도 드려야 합니다. 그러면 반드시 열매를 맺습니다. 예루살렘은 가까운 곳입니다. 이 서울에도 구원받아야 할 영혼들이 너무 많습니다. 그 영혼을 불쌍히 여기는 여러분의 심령이 되시기를 바랍니다.

또 땅 끝까지 복음을 전하는 일을 해야 합니다. 선교사님들은 영혼을 위해 가족도 다른 것도 포기한 분들입니다. 우리나라에도 이런 선교사님들이 와서 순교하기도 했고 젊음을 이 나라를 위해 바쳤습니다. 그래서 오늘의 한국교회가 이루어졌습니다. 그러므로 여러분은 모두가 복음에 빚진 자들입니다. 그 빚을 기도로 갚고, 전도로 갚고, 물질로 계속 갚아야 합니다. 오늘 우리 교회가 꿈꾸는 1천명의 선교사를 파송하고, 수많은 개척교회를 세우고, 시골교회를 돕고, 학교를 세우고, 복음을 위해 큰일을 담당하는 교회가 되도록 기도해 주시고 여러분이 우리 교회에 주신 사명을 함께 지켜 나가는 성도들이 되십시다.

적용

ⓐ 오늘 말씀의 주제 파악하기

ⓑ 오늘 말씀 중 은혜 받은 부분 나누기

ⓒ 삶에 구체적으로 적용하기

함께 드리는 기도제목

1. 우리 주님이 우리와 함께하심을 바라볼 수 있는 믿음의 눈을 주옵소서.
2. 우리 모두가 끝날까지 우리 주님의 제자가 되게 하옵소서.
3. 주님께서 우리 교회에 주신 사명을 함께 지켜 나가게 하옵소서.

3

매일 행복한 말을 합시다

- 본 문: 에베소서 4장 29–32절
- 찬 송: 430장(주와 같이 길 가는 것, 통 456장)
- 요 절: 무릇 더러운 말은 너희 입 밖에도 내지 말고 오직 덕을 세우는 데 소용되는 대로 선한 말을 하여 듣는 자들에게 은혜를 끼치게 하라(엡 4:29)

우리 교회 성도들이 함께 지켜야 할 실천목표로 “매일 행복한 말을 하겠습니다”를 정했습니다. 이 약속을 매일 지켜나가는 성도는 그만큼 행복하게 변화될 것입니다. 왜냐하면 말은 영적인 영역이기 때문입니다. 하나님께서도 말씀이 육신이 되어 이 땅에 오셨고, 예수님은 말씀으로 모든 시험을 이기셨습니다. 말씀으로 병자를 고치시고 귀신도 내어쫓으셨습니다. 한 백부장은 예수님을 만나 “어떻게 우리 집까지 오시겠습니까? 이 자리에서 말씀만 하셔도 내 하인이 낫겠습니다”라는 믿음을 가졌고, 그 말씀을 믿는 믿음으로 하인이 병 고침을 받았습니다. 말씀은 권세가 있습니다.

하나님께서는 우리의 말도 귀하게 여기십니다. 주님은 “누구든지 사람 앞에서 나를 시인하면 나도 하늘에 계신 내 아버지 앞에서 그를 시인할 것이요”(마 10:32)라고 말씀하셨습니다. ‘우리 하나님은 살아 계셔, 우리 하나님은 전능하신 하나님이셔, 나는 무슨 일이 있어도 하나님만을 섬길 거야'라고 시인하면 우리 하나님께서도 장차 하나님 앞에 설 때에 우리를 보시고 '이 사람은 내 자녀다' 하고 시인해 주시겠다는 말씀입니다. "사람이 마음으로 믿어 의에 이르고 입으로 시인하여 구원에 이르느니라"(롬 10:10) 말씀하셨습니다. 내 마음에 믿은 하나님을 입으로 시인할 때에 구원까지도 주시겠다는 약속입니다. 그러므로 우리의 말이 얼마나 중요한지 모릅니다.

이스라엘 백성들이 가나안 땅을 앞에 두고 광야에서 하나님을 원망하며 우리는 이 광야에서 다 죽었다고 말할 때에 "여호와의 말씀에 내 삶을 두고 맹세하노라 너희 말이 내 귀에 들린 대로 내가 너희에게 행하리니 너희 시체가 이 광야에 엎드러질 것이라"(민 14:28-29) 말씀하셨습니다. 이들은 모두 입 때문에 망한 자들입니다. 우리가 복을 빌면 그 복대로 이루어주시고 우리가 저주하면 저주하는 대로 이루어주시겠다고 하셨습니다. 말은 영적인 영역이기 때문입니다. 그러므로 우리는 말을 해도 긍정적인 말, 믿음의 말, 축복의 말, 행복한 말을 해야 하는 것입니다. 올해도 매일같이 행복한 말을 해 보십시오. 여러분의 가정이 변하고 친구가 변할 것입니다. 우리 교회가 더 은혜롭게 변하게 될 것입니다.

오늘 성경은 "은혜를 끼치게 하라"고 말씀하십니다. 은혜를 끼치는 것을 오늘 성경은 더러운 말은 입 밖에도 내지 말고 오직 덕을 세우는 데 소용되는 대로 선한 말을 하라고 하셨습니다. 더러운 것이 무엇입니까? 예수님께서 귀신들린 자들을 고쳐주실 때 늘 사용하시던 단어가 있습니다. "이 더러운 귀신아!" 귀신 앞에는 더럽다는 형용사가 붙어 있습니다. 이 더러운 것이 귀신의 속성이기 때문입니다. 더럽다는 말은 단순히 부패했다는 말이 아닙니다. 악하고 망하게 한다는 말입니다. 이 더러운 말이 사탄에게서 오는 것입니다. 사탄은 말을 통하여 악한 것을 전파하고 사람을 망하게 합니다. 사탄은 더러운 것을 입 밖으로 내어보내 사람들에게 상처를 주고 분열을 일으키고 망하게 하려고 합니다. 그러므로 더러운 것이 입 밖에 나오지 않도록 영적인 자물쇠를 채워야 합니다.

브라질의 한 의사가 다이어트를 하려는 '아드리아나 산토스'라는 여성에게 처방전을 써주었는데 이상한 처방전을 써주었습니다. 키가 150cm인데 몸무게는 100kg이 넘는 이 여성이 받은 처방전은 자물쇠인데 철물점에서 사라는 것입니다. 당신은 자물쇠가 6개가 필요한데 입과 냉장고 등 6군데에 자물쇠를 채우라는 것입니다. 화가 난 이 여성이 처방전을 증거물로 고발하면서 이 의사는 면허정지가 내려졌습니다. 일시적인 면허정지는 받았지만 이 의사가 참 재미있는 분입니다. 사실은 맞는 말입니다. 그 기사를 보면서 '환자가 의사 선생님의 처방을 긍정적으로 받아들였더라면 얼마나 좋았을까?' 생각을 해보았습니다. 냉장고에, 입에 자물쇠를 채우는 마음으로 살아야 살을 뺄 수가 있는 것입니다.

우리는 더러운 것이 입 밖으로 나오지 않도록 자물쇠를 채우는 마음으로 살아야 하는 것입니다. 장로님이 처음 되었을 때에 3년 동안은 입을 닫아야 한다는 한국교회의 전통이 있습니다. 경상도의 어느 장로님은 이 약속을 지키기 위해 3년 동안 입에 조약돌을 물고 회의에 참석했다고 합니다. 조약돌을 입에 물고 "예"라는 대답만 한 것입니다. 저도 담임목사가 되면서 '노회나 총회에 참석하면 10년은 입을 닫아야지' 하고 결심을 했습니다. 그런데 임지를 옮기는 바람에 목회한 지 20년 가까이 되면서 아직 한 번도 회의에서 발언을 하지 않았습니다. 요즘 말씀을 묵상하며 드는 생각은 '10년 가지고는 부족하구나. 5년을 연장하여 15년은 입을 닫아보자' 하고 생각을 했습니다. 입을 조종하는 것은 힘이 드는 일입니다. 그래서 성경은 말에 재갈을 물리듯 말을 절제하라고 하셨고, 큰 배도 작은 키 하나로 움직이듯 작은 혀가 우리 인생길을 움직인다고 하셨습니다. 혀는 불씨와 같은 것으로 한번 붙기만 하면 큰 것을 불사른다고 하셨습니다.

전 경북대 총장인 박찬석 교수는 시골 출신으로 대구중학교를 다녔습니다. 가정형편도 안 되는데 억지로 공부하다 보니 68명 중에 68등을 했습니다. 방학이 되어 집에 가야 하는데 그 성적표를 들고 집에 갈 자신이 없었습니다. 중학교 1학년 어린마음에도 끼니를 잇지 못하는 가운데 유학을 보낸 그 동네에서 가장 가난한 소작농인 아버지에게 성적표를 가져다 드릴 자신이 없어 성적표를 위조를 했습니다. 잉크를 지우고 1/68 이라고 고쳤습니다. 아버지는 보통학교도 나오지 않았으므로 이 사실을 알지 못할 것이라 생각을 했습니다. 동네 사람들이 모여들어 성적표를 보고 칭찬을 했습니다.

다음날 개울에 나가 놀다가 저녁에 집에 돌아오니 기가 막힌 일이 벌어졌습니다. 집에 한 마리 있는 재산목록 1호인 돼지를 잡아 동네잔치를 벌이고 있는 것입니다. 그러나 아무 말도 할 수가 없었습니다. 그 사건이 충격이 되어 이를 악물고 공부를 했습니다. 그리고 17년 후에 교수가 되었습니다. 나이 45세가 되어 아들이 중학교에 입학한 날 부모님께 그 일을 말하지 않고는 견딜 수가 없어 용서를 빌기 위해 "저 아버지 저 중학교 1학년 때 1등은요……" 그러자 아버지가 "그만 해라, 손자 듣는다"라고 말을 막으셨습니다. 다 알고 계셨던 것입니다. 자식이 위조한 성적을 알고도 재산목록 1호인 돼지를 잡아 마을잔치를 벌인 아버지의 침묵이 아들을 박사로, 대학총장으로 키운 것입니다. "야, 너 어디다 거짓말을 해, 네가 무슨 1등이냐, 학교에 연락하겠다" 그랬더라면 아마 가출했을지도 모르는 일입니다. 우리는 덕이 되지 않는 말, 선한 말이 아니면 입을 닫는 지혜를 배워야 할 줄로 압니다. 그것이 서로를 살리는 것입니다.

오늘 성경은 더 나아가 선한 말을 하여 입술을 은혜롭게 사용하라고 말씀하십니다. 우리가 혀로 할 수 있는 선한 말이 무엇입니까? 하나님을 찬송하고 영광을 돌리며 기도할 수 있습니다. 그리고 사람에게도 격려하고 축복하고 위로하고 희망을 줄 수 있습니다. 이것이 선한 말로 입술을 은혜롭게 사용하는 일입니다. 우리의 입술에서 더러운 말이 나오면 다른 사람의 영혼이 더러워지게 됩니다. 고라 자손은 더러운 말로 동족을 모두 죽음으로 몰아넣었습니다. 그러나 여호수아와 갈렙은 은혜로운 말로 하나님께 영광을 돌리고 상급을 받았습니다.

1. 우리 성도들은 가정에서 행복한 말을 하시기 바랍니다.

옛날에 어떤 가정에서 아들이 성적표를 받아왔는데 푸른 초원에 양 떼들이 가득하더랍니다. '양 양 양 양' 이렇게 양들이 모여 있는데 소가 한 마리 있더랍니다. '우'(牛)가 하나 있더랍니다. 그때 아버지가 성적표를 보시더니 "얘야, 어느 한 과목만 너무 집중적으로 공부하지 말거라" 하고 한 마디 하셨는데 그 말이 효과가 있더랍니다. 다음에는 드문드문 '우'가 보이더랍니다. 사람은 행복한 언어로 고쳐나가는 것입니다.

명절이 되면 여자분들이 참 고생이 많습니다. 그런데 남자들이 뭐 좀 도와주려고 설거지라도 하려고 하면 뭐라고 합니까? "웬일이야? 살다 보니 해가 서쪽에서 뜨겠네" 그럽니다. 그러니 남편들이 해가 서쪽에서 뜨는 정도로 설거지를 하는 것입니다. "여보 여보, 정말 고마워요. 어쩌면 이렇게 설거지를 잘해요" 하고 밖에 나가서 남편이 설거지 잘한다고 칭찬을 마구 하면 남편이 다음부터 설거지를 잘하는 남편으로 변화가 되는 것입니다.

가정에서 행복한 언어를 훈련해야 합니다. 가만히 보면 남자와 여자가 사용하는 언어가 다릅니다. 남편들이 아내의 언어를 잘 이해하지 못합니다. 아내가 "그만두세요" 그러면 그것이 "그만두라"는 말이 아닙니다. 제대로 하라는 말입니다. 젊은이들이 연애하다가 다투고 나서 자매가 "앞으로 전화하지 마" 그러면 그 말이 정말 전화하지 말라는 말이 아닙니다. 전화 빨리 안 하면 "너 죽는다"라는 말입니다. 아내가 "여보, 오늘 하루 종일 아파서 혼났어요" 그러면 남편은 뭐라고 합니까? "병원에 안 갔어? 약 사먹지 그랬어?" 그럽니다. 남편들은 처방을 합니다. 그런데 아내는 그 말을 들으려고 말하는 것이 아닙니다. "얼마나 아팠어? 그래 힘들었겠구나, 내가 같이 있었으면 좋았을 텐데. 미안하다" 이런 말을 듣고 싶은 것입니다. 서로 행복하기 위해서는 서로의 언어를 훈련해야 합니다.

가정의 행복을 깨트리는 것이 무엇입니까? 돈입니까? 돈이 많아도 불행한 가정도 많고 돈이 없어도 행복한 가정 많습니다. 집이 없어서, 건강이 안 좋아서가 아닙니다. 가정의 행복은 입으로 깨트리는 것입니다. 입으로 서로를 아프게 하고 상처를 냅니다. 입 때문에 부부간에 분쟁이 일어나고 입 때문에 자녀에게 문제가 일어납니다. 입 때문에 건강에 문제가 생깁니다.

어떤 남자가 병원에서 혈압이 너무 높다는 진단을 받았는데 의사 선생님이 "고혈압은 대개 유전적인 요인이 많은데 혹시 부모님께 고혈압이 있습니까?" 그 남자가 대답하기를 "아니요, 우리 집안에는 혈압에 아무 문제가 없는데 처가 쪽에 문제가 있습니다" 그러자 의사 선생님이 "잘 모르시는군요. 유전은 처가 쪽 하고는 아무 관계가 없습니다" 그러자 "선생님께서 잘 몰라서 하시는 말씀입니다. 우리 집 사람을 한번 만나보시면 제가 혈압이 높은 이유를 금방 아실 수 있는데요"라고 했답니다. 혈압이 높으신 분이 있습니까? 아침에 일어나면 행복한 말을 준비하십시오. 그리고 매일 서로에게 행복한 말을 해보십시오. 가정이 변화될 것입니다.

2. 교회에서 행복한 말을 하시기 바랍니다.

교회는 하나님께서 주신 이 세상의 천국입니다. 이 세상은 완전하지 않기 때문에 교회는 천국을 훈련하는 장소입니다. 그래서 성도들이 만나면 서로에게 행복한 말을 해야 합니다. 신앙생활은 예수님을 닮아가는 생활입니다. 그래서 우리는 교회에서 신령한 말을 해야 합니다. 감사하는 말을 해야 합니다. 겸손한 말을 해야 합니다. 격려하는 말을 해야 합니다. 긍정적인 말을 해야 합니다. 서로를 인정하는 말을 해야 합니다. 믿음의 말을 해야 합니다. 그러면 서로가 행복하게 변해가는 것입니다. 교회 안에 분쟁이 있는 교회들이 있습니다. 서로 치고 박고 싸워서 그렇게 된 것이 아닙니다. 다 말로 이루어진 것입니다.

초대교회에도 이런 문제가 있었기 때문에 오늘 성경에도 "너희는 모든 악독과 노함과 분냄과 떠드는 것과 비방하는 것을 모든 악의와 함께 버리고"라고 말씀하셨습니다. 악한 뜻에서 이런 것들이 나온다는 말입니다. 사탄이 악한 뜻을 주장합니다. 그래서 성도들을 분열시키고 은혜에서 멀어지게 만들고 결국은 구원에서 떨어지게 만드는 것입니다. 이런 것들이 성령님을 근심하게 하는 것이라 하셨습니다. 그러므로 여러분은 주의 전에 나와 모든 더러운 언어들, 부정적인 언어들, 불신앙의 언어들을 다 버리시기 바랍니다.

우리 인생은 좋은 말을 하고 살기에도 너무나 짧은 시간입니다. 우리는 매주일 인사를 할 때에 "사랑합니다. 축복합니다. 행복하게 삽시다" 하고 인사를 합니다. 이것이 천국의 언어입니다. 우리 교회 안에는 행복한 말들만이 넘치기를 바랍니다. 서로를 만나면 다른 사람 이야기하지 마세요. 시험 드는 이야기하지 마세요. 다른 사람의 영혼을 어둡게 만드는 이야기하지 마세요. 환난과 풍파가 많은 세상에서 주님의 말씀으로 위로를 얻고 새 힘을 얻기 위해 힘을 다해 달려온 성도들입니다. 그러므로 서로에게 복된 말을 해야 합니다.

11개 부문의 아카데미상을 수상한 '쿼바디스'라는 영화를 보면 네로황제가 크리스천들을 경기장에 집어넣고 굶주린 사자들을 풀어놓습니다. 그러면 사람들이 동요를 하고 두려워합니다. 이때 로마로 다시 돌아온 베드로 사도는 관중석에 서서 외칩니다. 두려워하지 말라고, 하나님께서 여러분을 받아주실 것이라고 위로의 말을 외치고 잡혀갑니다. 이때 사자들이 사람들을 물고 찢는 가운데서도 크리스천들은 경기장 안에서 함께 찬송을 부릅니다. 사자들이 덤벼드는 가운데서도 찬송을 부를 수 있는 것은 혼자 할 수 있는 일이 아닙니다. 함께 목소리를 높여 서로를 격려하는 것입니다. 함께 믿음을 확인하는 것입니다. 그 믿음이 결국 로마를 감동시켰고 얼마 지나지 않아 기독교가 국교가 될 수 있었던 것입니다.

우리 교회는 환난 가운데 살다가 달려온 성도들에게 서로 찬송을 크게 불러주는 성도들이 되시기 바랍니다. 위로의 말을 하고 격려의 말을 하고 긍정의 말, 축복의 말을 하는 성도들이 되시기 바랍니다. 얼마나 힘이 들었냐고, 그래 같이 기도하자고, 하나님께서 우리를 인도해주실 것이라고 서로에게 행복한 말을 하는 성도들이 되십시다.

3. 이웃들에게 행복한 말을 하시기 바랍니다.

우리가 사는 세상은 행복한 말이 주장하는 세상이 아닙니다. 뉴스를 보세요. 긍정적인 이야기가 별로 없습니다. 누가 죽고 다치고 했다는 이런 이야기들입니다. 신문이나 뉴스에 나오는 이야기의

75%가 부정적인 이야기라는 통계를 본 적이 있습니다. 그러니까 듣고 나면 공허해지는 것입니다. 뉴스를 들을 때마다 행복한 이야기, 서로에게 힘이 나는 이야기, 함께 더불어 도우며 사는 세상의 이야기들을 들을 수 있다면 얼마나 좋을까? 생각을 해보았습니다. 직장에 나가도 행복한 말이 주장하는 곳이 없습니다. 일터에 가도 정신이 없습니다.

그러므로 우리 크리스천들은 직장에서도 행복한 말을 전하는 메신저가 되어야 합니다. 택시를 타도 행복한 말을 하세요. 그러면 내가 있는 자리만큼 서로가 행복해집니다. 직장에서도 서로에게 행복한 말을 하세요. 그러면 내가 있는 자리가 행복한 자리로 변화가 됩니다. 내가 먼저 손 내밀고, 내가 먼저 용서하고, 내가 먼저 웃음을 줄 때 우리가 함께 있는 자리가 변화가 되는 것입니다. "사람은 입에서 나오는 열매로 말미암아 배부르게 되나니 곧 그의 입술에서 나는 것으로 말미암아 만족하게 되느니라"(잠 18:20)고 했습니다. 입술에는 열매가 있다고 했습니다. 평소에 불평하는 사람은 불평하는 인생을 살게 되고, 저주하는 사람은 저주의 인생을 살게 되고, 부정적인 사람은 부정적인 인생을 살게 되지만, 행복한 말을 하는 사람은 행복의 열매를 거두고 믿음의 말을 하는 사람은 믿음의 열매를 거두게 됩니다.

믿음의 열매가 무엇입니까? 영원한 생명입니다. 이것이 행복한 말의 마지막 열매입니다. 우리는 예수 믿고 우리의 입술이 변하게 된 줄로 믿습니다. 불평하는 입술에서 감사하는 입술로, 험담하는 입술에서 칭찬하는 입술로, 상처를 주는 입술에서 치유하는 입술로, 불신앙의 입술에서 찬양하는 입술로, 기도하는 입술로, 복음 전하는 입술로 변화된 줄 믿습니다. 올 한 해 동안 행복한 말을 인생의 밭에 뿌려 뿌린 대로 풍성한 축복의 결실을 거두는 성도들이 되십시다.

적용

ⓐ 오늘 말씀의 주제 파악하기

ⓑ 오늘 말씀 중 은혜 받은 부분 나누기

ⓒ 삶에 구체적으로 적용하기

함께 드리는 기도제목

1. 가정에서 매일 행복한 말을 통해 우리 가정이 변화되게 하옵소서.
2. 교회 공동체 안에서 서로에게 행복한 말을 하게 하옵소서.
3. 행복한 말을 통해 풍성한 축복의 결실을 거두게 하옵소서.

4

돌아갈 내 고향 하늘나라

- 본 문: 히브리서 11장 12-16절
- 찬 송: 240장(주가 맡긴 모든 역사, 통 231장)
- 요 절: 그들이 이제는 더 나은 본향을 사모하니 곧 하늘에 있는 것이라 이러므로 하나님이 그들의 하나님이라 일컬음 받으심을 부끄러워하지 아니하시고 그들을 위하여 한 성을 예비하셨느니라(히 11:16)

히브리서는 네로 황제의 치하에서 핍박을 당하는 성도들에게 쓴 편지입니다. 1장에서부터 시작하여 예수를 믿는 사람들의 믿음이 흔들리는 모습이 나옵니다. 핍박을 받으며 마음도 몸도 다 지쳤습니다. 구원의 확신을 잃어버린 사람들도 생겨났고, 말씀의 초보를 다시 배워야 할 사람들도 생겨났습니다. 율법주의로 회귀하려는 사람들도 생겨났습니다. 교회 안에 분쟁도 생기고, 이단 사상도 들어오고 강퍅해진 사람들도 생겨났습니다. 이때 히브리서 기자는 히브리서 11장에 믿음의 사람들의 이야기를 하고 이어서 8절부터 아브라함의 이야기를 합니다.

아브라함은 믿음으로 순종하여 고향 친척 아버지 집을 떠났습니다. 순종은 모든 사람이 다 할 수 있는 것이 아닙니다. 성경이 말씀하는 순종은 내 생각에 맞고 합리적이기 때문에 따르는 것을 말하지 않습니다. 가나안 땅을 정탐한 열두 명의 정탐꾼들 가운데 여호수아와 갈렙의 다른 점이 무엇입니까? 이들은 말씀에 순종하는 사람들이었다는 것입니다. 하나님의 약속이 있었으니 이 땅을 반드시 주실 것이라는 말씀을 믿고 내 생각과 판단을 복종시켰습니다. 아브라함의 판단에도 고향 친척 아버지 집을 떠나는 것은 어리석은 일이었습니다. 그러나 하나님의 말씀이기에 말씀에 순종한 것입니다. 내 생각이나 판단이 아니라 하나님의 말씀을 믿었습니다. 하나님의 말씀 앞에 내 생각과 경험과 판단과 눈에 보이는 것까지도 다 굴복시키는 것이 순종입니다. 순종이 제사보다 낫다고 말씀하신 것은 바로 이러한 의미에서 바라보아야 합니다. 그 대가가 오늘 본문 12절 말씀에 나오는 내용입니다.

아브라함은 죽은 자와 같은 사람이었습니다. 아들을 낳을 수가 없는 사람이었습니다. 나이 75세에 아들 약속을 받았는데 25년 후인 100세에 첫아들을 얻게 되었습니다. 그런데 이들 아브라함 부부는 다 죽었습니다. 하늘의 별과 같이 바다의 모래와 같이 많은 자손을 주시겠다는 약속을 받았는데 그 약속이 이루어지는 것을 보지 못하고 죽었습니다. 그런데 그냥 죽은 것이 아닙니다. 믿음을 따라 죽었다고 했습니다. 지금은 아들 이삭 하나밖에 없지만 하나님께서 말씀하셨으니 이루어질 줄 믿고 믿음으로 죽었다는 것입니다.

오늘 말씀 바로 뒤에 나옵니다만 아들 이삭을 바치라 할 때에도 믿음으로 이삭을 바치려 했습니다. 이삭이 없으면 하나님의 약속은 다 거짓이 아닙니까? 하고 의심하지 않았습니다. 고향 친척 아버지 집을 떠나 수십 년을 유랑하면서 하나님을 더 가까이 만났습니다. 그래서 더 나은 본향을 사모하는 자가 되었다고 했습니다. 그러므로 히브리서 기자는 방황하고 근심하는 성도들에게 "염려하지 마시오. 두려워하지 마시오. 우리에게는 더 나은 본향이 있습니다" 하고 격려의 메시지를 전한 것입니다. 오늘 이 종도 여러분에게 "여러분, 염려하지 마십시오. 두려워하지 마십시오. 우리에게는 더 나은 본향이 있습니다"라고 전하는 것입니다.

1. 영원한 본향이 있습니다.

우리 민족 최고의 명절은 구정입니다. 이 구정에는 민족의 대이동이 이루어집니다. 고향에 가는 길이 참 멀고 어렵습니다. 평소 3시간이면 가는 거리를 10시간 차를 타고 갑니다. 우리나라는 좁아서 그 정도지 중국은 우리나라 구정과 같은 춘절이라는 명절에 수천 리길을 떠납니다. 춘절에 이동하는 사람들이 28억이라고 합니다. 먼 길을 가다 보니 길에서 잠을 자고, 아이들을 껴안고 자고, 그러면서 고향에 갑니다. 화장실에 갈 수 없기 때문에 어른들도 기저귀를 가지고 떠납니다. 왜 그렇게 고생을 하면서 고향에 갑니까? 고향은 그리운 곳이기 때문입니다.

고향에 가면 내가 자란 산과 들을 보고, 그리운 부모님도 만나고, 함께 뛰놀던 친구들도 만나 어렸을 적의 정겨운 대화를 나눕니다. 객지에서 아등바등하며 살았는데, 고생하며 눈물 흘리며 살았는데, 나이가 들면서 고향땅이 그리워지는 것이 인간의 마음입니다. 고향에 못 가시는 분도 있습니다. 북한에 고향을 두고 떠나온 실향민들은 명절만 되면 눈물이 납니다. 가고 싶어도 갈 수 없는 고향이 되었기 때문입니다. 병들어 못 가는 사람도 있고, 사업에 실패하여 고향을 찾지 못하는 이도 있습니다. 그러나 누구나 고향을 그리워합니다.

사람만 그런 것이 아닙니다. 동물들도 고향을 찾아갑니다. 개도 고향을 찾아가고 코끼리도 여우도 고향을 찾습니다. 과학자들이 대서양의 작은 섬에서 부화된 녹색거북이의 등에 위성칩을 심었습니다. 건너편 브라질 해안에 살던 거북이가 무려 4,500km를 달려와 이 섬에 알을 낳는 것입니다. 신기하여 태어난 거북이의 등에 칩을 심어 실험을 했더니 이 새끼 거북이가 4,500km를 달려 어머니가 사는 브라질 해안으로 가는 것입니다. 한 번도 가보지 않은 곳입니다. 그런데 신기하게 어머니가 간 그 길을 따라가는 것입니다. 그리고 알을 낳을 때가 되면 다시 4,500km를 헤엄쳐 자기가 태어난 섬에 와 알을 낳고 떠납니다. 자기가 태어난 그곳을 어떻게 알고 찾아갑니까?

동물의 세계에는 참 신비한 것이 많습니다. 하나님께서는 이 세상의 모든 것에 이런 비밀한 일들을 만들어 놓으셨습니다. 이것은 유전이나 진화로 설명할 수 없는 것입니다. 우리는 신비한 세상을 보며 하나님의 섭리를 깨닫고 우리가 가야 할 영원한 고향을 생각할 줄 알아야 하는 것입니다. 세상 사람들이 내가 태어난 고향을 그리워하고 찾아가듯, 우리는 영원한 본향을 그리워하고 찾아갈 날을 준비해야 하는 것입니다.

사람들은 우리가 어디로 가는지 잘 모릅니다. 그래서 이 세상이 전부인 것처럼 살다가 떠나기도 하고, 죽음 앞에서 절망하고 두려워합니다. 최희준의 '하숙생'이란 노래를 보면 "인생은 나그네길 어디서 왔다가 어디로 가는가?"라고 노래합니다. 어디로 가는지 모릅니다. 그래서 구름이 흘러가듯 그렇게 살다가 가기 때문에 "정일랑 두지 말자 미련일랑 두지 말자"고 합니다. 그러면서 미련이 있는 것이 인생입니다. 성경은 우리의 갈 곳을 분명히 말씀합니다. "너는 흙이니 흙으로 돌아갈 것이니라"(창 3:9) 말씀합니다. "흙은 여전히 땅으로 돌아가고 영은 그것을 주신 하나님께로 돌아가기 전에 기억하라"(전 12:7)고 하셨습니다.

우리에게는 돌아갈 영원한 고향이 있습니다. 그곳은 아버지 하나님이 계신 곳입니다. 그곳은 오늘 성경에도 하나님께서 한 성을 예비하셨다고 했는데, 요한계시록 21장 2절에 "또 내가 보매 거룩한 성새 예루살렘이 하나님께로부터 하늘에서 내려오니"라고 했습니다. 그곳은 "사망이 없고 애통하는 것이나 곡하는 것이나 아픈 것이 다시 있지 아니한 곳"(계 21:4)입니다. 성경에 나오는 믿음의 사람들의 공통점은 영원한 본향을 사모하며 살았습니다. 우리가 사는 이 세상이 끝이 아닙니다. 이 세상이 끝이라면 우리가 가장 불쌍한 자일 것이라고 사도 바울은 고백했습니다. 예수님 때문에 참고, 예수님 때문에 수고하고, 예수님을 위하여 헌신하며 살았기 때문입니다. 그러나 우리에게는 영원한 본향이 있습니다. 이 본향을 사모하며 살아가는 성도들이 되십시다.

2. 나그네임을 잊지 않아야 합니다.

오늘 성경에 아브라함은 나그네임을 증거하였다고 했습니다. 그러기에 장막을 치고 살며 늘 떠날 준비를 하며 살았습니다. 15절에 아브라함이 떠나온 고향을 생각하였더라면 돌아갈 기회가 있었지만 그리하지 않았다고 말씀합니다. 아브라함의 고향에는 친구들이 있습니다. 친척도 있고 풍요와 안정이 보장되어 있습니다. 고향을 떠나온 지 수십 년 동안 아브라함에게는 많은 일들이 있었습니다. 이스마엘 때문에 가정이 고통이 왔습니다. 조카 롯 때문에 연합군과 목숨을 걸고 전투를 벌이기도 했습니다. 아내를 빼앗긴 적도 있었고 거짓말을 하여 창피를 당한 적도 있었습니다.

그러나 아브라함은 돌아가지 않았습니다. 그 이유를 16절에 "그들이 이제는 더 나은 본향을 사모하니 곧 하늘에 있는 것이라"고 하였습니다. 찬양곡 중에 '본향을 향하여'라는 곡이 있습니다. "이 세상 나그네 길을 지나는 순례자, 인생의 거친 들에서 하룻밤 머물 때, 환난의 궂은 비바람 모질게 모질게 불어도, 천국의 순례자 본향을 향하네"라는 가사입니다. 그렇습니다. 본향을 향하는 천국의 순례자들은 이 세상이 나그네길입니다. 이 세상을 인생의 거친 들에서 하룻밤 머무는 것이라고 표현을 했습니다. 인생은 거친 들입니다. 수많은 일들이 일어납니다. 원하지 않는 일을 해야 하고 눈물 나는 일도 있습니다. 억울한 일도 많습니다.

그러나 하룻밤을 머무는데 우리는 많은 것을 가지고 가지 않습니다. 저는 외국에 갈 때 많은 짐을 가지고 가지 않습니다. 작은 가방 하나만 가지고 갑니다. 그 가방에는 옷과 세면도구 성경책만이 들어있습니다. 집사람이 이것저것을 넣어주면 저는 자꾸 꺼냅니다. 곧 돌아올 것이기 때문입니다. 어리석은 인생은 나그네 길에 너무 많은 것을 투자합니다. 길에 돈을 뿌리고 다닙니다. 그래서 인생의 짐이 무거워집니다. 놓고 가기가 어려운 것입니다. 롯의 아내는 소돔과 고모라에 살면서 너무 많은 것을 뿌려놓았습니다. 그래서 그곳을 떠나기가 아쉬워 돌아보다가 소금기둥이 되고 말았습니다. 그러나 본향을 향하는 지혜로운 나그네는 천국에 보화를 쌓습니다. 그곳이 내가 돌아갈 영원한 고향임을 알기 때문입니다.

이 세상에 너무 많은 것을 쌓아놓으려고 하지 마십시오, 이 세상은 하나님의 영광을 위하여 살면 되는 곳입니다. 내가 쌓아놓는다고 해서 내가 가져갈 것이 아닙니다. 지혜로운 나그네는 늘 떠날 준비를 하고 삽니다. 하나님께서 영혼을 찾으시면 우리는 언제든지 가야 합니다. 오늘 여러분의 주된 관심이 무엇입니까? 만나면 무슨 이야기를 하십니까? 나그네는 고향을 그리워하고 고향 이야기를 하듯이 믿음의 사람들이 교회에서 만나면 영원한 본향, 천국 이야기를 해야 합니다. 우리 모두 나그네 인생길을 살며 서로 만나면 영원한 고향 천국 이야기를 하는 성도들이 되십시다.

3. 어떻게 영원한 본향에 들어갑니까?

예수님께서는 천국 문이 좁다고 하셨습니다. 모든 사람이 다 들어가는 것이 아니라고 하셨습니다. “주여! 주여!” 하는 자마다 들어가는 것이 아니라고 하셨습니다. 천국에 가는 본질을 잊어버리면 안 되는 것입니다. 천국은 예수님을 통하여 들어가는 것입니다. 예수님께서 나의 구주가 되심을 믿는 사람들만이 들어갈 수가 있습니다. 교회 다녀도 못 들어갑니다. 많은 선행과 봉사를 해도 못 들어갑니다. 오직 예수님의 십자가 공로를 믿는 자만이 천국에 들어가는 것입니다. 기도도 내 힘으로 하는 것이 아닙니다.

그래서 예수님께서는 기도를 가르쳐주시면서 예수 이름으로 기도하라고 하셨습니다. 예수님은 우리의 중보자가 되어 주시고 친구가 되어 주십니다. 그래서 나그네 길을 잘 갈 수 있도록 도와주십니다. 사탄 마귀의 역사도 막아주시고 천국 문에 이를 때에 우리의 손을 붙잡아주십니다. 하나님께서는 아브라함을 구원하시기 위하여 나그네 길을 걷게 하셨습니다. 야곱도 나그네 길을 걸었던 사람입니다. 요셉도 나그네 길을 걸었습니다. 이스라엘 백성들도 광야 40년 동안 나그네 길을 걸었습니다. 나그네 길을 걸을 때에 우리는 하나님을 의지할 수 있습니다. 평안한 교회가 구원을 얻게 하는 것도 아닙니다. 이스라엘 백성들이 예루살렘 성전에서 안주할 때에 하나님은 그 교회를 치시고 전 세계에 흩어져 이스라엘로 나그네 길을 걷게 하셨습니다.

우리가 교회를 섬길 때에도 지금이 나그네 인생인 줄 알고 섬길 때에 진정한 은혜를 주십니다. 나그네 인생길을 깨달은 성도는 천국을 사모하고 준비합니다. 이 땅에 많은 것을 쌓기 위해 살지 않습니다. 사업이 잘되어 재미가 있습니까? 거기에 안주하면 안 됩니다. 자식이 잘되어 행복하십니까? 거기에 안주하면 안 됩니다. 천국에 가는 날을 준비해야 합니다. 이 땅의 기독교인들이 나그네 의식을 가지고 산다면 교회가 달라지고 우리가 사는 세상이 달라질 것입니다.

얼마 전 항존직분자들을 훈련하면서 관을 준비했습니다. 각자가 준비된 방에 들어가 관 안에 들어가 눕습니다. 그리고 관 뚜껑을 덮고 못을 쾅쾅 박습니다. 관에 들어가는 나그네가 무슨 욕심을 가지겠습니까? 하나님 앞에 잘 서는 것만이 최고의 소원이 되는 것입니다. 직분자들이 그 기억을 잊어버리지 않고 산다면 천국의 주인공이 될 것입니다.

"♬~잠시 세상에 내가 살면서 항상 찬송 부르다가
날이 저물어 오라 하시면 영광 중에 나아가리
열린 천국 문 내가 들어가 세상 짐을 내려놓고
빛난 면류관 받아 쓰고서 주와 함께 길이 살리~♬"

고향을 찾아가는 명절을 맞이하여 우리 믿음의 사람들은 영원한 고향을 기억하고 나그네 인생길을 잘 걸어가는 성도들이 되십시다.

적 용

ⓐ 오늘 말씀의 주제 파악하기

ⓑ 오늘 말씀 중 은혜 받은 부분 나누기

ⓒ 삶에 구체적으로 적용하기

함께 드리는 기도제목

1. 더 나은 영원한 본향을 사모하게 하옵소서.
2. 교회 공동체 안에서 성도들 간에 영원한 고향, 천국 이야기를 하게 하옵소서.
3. 영원한 본향을 기억하고 나그네 인생길을 잘 걸어가게 하옵소서.

5

하나님과 함께하는 사람들

• 본 문: 사사기 7장 1–8절
• 찬 송: 368장(주 예수여 은혜를, 통 486장)
• 요 절: 이에 백성이 양식과 나팔을 손에 든지라 기드온이 이스라엘 모든 백성을 각각 그의 장막으로 돌려보내고 그 삼백 명은 머물게 하니라 미디안 진영은 그 아래 골짜기 가운데에 있었더라(삿 7:8)

사사기는 이스라엘 사람들이 범죄한 이야기입니다. 하나님의 은혜를 입으면서도 이스라엘 백성들은 끊임없이 타락했고 하나님은 이런 이스라엘 백성들을 돌아보셨습니다. 이스라엘이 죄 가운데 있을 때에도 하나님은 사람을 준비시켜놓으십니다. 이것을 이사야 선지자는 그루터기라고 표현을 했습니다. 나무의 밑동을 잘라내면 아무것도 없는 것 같지만 그 밑에 뿌리는 살아 있습니다. 때가 되면 다시 잘라진 밑동에서 가지가 나오고 열매를 맺습니다. 그러므로 기독교인은 희망을 갖고 살아가는 사람들입니다. 밑동까지 다 잘라져 버린 것 같아도 하나님께서 함께하시면 언제든지 다시 새싹이 돋아나올 수 있기 때문입니다.

이스라엘 백성들이 하나님께 부르짖을 때에 드보라라는 여선지를 세우셔서 이스라엘을 구원해 주셨습니다. 그래서 40년 평화가 왔습니다. 그런데 또다시 하나님의 은혜를 잊어버리고 바알과 아세라를 섬기고 범죄할 때에 미디안이라는 족속을 통해 7년 동안 이스라엘을 다스리게 하셨습니다. 이스라엘 백성들의 이야기를 보면 범죄를 밥 먹듯이 하고 하나님의 은혜를 잊어버리는 사람들입니다. '사람들이 어떻게 이럴 수가 있을까?' 생각이 들지만 사실은 이 이야기가 나의 이야기입니다. 힘들 때는 부르짖다가도 금세 교만해지고 금세 하나님을 멀리하는 것이 나의 모습입니다. 사사기를 통해 너희의 모습을 돌아보고 하나님의 은혜를 잊지 말라고 이런 이야기를 기록해 놓으신 것입니다.

우리에게는 두 가지 성품이 있습니다. 하나는 하나님을 닮은 성품이요, 다른 하나는 죄 된 성품입니다. 고무줄을 당겼다가 탁 놓으면 제자리로 돌아가는 것처럼 우리 인간은 어느 순간 죄의 자리로 돌아가는 속성을 지니고 있습니다. 그래서 성령 충만해야 이 죄된 속성을 이길 수가 있습니다. 기도하는 일을 일주일만 쉬어보세요. 기도를 잊어버리는 것이 인간입니다. 매일 성경을 읽고 감동을 받다가 일주일만 성경 읽지 않고 살면 말씀으로부터 까마득히 멀어지는 것이 인간입니다. 그래서 매주일 하나님 앞에 나와 엎드리면 우리에게 은혜를 베풀어주십니다. 나는 부족하지만 사탄 마귀를 이길 영적인 힘도 주시고, 주님을 기뻐할 수 있는 마음도 주십니다.

이스라엘 백성들이 하나님의 은혜를 잊어버리고 40년 동안이나 멀리 떠나갔습니다. 40년이면 아주 멀리 떠나갈 수 있는 시간입니다. 멀리 떠나면 말한다고 돌아오지 않습니다. 가르쳐서 되지 않습니다. 그래서 하나님은 미디안을 통해 깨닫게 하십니다. 미디안 족속이 와서 공격을 하면 이스라엘은 쫓겨 산으로 도망갔습니다. 그곳에서 굴을 뚫고 숨어 살았습니다. 그러면 이때에 회개해야 맞습니다. 그런데 오히려 이스라엘은 우상을 만들었습니다. 점점 더 멀리 간 것입니다. 여러분, 멀리 가면 안 됩니다. 죄를 지을 수는 있으나 빨리 돌아와야 합니다. 그래서 예배가 얼마나 큰 은혜인지 모릅니다. 예배는 멀리 갔던 내 영혼이 주님 품으로 다시 돌아오는 시간입니다.

이스라엘이 하나님으로부터 멀리 가자 미디안뿐 아니라 아말렉과 모압 족속까지 와서 이스라엘을 못살게 굴었습니다. 농사를 지으면 다 빼앗아갔습니다. 동네북이 된 것입니다. 그런데도 깨닫지를 못합니다. 마지막에는 이스라엘을 아주 멸하려 했습니다. 다 죽게 되니 이때에 비로소 이스라엘은 여호와께 부르짖었다고 성경은 기록하고 있습니다. 좀 미리미리 하면 얼마나 좋습니까? 신앙생활은 미리미리 하는 것입니다. 기도도 미리미리 하십시오. 회개도 미리미리 하시고 봉사도 미리미리 하십시오. 내 마음에 감동을 주실 때에 즉시 하는 것이 얼마나 큰 축복인지를 깨달을 수 있기를 바랍니다.

오늘의 본문 말씀은 이스라엘 백성들이 부르짖을 때 하나님께서 기드온과 300용사를 준비시키는 내용입니다. 하나님의 일을 할 때에 처음부터 준비된 사람은 없습니다. 아브라함이 처음부터 믿음의 조상이 된 것이 아닙니다. 야곱이 처음부터 기도하는 사람이 아니었습니다. 하나님께서 기도하게 만드신 것입니다. 요셉이 처음부터 준비된 사람이 아니었습니다. 하나님의 은혜가 아니면 평범한 양치기로 살아갈 사람이었습니다. 베드로가 처음부터 위대한 사람이 아니었습니다. 가난한 어부에 불과했습니다. 이들의 공통점은 찾아오신 하나님을 믿고 나아갈 때에 위대한 사람으로 변화가 된 것입니다.

기드온도 처음부터 준비된 사람은 아니었습니다. 용맹한 용사도 아니었습니다. 특별한 집안에서 태어난 사람도 아니었습니다. 미디안 사람들이 무서워 타작마당에서 타작하지 못하고 포도주 짜는 돌에서 타작을 할 만큼 겁이 많은 사람이었습니다. 바알과 아세라 신상을 찍어버리고 번제를 드리라 할 때에 두려워 밤에 몰래 한 사람이었습니다. 그런데 하나님께서 기드온에게 찾아오셔서 '너는 큰 용사다'라고 불러주셨습니다. '여호와께서 너와 함께한다'고 말씀을 주셨습니다. 이 메시지를 듣고 믿고 나아갈 때에 그는 이스라엘의 영도자가 될 수 있었던 것입니다. 강한 믿음의 사람이 원래 있는 것이 아닙니다. 축복받는 사람은 따로 있는 것이 아닙니다. 하나님께서는 여러분을 큰 용사라고 불러 주셨습니다. 하나님의 자녀요 장자라고 불러 주셨습니다. 왕 같은 제사장이라고 불러 주셨습니다. 그러므로 하나님의 음성을 듣고, 믿고 따라가는 자가 큰 믿음의 사람도 되고, 위대한 축복의 사람도 되는 줄로 믿습니다.

기드온이 군사를 모아 미디안과 싸우려고 나갈 때에 하나님은 사람이 너무 많다고 하셨습니다. 지금 미디안의 군대가 13만5천 명인데 이스라엘은 3만2천 명입니다. 결코 많은 숫자가 아닙니다. 당시의 전쟁은 지금 같은 전쟁이 아니라 칼을 들고 싸워야 하는 전쟁이기에 군대의 수가 굉장히 중요합니다. 지금도 거의 승산이 없는데 너무 많다고 하십니다. 만약에 전쟁에 이기게 되면 "이스라엘이 나를 거슬러 스스로 자랑하기를 내 손이 나를 구원하였다 할까 함이니라" 말씀하십니다. 하나님은 영광을 도적질하는 것을 미워하십니다. 이 말을 잘못 이해하면 아니 하나님께서 뭐 그리 쩨쩨하신가? 질투심이 많으신가? 생각할 수 있습니다.

그런데 가정의 일로 생각을 해보십시오. 어느 가정에 문제 많은 아들이 있었는데 이 아들이 늘 죄를 짓고 다닙니다. 감옥에 들락거리고 학교도 안 갑니다. 그래서 부모님이 자녀를 위해 온갖 희생을 다했습니다. 자녀 때문에 온갖 모욕과 고통을 다 견디고 눈물 가운데 살았습니다. 이 아들이 중한 병에 걸려 죽게 되었을 때에 어머니는 아들을 살리려고 이식수술을 하다가 그만 목숨까지 주었습니다. 그래서 자녀가 건강도 찾게 되고 학교도 잘 마치고 좋은 직장에 들어가고 결혼하여 어려운 가운데 아파트까지 마련해 주었습니다. 이 아들이 잘되고 나서 누구의 은혜를 깨달아야 합니까? 부모님의 은혜입니다. 부모님께 효도해야 하는 것이 맞습니다. 그런데 이 아들이 부모님을 해하려고 했던 못된 사람을 찾아다니고 먹을 것을 해다 바치고, 은혜를 입었다고 하고, 부모님은 찾아뵙지도 않으면 부모님 마음이 어떻겠습니까?

이 이야기가 바로 하나님과 이스라엘 백성들의 이야기요, 우리의 이야기입니다. 우리가 죄 가운데 있을 때에 하나님은 늘 용서를 베풀어 주셨습니다. 그리고 예수님이 이 땅에 오셔서 우리의 죄를 위해 목숨까지 주셨습니다. 그런데 축복을 받고 잘되게 되니 하나님께 찬양과 영광을 돌려야 하는데 원수마귀를 숭배하였습니다. 바알과 아세라 신을 섬긴 것입니다. 하나님의 은혜를 잊어버렸습니다. 하나님은 이것을 미워하시는 것입니다. 내가 했다는 것입니다. 누가 도와주어서 되었고, 직장 덕을 보았고, 내가 지혜가 있어서, 때를 잘 만나서 되었다는 것입니다. 가장 무서운 죄는 은혜를 잊고 하나님을 떠나는 것이 죄입니다. 잘되고 형통한 이후에 하나님 없이 되었다고 생각하는 것이 가장 무서운 죄입니다.

사탄 마귀는 끊임없이 여러분을 유혹합니다. 하나님 없이 되었다고, 네가 잘나서 되었다고 유혹하는 것입니다. 여러분, 하나님 없는 건강이 없습니다. 하나님 없는 직장도 사업도 없고 하나님 없는 가정의 평안도 없습니다. 하나님 없는 성공도 축복도 없습니다. 하나님이 함께하시지 않으면 우리의 정신도 어디로 갈지 모르는 것이 인간입니다. 하나님은 우리의 피난처가 되시고 도움이 되시고 안전한 바위가 되어주십니다. 그러므로 하나님의 은혜를 잊어버리면 안 됩니다. 하나님을 가까이하면 가까이 할수록 많은 은혜와 축복이 오지만 하나님을 멀리하면 멀리하는 만큼 고통을 겪게 됩니다. 돈을 좋아하면 돈 때문에 마음 아픈 일이 생깁니다. 돈이란 것은 만족을 모릅니다. 그래서 계속해서 욕심을 갖게 하고, 교만하게 만듭니다. 사람들을 원수로 만들고, 미워하게 만들고 행복을 파괴합니다. 모든 것이 하나님의 은혜 없이는 안 되는 것을 잊지 마시기 바랍니다.

하나님 없는 명예도 그렇고 지식도 그렇고 세상의 것이 다 그렇습니다. 감옥에 가 있는 사람들을 보면 다 하나님 없는 무엇을 너무 사랑하다가 그렇게 된 것입니다. 돈과 권력을 너무 좋아하다가 감옥에 가 있는 사람들이 많습니다. 술을 좋아하다가 감옥에 가 있는 사람도 많고, 더러운 것을 좋아하다가 감옥에 가 있는 사람들이 많습니다. 그런데 사실은 그것이 돈 때문인 줄 아십니까? 권력 때문인 줄 아십니까? 죄 때문입니다. 죄가 그렇게 이용하는 것입니다. 그래서 죄에 속지 않아야 합니다. 죄는 가지 않아야 할 길을 가게 만듭니다. 생각하지 않아야 할 것을 생각하게 만듭니다. 사랑해야 할 사람을 미워하게 만들고, 싸우지 않아야 할 사람과 싸우고, 가깝게 지내야 할 사람을 멀리하게 만듭니다.

여러분은 주의 종과는 가깝게 지내야 합니다. 차를 마시고 식사하고 그러라는 말이 아닙니다. 마음으로 사랑하라는 말입니다. 그것이 은혜의 생활을 하는 비결입니다. 부부간에도 가깝게 지내야 합니다. 여러분, 가정에서 부부간에 싸우면 누가 이깁니까? 남편이 이깁니까? 아내가 이깁니까? 정답은 사탄이 이깁니다. 부부간에 싸우면 둘 다 지는 것입니다. 마귀는 이 분별력을 잃게 만듭니다. 그러나 하나님을 사랑하면 우리에게 주시는 모든 것이 행복한 선물이 되는 것입니다. 지식이 있어도 행복하고 물질이 있어도 행복합니다. 하나님을 기쁘시게 하기 위하여 사용을 하니 모든 것이 축복이 되는 것입니다. 그러므로 여러분은 하나님을 가까이 하여 주시는 모든 은사가 축복이 되는 성도들이 되십시다.

하나님께서는 두려워 떠는 자는 모두 돌아가라 하시니 2만2천 명이 돌아가고 1만 명이 남았습니다. 여러분, 하나님을 믿는 데에 두려워하지 마시기 바랍니다. 하나님은 만물을 창조하셨고 다스리시는 분입니다. 하나님은 우리에게 모든 것을 다 주십니다. 그런데 하나님을 믿지 못하니 내가 해결해 보려고 합니다. 4대강 사업 이후 녹조가 생겼다, 안 생겼다 하면서 싸웁니다. 하나님께서 창조하신 세계는 그대로 두면 모든 것이 다 문제가 없습니다. 옛날에는 갯벌을 막아 땅을 만들면 좋은 줄 알았는데 그렇지 않습니다. 그 땅에서 얻는 것보다 더 많은 비용을 대가로 지불해야 합니다. 윤락촌을 없애면 될 줄 알았는데 윤락여성들이 전국에 다 퍼져버렸습니다. 없앤다고 되지 않습니다. 죄를 남겨두면 죄는 계속해서 수만 가지 방법을 가지고 일어나는 것입니다.

하나님을 믿으면 모든 문제가 저절로 해결이 되는데 이 세상은 자기 힘으로 어떻게든 해보려고 합니다. 한 가지 방법, 하나님을 믿으면 되는데 수만 가지 방법을 찾으려고 고생을 하는 것이 인간입니다. 자녀문제도 하나님을 믿으면 저절로 해결이 됩니다. 불화하는 가정의 문제가 무엇입니까? 하나님께서 그 가정의 주인이 되시면 저절로 해결이 됩니다. 하나님이 문제해결의 근원이십니다. 그런데 중요한 사실이 있습니다. 죄악이 만연한 세상에 살면 의인이 고난을 당하기도 합니다. 다 부정을 행하는데 혼자서 정직하게 하려고 하니 어려움을 겪기도 합니다. 그래서 믿음의 사람들도 두려워합니다. 그렇다고 세상을 따라가면 안 됩니다. 믿음으로 살면 결국은 믿음이 이기는 것입니다. 믿음으로 살면 내가 하나님의 은총을 입게 되고, 믿음으로 살면 내 자손이 축복의 시대를 살게 되는 줄로 믿습니다.

남미의 과테말라의 알모롱가라는 도시는 마시몽이라 불리는 우상을 섬기는 유명한 도시였습니다. 이 지역 출신인 마리아노 목사님은 일주일에 3~4일씩 금식하며 이 도시를 위해 기도했습니다. 80년대 중반 이곳에 복음이 전파되면서 믿음의 사람들이 매일 모여 기도하며 담대하게 믿음의 방법으로 살기 시작했습니다. 그 결과 1만 8천 명의 주민 가운데 90%가 크리스천이 되었습니다. 34개의 술집 중 31개가 문을 닫았고 4개나 있던 교도소가 늘 만원이었는데, 교도소에 죄수가 한 명도 없게 되었습니다. 농작물이 갑자기 1천 배 이상 수확을 거두기 시작하였습니다. 그런데 이런 일이 그저 된 것이 아닙니다. 처음에는 극심한 핍박과 도전이 있었습니다. 납치와 폭력이 있었습니다. 그런데 굴하지 않고 믿음으로 나아갈 때에 이 도시가 변화되고 자손들이 축복의 땅에 살게 된 것입니다. 여러분, 세상을 두려워하지 마십시오. 믿음으로 사는 자는 하나님께서 위로해 주십니다. 도와주십니다. 함께해 주십니다. 그리고 승리하게 해주시는 줄로 믿으시기 바랍니다.

하나님께서는 남은 1만 명도 많다고 하셨습니다. 이들은 용감한 자들이었습니다. 그런데 아직 준비가 안 된 이들이 있었습니다. 그래서 이들을 물가로 데려가라고 하셨습니다. 물을 마시게 할 때에 손으로 움켜 물을 핥아먹은 자 300명과, 무릎을 꿇고 엎드려 먹은 자 9천7백 명을 따로 세우게 하셨습니다. 그리고 300명을 택하셨습니다. 신학자들은 전쟁 중에 엎드려 먹은 자는 주의력이 부족한 자라고 보았습니다. 그리고 손으로 떠서 먹은 자는 긴장하고 늘 준비하고 있는 자이기 때문에 손으로 떠서 먹은 자를 택하였다고 해석을 합니다.

영적인 싸움도 긴장해야 합니다. 감기바이러스가 침투하는 것을 알고 있다면 감기에 걸리지 않을 것입니다. 내 속에 암세포가 생기는 것을 눈치 챘더라면 그대로 두지 않을 것입니다. 나도 모르는 사이에 들어오는 것입니다. 그러므로 우리는 영적으로 긴장하여 사탄이 들어오는 것을 막기 위하여 늘 말씀을 먹어야 합니다. 기도의 줄을 놓지 않아야 합니다. 하나님은 겨우 300인의 작은 용사만 택하셔서 이들을 통해 미디안을 이기게 하시겠다고 하셨습니다. 오늘 본문 이후에 이들이 횃불과 항아리와 나팔을 가지고 전쟁에 나가 대승을 거두게 됩니다. 겨우 300명이 어떻게 13만5천 명과 싸울 수 있습니까? 이것은 죽으려고 작정한 일입니다.

그런데 하나님께서는 300명을 이미 택하시고 골라내셨습니다. 놀랍게도 이들 가운데 도망한 사람이 단 한 명도 없었습니다. '300명이 어떻게 13만5천과 싸우냐?'고 부정적으로 생각하고 항의한 단 한 사람도 없었습니다. '횃불과 항아리와 나팔을 가지고 싸움터로 향할 때에 이런 전쟁이 어디 있느냐?'고 불평한 사람이 단 한 사람도 없었습니다. 이들은 모두가 용사였습니다. 왜요? 하나님을 믿었기 때문입니다.

오늘 여러분이 지금 3만2천 가운데 있습니다. 여러분은 과연 어디에 속한 사람입니까? 두려워서 집으로 간 2만2천이 아니라 끝까지 싸우겠다고 남아 있는 1만 명이 되어야 합니다. 그러나 거기서 끝나면 안 됩니다. 하나님께서 시험하신다고 하셨습니다. 거기서 300명만 하나님의 용사로 부르심을 받았습니다. 여러분은 택함을 받는 최후의 300명이 되시기 바랍니다. 이들이 승리자요 영광을 누리는 자들이 되었습니다. 이들이 힘이 있어 전쟁에 승리한 것이 아닙니다. 하나님께서 함께하셨기 때문입니다. 하나님과 함께하는 사람들은 행복한 사람들입니다. 누구 편에 서느냐가 중요한 것이 아닙니다. 하나님 편에 서면 됩니다. 오늘도 하나님께서는 쓰실 사람을 찾고 계십니다. 나라를 위해 쓰실 사람을 찾으십니다. 대통령도 찾으시고 장관도 찾으십니다. 학자도 찾으시고 교회의 기둥이 될 사람도 찾으십니다.

이 종은 뛰어난 언변도 없고 똑똑하지도 않습니다. 뛰어나지도 않습니다. 그러나 분명한 것은 불리한 일이 있어도 하나님 편에 서려고 애를 썼습니다. 그래서 하나님께서 우리 교회까지 인도하시고 여러분의 영혼을 이끌고 나가는 굉장한 사명도 맡겨주셨습니다.

성도 여러분, 하나님 편에 서십시오. 그러면 하나님은 수많은 사람 가운데 여러분을 선택하시고 여러분의 미래와 가정과 우리의 교회와 이 민족을 인도해 주십니다. 그 길이 안전한 길이요, 행복한 길이요, 승리하는 길입니다. 여러분 모두가 기드온의 300 용사와 같이 하나님과 함께하는 사람들로 이 세상을 담대하게 걸어가는 성도들이 되시기를 바랍니다.

적용

ⓐ 오늘 말씀의 주제 파악하기

ⓑ 오늘 말씀 중 은혜 받은 부분 나누기

ⓒ 삶에 구체적으로 적용하기

함께 드리는 기도제목

1. 하나님을 가까이 하며 하나님께서 주시는 모든 은사가 축복이 되게 해주옵소서.
2. 세상을 두려워하지 말고 믿음으로 살아 승리하게 하옵소서.
3. 하나님과 함께하며 이 세상을 담대하게 걸어가게 하옵소서.

6

너는 거룩한 백성이라

• 본 문: 신명기 7장 1–7절
• 찬 송: 289장(주 예수 내 맘에 들어와, 통 208장)
• 요 절: 너는 여호와 네 하나님의 성민이라 네 하나님 여호와께서 지상 만민 중에서 너를 자기 기업의 백성으로 택하셨나니 여호와께서 너희를 기뻐하시고 너희를 택하심은 너희가 다른 민족보다 수효가 많기 때문이 아니니라 너희는 오히려 모든 민족 중에 가장 적으니라(신 7:6–7)

교회를 정의할 때 "하나님의 택하심을 입은 거룩한 백성들의 무리"라고 합니다. 여기에는 세 가지 중요한 의미가 있습니다. 첫째는, 하나님의 택하심을 입었다. 둘째는, 거룩함. 셋째는, 백성들의 무리입니다. 교회가 되기 위해서는 이 세 가지가 다 있어야 합니다. 아무리 많은 사람들이 모였어도 하나님이 택하시지 않으면 그것은 교회가 아닙니다. 세상에는 많은 사람들이 모입니다. 체육관에도 모이고, 군대에도 모이고 취미로 모입니다. 그러나 이것은 교회가 아닙니다.

둘째는, 거룩해야 합니다. "어떻게 하면 거룩하게 되는가?"에 대해 성경은 많은 말씀을 주십니다. 하나님께서는 "내가 거룩하니 너희도 거룩하라"고 하셨습니다. 거룩이라는 단어가 성경에 무려 400회 이상이 나옵니다. 그만큼 하나님께서는 거룩에 대하여 강조하고 계십니다. "나는 너희를 거룩하게 하는 여호와요"(레 22:32)라고 하셨습니다. "예수 그리스도의 몸을 단번에 드리심으로 말미암아 우리가 거룩함을 얻었노라"(히 10:10), "그러므로 예수도 자기 피로써 백성을 거룩하게 하려고"(히 13:12)라고 말씀하셨습니다.

우리가 거룩하게 되는 방법은 오직 예수 그리스도를 믿음으로써만 거룩하게 되는 것입니다. 그리고 우리는 예수를 믿고 거룩함을 계속해서 지켜야 하는데 "하나님의 말씀과 기도로 거룩하여짐이라"(딤전 4:5)고 말씀하십니다. 하나님의 말씀을 듣고 순종하고 기도생활을 게을리하지 않아야 합니다. 교회는 거룩하기 위해 애써야 합니다. 교회가 거룩함을 잃어버리면 이미 교회가 아닙니다.

셋째는, 백성들의 무리입니다. 교회는 건물이 아닙니다. 이렇게 하나님의 택하심을 입은 거룩한 백성이 모여 교회가 되는 것입니다. 오늘 여러분이 바로 교회입니다. 오늘 성경말씀에 이 교회의 내용이 다 나옵니다.

1. 우상을 타파하라고 하십니다.

"오직 너희가 그들에게 행할 것은 이러하니 그들의 제단을 헐며 주상을 깨뜨리며 아세라 목상을 찍으며 조각한 우상들을 불사를 것이니라"(신 7:5)고 하셨습니다. 하나님은 우상을 섬기는 것을 가장 미워하십니다. 그래서 십계명에도 제일 먼저 나오는 제1, 2계명에 "나 외에 다른 신을 섬기지 말라. 너를 위하여 우상을 만들지 말며 거기에 절하지 말라"고 하십니다. 우상을 섬기는 것은 하나님의 은혜를 잊어버리는 것입니다. 이스라엘 백성들을 택하시고 열 가지 재앙으로 애굽에서 해방시켜 주셨는데 다른 신을 섬기고 있으니 하나님께서 얼마나 섭섭하시겠습니까?

오늘의 이 말씀은 이방민족이 아니라 하나님의 백성인 이스라엘 민족에게 주시는 말씀입니다. 즉 오늘 우리에게 주시는 말씀입니다.

하나님께서 우리를 자녀삼아 주셨는데 우리가 하나님보다 더 믿는 것이 있다면 그것이 우상입니다. 자식이 최고인 줄 아는 사람은 자식 앞에 모든 것을 다 팔아먹습니다. 자식이 우상입니다. 지식이 우상인 사람도 있습니다. 돈을 믿는 사람은 돈 앞에 벌벌 떱니다. 돈이 우상이어서 그렇습니다. 권력을 믿는 사람은 힘 있는 자리에 가기 위해 신앙도 팔아먹습니다. 그런다고 내 것이 되는 것이 아닙니다. 정치권도 불안합니다. 힘 있는 사람들이 하루아침에 불쌍하게 되는 것이 권력입니다. 그러나 하나님을 가장 힘 있는 줄로 믿고 하나님을 의지하고 따라가는 백성들은 하나님이 보호해 주십니다. 하나님은 내가 부족함을 아는 사람들이 믿는 것입니다. 내가 부족함을 아는 사람들이 겸손하게 되고 영적으로 목마른 사람들이 은혜의 생수를 마시게 되는 것입니다.

오늘 성경을 읽다 보면 '하나님께서 참 잔인하시지 않는가?'라는 생각이 들 수도 있습니다. "불쌍히 여기지도 말고 다 진멸하라"고 하십니다. 성경 다른 곳에 보면 아이들까지 죽이라고 하셨습니다. 이것은 심판을 의미하는 것입니다. 하나님은 이방인들을 함부로 하지 말고 긍휼을 베풀라고 하셨습니다. 그런데 지금은 우상을 섬기는 이들에게 심판을 내리시는 것입니다.

고고학자들에 의해 발굴된 유물들을 보면 이 가나안에 살던 족속들이 얼마나 음란했었는지를 잘 보여줍니다. 심지어 자기 아이들을 죽여 신에게 바쳤습니다. 신전에 아이들의 뼈가 한꺼번에 출토된 곳도 있습니다. 죄악을 불쌍히 여기면 그 죄가 나로 하여금 범죄하게 만듭니다. 죄는 사망을 낳습니다. 여러분을 망하게 하는 것입니다. 영원한 멸망으로 이끌고 가는 것이 죄입니다. 그래서 죄와의 싸움에서는 단호해야 하는 것입니다. 성도 여러분, 나로 하여금 하나님과 멀어지게 하는 우상을 단호하게 제거하고 죄와의 싸움에 승리하는 성도들이 되십시다.

2. 너는 거룩한 백성이라고 하셨습니다.

"너는 여호와 네 하나님의 성민이라"(신 7:6). 즉 하나님께서 선택하신 거룩한 백성이라고 하셨습니다. 하나님께서 선택하셨습니다. 내가 하나님을 선택한 것이 아닙니다. 내가 부모를 선택한 사람이 있습니까? 그럴 수 있다면 좀 더 조건이 좋은 부모를 선택하지 않았겠습니까? 왜 내가 이런 가정에 태어나 고생을 했겠습니까? 내가 대한민국을 선택한 사람도 없습니다. 분단국가에 태어나 전쟁을 겪고 남자들은 군대도 가야 합니다. 내가 선택할 수 있다면 노르웨이나 핀란드 같은 나라를 선택하지 않겠습니까? 내 얼굴은 내가 선택했습니까? 선택할 수 있다면 모두가 김태희나 장동건처럼 될 것입니다.

내 얼굴도 내 마음대로 되는 것이 아닙니다. 하나님의 선택이 그런 것입니다. 내가 선택한 것이 아닙니다. 하나님께서 선택해 주신 것입니다. 왜요? 거룩한 백성이 되라고 선택해 주신 것입니다. 하나님의 선택은 내가 잘나서 된 것이 아닙니다. 오늘 말씀에도 이스라엘이 약하지만 택하셨습니다. 텔레비전을 보면 유기견들을 데려다가 키우는 분들이 있습니다. 다리가 잘려나가고, 눈을 보지 못하고, 하체를 쓰지 못하고 그대로 두면 죽을 수밖에 없는 개들을 데려다가 훈련시키고, 휠체어를 만들어 주고, 사랑해주고, 더 행복하게 만들어 주는 것입니다. 사람들에게 학대받아 그 상처로 사랑 받을 줄 모르는 개들을 끊임없이 사랑해주고 돌보아 주어 행복하게 만드는 것입니다. 이 선택 받은 유기견들은 행복한 개들입니다.

이스라엘은 하나님의 택하신 백성들입니다. 그래서 이들로 하여금 이집트의 노예생활에서 구원해 내셨습니다. 노예생활도 하나님의 백성들을 훈련시키시는 과정이었고 가나안 땅에 들어가는 여정도 훈련의 과정입니다. 왜요? 거룩한 백성으로 만드시기 위해서입니다. 사람은 훈련 없이 강하게 되지 않습니다. 육체적으로도 매일 운동을 해야 강하게 됩니다. 먹기만 하고 땀 흘리지 않고 쉬기만 하면 오히려 병이 생깁니다. 영적으로도 그렇습니다. 먹기만 하고 가만히 있으면 병이 드는 것을 깨달아야 합니다. 하나님의 말씀을 먹었으면 영적인 운동을 해야 건강합니다. 전도도 하고 봉사도 하고 받은 은혜를 자꾸 써야 영적으로 더 건강해지는 것입니다. 말씀을 먹고 가만히 있으면 사탄이 틈타는 것입니다. 그러므로 주의 일에 더욱 힘쓰는 성도들이 되십시다.

자녀도 강하게 키우려면 훈련을 시켜야 합니다. 고민도 하고 땀도 흘리고 눈물도 흘려봐야 강한 사람으로 자라게 됩니다. 갑자기 졸부가 된 사람들의 가정에서 보면 대개 많은 문제가 일어납니다. 그 부를 소유하고 운영할 훈련이 되어 있지 않았기 때문입니다. 로또 복권에 당첨된 사람들의 이야기를 보면 대개가 불행합니다. 얼마 전 뉴스에도 로또 복권 1등에 당첨된 사람이 경찰에 잡혀 징역형을 받았습니다. 그는 3년 만에 그 많은 돈을 유흥비로 다 써버렸습니다. 그리고 상습절도로 감옥에 들어가게 된 것입니다.

얼마 전에도 242억 원에 당첨된 사람이 가족과 헤어져 혼자 살다가, 4년 동안 모든 돈을 다 탕진하고 찜질방에서 살며 사기행각을 벌이다가 감옥에 들어간 이야기가 소개가 되었습니다. 통계에 따르면 로또복권 당첨자들의 80~90%가 불행하게 된다는 것입니다. 평균 수명이 짧아지는 것은 물론 도박과 유흥, 이혼, 자살 등으로 대부분이 불행한 삶을 산다는 보고서가 있습니다. 그러니 복권 너무 좋아하지 마세요. 어떤 부인이 100억 원짜리 복권에 당첨되었습니다. 그녀는 바로 집에 와서 남편에게 "여보, 어서 가방 싸세요. 100억 원짜리 복권에 당첨됐어요." 남편은 기쁜 마음에 "정말이야? 믿기지 않는군. 짐은 어떻게 쌀까? 외국으로 놀러 갈까? 바닷가로?" 그러자 아내가 말하기를 “알아서 싸란 말예요. 그리고 빨리 내 집에서 나가요” 참 무서운 세상입니다.

준비되지 않은 사람은 받은 복이 복이 되지 못합니다. 그러므로 하나님께서는 택하신 백성들에게 합당한 은혜를 주시고 하루하루 하나님을 바라보며 살게 하십니다. 오늘 여러분이 하나님 앞에 나올 수 있게 된 것이 하나님의 은혜인 줄 알고 감사하시기 바랍니다. 성경에는 하라는 것과 하지 말라는 것이 많이 있습니다. 왜 이런 것을 말씀하십니까? 하나님의 자녀들을 거룩하게 구별하시기 위해서 명령하신 것입니다. 하나님의 자녀들은 세상 사람들과 구별된 존재입니다. 생각하는 것도 말하는 것도 달라야 합니다. 먹는 것도 달라야 합니다. 가는 길도 달라야 합니다. 그래서 이들과 혼인하지도 말라고 했습니다. 왜요? 닮아가기 때문입니다.

우리는 악한 사람 옆에 서지 않아야 합니다. 부정적인 사람, 불평하는 사람 옆에 있으면 반드시 손해 보게 되어 있습니다. 성경에 그렇게 기록되었기 때문입니다. 이들이 너희를 유혹할 것이라고 오늘 성경은 말씀하십니다. 악한 것은 전염성이 강합니다. 가르쳐주지 않아도 잘합니다. 인간의 본성이 그렇습니다. 되는 대로 사는 사람은 절대로 거룩하게 살 수 없습니다.

사도 바울은 날마다 나를 친다고 했습니다. 여러분, 교회는 여러분을 거룩하게 씻는 곳입니다. 세상에 있으면 죄가 묻어옵니다. 온종일 밖에 있으면 먼지가 옷에 묻어 세탁세제로 빨면 땟국물이 나오듯 나도 모르게 죄가 묻어옵니다. 그래서 주의 집에 와서 여러분의 죄를 세탁하는 것입니다. 나의 죄를 고백하고 하나님의 말씀을 들으면 여러분의 죄를 사해주십니다. 새사람이 되게 하십니다. 그러므로 하나님의 전을 사랑하고 하나님의 말씀을 가장 귀하게 여기시기 바랍니다. 교만한 사람은 하나님의 집을 우습게 생각합니다. 하나님의 집에서도 세상처럼 행동합니다. 그러나 하나님의 말씀을 읽고 듣고 지키는 자가 복이 있습니다. 하나님의 집을 사모하고 말씀을 귀히 여겨 거룩함을 입는 성도들이 되십시다.

3. 순종에는 축복이 따릅니다.

이스라엘 백성들이 상대할 부족들은 어느 하나 만만한 족속이 없었습니다. 이스라엘은 장정만 60만 명밖에 안 되는데 이들은 훨씬 더 수가 많았습니다. 더구나 강한 족속들이었습니다. 아모리 족속은 B.C. 2300년경 메소포타미아의 수메르를 멸망시킨 강한 민족입니다. 이들의 후손이 고대 바빌로니아를 세웠습니다. 히타이트란 말을 성경은 '헷'으로 번역을 했는데, 헷 족속도 무서운 족속입니다. 철기문명을 이룬 족속입니다. 역사적으로 히타이트 문명이 존재했다는 것을 인정한 것이 100년도 안됩니다. 그 이전에는 성경이 없는 족속을 써놓았다고 성경이 거짓이라고 했는데, 고고학의 발달로 히타이트 문명이 발견되게 되었습니다.

가나안 족속은 또 어떻습니까? 팔레스타인 해변과 요단 강의 비옥한 땅에 거주하는 풍요하고 강한 족속이었습니다. 여부스 족속도 예루살렘 지역을 장악하고 있던 강한 족속입니다. 이런 족속들을 상대로 전투를 해야 하는 이스라엘은 두려울 수밖에 없었습니다. 이스라엘 백성들이 가나안 정탐을 마치고 원망하고 불평한 것이 다 이유가 있는 것입니다. 이길 수 없는 싸움이었기 때문입니다.

그런데 오늘 하나님은 모세를 통하여 확신의 말씀을 주십니다. '네 하나님 여호와가 너보다 많고 힘이 센 일곱 족속을 쫓아내실 것이다. 그들을 진멸하라'(신 7:1)고 하셨습니다. 기독교는 죄악과 싸우는 종교입니다. 우리는 이 세상의 죄악을 볼 때에 강하고 수가 많고 우리가 상대하기 어려울 것처럼 보입니다. 그래서 미리 좌절하고 미리 포기합니다. 죄에 굴복하고 죄를 따라서 삽니다. 그러나 하나님은 약한 자를 들어 강한 자를 부끄럽게 하시는 하나님이십니다. 하나님께서는 여러분의 미래에 놀라운 계획을 가지고 계십니다.

모세는 삶의 희망도 없이 갈대상자에 눕혀져 강에 버려진 아기였습니다. 다니엘은 사자 굴에 던져진 사람이었습니다. 다윗은 하루하루 생명을 연장하며 타국으로 도망치던 사람이었습니다. 욥은 기왓장으로 몸의 종기를 긁어대며 질병 때문에 괴로워한 사람입니다. 요셉처럼 기구한 삶을 산 사람도 없습니다. 구덩이에 던져지고 감옥에 갇히고 모함을 당했습니다. 그런데 이들을 하나님께서 높이십니다.

내가 지금 하루하루 품을 팔더라도, 일거리가 없어 고통을 겪을지라도, 미래가 보이지 않을지라도 포기하거나 두려워해서는 안 됩니다. 오늘 이 말씀이 두려워하는 이스라엘 백성들에게 주시는 하나님의 약속입니다. 이 약속이 실제로 이루어지는 믿음을 갖기까지 이스라엘 백성들은 노예생활의 고통을 겪었고, 광야의 연단을 받았습니다. 이스라엘 백성들도 수없이 좌절했고 넘어졌습니다. 그러나 이들이 믿음으로 일어설 때에 그 강한 가나안 일곱 족속을 몰아내고 가나안 땅의 주인이 될 수 있었던 것입니다.

세상은 믿음으로 이기는 것입니다. 우리 민족이 믿음을 가짐으로 저주받을 백성에서 축복의 백성으로 새롭게 되었습니다. 여러분, 믿음으로 살아야 합니다. 인생의 축복도 믿음으로 받는 것입니다. 성경에 나오는 신앙의 인물들이 축복을 받은 것은 모두 믿음으로 받았습니다. 아브라함도 믿음으로 받았습니다. 다윗도 믿음으로 이겼습니다. 다니엘도 요셉도 모두가 믿음으로 받은 것입니다. 사탄의 시험도 믿음으로 이기는 것입니다. 눈앞에 오는 사탄의 시험을 이겨야 그 다음에 축복이 오는 것입니다.

그러므로 모든 일을 믿음으로 바라보시기 바랍니다. 불신앙의 눈으로 바라보면 온 세상이 시험들 일만 보입니다. 이런 사람들은 누구에게 말을 들어도 시험들 말만 듣고 무엇을 보아도 시험들 일을 봅니다. 생각을 해도 시험들 생각만 하는 것입니다. 그러므로 믿음으로 모든 것을 바라보시기 바랍니다. 그리고 믿음의 말을 하시기 바랍니다. 모든 사람이 부정적인 말을 하는데, 여호수아와 갈렙은 믿음의 말을 하였고 가나안 땅의 축복을 받았습니다.

오늘 하나님께서는 모세를 통하여 가나안 땅에 들어가서 행할 일을 세세히 말씀해 주십니다. 이 말씀을 지키고 순종하면 너희 조상에게 약속하신 대로 너희에게 인애를 베푸실 것이라 말씀하십니다. 그리고 너를 사랑하시고 복을 주신다고 했는데 오늘 말씀 이후 13절 이하에서부터 15절까지 나오는 내용입니다. 번성하게 하시고 네 소생에게 은혜를 베푸시고 네 토지의 소산과 우양에 이르기까지 복을 주시고 네가 복을 받음이 만민보다 훨씬 더할 것이라고 하셨습니다. 질병에서도 보호해 주신다고 하셨습니다. 이 모든 복이 어디에서 오는 것입니까? 하나님의 말씀에 순종하는 자에게 주시는 것입니다.

여러분, 하나님의 말씀을 사모하고 그 말씀을 인생의 가장 중심에 놓으십시오, 그 말씀대로 살아보십시오. 그러면 복을 주십니다. 먼저 여러분의 영혼이 복을 받아 하루하루 은혜가 넘치고 행복하고 감사한 인생을 살게 됩니다. 자녀가 잘되고 미래가 복된 인생이 되기를 원하면 말씀대로 살아야 합니다. 말씀대로 산 사람들이 복을 받은 이야기가 성경입니다. 그리고 최후에 영원한 생명을 복으로 누리게 되는 것입니다.

"♬~우리 주만 믿으면 모두 구원 얻으며 영생 복락 면류관 확실히

받겠네~♬"(287장)

하나님의 말씀을 지켜 이 땅에서 하나님의 인애를 받고 영원한 면류관을 차지하는 성도들이 되십시다.

적 용

ⓐ 오늘 말씀의 주제 파악하기

ⓑ 오늘 말씀 중 은혜 받은 부분 나누기

ⓒ 삶에 구체적으로 적용하기

함께 드리는 기도제목

1. 하나님과 멀어지게 하는 우상을 단호히 제거하게 하옵소서.
2. 하나님의 집을 사모하고 말씀을 귀히 여겨 거룩함을 입는 성도가 되게 하옵소서.
3. 하나님의 말씀을 지켜 이 땅에서 하나님의 인애를 받고 영원한 면류관을 차지하게 하옵소서.

7

성공하는 인생을 살려면

- 본 문: 잠언 3장 5–10절
- 찬 송: 285장(주의 말씀 받은 그날, 통 209장)
- 요 절: 너는 마음을 다하여 여호와를 신뢰하고 네 명철을 의지하지 말라 너는 범사에 그를 인정하라 그리하면 네 길을 지도하시리라 (잠 3:5–6)

오늘 성경은 하나님의 자녀들이 마땅히 지켜야 할 네 가지 의무를 말씀하고 있습니다. 네 가지 명령이 나오고 그 명령에 순종할 때 주시는 세 가지 축복을 말씀하고 있습니다. 그러면 성공하는 인생이 된다는 말씀입니다. 사람들은 누구나 성공하기를 원합니다. 공부를 잘해서 대학입시에 성공하기를 원하고 일류기업에 들어가기를 원합니다. 사업에 성공하기를 원합니다. 한국 사람들은 유교의 영향을 받아서 성공이라 하면 부귀공명을 말합니다. 재물이 많아 부하게 되고 귀한 자리에 오르며 공을 세워 이름을 내는 것을 성공이라고 생각을 합니다. 불교는 이것을 반대하며 원래 부귀공명이란 일순간의 환락이며 생로병사 앞에서 허망한 것이라고 했습니다.

그러나 성경은 그렇게 말씀하지 않습니다. 이 땅에서 잘되고 높은 자리에 올라 이름을 내는 것이 인생의 목표도 아니요, 그렇다고 인생이 허망한 것도 아님을 말씀합니다. 우리는 이 땅에서도 하나님의 자녀로 빛으로 소금으로 살아야 하고, 우리에게는 영원한 생명의 나라가 기다리고 있음을 말씀하고 있습니다. "사랑하는 자여 네 영혼이 잘됨같이 네가 범사에 잘되고 강건하기를 내가 간구하노라"(요삼 1:2). 성공적인 인생을 가장 잘 표현해주고 있는 말씀입니다. 성공하는 인생의 첫 번째 조건이 영혼이 잘되는 것입니다. 영혼이 잘되면 늘 마음에 기쁨이 있고 감사가 있습니다. 찬송을 불러도 기쁘고, 기도해도 감사하고 말씀을 들어도 감격이 넘칩니다. 어느 하나 감사하지 않은 것이 없습니다. 이런 사람이 영혼이 잘된 사람입니다.

영혼이 잘못되면 매사에 비뚤어진 것만 보입니다. 이것을 보아도 불평하고 저것을 보아도 섭섭합니다. 이런 사람은 자기만 잘못되는 것이 아니라 다른 사람도 잘못되게 합니다. 성경이 말씀하는 쓴 뿌리입니다. 하나님께서는 사랑하시는 자녀들에게 먼저 영혼이 잘되는 축복을 주십니다. 그 다음에 범사에 잘되는 축복을 받아야 합니다. 신명기 28장에 나온 말씀처럼 성읍에 가도 복을 받고, 들에 가도 복을 받습니다. 내 몸의 자녀와 짐승과 토지소산물까지 복을 받습니다. 들어와도 복을 받고 나가도 복을 받습니다. 이것이 범사에 잘되는 복입니다.

"영혼이 잘됨같이"라고 말씀하신 것은 영혼이 잘되지 않았는데 범사에 잘되는 복을 받으면 이것이 복이 아니라 화가 된다는 것을 말씀하신 것입니다. 이 영적인 순서를 잘 깨달아야 합니다. 그리고 강건한 축복을 받는 것입니다. 영적으로 강건하면 악한 사탄이 범접하지 못합니다. 육체적으로 강건하여 이 땅을 사는 동안 행복한 삶을 살아갑니다. 우리가 이 복을 받게 되기를 바랍니다.

그런데 우리 인생은 늘 어려움을 겪습니다. 그것은 우리가 부족하기 때문입니다. 그냥 내버려두어도 강철 같은 믿음을 가진 사람은 없습니다. 처음부터 말씀을 들어도 눈물이 나오고 감사한 사람은 없습니다. 믿음을 가지려면 다 그렇게 되기까지의 이유가 있고, 감격과 감사가 있는 인생을 살려면 다 이유가 있습니다. 하나님께서는 모든 일을 합력하여 우리를 연단시키시고 훈련시키시는 것입니다. 그러므로 하나님의 길을 믿고 따라가면 그것이 성공하는 인생길이 되는 줄로 믿습니다.

1. "너는 마음을 다하여 여호와를 신뢰하고 네 명철을 의지하지 말라"

아브라함은 하나님의 말씀을 믿고 고향 친척 아버지 집을 떠났습니다. 하나님께서 좋은 것을 주실 줄로 믿었습니다. 아들 이삭을 바치라 할 때에도 하나님께서 죽은 자도 다시 살리실 줄로 믿었다고 했습니다. 이것이 신뢰입니다. 다니엘은 사자굴에 들어가면서도 하나님을 믿었습니다. 오늘 성경은 마음을 다하여 신뢰하라고 하셨는데 이것은 의미가 있습니다. 적당히 신뢰하면 아들을 바칠 수도 없었고, 사자굴에 들어갈 수도 없었습니다. 마음을 다하여 신뢰해야 하는 것입니다. 다윗은 하나님을 신뢰했기에 도망을 다니면서도 하나님은 나의 피난처시요, 나의 피할 바위시요, 나의 산성이시요, 나의 힘, 나의 노래라고 고백했습니다.

하나님께서 마지막에 나를 성공하는 인생으로 만들어주실 줄로 믿는다는 말입니다. 오토바이를 타다 보면 뒤에 사람을 태워야 할 때가 있습니다. 운전자를 신뢰하면 앞사람을 꼭 잡고 앞의 운전자가 움직이는 대로 내 몸을 맡깁니다. 젊은 시절에 한번은 오토바이 뒤에 친구를 태우고 길을 가는데 이 친구가 나를 신뢰하지 않는 것입니다. 커브를 돌면 같이 몸을 맡겨 돌아가야 하는데 자기 생각대로 안 넘어지려고 몸을 일으켜 세우니 어떻게 되겠습니까? 같이 넘어지고 만 것입니다. 그래서 뭐라고 했겠습니까? "야, 너랑 못 타겠다. 내려라!"

하나님께서도 우리 인생을 하나님께 전적으로 맡기고 하나님께서 내 인생길을 운행하시는 대로 맡기면 복된 길로 가는데 그렇지 못하면 뭐라고 하십니까? "야, 너와 같이 못 가겠다 내려라. 너 혼자 걸어가라" 그러시는 것입니다. 여러분은 하나님께 인생길을 신뢰하고 맡기시기를 바랍니다.

"하나님을 신뢰하는 것과 대비하여 네 명철을 의지하지 말라"(잠 3:5)고 했습니다. 자기의 명철을 의지하는 자는 하나님을 마음을 다하여 신뢰하지 않기 때문입니다. 오늘 이 말씀은 특별히 저에게 은혜가 됩니다. "명철아, 네가 교회를 어떻게 부흥시켜 보려고 하면 너 넘어진다. 명철아, 네가 하려고 하면 넘어진다" 하는 말씀으로 들려집니다. 나만 넘어집니까? 교회가 함께 넘어지는 것입니다. 목사가 넘어지면 성도들이 함께 고통을 당하고 축복받는 신앙생활이 되지 못하는 것입니다. 그래서 하나님을 의지해야 합니다. 성도들도 자기의 명철로 해보려고 하면 넘어지는 것입니다. 하나님을 신뢰하시기 바랍니다.

2. "범사에 여호와를 인정하라"

범사가 무슨 말입니까? 모든 일입니다. 믿음의 사람은 가정에서도 하나님을 인정해야 합니다. 직장에서도 인정해야 합니다. 교회에서도 인정해야 합니다. 내가 생각하는 것, 내가 걸어가는 모든 곳에 전능하신 하나님의 손길이 함께하심을 인정할 때 하나님은 기뻐하시고 우리의 길을 지도해 주신다고 하셨습니다. 지도자가 누구냐에 따라 인생길이 달라집니다.

대한민국이 낳은 최고의 축구스타인 박지성은 히딩크 감독을 만나 지도를 받았고 최고의 선수가 되었습니다. 은퇴할 무렵에 QPR이라는 팀에 가서 선수생활을 했는데 그곳에서 고생을 했습니다. 감독이 박지성 선수를 후보로 벤치에 앉혀 놓는 것입니다. 세계 최고의 선수를 써먹을 줄을 모르는 것입니다. 그래서 다시 맨유라는 최고의 축구명문클럽으로 돌아왔습니다. 그곳에서 전설적인 감독인 퍼거슨은 박지성을 중용했고 최고의 선수라 극찬을 했습니다. 마침내 은퇴와 함께 특별한 소수만 누리는 맨유의 글로벌 앰버서더로 전 세계를 누비며 맨유를 알리는 홍보대사가 되었습니다.

누구를 만나느냐가 중요합니다. 엘리사는 엘리야를 만나 그 꿈을 이뤘고 허균은 스승 유의태를 만나 최고의 의사가 되었습니다. 베토벤은 하이든과 모차르트를 만나 악성이란 칭호를 듣게 되었습니다. 여러분, 하나님을 만나 하나님께서 여러분의 길을 지도해 주시기만 하면 성공하는 인생이 되는 것입니다. 실패하는 길에서 성공하는 길로, 연약한 인생에서 강건한 인생으로 변화가 되는 것입니다. 어둔 밤과 같은 인생에서 찬란한 아침과 같은 인생으로 변화가 되는 것입니다. 베드로는 밤새도록 고기를 잡았지만 한 마리도 잡지 못했습니다. 그러나 주님을 만난 순간 그의 빈 배가 만선이 되는 축복을 받았습니다.

여러분의 영혼이 상처를 입었습니까? 그래서 마음속으로 울고 계십니까? 하나님을 만나 지도를 받으십시오. 여러분의 육체에 아픔이 있습니까? 하나님을 만나십시오. 우리 하나님은 만병의 의원이심을 인정하십시오. 여러분의 심령과 상처를 치유해 주실 줄로 믿습니다. 여러분의 가정을 치유해 주시고, 망가진 인생을 새롭게 해주심을 인정하십시오. 그러면 성공하는 인생으로 바꾸어주실 줄로 믿습니다.

3. "스스로 지혜롭게 여기지 말라, 여호와를 경외하며 악을 떠나라"

지혜는 하나님께서 주시는 것입니다. 그런데 내가 지혜롭다고 생각하는 사람은 교만해집니다. 세상에서 제일 전도가 안 되는 사람이 어떤 사람인지 아십니까? 자기가 지혜롭다고 생각하는 사람입니다. 그래서 하나님이 없다고 생각합니다. 신앙생활하면서 제일 어려운 사람이 어떤 사람인지 아십니까? 자기가 지혜롭다고 생각하는 사람입니다. 이런 사람은 하나님께 엎드리지 않습니다. 사람은 무엇이든지 조금만 가지면 하나님을 보지 못합니다. 하나님을 크게 보아야 하는데 내가 가진 다른 것을 크게 봅니다. 그래서 하나님을 보는 눈이 조금씩 감겨집니다. 물질이 많아서 조금 감겨지고, 권세가 있어서 조금 감겨지고, 그러다 보니 하나님이 보이지 않는 것입니다. 여러분, 하나님을 크게 보아야 합니다.

하나님이 제일인 줄 알아야 합니다. 예수님의 열두 제자 중에 가장 지혜롭다고 생각한 사람이 가룟 유다였습니다. 계산도 빠르고 돈에도 가장 빨랐습니다. 그래서 오신 메시아를 보지 못했고 자기 지혜 때문에 넘어지고 말았습니다. 마지막 순간에도 주님을 바라보았으면 좋았을 것을 자기 마음대로 판단했습니다. 무엇을 결정합니까? 자살입니다. 그 순간 예수님을 만나 엎드렸더라면 얼마나 좋았겠습니까?

옛날 주일학교 선생님께 들은 예화인데 하루는 예수님께서 제자들에게 산에 올라가자고 하셨습니다. 그런데 돌을 하나씩 가지고 올라가라는 것입니다. 베드로는 돌을 가지고 가라고 하니 그저 크고 좋은 돌을 골라 낑낑대며 들고 갑니다. 도마는 의심이 많아 도대체 예수님께서 왜 돌을 들고 가라고 하실까 하고 주먹만한 돌을 들고 만지작거리며 올라갑니다. 가룟 유다는 공깃돌을 주워 그 돌을 던지면서 올라갑니다. 그러면서 베드로에게 미련하다고 놀립니다.

산꼭대기에 올라가니 점심시간이 되었는데 먹을 것이 없습니다. 모두 시장해하는데 예수님께서 너희가 가지고 온 그 돌들을 보아라 해서 보았더니 모두 빵으로 변해 있었습니다. 이제는 그것을 먹으라 하십니다. 가룟 유다는 공깃돌만한 빵 덩어리만 있으니 먹을 것도 없었습니다. 도마도 식사를 하기에 부족한 양이었습니다. 그때 베드로가 자기의 것을 다 나누어 주었다는 이야기입니다. 지금부터 50년 전이니 주일학교 선생님도 성경을 잘 몰랐습니다. 그래서 가르치는 선생님도 그 이야기가 진짜인 줄 알았고 아이들도 진짜인 줄 알았습니다. 나도 그 이야기를 듣고 '나는 가룟 유다처럼 되지 않아야 되겠다. 베드로처럼 우직하게 예수 믿어야 되겠다'고 생각을 했습니다. 이것이 은혜 받은 것입니다.

그 당시에는 나무꾼도 주일학교 교사를 하고 농사를 짓고 돌아와서 주일학교 교사를 하고 그랬습니다. 그런데 그 선생님의 말씀을 듣고 은혜를 받아 주일학교 몇 명 되지 않는 시골교회에서도 다 목사가 되고 장로가 되었습니다. 이것이 얼마나 놀라운 기적입니까? 지금은 목사님들이 설교를 얼마나 잘합니까? 얼마나 신학을 많이 공부했습니까? 그런데도 이 설교를 듣고 목사가 되고 장로가 되기를 서원하는 사람들이 많지 않습니다. 여호와를 경외하는 자는 자신이 부족한 자임을 압니다. 내가 죄인임을 늘 깨닫습니다. 그래서 매주일 교회에 나와도 감사함으로 나오는 것입니다.

"♬~천부여 의지 없어서 손 들고 옵니다 주 나를 외면하시면 나 어디 가리까~♬"(280장)

이런 자에게 골수를 윤택하게 해주신다고 했습니다. 여호와를 경외하면 악을 떠나게 되고 내가 지혜롭지 못한 것을 깨닫는 것입니다. 이것이 우리 골수를 윤택하게 하는 축복입니다. 우리로 하여금 풍요하게 해주신다는 약속입니다. 여러분에게 골수가 윤택하게 되는 축복이 임하시기를 바랍니다.

4. "네 재물과 네 소산물의 처음 익은 열매로 여호와를 공경하라"

네 번째 말씀은 재물에 대한 것입니다. 사람은 수천 년 전이나 지금이나 재물에 대한 욕심이 변하지 않습니다. 창세기를 보면 이미 인류의 시작부터 재물에 대한 욕심이 있었습니다. 이것이 인간의 본성입니다. 네 재물과 네 소산물의 처음 익은 열매로 여호와를 공경하라는 말씀은 하나님께서 없어서 그런 것이 아닙니다. 물질의 주권이 하나님께 있음을 인정하라는 것입니다. 하나님께서 내게 주신 것임을 잊지 말라는 것입니다. 내가 노력해서 얻었다고 생각하니 욕심이 생기고 물질의 노예가 됩니다. 그래서 네 영혼이 잘됨같이 범사에 잘되는 축복을 말씀하신 것입니다.

우리가 잘되는 것도 영혼만큼 잘되어야지 그 이상 잘되면 교만해집니다. 받은 복을 복으로 누리지 못합니다. 많은 재물과 높은 명예를 누리면서도 하나님 앞에 순결하려면 더 영혼이 잘되어야 하는 것입니다. 그래서 하나님께서 쓰시는 사람들을 훈련시키시는 것입니다. 하나님은 훈련시키지 않고 위대한 사람으로 만드시지 않습니다. 그래서 우리는 먼저 내 영혼이 잘되기를 기도해야 하는 것입니다. "네 재물"이라고 했습니다. 이것이 하나님의 일을 하는 원리입니다. 여전도회나 남선교회에서 주님의 일을 할 때에 나의 것을 드리는 훈련을 해야 합니다.

이 종이 우리 교회에 부임하여 오후예배에 헌금 드리는 순서를 없앤 것은 성경적인 것입니다. 여러분, 잘 들으셔야 합니다. “나의 몸과 마음을 하나님께 드립니다” 하고 엎드리는 것이 헌신예배입니다. 남선교회나 여전도회에서 특별히 서원하며 “이렇게 헌신하겠습니다” 결단하는 것이 헌신예배입니다. 언젠가 어느 전도회에서 성경을 함께 암송하며 “우리는 이렇게 앞으로 헌신하겠습니다”라고 발표하는 것을 보고 감동을 받았습니다. 헌신예배가 그런 것입니다. 성도들이 드리는 헌신예배헌금을 받아 운영비를 쓰는 것이 헌신이 아닙니다. 내가 먼저 마음으로, 기도로, 물질로, 서원으로 헌신을 약속하는 것이 헌신예배입니다. 앞으로 그렇게 드리시기 바랍니다.

그렇다고 헌신예배에 헌금이 없어졌다고 생각하는 것도 잘못입니다. 내가 하나님께 예배하며 은혜 받은 것을 감사할 때마다 예물을 드리는 것이 예배의 정신입니다. 물질을 드리는 것은 “이 물질은 내 것이 아닙니다. 하나님께서 주셨습니다. 하나님의 영광을 위해 사용해 주십시오. 더 많은 것을 주실 줄 믿습니다” 하는 믿음의 고백인 것입니다. 처음 익은 열매라는 것도 이 나무에 열매가 맺힐 수 있는 것이 하나님의 은혜입니다. 하나님의 주권을 인정하는 고백인 것입니다.

이 종은 어느 곳에 가든지 첫 열매를 하나님께 드렸습니다. 이등병월급을 받아서도 드렸고, 교육전도사 시절 먹고 살 것이 없는데도 첫 월급 한 달 치를 하나님께 드렸습니다. 임지를 옮길 때마다 처음 것은 하나님께 드렸습니다. 성경말씀대로 살았더니 하나님께서 좋은 교회를 맡겨주셨고, 미래의 한국교회를 위해 많은 꿈을 가지게 하신 줄로 믿습니다.

재물의 주권이 하나님께 있음을 믿고 드리는 자에게 “네 창고가 가득히 차고 네 포도즙 틀에 새 포도즙이 넘치리라” 하는 복을 약속해 주셨습니다. 여러분 가정마다 창고가 가득히 차고 풍성한 축복이 넘치시기를 원합니다. 오늘 성경은 우리 인생이 성공하는 비결을 말씀해 주시고 있습니다. 여러분 모두가 성경의 말씀을 믿고 순종하며 살아 영혼이 잘되고 범사가 잘되고 강건한 축복이 넘치는 성도들이 되십시다.

적용

ⓐ 오늘 말씀의 주제 파악하기

____

____

ⓑ 오늘 말씀 중 은혜 받은 부분 나누기

____

____

ⓒ 삶에 구체적으로 적용하기

____

____

함께 드리는 기도제목

1. 하나님의 길을 믿고 걸어가며 성공하는 인생의 길을 걷게 하옵소서.
2. 철저히 하나님을 경외하며 살아가게 하옵소서.
3. 하나님의 말씀을 믿고 순종하며 살아 영혼이 잘되며 범사가 잘되게 하옵소서.

8

시험을 이기라

• 본 문: 로마서 8장 35–39절
• 찬 송: 357장(주 믿는 사람 일어나, 통 397장)
• 요 절: 그러나 이 모든 일에 우리를 사랑하시는 이로 말미암아 우리가 넉넉히 이기느니라(롬 8:37)

얼마 전 대한민국이 메르스 때문에 큰 시험을 당한 적이 있었습니다. 메르스가 발생하니 서로가 상대방이 잘못했다고 합니다. 경제는 경제대로 위축이 됩니다. 식당에는 손님이 없고 거리도 한산합니다. 여행객들이 끊어졌습니다. 장사하는 사람들은 돈을 벌지 못하니 이것은 또 가정에 영향을 주고, 형편이 어려우니 분쟁이 일어나고 신경이 날카로워지고 온 나라가 힘들어지는 것입니다. 눈에 보이지도 않는 바이러스가 이렇게 온 국민을 고통스럽게 만들었습니다. 한 사람으로부터 시작된 바이러스가 전 국민을 공포로 몰아넣었던 것입니다.

나라가 위기를 만났을 때 우리 크리스천들이 함께해야 합니다. 나라가 어려우면 교회도 함께 어려움을 당합니다. 그래서 크리스천들은 나라를 위해 기도하고 나라를 위해 헌신하는 애국자들이 되어야 합니다. 일제 강점기 때 우리 크리스천들은 앞장서서 독립을 위해 싸웠습니다. 삼천리 방방곡곡 시골마을까지 교회에서는 눈물로 민족의 해방을 위해 기도했습니다. 6.25전쟁의 시기에도 대한민국을 지키기 위해 싸웠습니다. 크리스천은 애국자여야 합니다. 성경에 나타난 위대한 인물들도 나라를 위해 싸우고 사랑한 애국자들이었습니다.

전쟁이 일어났을 때 병사들은 튼튼한 요새 안에 있어야 안전합니다. 우리에게 튼튼한 요새가 어디입니까? 교회입니다. 교회를 피하여 다른 곳에 안전이 있지 않습니다. "하나님은 우리의 피난처시요 힘이시니 환난 중에 만날 큰 도움이시라 그러므로 땅이 변하든지 산이 흔들려 바다 가운데에 빠지든지 바닷물이 솟아나고 뛰놀든지 그것이 넘침으로 산이 흔들릴지라도 우리는 두려워하지 아니하리로다"(시 46:1-3) 말씀하셨습니다. 시험이 와도 환난이 와도 성도들은 교회를 지키고, 교회에서 예배드리는 것을 가장 귀하게 여겨야 합니다. 이 세상의 시험은 피한다고 되는 것이 아니라 하나님께서 피할 길을 주셔야만 되는 것입니다.

로마서 8장의 배경은 로마황제의 극심한 박해 가운데 주신 말씀입니다. 환난이나 곤고나 박해나 기근이나 적신이나 위험이나 칼의 위협이 있었습니다. 바울 자신도 돌에 맞고, 바다에 빠지고, 감옥에 갇히고, 수많은 어려움을 당했습니다. 폭도들을 피하여 광주리를 타고 성벽을 탈출한 적도 있었습니다. 그러나 바울은 이 시험 때문에 우리가 넘어진다고 하지 않았습니다. 포기한다고 하지 않았습니다. 두렵다고 하지 않았습니다. 오히려 우리가 넉넉히 이긴다고 했습니다. 누구 때문에? 이 모든 일에 우리를 사랑하시는 주님 때문에 이기는 것입니다. 이 고백처럼 로마에서의 수많은 박해를 이기고 300년이 채 지나지 않아 기독교는 로마의 국교로 인정을 받았습니다.

이것이 하나님의 역사입니다.

예수 믿는다고 시험이 없는 것이 아닙니다. 성경을 보면 믿음의 사람들이 다 시험을 만났습니다. 아브라함도 시험을 만났고, 다윗도 시험을 만났습니다. 야곱도 요셉도 시험을 만났고 바울도 시험을 만났습니다. 그러나 이들이 믿음의 사람이 된 것은 시험을 이기는 사람들이었다는 데 있습니다. 우리는 성경이 말씀하는 시험에 대해 잘 알아야 합니다.

시험은 편안하려고 할 때에 옵니다. 나이가 50대가 되면 배가 나오기 시작합니다. 짧은 거리도 걸어가지 않고 차를 타고 가려고 합니다. 어렸을 때는 누가 시키지 않아도 정신없이 뜁니다. 그래서 건강하고 날씬합니다. 그러나 나이가 들면서 움직이기가 싫어지는 것입니다. 그러면 배가 나옵니다. 병이 찾아오기 시작합니다. 관절염, 위장병, 고혈압을 비롯하여 각종 병이 찾아옵니다. 병이 찾아오면 그제서야 '이거 큰일 났구나!' 하고 운동을 시작합니다.

영적인 원리도 그렇습니다. 우리가 나태해질 때 시험이 옵니다. 기도를 잃어버렸을 때에 시험이 옵니다. 사탄은 우리를 넘어뜨리고 망하게 하기 위해 시험을 하지만 하나님은 그 시험이 성도를 강하게 할 줄로 아시고 시험을 허락하십니다. 그래서 시험당할 즈음에 미리 피할 길을 내신다고 하셨습니다. 누구에게입니까? 기도하는 자에게입니다. 이것이 시험의 이중적인 면입니다. 우리가 시험을 만날 때 이 시험은 우리가 잘못해서 오는 경우도 있습니다.

우리는 모든 것을 성경의 말씀을 통해서 깨달아야 합니다. 기근이나 전쟁이나 전염병 같은 경우를 보면 민족적인 죄로 인해 이런 시험을 허락하십니다. 우상을 섬기고, 동성애가 만연하며, 예배를 멀리하며, 하나님의 품을 떠날 때에 이런 시련을 허락하셨습니다. 우리는 성경을 보며 '우리 한국교회가 지금 깨달아야 할 것이 있구나! 우리가 회개할 것이 있구나!' 하고 우리의 신앙상태를 돌아보고 기도해야 시험을 이길 수가 있는 것입니다.

시험을 만날 때 성도들은 더 기도하는 일에 힘을 내야 합니다. 기도하면 이깁니다. 기도하면 구하는 것을 풍성하게 누릴 수가 있습니다. 기도 없이는 되지 않습니다. 교회도 기도하는 교회가 부흥합니다. 그래서 교회를 부흥시키고자 하실 때에도 기도를 시키십니다. 그런데 정말 축복받는 길은 미리 미리 하는 것입니다. 미리 미리 기도하는 사람을 하나님은 가장 위대하게 사용하십니다. 미리미리 기도하는 교회를 가장 위대하게 들어 쓰십니다. 우리 성도들은 미리미리 기도하여 하나님께서 주시는 은혜와 축복을 다 누리시기를 바랍니다.

오늘 성경에서 환난은 육체적인 시련을 뜻합니다. 믿음의 사람은 육체적인 시련이 와도 기도하면서 오히려 더 인내하고 연단을 통해 강인한 성도가 됩니다. 곤고는 고통과 외로움을 뜻합니다. 믿음의 사람은 곤고가 올 때 하나님을 더 찾게 됩니다. 하나님을 만나게 됩니다. 핍박은 신앙생활 때문에 오는 것입니다. 기독교 역사를 보면 교회는 핍박 때문에 넘어지지 않습니다. 오히려 더 정금 같은 신앙으로 단련이 됩니다. 기근이나 적신은 경제적인 어려움을 뜻합니다. 이때에 성도는 겸손하게 되고 하나님의 도우심을 구하게 됩니다.

위험과 칼의 핍박이 올 때에 믿음의 성도는 순교를 통해 최고의 축복된 자리에 오르게 됩니다. 그래서 바울은 이러한 시험이 와도 우리를 그리스도의 사랑에서 끊을 수 없다고 하신 것입니다. 우리 주님과의 관계에서 끊어지는 것이 제일 무서운 일입니다. 주님께서 너 이제 나와 관계없다 그러시면 이것이 가장 큰일입니다. 그러나 기도하는 사람은 끊어지지 않습니다. 이 사실을 하나님은 잘 아시기 때문에 우리에게 시험도 주시고 이길 힘도 주시는 것입니다. 그래서 우리는 무슨 일이 있든지 주님께로 나와야 하는 것입니다.

사람이 늘 평안하면 좋겠지만 그것이 행복하게 되는 것이 아닙니다. 늘 평안하면 평안을 구하는 것도 잊어버리는 것이 인간입니다. 이스라엘 백성들이 그렇게 평안을 갈구한 것은 이들의 역사가 전쟁으로 점철되었기 때문입니다. 하나님의 도우심이 없으면 우리는 살 수 없다는 것을 깨달았기 때문에 이들은 인사할 때에도 '샬롬' 하고 평안을 구하는 것입니다. 이러한 역사적인 연단의 과정을 겪었기 때문에 이들은 평안이 얼마나 소중한지를 잘 압니다. 이 평안을 지키기 위해 성경을 제일로 여기고 성경대로 후손을 교육시키는 것입니다.

작은 시험을 이긴 자가 큰 시험도 이길 힘을 갖습니다. 운동선수가 쉬지 않고 훈련하여 훌륭한 선수가 되는 것과 같습니다. 목회자도 그렇습니다. 처음 목회할 때에는 작은 시험이 와도 어쩔 줄 몰라 "하나님, 어찌하면 좋습니까?" 하고 엎드렸습니다. 그런데 하나하나 이기고 나가다 보니 이제는 웬만한 시험이 와서는 끄덕도 하지 않습니다. 염려하지 않습니다.

오늘 말씀처럼 "누가 우리를 그리스도의 사랑에서 끊으리요" 하고 담대하게 외칠 수가 있는 것입니다. 사망도 생명도 끊을 수 없다고 했습니다. 심지어 천사들도 끊을 수 없고, 이 땅의 권세 가진 자들도 그 어떤 일이라도 우리를 하나님의 사랑에서 끊을 수 없다고 하셨습니다. 하나님의 사랑은 우리를 위해 독생자를 십자가에 주신 사랑이기 때문에 그 어떤 것도 끊을 수가 없는 것입니다.

오늘 말씀을 보면 시험은 어디에서 오는가 하면 모두가 안에서 오는 것입니다. 똑같은 환난이 와도 곤고나 박해나 기근이 와도 어떤 사람에게는 시험이 되나 믿음의 사람에게는 기도의 기회가 되고 은혜 받을 기회가 되고 축복받을 기회가 됩니다. 시험에 빠지는 사람들을 보면 다른 사람 때문이 아닙니다. 김 집사 때문도 아니고 박 권사 때문도 아닙니다. 다 자기 때문입니다. 위대한 신앙의 사람은 모든 것이 나 때문임을 깨달은 사람입니다.

세상에서도 그렇습니다. 위대한 지도자는 주변 환경 탓을 하지 않습니다. 내 주변 환경에 맞추어 반 걸음씩 앞으로 나아가는 사람이 위대한 지도자입니다. 주변의 어떤 목사님이 20년 가까이 목회하면서 교인은 늘 몇십 명입니다. 그러면서 교회 탓을 합니다. 위치가 좋지 않고, 교인들이 좋지 않아서 그렇다고 합니다. 그렇게 생각하면 은퇴할 때까지 늘 50명만 모일 것입니다. 하나님께서 나를 이 교회에 보내셨다고 믿으면 그 다음에는 몇십 명의 눈높이에 나를 맞추어야 합니다. 그리고 반 걸음씩 반 걸음씩 주님 앞으로 이끌어야 합니다. 한 걸음을 나아가거나 두세 걸음 나아가면 못 따라오기 때문입니다. 그것이 진짜 리더입니다.

사탄은 여러분의 약점을 너무나 잘 압니다. 시험들 일도 잘 압니다. 누구의 약점입니까? 나의 약점입니다. 그러나 우리가 주님의 사랑에 붙들려 있으면 넉넉히 사탄을 이기는 줄로 믿습니다. 우리 주님은 "수고하고 무거운 짐 진 자들아 다 내게로 오라 내가 너희를 쉬게 하리라"고 말씀하셨습니다.

우리가 사는 이 세상에는 잠시도 쉴 틈이 없습니다. 질병이 찾아오고 자녀들의 문제, 직장의 문제가 쉬지 않고 일어납니다. 사람들이 날로 강퍅해져 갑니다. 컴퓨터와 오락에 빠져 있던 학생들이 성인이 되면서 이들이 참을성이 없습니다. 보복운전이 곳곳마다 일어납니다. 승용차가 끼어들었다고 대형트럭으로 밀어붙이고 앞에서 급정거해 상대운전자를 숨지게 한 일도 있었습니다.

어떤 덤프트럭은 승용차를 50m씩이나 밀고 간 사건도 있었습니다. 사람들의 마음이 거칠어지고 광야같이 변해갑니다. 우리가 이런 세상을 살아가고 또 우리 자녀들이 살아가야 하는 것입니다. 그러나 주님과 동행하는 사람은 어떠한 문제가 찾아와도 넘어지지 않습니다. 넉넉히 이긴다고 했습니다. 성도 여러분, 여러분은 시험을 이기는 자가 되시기 바랍니다.

지난 전도행사 때에 가수 윤도현 집사님이 오셨는데, 이야기를 하다 보니 이 집사님이 은혜를 많이 받았습니다. 신앙적인 이야기를 하는 것입니다. 6부 예배에 노래를 하는데 난리가 났습니다. 몇천 명이 왔습니다. 노래를 부르는데 나는 하나도 모르겠는데 모인 사람들이 합창으로 그걸 다 따라 불렀습니다. 이것을 보면서 '우리 믿음의 사람들이 선한 영향력을 이 세상에 끼쳐야 하겠다'는 생각을 했습니다. 이것이 예수님 말씀처럼 빛과 소금이 되는 것입니다.

바다에 사는 물고기는 짠 물속에 살지만 죽지도 않고 절여지지도 않습니다. 살아 있기 때문입니다. 성도 여러분, 살아 있어야 합니다. 우리가 죄악 된 세상에 살아도 살아 있으면 이 세상을 변화시키게 되는 것입니다. 우리가 믿음으로 살고, 우리의 자녀들을 믿음으로 살도록 가르쳐야 합니다. 우리의 자녀들이 썩어져가는 이 세상을 살리는 빛으로 소금으로 살겠다는 비전을 가르쳐야 합니다.

우리의 자녀들이 이 세상을 살리는, 이 세상을 밝게 하는, 이 세상에 선한 영향력을 미치는 위대한 스타들이 많이 나올 수 있도록 비전을 가지시기 바랍니다. 그래서 믿음의 사람들로 인해 이 세상의 시험을 이기고, 우리에게 찾아오는 불같은 시험도 이기고 빛과 소금으로 살아가는 성도들이 되십시다.

적 용

ⓐ 오늘 말씀의 주제 파악하기

ⓑ 오늘 말씀 중 은혜 받은 부분 나누기

ⓒ 삶에 구체적으로 적용하기

함께 드리는 기도제목

1. 시험을 만날 때 더 기도하는 믿음의 사람이 되게 하옵소서.
2. 주 안에서 시험을 이기는 자가 되게 하옵소서.
3. 이 세상의 시험을 이기고 세상에서 빛과 소금으로 살아가게 하옵소서.

9

기억하라

• 본 문: 신명기 8장 1–10절
• 찬 송: 582장(어둔 밤 마음에 잠겨, 통 261장)
• 요 절: 네 하나님 여호와께서 이 사십 년 동안에 네게 광야 길을 걷게 하신 것을 기억하라 이는 너를 낮추시며 너를 시험하사 네 마음이 어떠한지 그 명령을 지키는지 지키지 않는지 알려 하심이라(신 8:2)

인간은 망각의 동물입니다. 지나간 일들을 잊지 않고 산다면 아마 머리가 복잡하여 죽을 것입니다. 연세가 드신 분들은 한결같이 건망증이 심해졌다고 말씀하시는데 그 건망증 역시 하나님의 창조 섭리라 여겨집니다. 연세가 들면 좀 잊어버리고 살아야지 그 많은 것들이 다 머릿속에 있으면 정말로 괴로울 것입니다. 누가 나에게 억울하게 한 것도 빨리 잊어버리는 것이 행복하게 사는 비결입니다. 인생의 안 좋았던 기억도 빨리 잊어버리는 것이 행복하게 사는 비결입니다.

그런데 오늘 본문을 보면 "기억하라"고 말씀하십니다. 잊어버려야 할 것이 있고 반드시 잊지 말아야 할 것이 있다는 말입니다. "네 하나님 여호와께서 이 사십 년 동안에 네게 광야 길을 걷게 하신 것을 기억하라 이는 너를 낮추시며 너를 시험하사 네 마음이 어떠한지 그 명령을 지키는지 지키지 않는지 알려 하심이라"(신 8:2)고 말씀하십니다. 일주일이면 갈 수 있는 애굽에서 가나안까지의 길을 40년 동안이나 걷게 하신 것은 다 뜻이 있다는 말씀입니다.

분명한 목적지가 없이 걷는다는 것이 생각처럼 쉬운 일은 아닙니다. 처음부터 하나님께서 40년 동안을 걷게 하실 것이라고 말씀하셨다면 문제는 달랐을 것입니다. 그런데 광야 한가운데에 묵게 하신 후 움직이지를 않는 겁니다. 열흘이든 한 달이든 구름기둥과 불기둥이 움직여야만 이들이 움직일 수가 있었습니다. 분명히 가나안 땅은 이쪽으로 가야 하는데 지금 가고 있는 방향은 정반대의 방향이었습니다. 이러니 불평이 나오고 폭동이 일어난 것입니다.

옛날 소련에서는 정치범들을 추운 시베리아로 끌고 가서 일을 시켰습니다. 아침이면 일어나 땅을 파는 것입니다. 꽁꽁 언 땅을 하루종일 파다가 저녁이 되면 다시 흙을 묻으라고 시킵니다. 그리고 돌아오는 것입니다. 다음날이면 또 나가 다른 곳을 팝니다. 그리고 저녁이 되면 또 그냥 묻으라고 시키는 것입니다. 이런 일을 반복하다 보면 대부분의 죄수들이 미쳐버린다는 것입니다. 아무런 의미 없는 일을 반복하다 보니 그것을 감당할 수가 없는 것입니다.

어떤 인부들이 아침이면 나와서 이곳저곳 땅을 팠습니다. 그리고 저녁이면 다시 묻고 일한 삯을 받아 집으로 돌아갑니다. 그렇게 한 일주일 일을 하고 나서 인부들이 말하기를 더 이상 못하겠다고 합니다. 신이 나지 않아 일을 못하겠다는 것입니다. 그제서야 감독이 설명을 해주었습니다. 이 땅 속 어딘가에는 중요한 보물이 숨겨져 있는데 지금 그것을 파고 있는 것이라고 하자 시키지 않아도 이전보다 더 열심히 땅을 파더라는 것입니다. 사람은 목표가 분명할 때 일을 할 의욕이 생깁니다. 그렇습니다. 이스라엘의 상황이 바로 그랬을 것입니다. 가나안 땅으로 가자고 나왔는데 가나안 땅은커녕 계속해서 엉뚱한 곳만 가고 있으니 답답한 것입니다. 그런데 왜 하나님께서는 이런 시험을 주십니까? 그 대답이 바로 3절에 기록이 되어 있습니다.

1. "너를 낮추시며"라고 했습니다.

하나님께서 일꾼을 쓰시는 방법은 먼저 낮추시는 것입니다. 이스라엘을 하나님의 백성으로 쓰시기 위해서는 낮추시는 것이 필요했습니다. 하나님의 일꾼으로 쓰시기 위해서는 먼저 낮아지는 것을 배워야 했습니다. 내가 다 할 수 있다고 생각하면 거기에는 하나님의 능력이 임할 수 없습니다. 애굽에서 나온 것도 사실은 내 힘으로 나온 것이 아니었습니다. 바로의 군대와 한 번도 싸운 적이 없었지만 이들은 모두 선물까지 받아 애굽을 나올 수 있었습니다. 그런데 아직도 이스라엘의 마음에는 하나님께 맡기는 마음이 부족했던 것입니다. 그래서 낮추시는 것입니다. 왜 혈기가 나옵니까? 낮아지지 못해서 나오는 것입니다. 왜 하나님을 원망합니까? 아직 낮아지지 못해서 그런 것입니다.

여러분, 내가 할 수 없다고 할 때 하나님은 비로소 역사하기 시작하십니다. 인간의 절망은 하나님의 시작입니다. 아직도 내 힘으로 무엇을 할 수 있다고 생각하십니까? 내 계획으로 어떤 일을 꿈꾸고 있다면 여기에 믿음이 자리 잡지를 못합니다. 주님 앞에 여러분의 계획을 드리시기 바랍니다. 많은 크리스천들이 날마다 출애굽기를 배우고 신명기를 읽어도 이것을 잊어버리고 살아갑니다. 기독교 역사를 읽어 보면, 하나님의 일은 인간의 지식과 능력 위에 세워진 적이 없었습니다. 오히려 철저히 나를 낮추고 내가 할 수 없다고 하며, 하나님이 원하시면 내가 하겠다는 깨달음이 있을 때 하나님은 역사하신 것입니다.

하나님의 일이 똑똑한 사람들이 많으면 잘 될 것이라 생각하십니까? 좋은 방법과 아이디어가 있으면 일이 잘될 것이라 생각하십니까? 그것은 착각입니다. 거기에는 싸움만이 있을 뿐입니다. 하나님의 일은 은혜 받은 사람들이 많을 때 잘된다고 하는 사실을 분명히 기억하시기 바랍니다. 성경의 인물들을 보십시오. 한결같이 하나님은 먼저 그 사람을 낮추신 후에 쓰시는 것을 볼 수가 있습니다. 엘리야는 "나는 할 수 없습니다. 차라리 죽는 것이 낫겠습니다"라고 할 때 하나님은 비로소 엘리야에게 힘을 주셨습니다. 모세는 80년 동안이나 낮아지는 연단을 받은 후에 이스라엘 해방의 사명을 감당할 수가 있었던 것입니다. 오늘 우리는 낮아져야 합니다. 예수 그리스도께서 이 땅에 오셔서 조롱과 핍박을 다 받으시기까지 낮아지셨던 그 영성이 우리 가운데 있으면 하나님께서 "됐다, 이제는 일하거라" 하고 말씀하시는 것입니다.

2. "너를 시험하사 네 마음이 어떠한지 명령을 지키는지 아니 지키는지 알려 하심이라"고 했습니다.

하나님은 우리를 시험하십니다. 이 시험은 영어의 '템테이션'(temptation), 즉 유혹과는 다릅니다. 사탄이 에덴동산에서 아담과 하와를 시험한 것을 '템테이션'이라고 합니다. 오늘 말씀에 시험한 것은 '테스트'(test)입니다. 아브라함에게 왜 시험을 주셨습니까? 그것은 아브라함의 신앙을 테스트하는 것입니다. 학생이 대학입시에 실패하면 어떻게 합니까? 실력을 갖추기까지 재수를 합니다. 이스라엘 백성들이 계속해서 깨닫지 못하니까 40년 동안이나 재수를 하게 된 것입니다.

그런데 성경은 이때를 기억하라고 말씀하십니다. 기억은 좋은 일들만이 기억이 아닙니다. 쓰라리고 힘들었던 기억도 함께하라는 것입니다. 형통하고 순탄할 때라고 해서 그것이 좋은 것만이 아닙니다. 또한 고통과 역경의 시간이 있었다고 해서 그것이 나쁜 것만이 아닙니다. 어려웠던 때를 기억하면 사람이 겸손해집니다. 모든 것을 하나님의 은혜로 알게 되면 그것이 바로 복입니다. 믿음의 사람들은 항상 하나님의 은혜를 기억할 수 있어야 하는 것입니다.

일제 강점기는 우리나라 역사 가운데 가장 비참했던 기억이었습니다. 우리나라 백성이라고 하면 결코 이때를 잊을 수 없고 또 잊어서는 안 되는 것입니다. 일제강점기는 우리나라의 역사가 처음으로 단절된 아픈 역사적 시기입니다. 요즘 젊은이들은 나라를 잃은 슬픔, 약소국의 슬픔을 잘 모릅니다. 50년대에 태어난 사람들은 미군이 지나가면 트럭을 따라가며 "쵸콜리트 기브미 챭챭" 했던 가슴 아픈 추억을 가지고 있습니다.

일제 강점기에 우리는 역사를 잃어버리고 이름도 잃어버렸습니다. 창씨개명을 하지 않으면 학교에 입학도 되지 않았고 징용대상자로 우선지명이 되었습니다. 나라를 찾기 위해 독립을 외치는 백성들을 학살했습니다. 우리는 이러한 일들을 잊어서는 안 되는 것입니다. 잊으면 이러한 일이 또다시 일어나는 것입니다. 독립운동에 앞장섰던 교회의 피해도 컸습니다. 교회는 우리 개신교의 3분의 2가 일제의 핍박으로 문을 닫았습니다. 3.1운동을 통해 구속된 9,458명 중 22%가 개신교인이었습니다.

유태인들은 나치에 의해 600만 이상이 학살이 되었습니다. 폴란드에 있는 아우슈비츠를 찾아 그 넓은 건물마다 가득 채워져 있는 유태인들의 죽음의 흔적을 볼 때에 하루종일 말을 할 수가 없었습니다. 머리카락 더미, 안경더미, 가방더미, 의족을 한 사람들의 의족만 모아놓은 것들이 방마다 산더미처럼 쌓여 있었습니다. 나치 정권의 만행을 사과하기 위해 유대인 위령탑을 찾은 서독의 빌리 브란트

총리에게 폴란드 수상 요셉 키란티예비츠는 "용서한다. 그러나 잊지는 않겠다"라고 유명한 말을 했습니다. 그런데 이 말은 유태인들이 후손에게 가르치는 핵심적인 역사관입니다. 오늘 우리도 일제강점기를 예수님의 가르침대로 용서는 하지만 잊어서는 안 되는 것입니다.

오늘 이스라엘에게 광야의 쓰라린 생활을 기억하라고 말씀하시는 것은, 또한 우리에게는 나라를 잃어버렸던 쓰라린 역사를 기억하라는 말씀으로 들려져야 합니다. 우리는 지난날의 아픔을 기억하고 다시는 나라를 빼앗기는 아픔을 당하지 않도록 힘써야 할 것입니다. 하나님께서는 "광야 길을 잊지 말라"고 하셨습니다. 우리는 아직도 광야에 살고 있습니다. 일제는 독도를 자기 땅이라고 하며 다시 빼앗을 기회를 엿보고 있습니다. 남과 북은 갈라져 서로에게 총부리를 겨누고 있습니다. 우리는 이 광야생활을 떠나 빨리 가나안 땅으로 들어가야 합니다.

이스라엘 백성들이 메마른 사막에 살았기 때문에만 광야가 아닙니다. 이들의 영적인 상태가 역시 광야에 머무르고 있었기 때문입니다. 우리는 신앙적으로도 광야에 살고 있습니다. 성도들 가운데에도 광야 신자가 많습니다. 이스라엘 백성들은 만나를 먹으며 지겨워했습니다. 이 만나가 없으면 이들은 굶어 죽을 텐데도 이들은 감사하지 못하고 지겨워했습니다. 오늘 우리도 주시는 말씀을 감사하지 못하고 만나 먹듯이 지겨워하는 신자들이 있다는 말입니다. 여러분, 이스라엘 백성들이 광야에서 가진 문제는 감사하지 못했다는 것입니다. 오늘 우리는 감사해야 합니다.

오늘도 북한에는 5~7만 명의 크리스천들이 수용소에서 고통을 당하고 있다는 보고가 있습니다. 국제오픈도어선교회에 따르면 지구상에는 현재 1억 명에 달하는 크리스천이 박해를 당하고 있습니다. 얼마 전 IS에 의해 콥트교도들이 순교를 당하는 장면들이 보도가 되었습니다. 이슬람 지역에서 고통당하는 많은 크리스천들이 있습니다. 말레이시아에서는 기독교인이 된다는 이유만으로 정부의 지원이 끊어집니다. 터키에서는 기독교인은 공무원이 될 수가 없고 관리가 될 수 없습니다. 인도에서는 매년 기독교인들을 상대로 한 수백 건의 테러사건이 일어납니다. 인도네시아에서는 최근에만 100여 개 이상의 교회가 폭파되었습니다. 아프리카 곳곳에서 기독교인들이 광야를 걷고 있습니다.

오늘 우리는 우리의 신앙의 선조들이 치른 핏값으로 이렇게 하나님의 전에 나와 예배드릴 수 있는 것을 감사하고 이 땅에 평화가 오기를 기도해야 하는 것입니다. 우리의 심령이 광야를 떠나야 합니다. 광야와 같은 마음에도 불구하고 4절의 말씀 "이 사십 년 동안에 네 의복이 해어지지 아니하였고 네 발이 부르트지 아니하였느니라"는 고백처럼 우리의 삶을 지켜주셨음을 감사하시기 바랍니다. 여러분, 광야생활을 끝내고 가나안 땅으로 들어가시기 바랍니다.

3. 하나님의 말씀에 순종하면 이와 같은 복을 주시리라고 약속하셨습니다.

7절 이하의 말씀은 하나님께서 약속하신 축복의 말씀입니다. 하나님께서 우리에게 시내와 분천과 샘이 흐르는 골짜기를 주시겠다고 했습니다. 밀과 보리와 포도와 무화과와 석류와 감람과 꿀이 곳곳마다 풍성하게 되리라고 하셨습니다. 땅을 캐면 철이 나오고, 산을 파면 동이 나와 풍성한 축복을 누리겠다고 하셨습니다. 여러분, 누구에게 이런 축복을 주시겠다고 하셨습니까? 하나님의 말씀에 순종하면 그 언약을 잊지 않고 기억하면 이와 같은 축복을 주시리라고 말씀하시는 것입니다.

우리는 지금 경제가 어렵다고 합니다. 윤리와 도덕이 땅에 떨어졌다고 합니다. 젊은이들은 미래가 없다고 합니다. 노인들은 부모님을 모시며 살아왔는데 지금의 내 자녀들이 부모님을 모실 것에 대한 확신이 없습니다. 오늘도 어렵고 미래도 불확실합니다. 우리는 이때에 하나님께서 이스라엘 백성들에게 주신 말씀을 기억해야 합니다. 하나님께서 오늘까지 이 나라를 지켜주셨습니다. 우리나라 애국가에도 "하나님이 보우하사 우리나라 만세"라고 하지 않습니까? SBS에서도 보도가 된 적이 있습니다만 이 애국가 1절은 정동교회 목사님이셨던 최병헌 목사님이 지은 것입니다. 이것은 찬송가입니다. 우리가 광야 길을 걸어도 하나님을 붙들고 살면 이 나라 대한민국은 하나님이 보우하사 우리나라 만세가 되는 것입니다.

여러분, 이스라엘 백성들에게 주신 하나님의 말씀을 기억하며 이 민족이 하나님의 말씀을 붙들고 그 은혜를 잊지 않기를 기도하십시다. 그리고 우리가 오늘 우리에게 주신 은혜와 축복을 감사하며 사십시다. 그리하여 이 민족 삼천리 방방곡곡에 하나님의 축복의 손길이 함께하시기를 바랍니다.

적용

ⓐ 오늘 말씀의 주제 파악하기

ⓑ 오늘 말씀 중 은혜 받은 부분 나누기

ⓒ 삶에 구체적으로 적용하기

함께 드리는 기도제목

1. 하나님의 일꾼으로서 항상 겸손함으로 주의 전을 섬기게 하옵소서.
2. 신앙의 선조들이 치른 핏값으로 하나님의 전에 나와 예배드릴 수 있는 것을 감사하게 하옵소서.
3. 우리 민족에게 주신 은혜와 축복을 감사하며 삼천리 방방곡곡에 하나님의 은혜를 전하게 하옵소서.

10

고난을 넘어서

- 본 문: 사무엘하 24장 14-19절
- 찬 송: 251장(놀랍다 주님의 큰 은혜, 통 137장)
- 요 절: 다윗이 갓에게 이르되 내가 고통 중에 있도다 청하건대 여호와께서는 긍휼이 크시니 우리가 여호와의 손에 빠지고 내가 사람의 손에 빠지지 아니하기를 원하노라 하는지라(삼하 24:14)

다윗이 왕위에 올라 태평성대를 누리고 있을 때 인구조사를 하고 싶은 마음이 생겼습니다. 그래서 요압에게 인구조사를 시켰더니 이스라엘 사람 장정이 80만, 유다사람이 50만이었습니다. 모세가 출애굽할 당시 인구가 장정만 60만이었으니 약 400년 동안 두 배 이상 늘어난 것입니다. 이 숫자를 보고받고 나서 다윗은 즉시 회개합니다. 내가 하나님 앞에 미련하게 행하였다는 것입니다. '이렇게 두 배 이상 늘어난 것은 하나님의 은혜인데 내가 왜 굳이 인구조사를 해서 확인하려고 했을까?' 하는 마음이 들었고 하나님의 말씀이 기억났을 것입니다.

하나님께서는 인구조사를 하는 것을 금하셨습니다. 인구조사를 하는 이유는 필요한 자료를 얻고 세금을 걷는 일과 군사적인 목적에 유용하게 사용하기 위해 인구조사를 합니다. 민수기를 보면 광야생활 가운데 하나님께서 직접 인구조사를 명하신 적도 있었습니다. 그런데 지금 다윗이 인구조사를 한 것은 동기가 불순한 것입니다. 내가 얼마나 힘이 있나 이것을 확인하려 한 것입니다.

여러분, 지금까지 살아온 것이 내 능력이었다고 생각하면 이런 결과를 가져오게 됩니다. 지금까지 군사의 힘으로 전쟁에 이겨온 것이 아니었습니다. 하나님의 은혜였습니다. 내 능력으로 살아왔다고 생각하는 사람은 나보다 더 강한 상대가 나타나면 꼼짝 못하게 됩니다. 내게 주신 지혜, 건강, 물질, 가정, 직장 이 모든 것이 하나님의 은혜로 된 것임을 잊지 말아야 합니다.

하나님은 선지자 갓을 보내어 죄의 대가를 물으십니다. 다윗에게 세 가지 징벌 가운데 하나를 택하라고 하셨습니다. 첫째는, 왕의 땅에 7년 기근이 찾아오는 것 둘째는, 왕이 왕의 원수에게 쫓겨 석 달 동안 그들 앞에서 도망하는 일 셋째는, 왕의 땅에 사흘 동안 전염병이 있는 것 이 세 가지 중에 하나를 택하셨습니다. 이 세 가지 재앙은 모두 다윗 자신의 힘이나 군대의 힘으로 어떻게 할 수 없는 것들이었습니다. “네가 군대의 수를 세었느냐? 그러면 그 수로 한번 해봐라” 하시는 것입니다.

오늘 읽은 말씀에 보면 다윗은 여호와의 손에 빠지고 내가 사람의 손에 빠지기를 원치 아니한다고 했습니다. 왜냐하면 하나님은 긍휼이 크시기 때문이라고 했습니다. 첫 번째 징벌인 7년 기근이 찾아오면 나라가 엉망이 되고 맙니다. 백성들이 죽고 국력이 약해집니다. 그 많은 군대가 다 소용이 없습니다. 자연현상은 봐주지 않습니다. 가뭄이 오거나 태풍이 올 때에 조금만 지나치게 오면 나라가 엉망이 되고 맙니다. 일본에서 쓰나미 한번으로 온 나라에 문제가 생기지 않았습니까?

두 번째 징벌인 다윗이 적에 의해 석 달을 쫓겨 도망 다니는 일은 사람의 손에 맡기는 일입니다. 사람도 봐주는 법이 없습니다. 은혜를 베풀지 않습니다. 지금까지 다윗은 적에게 많이 쫓겨 다녀 보았습니다. 그 일이 생각이 났을 것입니다. 다시는 생각하고 싶지 않은 끔찍한 기억입니다. 그런데 그 순간에도 하나님께서 함께해 주셨습니다. 지금은 죄를 지어 도망 다니면서 그런 은혜를 입을 자신이 없었습니다. 죄에 대한 대가이기 때문입니다.

그런데 세 번째 징벌은 삼 일 동안의 온역인데 이것은 전염병을 말합니다. 하나님께서 직접 때리시는 일입니다. 그래서 사람의 손에 나를 맡기는 것보다 차라리 하나님의 손에 맡기는 것이 더 낫겠다 생각을 한 것입니다. 부모가 자녀에게 매를 드는 경우들이 있습니다. 부모가 자녀를 사랑의 매로 교육을 시킬 때에 자녀가 울면서 "다시는 안 그럴게요" 하고 엄마 품으로 들어오면 어떻게 합니까? 밀쳐내면서 계속 때립니까? 아닙니다. 품에 안아주고 그래 다시는 나쁜 짓 하지 말라고 타이릅니다. 다윗은 이런 하나님 아버지의 마음을 알고 있었기 때문입니다. 그래서 하나님께서는 온역을 내리셨는데 단에서 브엘세바까지 백성의 죽은 자가 7만이라 했습니다. 단에서 브엘세바는 '이 끝에서 저 끝까지'라는 말입니다. '네가 군사의 수를 자랑하느냐? 내가 함께하지 아니하면 이렇게 사라지는 것이 군사의 수다' 하고 깨닫게 하신 것입니다.

누구의 잘못으로 누가 죽었습니까? 다윗의 잘못으로 백성들이 죽었습니다. 그러면 '백성들은 무엇입니까? 백성들만 억울하지 않습니까?' 하고 질문할 수 있습니다. 하나님은 죄 없는 백성들을 그냥 멸하시지 않습니다. 오늘 말씀 앞의 1절을 보면 "여호와께서 다시 이스라엘을 향하여 진노하사 그들을 치시려고 다윗을 격동시키사 가서 이스라엘과 유다의 인구를 조사하라 하신지라"고 하였습니다. 이스라엘이 억울한 것이 아닙니다. 이미 이스라엘이 하나님 앞에 죄를 지었습니다. 그래서 죄에 대한 대가를 받은 것입니다. 그러면 다윗은 어떻습니까? 다윗의 마음에 교만한 마음이 자리 잡았던 것입니다. 내 군사가 이 정도 되지 하고 군사를 의지하는 마음이 이미 자리 잡았던 것입니다. 하나님의 일하시는 것은 다 깊은 뜻이 있습니다. 그러므로 우리는 무슨 일이든지 하나님의 은총을 구하여야 하는 것입니다.

얼마 전 우리 민족은 메르스라는 질병으로 인해 국가적인 재난의 위기에 처한 적이 있었습니다. 메르스라는 질병으로 고통을 겪었습니다. 그런데 다 하나님의 뜻과 섭리가 있음을 깨달아야 합니다. 한국경제연구원은 메르스 사태가 끝나면 국내총생산(GDP) 손실액이 약 21조 원에 이를 것이라고 했습니다. 어마어마한 금액입니다. 그러나 눈에 보이는 경제적 손실뿐 아니라 보이지 않는 손실이 더 큰 것입니다.

우리는 처음에 '그까짓 메르스 바이러스쯤이야!' 하고 생각하다가 큰 고생을 했습니다. 극장, 식당, 연극, 운동경기 등 사람이 모이는 곳은 다 어려움을 겪었습니다. 교회도 젊은이들이 오기를 꺼려 하고 불신 자녀들은 부모님에게 교회 나가는 것 몇 주만 쉬시라고 합니다. 여러분, 참 신앙은 어려움의 시기에 알아봅니다. 우리는 고난의 시기를 보내면서 우리 믿음의 사람들이 어떻게 고난을 이겨야 할까를 깨닫고자 합니다.

1. 하나님께서 고난을 주시는 이유를 깨달아야 합니다.

크리스천에게 있어 고난은 터널과 같은 것입니다. 터널은 언뜻 보기에 동굴과 비슷합니다. 앞이 캄캄합니다. 답답하고 빛이 보이지 않습니다. 동굴은 들어가면 들어갈수록 어두워집니다. 출구가 없습니다. 다시 돌아 나와야만 합니다. 그러나 터널은 가다 보면 반드시

출구가 있습니다. 고속도로를 가다 보면 터널이 있습니다. 터널 속은 공기도 좋지 않고 경치도 없습니다. 재미도 없습니다. 왜 터널을 만들었을까? 그것은 지름길이기 때문입니다. 우리 동네에서 동대문을 가려면 남산 터널을 지나야만 합니다. 그렇지 않으면 빙 돌아서 갑니다. 터널을 지나면 즉시 장충동을 지나 동대문을 향하게 됩니다. 하나님께서 고난을 주시는 이유도 우리 인생에 지름길을 주시기 위해서입니다. 그 고난을 뚫고 나가면 하나님께서 목적하신 곳에 빨리 이를 수가 있습니다.

고난은 내 그릇을 크게 만드는 도구입니다. 내 인격을 훈련시키고 믿음을 고귀하게 만듭니다. 이 고난을 이기지 않고는 위대한 사람이 될 수 없습니다. 어떤 운동선수의 트레이닝복에 "No gain without pain"이라는 글귀가 새겨져 있었습니다. 고통 없이 얻는 것도 없다, 승리도 없다는 말입니다. 운동선수는 승리를 위해 고난을 이겨내야 한다는 것을 잘 압니다. 몇 년 전 우리 교인들과 백두산에 오른 적이 있습니다. 백두산에 올라가다 보면 가문비나무, 자작나무들이 숲을 이루고 있다가 한계선에 이르면서 키가 작은 나무들이 모여 있고 2,000m를 넘어가면서 나무들이 드문드문 보입니다. 저는 그 광경을 보면서 '이 나무들이 지금 몸부림치며 싸우고 있구나!' 생각을 했습니다. 나무가 살 수 없는 곳에서 한 그루 한 그루가 살아가고 있는 것입니다. '우리 성도들이 그렇게 죄악과 싸워나가고 있구나!' 생각을 했습니다.

고난은 피해가는 것이 아니라 이기는 것입니다. 고난 때문에 넘어지는 것이 아니라 고난 덕분에 강하게 되는 것입니다. 믿음의 사람은 무엇 때문에 시험 들었다고 말하지 않습니다. 무엇 덕분에 내가 강해지는 것입니다. 하나님은 사람을 사용하실 때에 반드시 고난의 불구덩이에 집어 던지셨습니다. 그 고난의 불구덩이는 앞이 꽉 막힌 동굴이 아니라 터널입니다. 잠시 후면 터널의 그 끝이 반드시 나타날 것입니다. 기독교 신앙의 핵심은 소망입니다. 믿음의 사람은 죽음 앞에서도 부활의 소망을 갖습니다. 믿음의 사람은 눈앞의 고난을 두려워하지 않아야 합니다. '하나님, 이 고난을 통해 내게 어떤 축복을 주시려고 하십니까?' 하고 기도해야 합니다.

고난을 바라보는 자세가 중요합니다. 하나님께서는 환난이 없다고 하시지 않았습니다. "환난 중에 기도하라"고 하셨습니다. "환난 중에 내가 너를 건지고 내가 너를 영화롭게 하리라"고 하셨습니다. "환난은 연단을 낳고 연단은 소망을 이루는 줄 앎이라"고 하셨습니다.

고난 중에 고난만 바라보는 것은 문제 해결에 도움이 되지 않습니다. 고난 다음에 올 소망을 바라보셔야 합니다. 고난 다음에 주실 은혜와 축복을 바라보셔야 하는 것입니다. 우리 믿음의 사람들은 '고난 때문에'라고 말하는 것이 아니라 '고난 덕분에'라고 말할 수 있어야 합니다. 믿음이 약한 사람들은 고난 때문에 시험에 듭니다. 여러분, 고난으로 인해 믿음이 약하여지지 않기를 바랍니다. 오히려 더 기도하고 더 소망을 가지시기 바랍니다. 더 주님께 가까이 나아오시기 바랍니다. 수많은 고난이 우리 인생에 찾아옵니다. 그때마다 주님을 붙들고 소망을 바라보며 이기는 성도들이 되십시다.

> "♬~이 몸의 소망 무언가 우리 주 예수뿐일세, 우리 주 예수밖에는 믿을 이 아주 없도다, 무섭게 바람 부는 밤 물결이 높이 설렐 때, 우리 주 크신 은혜에 소망의 닻을 주리라~♬"(488장)

2. 고난이 올 때에 다윗은 자신의 죄를 회개했습니다.

"다윗이 백성을 치는 천사를 보고 곧 여호와께 아뢰어 이르되 나는 범죄하였고 악을 행하였거니와 이 양 무리는 무엇을 행하였나이까 청하건대 주의 손으로 나와 내 아버지의 집을 치소서 하니라"(삼하 24:17). 이것이 백성을 사랑하는 다윗의 마음입니다. 내 죄라는 것입니다. 차라리 우리 가족을 치십시오. 간청을 합니다. 얼마나 귀한 왕입니까? 그러면 백성들은 "아니요, 우리가 하나님께 죄를 지어 지금 징벌을 받았습니다. 우리가 죄인입니다" 하면 그것이 맞는 것입니다. 백성들도 이런 마음을 가지고 하나님 앞에 먼저 부르짖었더라면 얼마나 좋았겠습니까?

우리나라 옛 전래동화 중에 있는 이야기입니다. 한 색시가 시집을 간 지 얼마 되지 않았는데 하루는 밥을 짓다 말고 부엌에서 울고 있었습니다. 이 광경을 본 남편이 이유를 물으니 밥을 태웠다는 것입니다. 그러자 남편은 오늘은 바빠서 물을 조금밖에 길어오지 못했더니 물이 부족해서 밥이 탔다며 이것은 자기의 잘못이라 하였습니다. 시아버지가 이 광경을 보고 내가 늙어서 근력이 떨어져 장작을 잘게 패지 못했기 때문에 화력이 너무 세서 밥이 탔다고 내 잘못이라고 했습니다. 이때 이야기를 들은 시어머니가 내가 늙어서 밥 냄새도 못 맡아서 밥 내려놓을 때를 알려주지 못했으니 자기 잘못이라고 며느리를 감싸주었습니다. 이런 가정은 화목할 수밖에 없습니다.

늘 남의 탓을 하는 사람은 행복할 수 없습니다. 그 마음에 평화가 없습니다. 그런 사람에게는 진정한 동행이 없습니다. 여러분의 마음에 천국을 누리려면, 주님을 마음에 모시고 살려면 다른 사람을 지적하는 일을 멈추어야 합니다. 입만 열면 불평하는 사람들을 보면 원래 그렇지 않았습니다. 그런데 어느 순간 그러기 시작합니다. 사탄이 틈탄 것입니다. 가정에서도 서로를 지적하기 시작하면 그 가정은 평안이 사라지고 축복이 사라집니다. 직장에서도 서로를 향해 손가락질을 하면 그 직장은 불행한 직장이 되는 것입니다. 그 부정적인 말들을 끝내야 내 마음에 천국이 찾아오는 것입니다. 많은 사람들이 다른 사람의 약점은 잘 보면서 자신의 허물을 보지 못합니다. 그래서 예수님께서도 다른 사람의 눈에 티끌은 잘 보면서 네 눈의 들보는 보지 못한다고 하셨습니다.

오늘 우리는 이 민족의 고난 앞에서 내 죄 때문이라고 괴로워하는 성도들이 되어야 합니다. 내가 이 민족을 위해 더 기도하지 못해서 그렇다고, 내가 더 주님을 위해 살지 못해서 그렇다고 고백할 때에 하나님은 이런 마음을 귀하게 여겨주십니다. 다윗은 내 죄 때문이라고 했습니다. 하나님께서는 이런 다윗의 마음을 귀하게 보아주셨습니다. 그래서 마음을 돌이켜 그만 그치라고 하셨습니다. 우리가 하나님의 은혜를 입는 비결이 여기에 있습니다. "모두가 내 죄입니다" 하고 엎드릴 때에 하나님은 긍휼을 베풀어주시는 줄로 믿으시기 바랍니다.

3. 하나님께 예배드렸습니다.

"이날에 갓이 다윗에게 이르러 그에게 아뢰되 올라가서 여부스 사람 아라우나의 타작 마당에서 여호와를 위하여 제단을 쌓으소서"(삼하 24:18). 선지자 갓을 통하여 제단을 쌓으라고 하신 것은 하나님께서 용서하시겠다는 것입니다. 다윗은 예배를 드렸습니다. 하나님께서는 다윗의 이 예배를 받으시고 이스라엘에 내리는 재앙을 그쳐 주셨습니다. 예배는 하나님께서 주신 귀한 선물입니다. 지금 예배드리라고 하신 것은 용서해 주신다는 말입니다. 우리는 하나님 앞에 나와 예배드릴 수 있는 것을 감사해야 합니다. 예배에는 사죄의 은총이 있습니다. 그러므로 예배드리는 자는 이미 하나님의 은총을 입은 자들입니다. 여러분은 감사하시기 바랍니다.

우리 인생에는 늘 재앙이 있습니다. 무엇으로 치료합니까? 예배를 통하여 치료하는 것입니다. 여러분, 예배를 통하여 은혜 받아야 합니다. 그래야 고난을 이깁니다. 은혜를 받으면 얼굴빛이 달라집니다. 은혜 받은 사람은 주일날 얼굴빛이 다릅니다. 하나님의 말씀은 귀로 듣는 것이 아닙니다. 마음에 먹는 것입니다. 그래서 하나님의 말씀이 송이꿀보다 더 달다고 했습니다. 예배는 신령과 진정으로 드리는 것입니다. 하나님의 말씀을 듣고 영적으로 신령한 교제가 있어야 하는 것입니다. 그러면 그 말씀이 여러분의 생각을 주장해 주시고, 여러분의 입술을 주장해 주시고, 여러분의 발걸음을 주장해 주십니다. 여러분의 주변사람까지 주장해 주십니다. 그러면 고난을 이기는 사람이 되는 것입니다.

성도 여러분, 우리가 인생에 어떠한 문제를 만나든지 시험에 드는 자가 아니라 시험을 이기는 자가 되어 유익의 기회, 축복의 기회로 만드는 성도들이 되십시다.

적 용

ⓐ 오늘 말씀의 주제 파악하기

ⓑ 오늘 말씀 중 은혜 받은 부분 나누기

ⓒ 삶에 구체적으로 적용하기

함께 드리는 기도제목

1. 다가오는 고난을 믿음의 눈으로 바라보게 하옵소서.
2. 고난이 올 때 우리 자신의 잘못을 돌아보며 회개할 수 있는 믿음을 주옵소서.
3. 다가오는 고난을 이김으로 고난을 축복의 기회로 삼게 하옵소서.

11

하나님의 위로

• 본 문: 고린도후서 1장 3-7절
• 찬 송: 70장(피난처 있으니, 통 79장)
• 요 절: 너희를 위한 우리의 소망이 견고함은 너희가 고난에 참여하는 자가 된 것같이 위로에도 그러할 줄을 앎이라(고후 1:7)

한국사회가 아픕니다. 시어머니도 아프고 며느리도 아픕니다. 아버지도 아파하고 어머니도 아이들도 아파합니다. 학교도 아프고, 국회도 아프고, 회사도 아프고, 신문이나 방송에 온통 아프다는 이야기입니다. 상하고 아픈 자를 위로해 주는 곳이 교회인데 교회도 아픈 곳이 많습니다. 문화가 발달하고 복잡해질수록 사람들은 더 많은 고통과 아픔을 지닌 채 살아갑니다. 그래서 오늘의 시대는 위로가 필요한 시대입니다.

현대경제연구원이 2014년 국내 10대 트렌드 중 하나로 고용, 주거, 노후 불안정이 상시화되면서 우리 사회는 위로가 필요한 시대라고 발표했습니다. 현대경제연구원이 발표하는 내용은 대개 매해 경제와 사회를 중심으로 주제가 선정이 되는데, 놀랍게도 그중의 하나가 위로가 필요한 한국사회라는 것입니다. 그만큼 우리 사회가 아픕니다. 세상의 모든 아픔은 하나님을 떠나기 때문에 오는 것입니다.

예수님의 비유 중에 탕자는 자기가 원하는 것을 세상이 채워줄 것이라고 생각했습니다. 그래서 아버지의 재산을 팔아 세상으로 나갑니다. 하루 종일 환락 가운데 지낼 때 여기에 참 행복이 있다고 생각했습니다. 그런데 세상은 탕자를 받아주는 곳이 아니었음을 깨닫는 데에는 그리 오랜 시간이 걸리지 않았습니다. 돈이 있을 때만 친구이지 빈털터리가 되었을 때 아무도 가까이하지 않았습니다. 가진 것을 빼앗으려고만 했지 도와주고 위로해 주는 곳이 아니었습니다.

오늘의 성도들도 세상에 나가기만 하면 좋은데 교회에 오면 답답한 사람들이 있습니다. 그런데 세상에 있던 것들은 떠나가는 날들이 옵니다. 세상에는 완전한 것이 없습니다. 영원하지 않습니다. 세상 그 자체가 좋은 것이 아니라 성도는 세상을 믿음으로 살아야 하는 것입니다. 저는 세상에서 갑부라고 하는 사람들도 대단하게 생각하지 않습니다. 높은 자리에 있는 사람도 대단하게 생각하지 않습니다. 말씀을 듣고 믿음으로 살 기회를 놓치면 세상에서 가장 불쌍한 인간이기 때문입니다. 모든 사람을 한 사람의 영혼으로 보아야 목회할 수 있습니다.

지방에서 목회할 때에 결혼식에 주례를 하게 되었는데 상대방이 우리나라에서 손꼽히는 재벌집안이었습니다. 어느 날 장로님이 찾아와 상대방 집안이 불교집안이기 때문에 "목사님, 찬송 안 부르고 말씀과 기도만 하면 안 됩니까?" 하길래 "그러면 그것은 예식이 아닙니다" 그랬습니다. 그러면서 예배를 위해 많은 기도를 했습니다. 결혼주례를 하면서 복음에 대한 말씀을 어떻게 불신자들에게 전할 수 있을까 기도했습니다. 남편 장로님이 믿음이 없어서 그렇다고 부인 권사님이 일주일간 금식하면서 기도했습니다. 결혼식을 마치고 상대방 아버지가 이름을 대면 다 아는 기업의 회장인데 저에게 오더니

"목사님, 지금까지 수많은 결혼식에 참석해 보았지만 오늘처럼 감동적인 주례의 말씀은 처음입니다. 제가 인생을 다시 생각하게 되었습니다. 죄송하지만 목사님 말씀하신 것을 좀 저에게 주실 수 없겠습니까?" 그래서 가지고 갔던 주례사를 주었습니다. 그분이 예수를 믿었는지 안 믿었는지 지금은 알 수 없지만 담대하게 나아갈 때 하나님은 역사해 주십니다.

세상이 대단한 것 같지만 세상의 풍랑이 한번 오면 인간은 흔들리는 물결 위에 나뭇잎 같은 존재라는 것을 깨닫게 됩니다. 지금 정치권이 흔들리고 있습니다. 대단한 것도 한순간에 지나가는 것입니다. 그러나 하나님의 품안에 있으면 언제나 안전합니다.

"♬~이 세상 험하고 나 비록 약하나 늘 기도 힘쓰면 큰 권능 얻겠네~♬"

여러분은 하나님의 품을 떠나면 안 됩니다. 그러면 가나안으로 가는 길에서 광야로 다시 나가는 것입니다. 은혜의 삶에서 상처의 삶으로 가는 것입니다. 여러분은 주님의 품을 제일로 알고 주님의 손을 의지하는 성도들이 되시기를 바랍니다.

오늘 말씀은 고린도 교회를 향한 사도 바울의 말씀입니다. 고린도 교회는 성령이 충만했던 교회였습니다. 그래서 많은 은사를 받았습니다. 방언을 하고 예언을 하고 통역의 은사를 받았습니다. 그래서 뜨겁게 신앙생활을 하는 줄 알았습니다. 그런데 가만히 보니 주님을 나타낸 것이 아니라 자기 자신을 자랑한 것이었습니다. 그래서 사도 바울에게 책망을 받았습니다. 고린도전서가 바로 책망에 대한 이야기입니다. 그리고 고린도후서에서 사도 바울은 이 교인들을 위로합니다.

오늘의 말씀이 위로의 말씀입니다. 우리 하나님은 자비의 아버지시요 위로의 하나님이라고 했습니다. 자비란 말은 깊이 사랑하고 불쌍히 여긴다는 뜻입니다. 그렇습니다. 하나님은 우리 한 사람 한 사람을 깊이 사랑해 주시고 불쌍히 여겨주십니다. 우리가 애통할 때에 불쌍히 여겨주십니다. 주님께서는 제자들을 보시며 '너희들 왜 그랬니? 왜 도망갔니? 너의 문제는 이것이다' 하고 지적하지 않으셨습니다. 그저 자비로 안아주셨습니다. 제자들을 사랑하셨기 때문입니다.

몇 년 전 안아주기 운동이 전 세계적으로 유행을 했었습니다. 사람들은 안아줄 때 위로를 받았습니다. 자살하려고 준비하던 학생이 위로를 받고 자살하지 않겠다고 메일을 보낸 일도 있었습니다. 삼성경제연구소에서 만드는 인터넷 잡지에 실렸던 내용입니다. 1910년 호주의 시드니에서 쌍둥이 남매가 태어났습니다. 그러나 태어나자마자 한 아기는 20분 만에 사망했습니다. 어머니는 의사선생님에게 한 번만 안게 해달라고 요청을 했습니다. 어머니는 가운을 벗고 태어난 아기를 몸에 꼬옥 안고 난 너를 진심으로 사랑한다고 말했습니다. 그런데 얼마 후 아기의 작은 움직임이 있었습니다. 급히 달려온 의사선생님은 죽은 아기의 경직과정에서의 반사작용이라고 말했지만 어머니는 그 아기를 두 시간 동안 안고 있었습니다. 그런데 두 시간 후 이 아기가 기적적으로 눈을 떴고, 젖을 물고 어머니의 손가락을 잡았습니다. 세상 밖으로 나와 스트레스로 죽은 이 아기에게도 위로가 필요했던 것입니다.

사도 바울은 하나님께서 우리의 모든 환난 중에서 우리를 위로하셨다고 했습니다. 바울은 환난을 많이 겪은 사람입니다. 감옥에도 갇히고 물에도 빠지고 돌로 맞기도 했습니다. 이런 환난을 겪으며 하나님의 위로를 받았습니다. 그렇다고 고생이 끝난 것이 아닙니다. 복음을 위해 고생을 하면서도 날마다 하나님의 위로를 받았습니다. 그래서 늘 찬송을 부르며 감사하며 살았습니다. 사도 바울은 내가 환난을 당한 이유를 오늘 성경에 말씀하고 있는데, "우리로 하여금 하나님께 받는 위로로써 모든 환난 중에 있는 자들을 능히 위로하게 하시는 이시로다"라고 고백합니다.

이 말은 '내가 환난을 만났는데 너희가 알지 않느냐? 어마어마한 환난을 만났다. 그런데 하나님께서 내게 이런 위로를 주셨다. 그래서 내가 감사하고 산다. 그러니 당신도 기도해라, 감사해라, 하나님께서 함께하신다. 이렇게 위로하라고 나에게 환난을 주셨다'는 것입니다. 6절에도 "우리가 환난당하는 것도 너희가 위로와 구원을 받게 하려는 것이요 우리가 위로를 받는 것도 너희가 위로를 받게 하려는 것이니"라고 했습니다. 내가 환난을 당하고 하나님의 위로를 얻었는데, 너희도 이와 같이 위로를 얻는 자가 되게 하려고 하셨다는 말입니다.

엘리자베스 여왕 앞에서 어떤 여인이 울음을 터트렸습니다. "왜 그러느냐?"고 묻자 아기를 갖고 싶었는데 유산을 했다는 것입니다. 그래서 우울증에 걸렸다는 것입니다. 그러자 엘리자베스 여왕이 그 여인의 손을 꼭 잡아주며 "나도 당신의 심정을 너무 잘 안다"고 말했습니다. 그 후 이 여인이 고백하기를 "나는 엘리자베스 여왕이 얼마 전에 유산한 사실을 기억해내고 많은 위로를 받았다. 그리고 나에게서 우울증이 사라졌다"라고 고백했습니다. 유산의 경험이 있는 사람이 유산당한 사람을 진심으로 위로할 수 있습니다. 아파본 사람이 아픈 사람을 위로할 수 있습니다. 자녀를 잃어본 사람이 자녀를 잃은 사람의 마음을 알고 위로해 줄 수 있습니다. 사업에 망하여 길거리로 나앉았던 사람이 부도난 사람의 심정을 누구보다 잘 알고 위로해 줄 수 있습니다.

여러분이 왜 고난을 당했습니까? 여러 가지 이유가 있지만 그 사건을 통해 하나님의 은혜를 깨닫고 다른 고난당하는 사람을 도와주라는 것입니다. 오늘 바울이 하는 말이 바로 그것입니다. 미국 코넬 의과대학의 발표에 보면, 환자들이 회복되는 과정을 보면 어떤 사람은 회복이 빠르고 어떤 사람은 회복이 잘 안 되는데 그 원인을 연구해 보니 믿음이 있는 사람이 회복이 빠르더랍니다. 그리고 위로를 받은 사람이 회복이 빠르더라는 것입니다. 위로는 질병도 빠르게 치유하는 힘이 있습니다. 위로는 마음의 상처를 아물게 하고 새 힘을 주는 능력이 있습니다. 위로는 성도들에게 주신 하나님의 선물입니다.

골든벨이라는 프로그램을 보면 학생들이 문제를 푸는데 마지막에 남은 한 여학생이 이제 한 문제만 맞추면 드디어 골든벨을 울리게 됩니다. 학교의 명예가 걸려있는 문제입니다. 그런데 마지막 문제는 꼭 어려운 문제를 냅니다. 그래서 마지막 순간에 답을 쓰지 못하고 어쩔 줄 몰라 하면 강당에 모여 있는 전교생들이 함께 합창을 합니다. 뭐라고 합니까? "괜찮아, 괜찮아" 그럽니다. 이 괜찮다는 말 한 마디가 얼마나 위로가 되는지 모릅니다. 그 말 한 마디가 전교생을 하나로 만들고 힘이 나게 합니다. 우리 인생은 실패하는 일이 참 많습니다. 상처받을 일도 많고 넘어질 일도 많습니다. 그때에 서로에게 이 "괜찮아" 하는 소리가 늘 있기 바랍니다.

바리새인은 "괜찮아"라는 말을 할 줄 몰랐습니다. 그들은 늘 남의 잘못에 대해 지적만 하는 선수였습니다. 늘 문제만 바라보고 자기의 허물은 보지 못하는 자들이었습니다. 그래서 옆에 있는 사람들의 마음을 아프게 했습니다. 아내가 실수했어도, 남편이 실패하고 돌아와도 "괜찮아" 하고 말해주는 성도들이 되시기를 바랍니다. 그러면 행복해지는 것입니다. 이 종이 설교를 은혜 있게 못해도 어떻게 하시겠습니까? "괜찮아, 괜찮아!" 할렐루야!

얼마 전 텔레비전과 라디오 광고에 아주 멋진 광고를 보았습니다. 딸아이가 집에 들어오는데 엄마가 밥을 차려줍니다. 그러자 딸아이가 묻습니다. "엄마 오늘 합격 발표일인데 안 물어 봐?" 그러자 엄마는 딴 이야길 합니다. "뭐 하니? 얘, 식는다." 빨리 밥 먹으라는 말입니다. '너 합격 못해도 괜찮아. 네가 더 중요해' 하는 말입니다. 멋진 카피입니다.

여러분, 일보다 사람이 더 중요합니다. 꽃보다 사람이 더 아름답습니다. 예수님께서도 안식일보다, 율법보다 사람을 더 중요하게 여기셨습니다. 그래서 우리를 위해 십자가의 고난을 받으셨습니다.

오늘 성경에 바울은 이것을 그리스도의 고난이 넘쳤다고 표현을 했습니다. 우리 같은 죄인을 구하시기 위해 당하신 예수님의 고난은 넉넉한 것입니다. 그래서 우리가 위로도 넘치게 받는 것입니다. 우리가 잘못할 때마다 율법대로 한다면 늘 지적을 받을 것입니다. 하루 종일 못한다는 이야기만 들을 것입니다. 율법은 칭찬이 없고 격려가 없습니다. 용서도 없습니다. 그러나 우리 주님은 우리가 부족해도 다 받아주셨습니다. "괜찮아" 하고 받아주시고 "다음에 잘할 거야!" 하고 위로와 용기를 주셨습니다. 죄가 가득 찼음에도 잘 될 줄로 믿고 우리를 위해 십자가에까지 달려 주셨습니다. 그래서 오늘 우리가 이 자리에 있는 것입니다.

우리 성도들은 교회에 나올 때마다 주의 넘치는 위로를 풍성히 누리시기 바랍니다. 그리고 그 위로를 받아 서로 위로하는 성도들이 되시기 바랍니다. 그리고 더 나아가서 예수 그리스도의 이름으로 고난당하는 자들을 위로하는 복음의 용사들이 되십시다.

적용

ⓐ 오늘 말씀의 주제 파악하기

ⓑ 오늘 말씀 중 은혜 받은 부분 나누기

ⓒ 삶에 구체적으로 적용하기

함께 드리는 기도제목

1. 세상 살아가면서 주님의 품을 제일로 알고 주님의 손을 의지하게 하옵소서.
2. 주님의 몸 된 제단에서 주님의 넘치는 은혜를 받게 하옵소서.
3. 예수 그리스도의 이름으로 고난당하는 자들을 위로하는 복음의 용사들이 되게 하옵소서.

12

서로 사랑하라

• 본 문: 요한복음 13장 34-35절
• 찬 송: 220장(사랑하는 주님 앞에, 통 278장)
• 요 절: 새 계명을 너희에게 주노니 서로 사랑하라 내가 너희를 사랑한 것같이 너희도 서로 사랑하라(요 13:34)

요한복음 13장에서 예수님께서는 세상을 떠나 아버지께로 갈 날이 이른 것을 아시고 제자들의 발을 씻기셨습니다. 이 가르침은 13장에 나오는 가룟 유다의 배신을 아신 후 가장 먼저 행하신 일이었습니다. 너희가 이같이 서로 섬기며 살아야 한다는 것입니다. 그리고 오늘의 말씀을 주셨습니다. 서로 사랑하라는 것입니다. 사랑은 주는 것입니다. 사랑하면 주고 싶어 미치는 것입니다. 사랑하는 사람에게는 아무리 주어도 아깝지 않습니다. 옛날 할머니는 손자를 특별히 사랑하지 않습니까? 밥상에서 밥을 먹는데 소녀들이 맛있는 반찬을 골라먹으면 막 혼을 냅니다. 그거 손자가 먹어야 하는데 손녀가 먼저 먹어버리니 속상한 것입니다. 그런데 손자가 먹으면 아깝지 않습니다. 먹는 것을 보기만 해도 너무 재미가 있습니다. 사랑하기 때문입니다.

사랑하면 돈이 문제가 안 됩니다. 남편이 아내를 사랑하면 아내가 무엇을 해도 아깝지 않습니다. 더 좋은 것을 사주려고 합니다. 백화점에 가서 옷을 사는데 아내가 10만 원짜리와 20만 원짜리 옷을 보다가 20만 원짜리를 고르면 어떻습니까? 남편 마음이 안 좋으면 지금 사랑이 식은 것입니다. 사랑하면 아내가 무엇을 골라도 마음이 기쁩니다. 사랑하면 장애물이 문제가 안 됩니다. 공자의 제자가 시를 써서 공자에게 드렸습니다. 내용인즉 "사랑하는 사람이 멀리 있는데 산과 들이 가로막혀 수백 리 길이라 갈 수가 없구나" 하는 시입니다. 그 시를 본 공자가 "그거 틀렸다. 사랑하면 수백 리 길도 밤을 새워 달려간다" 하고 이야기를 했습니다.

사람들은 사랑에 목말라합니다. 1890년도부터 120년 동안 미국의 팝송에 가장 많이 나오는 주제를 조사했더니 제1위가 LOVE, 사랑이었습니다. 오늘의 시대는 사랑이 목마른 시대입니다. 오늘의 아이들이 방황하는 것은 부모님의 사랑을 받지 못해서입니다. 사랑받고 싶다는 사인입니다. 우리의 이웃들도 사랑을 원하기 때문에 교회를 바라봅니다. 백화점을 동양 최대로 지어도, 아파트를 크게 지어도 뭐라 하지 않지만 교회를 크게 짓는다고 하면 반대를 합니다. 고속도로를 건설하다 수십 명씩 죽어가도 말을 하지 않는데, 교회에서 사고가 나면 떠들썩합니다. 그것은 사실은 교회가 교회의 사명을 다해 달라는 말입니다.

사랑이 메마른 이 시대에 사랑을 달라는 말입니다. 오늘의 교회가 방향을 잃어버렸기 때문에 복음 전하라고 교회를 세워주신 주님의 뜻을 잊어버렸기 때문에 세상이 교회를 향하여 신음하고 있는 것입니다. 오늘의 교회는 이 소리를 들을 줄 알아야 합니다. 크리스천들은 그저 전도만 하려고 합니다. 목사님이 전도하라고 하도 핍박하니까(?) 급해져서 사랑은 주지 못하고 교회로 데리고 나오려고만 합니다. 불신자들은 '나를 교회에 등록시키려고 그러는구나!' 생각하니 반감이 드는 것입니다. 사랑이 전도입니다.

약국에 가보면 별의별 약이 다 있습니다. 지구상에 있는 질병의 종류가 약 5~6만 가지라고 하니 치료약도 참 많을 것입니다. 그런데 사랑을 하는 약 좀 만들었으면 좋겠습니다. 사랑이 식어버린 남편에게 주면 남편의 사랑이 생기고, 연애하다가 시들해져서 약을 먹으면 다시 사랑이 불타오르고, 미워하는 병을 앓는 사람에게는 미움이 사라지고 사랑으로 변화되는 그런 약 좀 만들었으면 좋겠습니다. 그런데 그런 약이 있습니다. 바로 구약과 신약입니다. 이 성경 속에는 미움과 분노와 시기와 전쟁이 변하여 사랑이 되는 놀라운 약이 들어있습니다. 여러분은 성경의 말씀을 듣고 먹고 사랑의 사람들이 되시기 바랍니다. 오늘 예수님께서는 새 계명을 주셨습니다.

1. 이웃사랑은 새 계명입니다.

예수님은 우리가 지켜야 할 계명을 단 두 가지로 요약하셨습니다. 그것은 '하나님 사랑과 이웃사랑'이라는 것입니다. 유대인들은 율법서에 나오는 사랑을 하나님 사랑으로 이해했습니다. 하나님을 사랑하면 성경을 다 이룬다고 생각했습니다. 그런데 예수님께서는 새로운 해석을 주셨습니다. 율법서에 나오는 사랑도 하나님 사랑도 이웃사랑이 되어야 사랑이 완성된다고 하신 것입니다. 위로 하나님을 사랑하고 이웃은 사랑하지 아니하면 그것은 반쪽사랑에 지나지 않는다는 것입니다. 사도 바울은 이 사랑의 의미를 깨달았습니다. 그래서 "믿음, 소망, 사랑 가운데 사랑이 제일이다"라고 하였습니다. "너희가 천사의 말을 할지라도, 산을 옮길 만한 믿음이 있어도, 내가 가진 모든 것으로 구제를 하고 내 몸을 불사르게 내어줄지라도 사랑으로 하지 않으면 그거 아무 소용이 없다"라고 하였습니다.

우리 크리스천들이 속고 있는 것이 있습니다. 기도 많이 하면서 내가 하나님을 사랑한다고 속습니다. 봉사를 하면서 내가 하나님을 사랑한다고 속습니다. 그래서 기도하는 사람도 시험에 들고 봉사하는 사람도 시험에 드는 것입니다. 성경이 말씀하는 사랑은 끝이 없는 사랑입니다. 베드로는 예수님께 "내가 얼마나 용서하면 되겠습니까? 일곱 번 용서하면 되겠습니까?" 하고 물었습니다. 유대인들에게 일곱 번이면 완전한 용서입니다. 일곱은 완전한 숫자입니다. 그런데 예수님께서는 일곱 번씩 일흔 번이라도 용서하라고 하셨습니다. 사랑이 그런 것입니다.

그래서 예수님은 오늘 요한복음 13장 1절에도 자기 사람들을 끝까지 사랑하셨다고 하신 것입니다. 제자들이 예수님을 일곱 번만 배신했겠습니까? 마음으로 수없이 예수님을 떠났을 것입니다. 그래서 오늘 말씀의 배경 바로 앞에 제자들은 누가 서로 높아지느냐의 문제로 마음속에 갈등이 있었고 다툼이 일어났던 것입니다. 그런데도 예수님은 끝까지 사랑하셨습니다. 유대인들은 선민의식이 있었습니다. 그래서 유대인들만이 구원을 받고 유대인들만이 친구라고 생각했습니다. 이들에게 이방인은 친구가 아니었습니다. 지옥에 갈 대상이었습니다. 그래서 이들은 사마리아인을 미워하고 증오하면서도 하나님을 사랑한다고 했습니다.

그런데 예수님은 이방인들도 사랑하셨습니다. 유대인들이 사람 취급을 하지 않았던 세리와 창녀도 사랑해 주셨고 병자들도 사랑해 주셨습니다. 사람들이 상대하지 않는 귀신들린 자들을 불쌍히 여기시고 고쳐주셨습니다. 사랑 때문입니다. 제자들에게 주신 이 말씀은 오늘 우리에게도 주시는 말씀입니다. 새 계명은 사랑하라는 것입니다. 혼자만의 사랑이 아닙니다. 서로 사랑하라 말씀하셨습니다. 일방적인 사랑은 외롭습니다.

성도 여러분! 우리 성도들은 서로 사랑하는 사람이 되시기 바랍니다. 만나면 눈으로 사랑해야 합니다. 사랑하는 사람은 눈빛이 다릅니다. 동물도 자기를 사랑하는 눈빛을 압니다. 하물며 만물의 영장인 사람이 사랑하는 눈빛을 모르겠습니까? 이 종은 참 약하고 부족합니다. 그런데 매일 말씀을 전할 힘이 생겨나는 것은 성도들의 사랑의 눈빛 때문입니다. 이 종을 사랑하는 눈빛을 느낍니다. 우리는 서로 사랑할 때 큰 힘이 되고 위로가 되는 것입니다.

그리고 입으로 사랑하시기 바랍니다. 서로에게 사랑한다고 말해주세요. 축복한다고, 성도님을 위하여 기도하고 있다고 말해주세요. 그리고 더 나아가 행동으로 우리의 사랑이 표현되어야 합니다. 사랑하기 때문에 내 물질로, 내 시간으로, 내 몸으로 서로를 위하여 헌신하는 것입니다. 주님께서 말씀하신 이 이웃사랑이 우리에게 풍성하기를 바랍니다.

2. "내가 너희를 사랑한 것같이 너희도 서로 사랑하라"고 하십니다.

예수님께서 우리를 사랑하신 사랑이 어떤 사랑입니까? 우리의 죄를 안타깝게 여겨 대신 십자가에 못 박히신 사랑입니다. 목숨을 주는 사랑, 이것이 가장 큰 사랑입니다. 예수님께서는 "사람이 친구를 위하여 자기 목숨을 버리면 이보다 더 큰 사랑이 없나니"(요 15:13)라고 말씀하셨습니다. 친구를 위하여 목숨을 버리신 분이 예수님이십니다. 친구가 누구입니까? "너희가 내가 명하는 대로 행하면 나의 친구"라고 하셨습니다. 하나님의 말씀대로 행하는 자를 친구로 삼아

주시고 이들을 위해 목숨을 주셨다는 말씀입니다. 이 사랑이 가장 큰 사랑이라는 말씀입니다. 예수님의 사랑은 우리를 위해 십자가에 몸을 대속물로 주신 사랑입니다. 그러므로 우리는 모욕과 고통도 참아내며 서로를 위해 십자가를 져야 하는 것입니다.

우리 성도들이 상담을 요청하여 신상 이야기를 하고는 목사님만 아시고 기도해 달라고 합니다. 사람들이 알면 어떻게 된다는 말입니까? 덮어주고, 함께 안타까워하고 기도해 주어야 하는데 그렇지 못하다는 말입니다. 오히려 교인들이 알면 고통스러운 일이 일어나니 목사님만 알아달라는 말입니다. 이 말이 참 슬픈 말입니다. 내 가정의 자녀가 문제가 있으면 안타까워합니다. 내 아들이 이렇게 못된 짓 하고 다닌다고 말하지 않습니다. 사랑하기 때문입니다.

한국교회를 세상 사람들이 비판한다고 해서 크리스천이 같이 비판하는 사람들이 있는데 사랑으로 하면 좋은데 대개 그렇지가 않습니다. '한국교회에 이런 문제가 있는데' 하고 말하는 것은 나는 정의롭다는 말입니다. 바리새인들이 그랬습니다. 바리새인들에게는 눈물이 없었습니다. 정말 안타까우면 한국교회를 생각하면 눈물이 나와야 하고, 한국교회를 위해 금식하며 기도해야 맞습니다. 그것이 사랑입니다. 초대교회에도 그런 문제가 있었던 것으로 보입니다.

오늘 요한복음은 주후 90년경에 기록된 말씀입니다. 교회가 세워지고 교회 안에 분쟁이 일어나 서로가 옳다고 하는 이들이 생겨났습니다. 이러한 모습을 보며 하나님께서는 사도 바울을 통해서도 사랑이 없이 하는 믿음, 사랑이 없이 하는 구제나 몸을 불사르게 내어주는 일까지도 소용없다고 하신 것입니다.

성도 여러분! 우리 교회는 주님께서 우리를 위해 십자가를 지신 사랑으로 서로를 사랑하는 교회가 되도록 합시다. 서로의 아픔과 약점을 안타까워하며 덮어주고, 용서해 주고, 서로를 위해 기도하며 함께 짐을 지는 아름다운 사랑이 넘치는 교회가 되십시다.

3. "너희가 내 제자인 줄 알리라"고 하셨습니다.

너희가 교회 안에서 서로 이런 사랑을 할 때에 세상 사람들이 너희가 예수를 따르는 제자인 줄 알 것이라는 말씀입니다. 신자와 제자라는 말은 차이점이 있습니다. 신자는 그저 믿는 사람입니다. 예수 믿고 구원받은 사람입니다. 그런데 예수 믿고 구원받았으면 거기서 더 나아가야 합니다. 그 다음에는 제자가 되어야 합니다. 제자란 팔로워(follower)의 의미가 있습니다. 예수님을 따르는 사람이란 뜻입니다. 그래서 예수님께서도 제자들을 부르실 때에 "나를 따라오너라 내가 너희로 사람 낚는 어부가 되게 하리라" 말씀하셨습니다. 제자는 예수님이 하신 일을 따라 사는 사람들입니다.

예수님이 하신 일은 크게 세 가지입니다. 첫째는, 복음을 전하는 일, 둘째는, 하나님의 백성들을 가르치시는 일, 셋째는, 병자들을 고치시는 일이었습니다. 오늘 우리 믿음의 사람들이 예수님이 하신 일을 따라서 복음을 전하고, 교회 안에서는 믿음이 약한 자들을 가르치고 나아가서 상처 입은 사람들, 병든 사람들을 고쳐주는 일을 할 때에 세상 사람들이 크리스천들을 향하여 "저 사람들이 예수님처럼 사는 사람들이다"라고 말할 것입니다. 세상 사람들이 "저 사람 예수 믿는 사람다워, 저 사람이 믿는 예수라면 나도 믿어보겠어"라고 말할 수 있기를 바랍니다.

'울지마 톤즈'라는 다큐멘터리 영화가 있습니다. 이 영화는 아프리카의 수단에 있는 톤즈라는 작은 마을에서 있었던 일을 기록한 것으로 40만이 넘는 사람들이 이 영화를 보았습니다. 세계에서 키가 가장 큰 딩카 족 마을, 가난과 전쟁으로 고통 받는 이 마을에 의사

출신인 이태석 신부가 들어가 병원과 학교를 열었습니다. 발가락이 뭉개진 한센병 환자(나환자)들의 마을에 들어가 이들의 발을 하나하나 치수를 재어 신발을 만들어주고 학교를 세워 아이들을 하나하나 가르칩니다.

그러다가 젊은 나이에 대장암 3기의 판정을 받고도 톤즈를 위한 사역을 쉬지 않습니다. 병이 깊어져 한국에 돌아와 2010년 1월 48세의 젊은 나이에 하나님의 부르심을 받고 세상을 떠납니다. 임종의 순간에 이르기까지 그는 온통 톤즈 생각뿐이었습니다. 딩카 족은 어떤 일이 일어나도 울지 않도록 훈련된 강인한 부족입니다. 우는 것은 그들의 수치입니다. 그래서 가족이 죽어도, 전쟁터에서 아버지가 죽어도 이들은 울지 않습니다.

그런데 이 딩카 족 아이들이 한국에 가서 죽음을 맞이하고 영정으로 돌아온 이태석 신부의 영정 앞에서 울기 시작합니다. 그리고 그 영정을 들고 거리를 행진합니다. 그때에 온 톤즈 거리가 울었습니다. 이태석 신부는 톤즈 사람들이 가장 사랑하는 사람입니다. 예수님의 제자입니다. 이태석 신부는 "내가 너희를 사랑한 것같이 너희도 서로 사랑하라"는 오늘의 말씀처럼 복음을 들고 아프리카 오지로 찾아간 것입니다.

우리 교회의 로고가 "예수님 따라 사는 사람들"입니다. 다른 말로 하면 제자라는 말입니다. 우리가 예수님처럼 살 수 있다면 이 세상의 모든 사람들이 예수님을 찬양할 것입니다. 예수님을 따르는 수많은 구원받은 백성들이 생겨날 것입니다. 예수님은 우리에게 사랑을 주시고 "너희도 서로 이렇게 사랑하라"고 하셨습니다. 우리가 서로 사랑하면 허다한 죄도 덮어질 것이라고 하셨습니다.

성도 여러분, 우리 주님의 가르침을 따라 내가 먼저 사랑하십시다. 내가 먼저 손 내밀고, 내가 먼저 용서하고, 내가 먼저 웃음 주고,

내가 먼저 섬겨주고, 내가 먼저 이해하고, 내가 먼저 높여주는 우리 성도들이 되십시다.

적용

ⓐ 오늘 말씀의 주제 파악하기

ⓑ 오늘 말씀 중 은혜 받은 부분 나누기

ⓒ 삶에 구체적으로 적용하기

함께 드리는 기도제목

1. 새 계명으로 주신 이웃사랑이 우리에게 풍성하게 하옵소서.
2. 예수님께서 보여주신 아름다운 사랑이 우리 교회에 넘치게 하옵소서.
3. "너희도 서로 이렇게 사랑하라"고 하신 주님의 말씀에 순종하게 하옵소서.

13

절기를 지키라

- 본 문: 출애굽기 13장 1-10절
- 찬 송: 134장(나 어느 날 꿈속을 헤매며, 통 84장)
- 요 절: 이것으로 네 손의 기호와 네 미간의 표를 삼고 여호와의 율법이 네 입에 있게 하라 이는 여호와께서 강하신 손으로 너를 애굽에서 인도하여 내셨음이니 해마다 절기가 되면 이 규례를 지킬지니라(출 13:9-10)

구약은 오실 그리스도에 대한 말씀이요, 신약은 오신 그리스도와 또 장차 다시 오실 그리스도에 대한 말씀입니다. 구약성경에는 예수님의 예표에 대해 곳곳에 말씀하고 있습니다. 오늘 본문의 출애굽 사건도 바로 오실 예수님에 대한 예표와 우리들의 구속사건을 말씀해 주는 본문입니다.

요셉이 애굽의 총리가 된 후 요셉의 형제들과 이스라엘 백성들은 애굽에서 살게 되었습니다. 이집트의 파라오가 가장 신뢰하고 전권을 맡긴 총리의 형제들이니 얼마나 잘 살았겠습니까? 그래서 이들은 애굽의 상층부에 살았고 애굽의 문화와 종교에 동화되어 갔습니다.

이것은 이스라엘의 후손들이 우상을 숭배하게 되었고, 애굽의 문화에 동화되어 하나님의 백성으로서의 정체성을 잃어버리게 되었다는 것을 의미합니다. 그러므로 하나님께서는 이스라엘 백성들을 다시 돌려보내기로 작정하시고 이들을 노예생활로 전락하게 만드셨습니다. 즉 요셉을 모르는 새로운 왕이 세워지고 요셉의 후손들인 이스라엘 백성들을 학대하기 시작한 것입니다. "너희들은 소수민족인데 이 애굽에서 귀족적인 신분을 누리고 있으니 안 되겠다" 하고 이들을 노예로 부려먹기 시작한 것입니다.

노예생활을 하면서 비로소 이스라엘은 하나님께 부르짖기 시작했습니다. 인간은 잘되고 형통할 때는 내 생각만 하고 하나님을 잊어버리기 쉽습니다. 어려울 때에는 "하나님 도와주십시오" 하다가도 형편이 풀리면 내가 잘해서 그렇게 되었다고 생각하고 하나님의 은혜를 잊어버리는 것이 바로 인간입니다. 그래서 하나님께서는 이스라엘 백성들에게 채찍을 드셨습니다. 고통을 받게 만드신 것입니다. 노예를 부리며 평안하게 살던 삶에 갑자기 영적인 육체적인 고통이 밀려오기 시작했습니다.

그래서 하나님께 부르짖기 시작하자 하나님께서는 모세라고 하는 인물을 준비시키십니다. 여러분, 우리가 기도하기 시작할 때 하나님은 벌써 응답을 준비하십니다. 이스라엘 백성들이 부르짖기 시작하자 하나님은 이미 모세를 80년 전에 준비시키십니다. 하나님께서는 모세를 통해 열 가지 재앙을 허락하십니다. 마지막 열 번째 재앙이 무엇입니까? 애굽의 모든 장자와 초태생의 죽음입니다. 이것은 애굽의 미래를 허락하시지 않겠다는 하나님의 굉장한 경고였습니다. 이 장자와 초태생의 죽음이 올 때에 이스라엘 백성들은 문지방의 좌우 인방과 문설주에 유월절 양의 피를 발랐습니다.

이것이 무슨 뜻이 있습니까? 그 피로 말미암아 너희들의 죄를 대속했으니 죽음이 넘어가겠다는 하나님의 뜻입니다. 그래서 유월절이란 영어로 'Pass Over' 즉 넘어간다는 말입니다. 문의 가로와 세로 틀에 양의 피를 바르라고 했는데, 이것은 장차 오셔서 인류의 죄를 대속해 주실 예수님의 십자가의 죽음에 대한 예표였습니다. 예수님의 십자가, 즉 가로와 세로 막대기에 흘려주시고 칠해주신 유월절 어린 양인 예수님의 피 공로로 죽음을 넘어갈 수 있게 되었다는 사실을 우리는 믿고 감사해야 하는 것입니다.

이스라엘 백성들은 하나님의 은혜를 가장 많이 받은 백성입니다. 그런데 그 이스라엘 백성이 누구입니까? 바로 우리들입니다. 우리들이 은혜를 가장 많이 받은 사람들입니다. 오늘 말씀도 하나님께서는 하나님의 은혜를 깨닫게 하시기 위하여 말씀을 주십니다.

첫째 명령은 "이스라엘 자손 중에 사람이나 짐승이나 초태생은 다 하나님께 드리라"는 것입니다. 하나님께서 재물이 없으셔서 드리라고 하신 것이 아닙니다. 우리는 첫 결실을 얻었을 때 기뻐합니다. 첫 자녀를 낳았을 때 보면 이 세상에 혼자 아이를 낳은 것처럼 자랑스러워합니다. 직장에 나가 월급을 받아도 첫 월급이 즐겁습니다. 농부가 과일나무를 심어 첫 열매가 열렸을 때 너무 좋아합니다. 이렇게 첫 결실을 하나님께 드리라고 하시는 것은 하나님의 뜻을 잊지 말고 기억하라고 하시는 말씀입니다. 그런데 예수님께서 우리에게 첫 열매가 되어 주셨습니다. 우리에게 오셔서 십자가로 죄를 대속하시고 부활의 첫 열매가 되어 주셨습니다.

둘째 명령은 애굽에서 나온 날을 기념하여 유교병을 먹지 말라고 말씀하십니다. 기념하라고 하셨는데, 기념한다는 것은 기억한다는 말입니다. 부모가 자녀들의 생일을 기억하여 그날은 맛있는 식사도 준비하고 때로는 옷도 사줍니다. 부모가 자녀들의 생일을 기억한다는 것은 자녀들을 사랑한다는 표시입니다. 그래서 '아, 생일날은 이렇게 하는 것이구나' 하고 깨닫습니다. 그래서 자녀들이 자란 후에 자녀들은 부모님의 생신을 기억하여 고향에 찾아옵니다.

어떤 부모는 괜찮다며 오지 말라고 하시는 분들이 있습니다. 타지에서 사는 것도 힘든데 뭘 힘들게 오느냐고 자녀들을 염려하여 하는 말입니다. 자녀들이 그 말을 듣고 한 번, 두 번 생신날을 거르기 시작하면 한참을 지난 후에는 당연히 오지 않습니다. 그래서 힘들어도 오게 해야 합니다. 선물을 안 가지고 와도 오게 해야 합니다. 억지로라도 자녀들을 모이게 해야 합니다. 이것이 부모님의 생신을 기억하고 효도하게 하는 방법입니다.

하나님께서 이러한 인간의 속성을 너무나 잘 아셨기 때문에 유월절을 반드시 지키며 기억하라고 하시는 것입니다. 유교병이란 발효된 빵을 말합니다. 길에서 파는 호빵을 보면 아주 먹기 좋고 탐스럽게 부풀려져 있습니다. 또 길을 가다 보면 정체하는 구간에서 옥수수빵이나 술떡이라는 것을 팝니다. 이 떡이 참 탐스럽고 맛있게 생겼습니다. 왜 그렇게 탐스럽게 됩니까. 발효시켜서 그렇게 됩니다. 그런데 발효시키지 않고 밀가루를 그냥 구우면 딱딱하고 맛이 없게 됩니다. 너희가 유월절에는 이렇게 딱딱한 밀가루 빵을 먹으라는 것입니다.

'와신상담'(臥薪嘗膽)이란 옛 고사가 있습니다. 섶에 누워 자고 쓰디쓴 곰쓸개를 핥으며 패전의 굴욕을 되새겼다는 뜻입니다. 와신상담은 오나라의 왕 부차의 와신과 월나라의 왕 구천의 상담이 합쳐서 된 말입니다. 유교병이 바로 그런 것입니다. 딱딱한 빵을 맛없이 씹으면서 우리가 하나님의 은혜를 저버리고 우상숭배하고 하나님을 떠난 것을 회개하고, 유월절 그날의 은혜를 잊지 말라는 하나님의 명령인 것입니다. 지금 우리는 사순절 기간을 지나고 있습니다. 사순절은 이와 같이 우리의 죄를 회개하고 유월절 어린 양의 피를 흘려주셔서 우리에게 생명을 주신 주님을 깊이 생각하는 주간입니다. 그러므로 사순절은 평소와 똑같이 지나는 것이 아니라 특별하게 지나는 것입니다. 말씀도 시간을 정해서 깊이 보고 기도생활도 더 깊이 있게 하는 것입니다.

우리 교회에서도 일 년에 두 차례 특별새벽기도회를 하는데, 이 특별새벽기도회의 의미가 여기에 있습니다. 특별한 기도를 통하여 이 기간만이라도 주님의 은혜를 더 깊이 느껴보자는 것입니다. 평소에 하지 못하는 사람들도 억지로라도 나와서 무교병을 먹듯이 주님을 생각하자는 것입니다. 그래서 고난주간에는 금식기도회도 합니다. 금식의 고통을 통해 주님의 은혜를 깊이 생각해 보자는 것입니다.

7절 이하의 말씀에 보면 "유교병과 누룩을 집안에 보이지도 말게 하라"고 하십니다. 이 말은 철저하게 하라는 말입니다. 혹시나 아이들이라도 집어먹을까, 아니면 아이들이 딱딱한 빵을 못 먹겠다고 울게 되면 아이들이라도 누룩 있는 빵을 만들어 주게 될까 봐 미리 다 치우라는 것입니다. 철저하게 지키라는 말씀입니다. 왜 하나님께서 이렇게 자세하게 말씀하십니까? 우리도 가정에서 남편이 반찬 만들 때에 "고춧가루를 더 뿌려라, 다시다를 넣어봐라", 반찬을 살 때에 "어느 집에 가라, 무슨 반찬을 해라" 이러면 피곤하지 않습니까? 그냥 다 맡겨 놓고 "마음대로 하시오" 해야지 살림을 하나하나 간섭하면 남자 이미지에 잘 맞지 않습니다.

하나님도 그렇지 않습니까? 한번 말씀하셨으면 될 터인데 세상말로 쪼잔하게 있는 것까지 다 치워라 이렇게 말씀하십니까? 그것은 우리 인간을 너무나 잘 아시기 때문입니다. 우리 인간은 죄악 옆에 있으면 반드시 죄악에 물들게 됩니다. 그것이 인간입니다. 그래서 미리 피하는 것이 좋습니다. 죄악이 있는 곳에는 아예 가지 않는 것이 시험에 들지 않는 비결입니다. 젊은 남녀가 컴컴한 데 가면 탈이 나게 되어 있습니다. 컴컴한 데 가면 벌써 다른 생각이 들기 때문입니다.

이 종은, 늘 불평하는 사람 옆에도 가지 말라고 자주 가르칩니다.

그것이 축복받는 길이기 때문에 그렇습니다. 하나님께서는 우리를 너무나 잘 아시기 때문에 이렇게 구체적으로 말씀하시는 것입니다. 자녀들이 부모에게 "왜 지금은 이렇게 맛없는 빵을 먹어야 합니까? 못 먹겠어요" 하고 말하면 "이 예식은 내가 애굽에서 나올 때에 여호와께서 나를 위하여 행하신 일로 말미암음이라 하고 이것으로 네 손의 기호와 네 미간의 표를 삼고 여호와의 율법이 네 입에 있게 하라 이는 여호와께서 강하신 손으로 너를 애굽에서 인도하여 내셨음이니"(출 13:8-9)라고 말씀하십니다.

자녀들에게 똑바로 가르쳐야 한다는 것입니다. 이 빵은 부모만 먹는 것이 아닙니다. 아무것도 모르는 자녀들도 두 살, 세 살 때에도 같이 먹는 것입니다. 이것이 유대교육의 철저함입니다. 세계에서 자녀교육을 가장 철저히 시키는 민족으로 유태인 교육을 말합니다. 이러한 철저한 교육으로 이들은 자녀들을 천재로 키워냈고, 오늘날 세계 각 분야에서 최고의 인물들은 유태인이 가장 많습니다. 신앙교육은 어렸을 적부터 철저하게 시켜야 합니다.

서너 살 때에 신앙교육을 잘 시키면 이것이 평생을 갑니다. 초등학교 때에 예수 안 믿으면 이미 여러 가지로 힘들어집니다. 중·고등학교만 되어도 요즘 아이들은 부모가 가라고 해서 잘 가지 않습니다. 대학 이후에는 아무리 이야기해도 되지 않습니다. 그래서 아직 아무것도 모를 때에 "얘야, 예배시간에는 가만히 앉아 정신을 집중하고 목사님 말씀을 들어야 한다. 기도할 때는 꼭 손을 모으고 기도해야 한다" 하면서 하나하나 가르칠 때에 이것이 바른 교육이 됩니다. 유대 교육이 바로 그랬습니다. 신앙적으로 잘못하면 즉시 회초리로 때려서 기억을 시킵니다. 그래서 유태인들은 종교적으로 아주 철저하게 자라는 것입니다.

오늘 하나님께서는 이 유월절의 기억을 철저하게 하기 위하여 손목에 말씀을 묶고, 미간에도 붙이고, 문에도 붙이고, 율법을 암송하며 여호와께서 인도하셨음을 잊지 않게 하라고 말씀하십니다. 여러분, 자녀들이 믿음 안에서 자라게만 하면 이 자녀들은 하나님이 그 길을 인도하십니다. 여러분의 가정이 믿음 안에 서 있기만 하면 하나님께서 그 가정의 미래를 인도하십니다. 그러므로 어릴 적부터 부모가 자녀의 손을 붙잡고 기도도 같이 하고, 성경도 매일 같이 보고 이렇게 하나님의 말씀 안에서 키우는 부모가 가장 현명한 부모인 줄로 믿습니다.

구약의 유월절은 이스라엘 백성들의 죄를 묻지 아니하고 어린 양의 피로 사함을 받는 언약의 예식이었습니다. 신약의 유월절은 예수님께서 이 땅에 오셔서 십자가에 달리시고 손과 발에 못이 박히셔서 십자가의 가로 막대기와 세로 막대기에 피를 흘려주심으로 우리를 죄에서 사해주신 사건입니다. 그러므로 구약의 유월절을 잊지 않게 하시기 위해 오늘의 말씀을 주신 것처럼, 우리에게는 예수님의 보혈의 공로를 잊지 말라고 가르쳐 주시는 것입니다.

성도 여러분, 유월절은 하나님께서 우리를 인도하심을 기억하고 하나님의 은혜에 감사하는 절기입니다. 은혜는 자꾸 되새기고 또 기억해야 합니다. 여러분의 모든 일들을 은혜로 바라보시기 바랍니다. 남편도, 아내도, 자녀도 은혜로 바라보시기 바랍니다. 교회도 은혜로 바라보시기 바랍니다. 그러면 더 많은 은혜가 임합니다. 이것이 은혜의 비밀입니다. 신앙생활은 은혜로 하는 것입니다. 내 힘으로, 내 노력으로 하려면 실패합니다.

안이숙 사모님은 "♬~내일 일은 난 몰라요 하루하루 살아요 불행이나 요행함도 내 뜻대로 못해요~♬"라고 찬양했습니다. 그렇습니다. 내 힘으로 내 뜻으로 안 되는 것이 인생입니다. 그래서 하나님의 은혜가 필요합니다. 예수님의 십자가는 은혜의 상징입니다. 그 십자가 은혜를 깨달을 때에 우리는 주님과 더 깊은 만남을 가질 수 있습니다. 이 사순절에 더 깊이 주님을 생각하시고 주님이 인도하신 은혜를 깨닫는 성도들이 되십시다.

적 용

ⓐ 오늘 말씀의 주제 파악하기

ⓑ 오늘 말씀 중 은혜 받은 부분 나누기

ⓒ 삶에 구체적으로 적용하기

함께 드리는 기도제목

1. 하나님의 은혜를 깨닫게 하시기 위하여 우리에게 말씀 주심을 감사하게 하옵소서.
2. 우리에게 생명을 주신 주님을 깊이 생각하는 사순절 기간이 되게 하옵소서.
3. 십자가의 은혜를 깨닫고, 주님의 은혜를 깨닫는 사순절이 되게 하옵소서.

14

천국은 누구의 것입니까?

• 본 문: 마태복음 5장 3–10절
• 찬 송: 427장(맘 가난한 사람, 통 516장)
• 요 절: 심령이 가난한 자는 복이 있나니 천국이 그들의 것임이요, 의를 위하여 박해를 받은 자는 복이 있나니 천국이 그들의 것임이라 (마 5:3, 10)

우리는 사순절 기간을 보내고 있습니다. 사순절은 예수님의 말씀을 깊이 묵상하고 기도하며 주님의 말씀에 순종을 더욱 힘쓰는 기간입니다. 하나님께서 절기를 명하시고 절기를 지키라고 하신 이유를 잘 깨달아야 합니다.

우리나라 대표적인 민족 절기는 추석과 설날입니다. 이날에는 온 가족이 모여 송편도 빚고 맛있는 음식도 먹습니다. 새 옷으로 갈아입고 선물을 준비하여 고향에 찾아가기도 합니다. 명절에는 부모님을 찾아뵙는 것이 예의입니다. 세상에서도 이렇게 절기를 지키며 부모님의 은혜를 기억하고 형제들이 교제를 나눕니다. 우리는 이날에 평소에 먹지 못하던 좋은 음식도 먹습니다. 남들은 다 좋은 음식을 먹는데 혼자서만 평소에 먹는 음식을 먹고 평소처럼 지낸다면 참 외롭고 쓸쓸한 사람일 것입니다.

사순절은 영적인 절기입니다. 그래서 특별새벽기도회를 통하여 하나님께서 준비해 놓으신 귀한 말씀의 성찬에 참여하는 것입니다. 말씀을 통하여 우리의 죄로 더러워진 옷을 벗고 새 옷을 갈아입고 성도들이 함께 모여 기도하고 찬양하며 복된 교제를 나누는 것입니다. 이 기간은 우리의 심령을 깨끗하게 하고 복되게 하는 특별한 기간입니다. 이 심령의 은혜가 여러분에게도 충만하시기를 바랍니다. 오늘 말씀은 예수님의 산상보훈의 말씀입니다. 예수님은 8복에 대하여 말씀하시면서 그중에 두 가지를 천국을 차지할 자에 대해 말씀을 주셨습니다. 8복은 천국에서 시작하여 천국으로 끝이 납니다. 그 말씀이 3절과 10절입니다.

1. 예수님은 이 땅에 천국을 전파하시기 위하여 오셨습니다.

예수님의 첫 말씀도 "회개하라 천국이 가까이 왔느니라"(마 4:17)였습니다. 세례요한도 오실 예수님을 예비하면서 "회개하라 천국이 가까이 왔다"고 외쳤습니다. 사람들은 천국에 가기를 원하지만 사실은 천국이 어떤 곳인지 모릅니다. 가지 않으면 큰일 난다는 것을 모릅니다. 그리고 예수님의 말씀처럼 장가도 가야 하고, 소도 사야 하고, 논과 밭에 나가 일도 해야 하고, 세상일이 너무 바빠 그만 잊어버리고 삽니다.

어떤 목사님께서 다른 교회의 부흥회를 인도하러 차를 몰고 어느 낯선 도시로 갔습니다. 그곳에서 길을 잃어버린 목사님이 지나가던 불신자 노인에게 길을 물었습니다. "저, 혹시 도림교회가 어딘지 아십니까? 여기서 제일 큰 교회라고 들었는데……" "바로 뒤에 놔두고도 몰라?" "아, 그렇군요" "근데 혹시 교회에 나가십니까?" "난 교회 싫어해!" "할아버님, 오늘 저녁에 시간 있으시면 제 설교 들으러 도림교회로 오세요. 제가 천국 가는 길을 가르쳐 드릴게요." 그러자 불신자 노인은 콧방귀를 뀌며 중얼거리더랍니다. "바로 뒤에 있는 것도 모르는 놈이 천국 가는 길을 어떻게 알아?" 이 종은 정치는 잘 몰라도, 사업하는 법은 잘 몰라도, 길은 잘 몰라도 천국 가는 길은 분명히 압니다. 그래서 여러분에게 날마다 말씀을 간절히 전하는 것입니다.

천국은 두 가지 개념이 있습니다. 천국은 첫째로 이 땅에 임한 하나님의 나라입니다. 누가복음 17장을 보면 바리새인들이 예수님께 천국에 대하여 질문을 했습니다. 그때 예수님께서는 "예수께서 대답하여 이르시되 하나님의 나라는 볼 수 있게 임하는 것이 아니요. 또 여기 있다 저기 있다고도 못하리니 하나님의 나라는 너희 안에 있느니라" (눅 17:20-21) 말씀하셨습니다. 예수님께서는 은혜를 베푸실 때에 네 마음속에 이미 천국이 임하였다고 말씀하셨습니다. 여러분, 예수님을 영접하고 내 마음에 모시고 살면 내 마음이 천국이 되는 것입니다.

그런데 사탄은 우리의 마음을 시험합니다. 천국에서 떨어트리려 합니다. 아담과 하와를 시험할 때에도 마음을 흔들어 시험을 했습니다. 처음부터 선악과를 먹으라고 하지 않았습니다. "하나님께서 정말 그렇게 말씀하시더냐?" 하고 우회적으로 질문해 들어가기 시작합니다. 그리고 "아니다. 그것을 먹고 너희가 하나님처럼 눈이 밝아질까 봐 그래서 못 먹게 한 거다. 너희가 그것을 먹으면 너희도 하나님이 될 수 있다" 이렇게 한 걸음 한 걸음 접근해 들어간 것입니다.

사탄의 수가 아주 높습니다. 바둑으로 말하면 우리 인간이 7급 정도 된다면 사탄은 10단 정도 됩니다. 상대가 안 됩니다. 그래서 내 꾀로 내 방법으로 사탄을 이기려 하면 걸려들고 마는 것입니다. 천국을 방해하는 것이 사탄입니다. 사탄은 우리의 심령으로 하여금 가난하지 못하게 만듭니다. 또는 환난과 핍박을 통하여 천국의 백성이 되는 것을 방해합니다. 그런데 우리의 마음속에 천국을 유지할 수 있도록 도우시는 분이 성령님이십니다. 성령님을 모시고 살아야 우리는 주님과 동행하며 천국의 삶을 살 수가 있는 것입니다.

천국은 두 번째로 장차 임할 하나님의 나라입니다. 누가복음 17장 21절 말씀 다음에 22절부터 이어서 예수님은 장차 임할 하나님의 나라에 대해 말씀하십니다. "번개가 하늘 아래 이쪽에서 번쩍이어 하늘 아래 저쪽까지 비침같이 인자도 자기 날에 그러하리라"(눅 17:24) 말씀하시고, 두 사람이 한 이불에 누워 있다가 하나는 천국에 데려감을 입을 것이고 두 여자가 맷돌을 갈고 있다가 한 여자는 데려감을 입고 다른 이는 버려두게 될 것이라고 하셨습니다. 우리는 예수 믿고 천국에 가야 합니다. 예수 믿다가 지옥에 가면 가장 불쌍한 자가 되는 것입니다. 성경은 장차 이루어질 천국과 지옥에 대해 수없이 많은 말씀을 주고 계십니다.

기독교의 핵심진리는 천국입니다. 오늘 한국기독교의 위기가 무엇입니까? 지금 내 마음속에 임하시는 천국을 경험하지도 못하고 있습니다. 또한 오늘의 한국교회는 이 땅이 끝나면 가야 할 하나님의 나라에 대해 무관심해져가고 있습니다. 이 세상이 전부인 것처럼 사는 크리스천들이 많습니다. 세상 사람들과 똑같이 이 땅에서 잘 살기 위해 모든 것을 겁니다. 여러분의 영혼을 기억하셔야 합니다. 내 영혼이 얼마나 소중한 것인지를 잊지 않아야 합니다.

한국의 대표적 지성인인 이어령 씨는 기독교를 학문적으로, 이론적으로 공공연히 비판해왔던 사람입니다. 그러다가 가장 사랑하는 딸의 죽음 앞에서 자신이 가진 지성과 학문이 아무 소용이 없음을 깨닫고 딸이 간청하는 대로 교회를 나가게 되고 예수님을 만나게 되었습니다. 그리고 지금은 천국 전도사가 되었습니다. 성령님의 임재를 경험하게 되었습니다. 그는 "배고픈 사람이 극장에 가서 왜 밥이 안 나오나 목을 빼고 기다려도 소용이 없고 실연당한 사람이 식당에 가서 마구 먹어봐야 가슴이 채워지지 않습니다"라고 했습니다. 인생에 돈으로 권력으로 힘으로 채워지지 않는 영혼의 갈함이 있기 때문에 오늘 우리는 이 자리에 나와 있는 것입니다. 이 땅의 기간이 긴 것 같지만 순식간입니다. 그러나 천국의 생활은 영원한 것입니다. 잠시라도 천국을 잊으면 안 됩니다. 이 세상에서는 망해도 다시 일어설 수 있습니다. 그러나 영적인 싸움에 망하면 그것은 아주 망하는 것입니다.

운전대를 잡은 기사가 도로를 운전하면서 가는 길을 주시해야 합니다. 한눈팔거나 다른 생각을 하면 사고가 나거나 엉뚱한 곳으로 가게 되는 것입니다. 천국으로 가는 길도 그렇습니다. 그 길을 바라보는 것을 놓치면 안 됩니다. 지금 이 땅에 임한 하나님의 나라와 장차 가야 할 하나님의 나라 이 두 가지는 항상 연결되어 있습니다. 이 땅에서 천국을 누리지 못할 때에 장차 임할 하나님의 나라의 주인공이 될 수 없다는 말입니다. 지금 내 마음속에 예수님을 모시고 예수님이 주시는 참 평화와 예수님의 능력 가운데 살고 있지 못하면 예수님이 주시는 장차 가야 할 하나님나라의 주인공이 될 수 없다는 말입니다. 여러분은 우리 교회에서 천국의 생활을 누리시기 바랍니다. 그리고 한 걸음 한 걸음 나아가 영원한 천국의 주인공이 되십시다.

2. 심령이 가난한 자가 천국의 복이 있습니다.

누가복음에서는 “마음이 가난한 자”로 되어 있는데 마태복음에서는 “심령이 가난한 자”라고 했습니다. 심령이라는 표현은 더 구체적인 표현입니다. 우리의 마음과 영혼이 가난해야만 천국의 복이 있다고 오늘 예수님은 말씀하십니다. 가난하다는 단어가 ‘프토코스’(πτωχός)인데 일반적으로 가난은 ‘페네스’(πένης)란 단어를 씁니다. ‘프토코스’는 거지가 되기 직전의 내 힘으로는 도저히 살 수 없는 절대적인 가난의 상태를 말하는 단어입니다. 하루 양식을 구하지 못하면 굶어죽는 상태가 '프토코스'입니다. 심령이 프토코스가 된다는 말은 대충 해서는 안 된다는 말입니다. 적당히 믿고 적당히 봉사하고 적당히 해서는 안 된다는 표현입니다. 우리의 심령이 완전히 가난한 상태가 되어야 합니다.

성경은 물질적인 가난을 말씀하고 있지 않습니다. 물질적으로 가난한 자가 천국을 차지할 수 있다고 하면 우리는 모두 수도사가 되어야 할 것입니다. 성경은 오히려 물질적인 복을 말씀하십니다. 욥에게도 100배의 축복을 말씀해 주셨고, 아브라함에게도 어디로 가든지 자녀의 복과 물질적인 복을 약속해 주셨습니다. 신명기 28장에도 하나님의 말씀에 순종할 때에 성읍에서도 들에서도 자녀와 토지의 소산과 짐승의 새끼까지 복을 받을 것임을 말씀하셨습니다.

심령이 가난한 사람은 하나님 앞에 겸손한 사람을 말합니다. 세상에서 사람이 가난하면 영향력이 약합니다. 무엇을 하기도 힘이 듭니다. 옛날이나 지금이나 가난은 이렇게 사람을 괴롭게 만듭니다. 그러나 심령은 가난해야 합니다. 가난해도 아주 많이 가난해야 합니다. 나는 내 힘으로 아무것도 할 수 없습니다. 주님께서 도와주시지 않으면 아무것도 내 힘으로 할 수 없습니다. 이것이 심령의 가난입니다. 심령이 가난하면 영적으로 부해집니다. 하나님께서 주시는 능력이 강해집니다. 은혜는 심령이 가난한 자에게 임합니다. 그래서 하나님은 사람을 쓰실 때에 먼저 심령을 가난하게 만드십니다. 모세도, 다윗도, 요셉도 가난하게 만드신 다음에 쓰셨습니다. 예수님을 만나 종의 병이 낫기를 간구한 백부장은 세상적으로는 힘이 있었으나 심령이 가난한 자였습니다. 아리마대 요셉은 당대 최고 부자 중의 한 사람이었으나 심령이 가난한 사람이었습니다.

심령이 가난한 사람은 자기의 힘으로 문제를 해결하려고 하지 않습니다. 주님께 맡기는 것입니다. 나의 직장의 일도, 사업도, 결혼도,

질병도, 가정도 모두가 하나님의 은혜가 있어야 됨을 고백하는 것이 심령이 가난한 자입니다. 여러분, 예수 믿으면 심령이 가난하게 됩니다. 며칠 전 어느 전도사님을 만나 간증을 들었는데 이분은 교회 나가라고 하면 그것이 그렇게 싫었답니다. 그런데 가만히 생각해보니 다른 식구들은 주일날이면 모두 교회에 나가 쉬는데, 나만 일하는 것이 속상해 한번은 교회를 따라 나가 보았답니다. 그랬는데 첫 시간부터 하나님의 은혜가 임했습니다. 목사님의 말씀을 들으며 왜 그런지 눈물이 쏟아지는데 주체할 수가 없더라는 것입니다. 제일 뒷자리에 앉아서 눈물을 펑펑 쏟았답니다.

예배는 은혜의 자리입니다. 너무나 귀하고 귀한 시간입니다. 얼마 전에도 우리 교회 어떤 권사님의 간증을 들었는데 예배 마지막 축복기도의 시간에 갑자기 뜨거운 불길이 임하는데 예수 수십 년 믿으면서 그런 체험을 처음 해본 것입니다. 그 불길은 세상에서 경험할 수 없는 신비한 것입니다. 그러니 감사한 것입니다. 은혜 받은 것이 감사한 것입니다. 성령님의 은혜를 체험하면 다른 것이 아무것도 아닙니다. 세상의 어떤 것도 비교할 것이 없습니다. 예배는 하나님께서 여러분을 찾아오시는 인생에 가장 값진 시간입니다. 이 시간을 귀하게 여기시기 바랍니다.

좀 전에 말씀드린 그 전도사님이 집에 돌아갔는데 목사님의 말씀이 계속해서 머리에 뱅뱅 돌더랍니다. 그래서 잠을 못 잤답니다. 마음에 오는 생각이 '그래 내가 이렇게 살아서는 안 되겠다' 그리고 이전 것을 버리고 새 삶을 살게 되었다는 것입니다. 은혜 받으면 주님의 영이 나를 주장하시고 내 옛 것이 떠나가는 역사가 일어납니다. 신앙생활은 내가 하는 것이 아닙니다. 은혜도 내가 노력해서 받는 것이 아닙니다. 내가 심령이 가난한 자가 되면 하나님은 반드시 은혜를 부어주시는 줄로 믿으시기 바랍니다.

여러분, 가장 귀한 것이 하나님의 은혜입니다. 이 세상의 모든 일을 주관하시는 분이 하나님이십니다. 하나님은 우리의 가정을 인도하시고 국가의 흥망성쇠를 주관하십니다. 우리가 하는 것이 아닙니다. 이 사실을 믿는 사람이 하나님 앞에 엎드리게 되는 것입니다. 이것이 심령이 가난한 자입니다. 여러분은 모두가 심령이 가난한 자가 되어 주님을 여러분의 마음에 모시고 또 장차 임할 천국을 차지하는 성도들이 되십시다.

3. 의를 위하여 핍박을 받는 자가 천국의 복이 있습니다.

의를 위하여 핍박을 받는 자는 하나님의 말씀대로 살기 위하여 핍박을 받고 불의와 타협하지 않기 위하여 불의한 자들에게서 핍박을 받습니다. 여러분도 하나님의 말씀대로 살기 위해서는 어려움을 겪어야 합니다. 세상 사람들이 사는 방법대로 살아서는 안 됩니다. 좀 힘이 들더라도 돌아서 가더라도 믿음의 사람은 믿음의 방법으로 살아야 합니다. 어떤 나라에서는 의를 위하여 핍박을 받습니다. 순교도 합니다. 지금 이슬람이 전 세계적으로 퍼져 나가고 있습니다. 젊은이들이 이슬람에 매력을 느끼고 이슬람을 좋아하는데 이슬람을 자세히 들여다보면 얼마나 사람을 억압하는지 모릅니다.

중동사람들이 참 잘생겼습니다. 그래서 한국 자매들이 결혼을 하면 그 다음부터 큰 일이 생깁니다. 이슬람은 아내를 여러 명 얻어도 괜찮습니다. 결혼한 다음에는 꼼짝 못합니다. 이슬람 경전인 코란에는 아내가 말을 듣지 않으면 때리게 되어 있습니다. 매질을 하는 이유도 종류가 많습니다. 남편이 원치 않는 옷을 입었을 때에도 매질을 합니다. 이슬람과 결혼하면 이슬람이 됩니다. 종교의 자유가 없습니다. 차도르라는 보자기를 얼굴에 뒤집어쓰고 살아야 합니다. 재산은 남편의 소유요 아내도 남편의 소유입니다. 간음하면 땅에 하반신을 묻고 돌로 때려서 죽입니다.

이슬람이 참 무섭습니다. 이슬람 지역에 사는 크리스천들이 지금 가장 큰 핍박을 당하고 있습니다. 순교자가 수없이 나오고 있습니다. 공산주의 지역에서도 예수 믿는다는 이유로 핍박을 받았습니다. 북한 같은 곳은 종교의 자유가 없습니다. 성경은 이런 일이 일어날 것임을 다 알고 있기 때문에 말세에 이런 일이 있을 것이라고 말씀하셨습니다. 요한계시록에는 특별히 말세에 있을 일들을 많이 기록해 놓았습니다. 오늘 예수님께서도 이 말씀을 주시는 것은 "예수 믿으면 이런 일이 있을 수 있다. 그러나 담대하라. 이기는 자에게 천국을 줄 것이다"라고 말씀하시는 것입니다.

오늘의 사람들이 가장 관심 있는 것이 노후대책입니다. 연금에 대하여 관심이 많습니다. 복지에 대하여 관심이 많습니다. 미래사회가 점점 변하고 있기 때문에 두려워합니다. 자식들이 부모님을 모시는 가정은 미래에 찾기가 점점 어려워질 것입니다. 그래서 미래를 준비하기 위해 애를 씁니다. 그런데 잠깐뿐인 노후를 위해서는 걱정하면서, 이제 우리 모두가 가야 할 영원한 하나님의 나라에 대해서는 준비하고 있지 못하는 사람들이 많습니다. 미래를 위하여 정말 준비해야 할 것은 천국입니다. 이 천국은 심령이 가난한 자와 의를 위하여 핍박을 받는 자에게 주십니다.

여러분, 천국을 준비하며 사시기 바랍니다. 좋은 직장에 다닌 것도 자랑거리요, 많은 일을 한 것도, 아들 잘 둔 것도 자랑거리지만 다 순식간에 지나가는 것입니다. 그러나 천국을 준비하며 살아간 사람은 지금도 천국을 누리고 이후에도 영원한 천국을 누리게 되는 것입니다. 여러분, 오늘도 여러분에게 천국이 임하기를 바랍니다. 그리고 영원한 천국을 차지하는 성도들이 되십시다.

적용

ⓐ 오늘 말씀의 주제 파악하기

ⓑ 오늘 말씀 중 은혜 받은 부분 나누기

ⓒ 삶에 구체적으로 적용하기

함께 드리는 기도제목

1. 주님의 몸 된 제단에서 천국 생활을 누리는 천국의 주인공이 되게 하옵소서.
2. 주님을 마음에 모시고 장차 임할 천국을 차지하게 하옵소서.
3. 천국을 준비하며 영원한 천국을 차지하는 성도가 되게 하옵소서.

15

나귀를 타고 오신 예수님

- 본 문: 마태복음 21장 1–5절
- 찬 송: 140장(왕 되신 우리 주께, 통 130장)
- 요 절: 시온 딸에게 이르기를 네 왕이 네게 임하나니 그는 겸손하여 나귀, 곧 멍에 메는 짐승의 새끼를 탔도다 하라 하였느니라(마 21:5)

종려주일은 이 땅에 평강의 왕으로 오신 예수님께서 십자가 사역을 위하여 예루살렘 성에 입성하시는 날입니다. 《로마인 이야기》란 책을 보면 로마의 개선장군들의 입성에 관한 이야기들이 나옵니다. 전쟁에 승리하고 돌아오는 로마의 장군들은 성에 입성하기 위하여 성대한 준비를 합니다. 전쟁이 끝난 후 성에 입성하기 위해서는 반드시 개선식을 준비해야 했습니다. 이 개선식이 준비되기까지는 성에 들어올 수가 없었습니다. 그래서 적게는 수일에서부터 수십 일에 이르기까지 개선식 준비를 했습니다. 그리고 영광의 행진을 합니다.

그런데 예수님의 입성을 보면 승리의 입성이라고 하기에는 너무나 초라한 행진이었습니다. 예수님은 길들이지 않은, 사람이 한 번도 타보지 않은 나귀새끼를 구약의 예언에 따라 타셨습니다. 사람을 태워 보지 않은 나귀는 제대로 걷지도 못했을 것이고 아마도 힘에 부쳐 비틀거리기까지 했을 것입니다. 타고 가는 나귀에는 안장도 없었고 개선장군의 행진에 있어야 할 아무런 장식도 없었습니다. 깃발도 없었고 카펫도 없었습니다. 안장 대신 허름한 옷 한 벌이 깔려 있었을 뿐이고 길에는 옷가지와 종려나무 가지가 예수님을 환영했습니다.

놀라운 일은 세상의 왕이 전쟁에 이기고 백마를 타고 휘황찬란한 개선식을 한 그 어떤 왕도 그 승리를 계속해서 간직한 왕은 아무도 없었습니다. 모두가 다 전쟁에 패하고 그 자리를 물러났습니다. 세상의 왕들은 남을 짓밟고 전쟁을 통해 수많은 사람을 학살하고 돌아오는 개선식이었습니다. 그러나 우리 주님은 초라한 개선식이었지만 사람을 죽이는 것이 아니라 살리는 개선식이었고, 사실은 악한 마귀의 정사에 대항하여 승리하는 영적 승리의 개선식이었습니다. 이 개선식은 이 땅에 평화를 주시기 위해 고난으로 나아가는 개선식이었습니다.

예수님의 개선식은 세상의 왕처럼 한 번에 끝나는 개선식이 아니라 오늘도 계속해서 땅 끝까지 주님의 나라를 확장시켜 나가는 개선식인 것입니다. 오늘 우리는 본문의 말씀을 통하여 예수님의 행진에 함께 참여하는 성도들이 되십시다.

1. 고난의 종으로 오신 예수님을 태운 나귀를 보시기 바랍니다.

오늘 성경에 나오는 나귀는 사람이 한 번도 타보지 않은 나귀라 했습니다. 나귀로 태어났지만 예수님을 태우고 행진함으로 귀한 사명을 감당한 나귀가 되었습니다. 우리는 사람으로 태어났으면 적어도 나귀보다는 나은 인생이 되어야 할 줄로 압니다. 우리 인생의 가치는 누구에게 쓰임 받느냐에 따라 달라집니다. 어부 베드로는 예수님에 의해 쓰임 받았기 때문에 초대교회를 일으키는 위대한 사도가 되었습니다.

오늘 성경에 나오는 당나귀는 특별한 나귀가 아니었습니다. 특별히 큰 것도 아니고 잘생긴 것도 아니었습니다. 다만 "주께서 쓰시겠다 하라" 하였을 때 주님께 내어 드렸고 주님은 이 나귀를 사용하셨습니다. 그런데 이 당나귀가 유명해진 것은 주님에게 쓰임을 받았기 때문입니다.

오늘도 우리가 주님에게 바로 쓰임만 받는다면 우리는 부족해도, 잘난 것 없어도, 힘이 부족해도, 특별한 재능이 없어도 주님에게 쓰임 받았다는 그 이유 하나만으로도 귀한 존재가 되는 줄로 믿습니다. 세상에 어떤 사람이 당나귀를 찬양합니까? 그러나 등 위에 주님을 태우면 주님 때문에 찬양을 받습니다. 우리는 세상에서 좀 잘났다고 해봐야 당나귀 인생입니다. 그러므로 나는 감추고 주님이 나타나야 합니다. 주님을 태우고 가는 당나귀와 같이 되어야 합니다.

우리의 주인은 누구입니까? 우리는 누구를 모셨느냐에 따라서 말하는 것과 행동하는 것과 목표가 달라지게 됩니다. 우리 위에 교만과 탐욕의 주인인 사탄을 태우고 간다면 우리는 늘 교만한 삶을 살게 될 것이며, 탐욕스런 말과 행동을 하게 될 것입니다. 그러나 주님을 모시고 가면 우리는 예수님을 따라 사는 사람들이 되는 것입니다.

성도 여러분, 나귀가 본래대로라면 마구간으로 가야 정상입니다. 그러나 예수님을 태웠기에 예루살렘 성에 입성을 하게 된 것입니다. 예수님을 모시고 가야 복된 길로 갑니다. 예수님을 모시고 가면 내 뜻이 아니라 주님의 뜻대로 내 길을 인도해 주십니다. 그리고 예수님을 태운 나귀가 성경책에 기록이 되었듯이 주님을 모시고 가는 사람은 생명책에 그 이름이 기록되는 것입니다. 이 길이 생명의 길이요 축복받는 길이라는 사실을 믿으시기 바랍니다.

2. 고난의 길을 가신 예수님을 보시기 바랍니다.

고난을 좋아하는 사람들은 아무도 없습니다. 모든 사람들이 싫어하는 그 고난을 스스로 찾아오신 분이 있습니다. 그 고난을 피할 수 있는 기회가 얼마든지 있었고, 또한 피할 수 있는 능력도 있었습니다. 하지만 그 고난의 길을 피하지 않고 기꺼이 걸어가셨던 분이 있습니다. 그분은 다름 아닌 예수 그리스도이십니다. 예수님도 "할 수 있거든 이 잔을 내게서 옮기시옵소서. 그러나 아버지의 뜻이어든 그 뜻대로 따르리라"고 기도하셨습니다. 그리고는 고난의 행진을 시작하는 것입니다. 고난의 행진이 있은 후에 부활의 승리가 오는 것임을 알고 계셨기 때문입니다.

"No Cross, No Crown~십자가의 고난 없이 승리의 면류관도 없다"는 유명한 말이 있습니다. 크리스천들이 십자가는 지지 않고 면류관만 얻으려고 합니다. 그런 면류관은 없습니다. 십자가 다음에 면류관이 있습니다. 어떤 사람이 십자가를 질 수가 있습니까? 내 십자가를 위하여 쉬지 않고 기도하며 말씀 가운데 사는 사람이 십자가를 질 수가 있습니다. 우리가 기도하지 아니하고 말씀 가운데 살지 아니하면 영적으로 잠자는 상태에 머물게 됩니다. 세상 헛된 일에 정력을 다 쏟다가 일생을 마치게 됩니다. 영적으로 잠들게 되면, 무슨 일에 힘을 기울여야 유익이 되는지를 잘 분별치 못합니다. 그래서 쓸데없는 일만 열심히 쫓아다니게 되는 것입니다.

말씀을 가까이 하고 기도를 열심히 할 때에는 하나님을 영화롭게 하기 위하여 힘씁니다만, 그렇지 않으면 자기 영광만 추구하게 됩니다. 자신을 드러내는 일에 열중합니다. 그렇기 때문에, 손해를 보거나 고난당하는 것을 아주 싫어합니다. 그러니 어찌 주를 위해서 십자가를 질 수가 있겠습니까? 믿음의 길이란 십자가를 지는 일인데,

그 십자가를 멀리하게 되면 어떻게 되겠습니까?

예수님은 하나님이시면서도 권리를 요구하지 않으셨습니다. 이사야 50장을 보면 "주 여호와께서 나의 귀를 여셨으므로 내가 거역하지도 아니하며 뒤로 물러가지도 아니하며 나를 때리는 자들에게 내 등을 맡기며 나의 수염을 뽑는 자들에게 나의 뺨을 맡기며 모욕과 침 뱉음을 당하여도 내 얼굴을 가리지 아니하였느니라"(사 50:5-6)고 말씀하고 있습니다. 이 말씀은 예수님의 고난을 예언하고 있는 말씀입니다.

예수님은 이와 같이 피조물이 창조자를 모욕하고 뺨을 치며 침을 뱉는 모든 모욕을 다 참아내셨습니다. 주님은 고난의 종으로 오셔서 우리에게 평안을 주셨습니다. 주님의 십자가를 통하여 우리에게 부활의 승리를 주셨습니다.

3. 종려주일에 예수님의 겸손을 바라보아야 합니다.

힘이 있는 자가 자기의 힘을 사용하지 않는 것이 겸손입니다. 사람들은 예수님께서 오셔서 힘을 사용하기를 원하였습니다. 세상의 왕처럼 전차와 백마를 타고 오셔서 로마의 학정에서 기적과 신비로 해방시켜 주기를 원하였습니다. 이것이 백성들이 기대하였던 모습입니다. 그런데 예수님은 출발부터 달랐습니다. 세상의 왕처럼 거창하게 오신 것이 아니라 나귀를 타고 오셨습니다. 이것은 구약의 예언을 이루시기 위함이었습니다.

> "시온의 딸아 크게 기뻐할지어다 예루살렘의 딸아 즐거이 부를지어다 보라 네 왕이 네게 임하시나니 그는 공의로우시며 구원을 베푸시며 겸손하여서 나귀를 타시나니 나귀의 작은 것 곧 나귀 새끼니라 내가 에브

라임의 병거와 예루살렘의 말을 끊겠고 전쟁하는 활도 끊으리니 그가 이방 사람에게 화평을 전할 것이요 그의 통치는 바다에서 바다까지 이르고 유브라데 강에서 땅 끝까지 이르리라"(슥 9:9-10).

예수님은 겸손하셔서 나귀를 타셨습니다. 그러나 병거와 말과 전쟁하는 활을 끊으시고 화평을 전할 것이라고 했습니다. 그 통치가 바다에서 바다까지, 땅 끝까지 이를 것이라고 했습니다. 그렇습니다. 지금 예수 그리스도는 인류 역사상 어느 왕이나 정치 지도자나 장군보다 많은 사람들로부터 경배와 섬김을 받고 계십니다. 매 주일이면 20억이 넘는 사람들이 그 이름 앞에 무릎을 끓어 경배하고 있습니다.

오늘도 거룩한 백성들이 주님의 이름 앞에 엎드려 영광과 경배의 예배를 드립니다. 이것이 복음이 땅 끝까지 이를 것이라는 성경의 예언된 말씀을 이루시는 것이요 섬기는 자로서의 승리인 것입니다. 여러분, 지배하는 자가 승리하는 것이 아니라 섬기는 자가 승리합니다. 십자가를 피하는 자가 아니라 십자가를 지는 자가 승리합니다.

이제 고난주간이 시작이 됩니다. 우리는 이 주님의 고난에 동참하기 위하여 특별새벽기도회를 갖습니다. 일주일 동안 기도로 주님의 십자가에 동참하는 성도들이 되시기를 바랍니다. 사순절은 주님을 닮기 위해 훈련하는 기간입니다.

"♬~겸손한 예수 거룩한 주님 원수의 멸시 참으시사, 우리를 위해 고난을 받은 구주를 닮게 하옵소서, 예수님 닮기 내가 원하네 날 구원하신 예수님을, 내 마음속에 지금 곧 오사 주님의 형상 인치소서~♬"(452장)

성도 여러분, 주님께 고백하십시오. 그리고 간구하십시오. "내가 주님을 닮기 원합니다." 종려주일을 맞이하여 호산나 부르며 여러분의 마음속에 오시는 예수님을 맞이하는 성도들이 되십시다.

적 용

ⓐ 오늘 말씀의 주제 파악하기

ⓑ 오늘 말씀 중 은혜 받은 부분 나누기

ⓒ 삶에 구체적으로 적용하기

함께 드리는 기도제목

1. 주님을 모시고 우리의 이름이 생명책에 기록되는 은혜가 있게 하옵소서.
2. 고난의 종으로 오셔서 우리에게 평안을 주신 주님께 감사하는 한 주간이 되게 하옵소서.
3. 종려주일을 맞이하여 "내가 주님을 닮기 원합니다"라고 고백하게 하옵소서.

16

각 사람의 눈이 그를 볼 것이다

- 본 문: 요한계시록 1장 7-8절
- 찬 송: 164장(예수 부활했으니, 통 154장)
- 요 절: 볼지어다 그가 구름을 타고 오시리라 각 사람의 눈이 그를 보겠고 그를 찌른 자들도 볼 것이요 땅에 있는 모든 족속이 그로 말미암아 애곡하리니 그러하리라 아멘(계 1:7)

예수님께서 십자가에 달려 돌아가신 뒤 제자들은 모두 실망했고 두려움에 떨었습니다. 적들은 이제 예수님을 처형했으니 그 칼날을 제자들에게 돌릴 것입니다. 제사장들과 사두개인 바리새인들은 예수님을 증오했습니다. 그들이 가졌던 가치관을 송두리째 부수어버리고 새로운 율법을 선포했기 때문입니다. 이들은 제자들을 다 죽이려 할 것입니다. 그래서 제자들은 죽음 앞에 절망했습니다. 죽음은 사람들을 절망에 빠트립니다.

멀쩡하게 살던 사람이 병원에 가서 종합진단을 받고 의사가 "당신 암이요, 이제 3개월 남았소"라고 말하면 그때부터 급속하게 약해지기 시작합니다. 밥맛도 없고 살이 빠지기 시작합니다. 그래서 연세 드신 분들에게는 암이라는 사실을 숨기고 맛있는 것 마음껏 드시게 하기도 합니다. 재판석에서 "당신 사형이요" 하고 판사가 쾅쾅 방망이를 두드리면 죄수는 살맛을 잃어버립니다. 사람만 죽음을 두려워하는 것이 아닙니다. 짐승들도 죽음 앞에서 두려워합니다. 소들도 도살장 앞에서 두려워하고, 양들도 두려워합니다. 물고기들도 죽지 않으려고 발버둥을 칩니다.

어릴 적에 새 올무를 놓아 작은 참새를 잡아본 적이 있습니다. 그 새를 올무에서 꺼내 손으로 꼬옥 쥐었더니 그 작은 새의 가슴이 콩닥콩닥 뛰는데 얼마나 크게 뛰는지 모릅니다. 죽음이 두려운 것입니다. 그 기억이 지금도 납니다. 작은 벌레들도 죽지 않으려고 발악을 합니다. 낚시질을 할 때에 지렁이를 낚시 바늘에 꿰면 온몸을 비틀며 버둥거립니다. 죽지 않으려는 것입니다.

죽음의 공포는 이 세상의 모든 만물에게 다 찾아옵니다. 그런데 예수님은 이 죽음의 공포에 대해 새로운 소식을 전해주셨습니다. 이것이 복음입니다. 그래서 예수님의 말씀이 기록된 네 가지 책을 복음이라고 부릅니다. 마태, 마가, 누가 요한복음입니다. 예수 믿으면 사망을 이기고 영원한 생명을 얻게 된다는 것이 복음입니다. 예수 믿는 사람들에게 부활의 신앙이 없다면 이것은 알맹이가 없는 빈 껍질과 같은 것입니다. 부활의 신앙이 있을 때에 크리스천들이 크리스천답게 삽니다.

예수님의 제자들이 무기력하고 두려움 가운데 살았지만 부활하신 예수님을 만난 다음에 이들의 마음이 변하고 행동이 변화되었습니다. 담대하게 복음을 전파하기 시작하였습니다. 그 복음의 핵심이 무엇입니까? 예수님께서 다시 사셨다는 것입니다. 할렐루야.

"♬~사셨네, 사셨네, 예수 다시 사셨네~♬"

예수님께서 다시 사셨고 부활의 첫 열매가 되셨으니 누구든지 예수를 믿는 자마다 멸망치 않고 영생을 얻게 될 것을 제자들은 담대히 전파하기 시작한 것입니다.

오늘 말씀은 사도 요한에 의해 기록된 말씀입니다. 일찍이 야고보와 요한 형제가 예수님의 좌우편에 앉기를 부탁하였습니다. 예수님께서 로마정부를 무찌르고 이 땅의 왕으로 등극하시면 그때에 좌우편의 실세가 되게 해달라는 것입니다. 그래서 이 말을 들은 다른 제자들이 분노하였습니다. 그때 예수님은 "너희는 너희가 구하는 것을 알지 못하는도다 내가 마시는 잔을 너희가 마실 수 있으며 내가 받는 세례를 너희가 받을 수 있느냐?"라고 물으셨습니다. 이들이 할 수 있다고 하자 "너희가 이 잔을 마시고 내가 받는 세례를 받을 것이라" 말씀하시고, "그 자리는 내가 주는 것이 아니라 너희가 차지하는 것이다"라고 말씀하셨습니다. 예수님의 말씀대로 사도 야고보는 복음을 전하다가 첫 순교자가 되었습니다.

사도 요한은 밧모 섬에 유배되어 종말에 있을 모습을 하나하나 기록한 사도가 되었습니다. 하나님께서는 그에게 마지막 날의 비밀을 다 보여주셨습니다. 오늘 말씀은 "볼지어다 그가 구름을 타고 오시리라"는 예언으로 시작합니다. 이 예언은 다니엘서 7장에서도 이미 말씀해 놓으셨습니다. 오신다는 '엘코마이'(ερχομαι)란 단어는 미래형이 아닌 현재형으로 쓰여 있습니다. 지금 오고 계신다는 뜻입니다. 그렇습니다. 우리는 주님의 재림을 어느 날 다가오는 미래가 아니라 오늘 현재 이루어지고 있는 모습으로 이해해야 합니다. 주님이 천군천사와 함께 나팔소리와 함께 지금 내려오시는 것을 바라보셔야 합니다. 이것이 깨어있는 것입니다.

종말은 두 가지 개념이 있습니다. 개인적인 종말과 심판의 날의 종말입니다. 우리는 이 두 가지 종말을 바라보며 살아야 합니다. 내가 언제 주님을 만날지 알 수 없기 때문에 오늘이 바로 주님을 만나는 날처럼 늘 깨어 준비하며 살아야 합니다. 베드로전서 3장 10절에 주님은 그날이 도적같이 이를 것을 말씀하셨습니다. 도적은 오는 날을 미리 예고하지 않습니다. 내가 예상하지 못하던 시간에 오는 것입니다. 우리 신앙의 선조들은 일제치하에서, 공산치하에서 고통스런 삶을 살면서 예수님께서 오늘 오실 것을 소망하고 기다리며 살았습니다. 그래서 이들의 믿음이 순결하였던 것입니다.

내가 오늘 주님을 만나는데 다른 일을 할 여유가 없습니다. 다른 생각을 할 수도 없습니다. 주님을 만날 준비를 해야 하기 때문입니다. 성도 여러분, 오늘 저녁 7시에 주님이 오신다면 여러분은 무엇을 하시겠습니까? 먼저 지은 죄를 회개할 것입니다. 주님의 일에 더 충성하지 못한 것, 내가 할 일을 게을리 한 것, 복음 전하지 못한 것을 회개할 것입니다. 그리고 서로에게 마음 아프게 한 일이 있으면 찾아가서 용서를 구할 것입니다. 극장에 가고, 마트에 가고, 드라이브를 하겠습니까? 다 교회에 모여 하나님의 말씀을 듣고 기도할 것입니다.

그때 이 종이 말씀을 전한다면 아마 여러분이 가장 힘을 다해 아멘 하며 듣는 말씀이 될 것입니다. 아마 지금까지 말씀을 전한 중에 가장 뜨거운 감동의 예배가 될 것입니다. 여러분, 종말은 그렇게 기다리는 것입니다. 오늘 주님을 만나듯이 기다리는 것입니다. 그래서 종말의 신앙을 가진 성도는 매주일의 예배가 뜨거운 감동의 예배가 되는 것입니다. 예수님은 구름을 타고 오신다고 했습니다. 헬라어 원어를 보면 '메타'(μετα)라는 단어는 '함께'라는 단어입니다. 영어로 'with'입니다. 즉 예수님이 손오공처럼 구름을 타고 다니시는 것이 아닙니다. 번역을 그렇게 한 것입니다.

구약 창세기 1장 2절에 "하나님의 영은 수면 위에 운행하시니라"는 말씀도 운행이란 말이 자동차를 운전하듯 그렇게 다닌다는 말이 아닙니다. 하나님의 영이 온 우주를 독수리가 알을 품듯 그렇게 감싸 안으시고 계셨다는 뜻입니다. 오늘 말씀은 예수님은 구름 중에 오신다는 말입니다. 출애굽기 16장에 여호와의 영광이 구름 중에 임하신 것처럼 그렇게 영광의 모습으로 권위의 모습으로 임하신다는 말입니다. 예수님의 초림은 마구간에 가장 낮은 모습으로 오셨습니다. 그런데 예수님의 재림은 영광중에 오십니다. 예수님의 초림은 사람들에게 알려지지 않았습니다. 예수님을 본 사람은 양치는 목동들과 동방박사들이었습니다. 그 후에 시므온과 선지자 안나 정도가 예수님을 알아보았습니다.

그런데 재림은 그렇지 않습니다. "볼지어다" 그랬습니다. "각 사람의 눈이 그를 보겠고"라고 했습니다. 예수님의 재림은 성경에 예언된 대로 구름 중에 모든 사람이 모든 가운데 오시는 것입니다. 예수님이 승천하실 때에 곁에 선 천사가 너희가 본 그대로 오시리라 말씀했습니다. 이 모든 말씀이 예수님의 재림의 모습을 말씀해 주시는 것입니다. 우리 한국에는 재림주가 수십 명은 됩니다. 우리는 성경대로 믿어야 합니다. 이들 중 아무도 구름 중에 하늘로써 온 사람이 없습니다. "각 사람의 눈이 그를 보겠고"라고 했는데, 이단의 교주들을 전 세계 만민이 다 본 것이 아닙니다. 자기들끼리 그러는 것입니다. 그러니까 모두 가짜입니다. 예수님이 오시는 날은 이 세상의 심판 날입니다.

예수님은 마지막 날에 대하여 "그러면 사람들이 너희에게 말하되 보라 그리스도가 광야에 있다 하여도 나가지 말고 보라 골방에 있다 하여도 믿지 말라 번개가 동편에서 나서 서편까지 번쩍임같이 인자의 임함도 그러하리라"(마 24:26-27) 말씀하셨습니다. 예수님은 번개가 동편에서 나서 서편에 번쩍임같이 그렇게 단번에 오실 것을 말씀하셨습니다. 그러므로 속지 않아야 합니다. 우리는 성경의 말씀대로 깨어서 예수님을 맞을 날을 준비해야 합니다.

그를 찌른 자들이 누구입니까? 주님의 교회를 핍박한 자들입니다. 모든 족속이 애곡하게 될 것이라고 오늘 성경은 분명히 말씀합니다. 눈물을 흘리는 자는 미리 눈물을 흘려야 합니다. 이 눈물은 회개의 눈물입니다. 내 죄사함을 얻은 감사의 눈물입니다. 이 눈물은 복된 눈물입니다. 그러나 오늘 성경에 애곡하는 자는 후회의 눈물입니다. 그러나 이미 때가 늦은 것입니다. 주 하나님은 나는 알파와 오메가라고 하셨습니다. 전에도 있었고 장차 올 자라고 하셨습니다. 하나님은 알파, 즉 이 세상의 처음입니다. 그리고 오메가, 즉 이 세상의 심판의 날 마지막 날입니다. 그러면 우리는 어떻게 오실 주님을 예비해야 합니까?

1. 부활에 합당한 삶을 살아야 합니다.

우리는 믿음생활의 기본을 잘 지켜야 합니다. 현대의 크리스천들이 이 기본을 자꾸 벗어나고 있습니다. 그래서 예수를 믿는다고 하지만 실제로는 안 믿고 살아갑니다. 예수 없이 삽니다. 구원은 무엇으로 얻습니까? 오직 믿음으로만 얻습니다. 천하에 다른 것으로 구원을 얻지 못합니다. 아무리 많은 봉사를 해도, 구제를 해도, 헌금을 드려도 이것은 구원과 관계있는 것은 아닙니다. 예수 이름 외에는 구원 얻을 이름이 없다고 했습니다. 예수님께서 나의 죄를 대신 지시고 십자가에 죽으셨음을 내가 믿어야 구원을 받습니다.

예수님을 믿는 사람은 구원받은 감사를 압니다. 은혜를 압니다. 그래서 그 은혜를 갚을 길이 없어 구제하고 봉사하고 헌금을 드리는 것입니다. 그러면 믿음은 어디에서 생깁니까? 믿음은 오직 하나님의 말씀으로만 생겨나는 것입니다. 이 기초를 잊어버리면 안 됩니다. 그래서 이 종이 늘 하나님 중심으로, 말씀 중심으로 살라고 외치는 것입니다. 말씀을 사모해야 합니다. 말씀을 그리워해야 합니다. 예배시간에 눈감으면 안 됩니다. 그래서 예배시간에 부부가 같이 앉으라고 합니다. 남편이, 아내가 졸면 바늘로 찔러서라도 하나님의 말씀을 듣게 해야 합니다. 여기에 사는 길이 있기 때문입니다.

말씀을 놓치면 그 순간 사탄이 기다리고 있다가 시험하기 때문입니다. 다른 데 쳐다보아도 안 됩니다. 말씀을 어린아이가 어머니의 젖을 그리워하고 사모하듯이 그렇게 바라보아야 하는 것입니다. 이런 사람에게 말씀이 임하시는 것을 깨달으시기 바랍니다. 말씀이 여러분 가운데 임하시면 그 말씀이 여러분을 변화시키는 것입니다. 이것이 믿음입니다. 그래서 믿음은 노력으로 안 되는 것입니다. 다른 것으로 안 되는 것입니다. 말씀을 듣고 믿음이 생겨나면 저절로 감사와 은혜의 삶을 살게 됩니다. 그래서 성령의 열매가 맺혀지는 것입니다. 성령님의 동행이 없으면 하나님의 뜻을 모릅니다. 교회도 모릅니다.

간혹 작은 교회들을 보면, 교회에서 믿음이 없이 직분 맡은 이들이 교회를 어렵게 합니다. 일할 사람이 별로 없으니 조금만 열심히 하면 귀한 직분을 주어 세워놓으니 문제가 생기는 것입니다. 성령 충만하려면 많은 눈물이 있어야 합니다. 성령 충만하지 못하면 복음도 모르고 주의 종의 마음도 모릅니다. 세상의 방법으로 교회를 바라봅니다. 여러분, 주의 전에 나와 성령의 사람으로 변화되시기 바랍니다. 이런 사람이 교회를 은혜롭게 하고 세상에 나가 세상을 변화시키는 것입니다. 성도의 삶을 통해 믿지 않는 사람들에게 감동을 주어야 합니다.

어느 불신 남편이 회사에서 직원들하고 싸움을 했답니다. 회사 동료의 이야기를 듣고 아내 집사님이 감동을 받았는데, 이야기를 들어보니 예수 믿는 사람들 엉터리라고, 기독교가 문제가 많다고 그러니까 남편이 그렇게 화가 나서 싸우더라는 것입니다. 왜 예수 믿는 사람이 엉터리냐고, 예수 믿는 사람들같이 정직하고 이웃을 위해 사는 사람이 어디 있느냐고, 예수 믿는 사람들 반이라도 닮아보라고 싸우더라는 것입니다. 왜요? 집에서 평소에 아내의 모습을 보아왔기 때문입니다. 남편을 위해 헌신하며 어려운 이웃을 섬기는 그 모습을 보아왔기 때문입니다. 이런 남편은 결국 예수 믿게 되어 있습니다.

성도 여러분, 주님이 오시는 날을 기다리는 성도는 합당한 열매를 맺어야 합니다. 성경은 우리를 그리스도의 향기라고 했습니다. 우리 교회 성도들이 있는 곳마다 예수 그리스도의 향기가 넘쳐나기를 바랍니다.

2. 부활을 준비하는 자는 복음을 전해야 합니다.

예수님이 이 땅에 오신 이유가 복음 전하는 것이요, 우리에게 마지막으로 남겨주신 지상 최후의 명령도 복음 전하는 것입니다. 교회를 주신 이유도 성도들이 교회에서 은혜를 입고 축복을 받고 나아가 전도하라고 주신 것입니다. 전도는 주님이 가장 기뻐하시는 일입니다. 우리 가까운 영등포, 구로만 하여도 구원받을 사람이 수없이 많습니다. 내 주변에도 예수 믿어야 할 사람들이 너무나 많습니다. 구원은 천국과 지옥의 문제입니다. 예수 믿고 축복받는 문제가 아닙니다. 영원한 생명의 문제입니다. 이 사실을 깨달아야 주님의 십자가를 깨닫고, 복음의 비밀을 깨닫는 것입니다. 복음 전하는 일은 천천히 해도 되는 일이 아닙니다. 예수님께서 속히 오시리라고 하셨기 때문입니다. 내가 복음을 전할 사람에게 예수님이 속히 오실지 모르기 때문입니다. 내 마음에 감동을 주실 때에 즉시 가서 전해야 합니다.

이 종은 지금은 장례식도 다 가지 못합니다. 교인 수가 적을 때에는 임종 때에도 가고, 입관예배에도 가고, 장례예식도 했습니다. 그러고 나서 위로예배도 갑니다. 지금은 성도가 너무 많아져서 장례식을 다하려면 매일 장례식만 해야 할 것입니다. 그래서 많은 부목사님을 주신 것입니다. 그런데 성도가 임종한다고 할 때에 소식을 듣고 너무 너무 피곤할 때가 있습니다. 마음에 '가야 되는데' 하는 감동이 오는데 '내일 새벽에 가지' 하고 있으면 밤중에 세상을 떠나십니다.

목회 초기에 몇 번 그런 일이 있고 나서는 감동이 오면 몸이 천근만근 무거워도 달려갑니다. 세상을 떠나시는 분께 마지막으로 하나님의 말씀을 전하고, 구원의 확신을 전하고, 안수하며 기도해 주는 것이 얼마나 큰 축복인지 모릅니다. 무엇보다 소중한 영혼이기 때문에, 사탄과의 마지막 전투에서 이겨야 하기 때문입니다. 그래서 부목사님들께도 강조합니다. 임종하시는 성도들을 생각할 때 감동이 오면 절대 미루지 말라고, 즉시 달려가 마지막 싸움을 승리케 하라고 말합니다. 하나님께서 주시는 사인이기 때문입니다.

전도가 그렇습니다. 하나님께서 복음 전하는 자를 감동을 주실 때를 놓치면 사탄의 먹잇감이 될 수 있습니다. 그래서 우리 주님은 "때를 얻든지 못 얻든지 복음을 전하라" 하셨고 "강권하여 데려다가 내 집을 채우라"고 하신 것입니다.

성도 여러분, 부활의 그날을 바라보며 성령 충만한 생활을 하시고 나아가 복음을 증거하여 많은 영혼을 주님께로 돌아오게 한 자가 되어 별과 같은 상급을 받는 성도들이 되십시다.

적 용

ⓐ 오늘 말씀의 주제 파악하기

ⓑ 오늘 말씀 중 은혜 받은 부분 나누기

ⓒ 삶에 구체적으로 적용하기

함께 드리는 기도제목

1. 성경의 말씀대로 깨어서 예수님을 맞을 날을 준비하게 하옵소서.
2. 부활에 합당한 삶을 살게 하옵소서.
3. 부활의 그날을 바라보며 복음을 증거하여 별과 같은 상급을 받게 하옵소서.

17

믿음을 지키라

- 본 문: 다니엘 3장 16–18절
- 찬 송: 542장(구주 예수 의지함이, 통 340장)
- 요 절: 그렇게 하지 아니하실지라도 왕이여 우리가 왕의 신들을 섬기지도 아니하고 왕이 세우신 금 신상에게 절하지도 아니할 줄을 아옵소서(단 3:18)

다니엘은 기원전 605년 사드락, 메삭, 아벳느고와 같이 바빌로니아에 포로로 잡혀간 젊은이입니다. 에스겔과 다니엘은 똑같이 포로가 되어 하나님의 말씀을 전했는데 두 사람은 신분이 다릅니다. 에스겔은 선지자였으나 다니엘은 정치가입니다. 믿음을 지켜야 할 때에 '목사님이니까, 장로님이니까 지켜야 하고 나는 평신도니까 적당히 신앙생활해도 되겠지' 생각할 수 있습니다. 그런데 오늘 말씀은 평신도이면서 정치가인 다니엘을 통해 하나님께서 기적의 은혜를 베풀어 주셨고, 말씀을 기록할 수 있는 은혜도 주셨습니다. 그러므로 우리는 어느 자리에 있든지 믿음을 지켜야 하는 것입니다.

다니엘과 세 친구는 믿음을 지키기 어려운 위치에 있었습니다. 청소년 시기에 잡혀 와서 20년 정도가 지났으니 30대 중반의 나이일 것입니다. 지금으로 보면 30대 중반의 나이가 젊지만, 옛날에는 중요한 역할을 담당하는 노련한 정치인입니다. 우리나라도 조선시대 평균수명이 35세 내외였습니다. 느부갓네살은 역사책에 '네부카드네자르'라고 나오는데, 중동지방을 통일하고 나서 자신의 신격화 작업을 시작합니다. '두라'라는 곳에 27m 높이의 신상을 세우고 이 신상에 절을 하도록 했습니다. 이 신상에 숭배하도록 한 것은 다양한 국가와 인종이 다른 문화가 바빌로니아로 통합되었기에, 이들을 하나로 묶어세우기 위해 느부갓네살의 수호신인 느보 신상에 숭배할 것을 명령하였습니다. 우리나라도 일제식민지 시대에 일본 신사에 절을 하도록 했습니다. 2600년 전이나 100년 전이나 똑같은 방법으로 사람들을 통제하려고 했던 것입니다.

다니엘은 청소년 시절에 타국에 포로로 끌려와 온갖 고생을 다하고 이제 총리의 자리, 도지사의 자리에까지 오르게 되었는데 어려운 시험을 만나게 됩니다. 바빌로니아는 전국에 120도를 가졌고 이를 세 명의 총리가 관리하도록 했습니다. 세 명의 총리 중에 다니엘이 왕의 신임을 가장 많이 받았고, 요즘 말로 하면 수석총리로 세우려 했습니다. 이를 견제하기 위해 약점을 찾은 것입니다. 그것은 오직 하나님만 섬기는 믿음입니다. 그러기에 모함하는 자들은 유대인 뜰은 신상에 절하지 않을 것을 이미 알고 있었습니다. 그래서 신상을 만들자고 했고 신상에 누구든지 엎드려 절하지 아니하는 자는 즉시 맹렬히 타는 풀무불에 던져 넣으라고 했습니다.

드디어 첫 나팔과 함께 모든 악기가 연주되고 모든 사람이 엎드려 절을 할 때에 다니엘의 세 친구가 절을 하지 않은 것이 발각이 되었습니다. 사람들은 어려울 때는 시험을 이기기 위해 믿음생활을 잘합니다. 새벽기도를 드리고 주일예배를 성수합니다. 그런데 잘되고 형통할 때에 타협을 합니다. 사업이 커지고 높은 자리에 올라가면 사업을 관리하기 위해, 높은 자리를 유지하기 위해 타협을 합니다. 십만 원 십일조를 드릴 때에는 힘을 다해 드리는데, 천만 원을 벌고

1억을 벌면 적당히 하려고 합니다. 어렵고 힘든 시절에는 몸이 아파도 주일을 지키고, 손해를 보아도 주일을 지켰습니다. 그래서 하나님께서 복을 주셨습니다. 그런데 좀 살 만하면 적당히 하려고 합니다. 이것을 융통성이라고 생각합니다. 이것은 융통성이 아니라 하나님의 은혜를 잊어버린 것입니다.

오늘 다니엘의 세 친구도 적당히 할 수 있었습니다. 그런데 지금이 도지사의 자리에 온 것이 하나님의 은혜임을 잊지 않았습니다. 다니엘이 자기 힘으로 총리가 된 것이 아닙니다. 느부갓네살이 꿈을 꾸고 그 꿈으로 인하여 번민할 때에 박수와 술사들을 불러 그 꿈을 해몽하라고 했습니다. 박수와 술사들은 그 꿈을 알려주시면 해몽을 하겠다고 했으나 느부갓네살은 그 꿈을 도무지 기억해 낼 수가 없었습니다. 하나님께서 주신 꿈이기 때문입니다. 그 꿈이 너무나 흉측한 꿈이었기에 깊은 번민에 빠졌고, 꿈을 해몽하지 못한 모든 박수와 술사들을 다 죽이라고 명했습니다. 이때 다니엘이 하나님의 은혜로 그 꿈을 계시로 알게 되었고 그 꿈을 해몽했습니다.

느부갓네살은 이에 다니엘을 온 바빌로니아의 모든 지혜자의 어른으로, 세 명의 총리 중 한 사람으로 세웠습니다. 이때 다니엘은 사드락, 메삭, 아벳느고 세 친구를 도지사로, 즉 120개의 도를 관리하는 사람 중 하나로 추천을 한 것입니다. 하나님의 은혜가 아니었다면 다니엘과 세 친구는 모두 죽을 목숨이었습니다. 이 은혜를 잊지 않았습니다. 오늘 우리가 시험에 빠지는 것은 은혜를 잊어버릴 때 오는 것입니다. 우리는 모두가 죄의 노예로 죽을 인생이었습니다. 그런데 하나님의 은혜로 이 자리에 나왔습니다. 여러분이 하나님의 자녀가 되고 우리 교회 성도가 된 것이 무조건적인 하나님의 은혜임을 잊어서는 안 되는 것입니다. 이 은혜를 잊을 때 시험에 빠지게 됩니다.

한남대학교 이사장을 지낸 김용균 장로님은 아버지도 장로님이었습니다. 이분의 간증을 들어보면 아버지는 신앙생활을 철저히 하면서 자녀들을 잘 키워냈습니다. 장로님의 아버지는 천안에서 산부인과를 하면서 다른 일을 한 것이 아니라 많은 돈을 벌어 교회를 세웠습니다. 그 당시에는 천안에 의사가 두 사람밖에 없었습니다. 천안중앙교회를 개척하고 교회를 진실하게 섬겼습니다. 그 후 이 장로님의 첫째 아들은 장로로 고려대학교 학장을 지내고 교수협의회 회장을 지냈고, 둘째 아들이 김용균 장로로 한남대학교 이사장을 지냈습니다. 셋째 아들도 서울 동신교회 장로로 이비인후과 의사입니다. 넷째가 딸인데 교육부 장관을 지낸 김숙희 교수입니다. 다섯째가 도올 김용옥 박사입니다. 이 사람도 큰 복을 받았는데 그만 중간에 조금 빗나가 버렸습니다. 은혜를 받는 것도 중요하지만 그 은혜를 지키는 것이 더 중요합니다. 여러분은 받은 은혜를 자손대대로 잘 지키는 가정이 되시기를 바랍니다.

김용균 장로님은 아버지의 신앙을 본받았습니다. 그래서 모든 일을 교회 중심으로 합니다. 자녀들이 서울에서 공부를 하는 동안 한 번도 자녀들과 잠을 자본 적이 없다고 간증을 했습니다. 왜요? 천안에 돌아가 다음날이면 내 교회에서 새벽기도를 드리기 위해 저녁이면 내려간 것입니다. 성수주일을 하고 십일조생활을 철저히 했습니다. 아버지 장로님이 천안중앙교회를 힘을 다하여 세우고 자녀들이 축복을 받은 사실을 기억하며, 김용균 장로님은 교회를 건축하는 일과 사택 짓는 일에 늘 앞장을 섰습니다. 은혜를 깨달은 사람은 은혜 받는 일이 얼마나 귀한 것인지를 잘 압니다. 그 은혜를 잊지 않으려 합니다. 그래서 3대가 장로로 천안중앙교회를 섬기고 있습니다. 한 교회에서 2대 3대 장로로 섬기는 것이 얼마나 큰 축복인지 모릅니다. 그러기 위해서는 가정에 하나님의 은혜가 계속해서 흘러야 하는 것입니다.

우리는 하나님의 은혜가 너무 커서 자꾸만 잊어버립니다. 캄캄한 밤에 작은 등불 하나만 있어도 그 불빛이 얼마나 감사한지 모릅니다. 그런데 날마다 밝은 태양을 주신 하나님께 감사할 줄을 모릅니다. 군에 가면 화생방 훈련이라는 것이 있습니다. 화생방 훈련을 하는 방안에 들어가면 방독면을 벗깁니다. 그리고 군가를 부르게 하고 체조를 시킵니다. 여성들은 경험할 기회가 없겠지만 그 고통이 말이 아닙니다. 눈물 콧물이 다 나오고 숨을 쉴 수가 없습니다. 기절하는 사람들이 나오고 그런데도 밖으로 내보내지를 않습니다. 군가를 불러야 합니다. 살았는지 죽었는지 모르는 상태에서 군가를 부르고 나면 밖으로 나가게 하는데 그때 공기가 얼마나 소중하고 감사한지 알게 됩니다. 우리는 날마다 숨 쉬는 것이 그저 감사한 것입니다.

하나님께서 늘 형통하게 하시고 평안하게 하시면 좋을 것 같은데 그러면 감사를 모릅니다. 불통할 때가 있어야 형통의 감사를 알고 고통이 있어야 평안의 감사를 알게 됩니다. 질병 가운데 있어봐야 건강의 감사를 알게 됩니다. 여러분, 우리가 하나님 때문에 은혜 받은 일이 얼마나 많은지를 깨닫는 성도들이 되시기 바랍니다. 하나님의 말씀으로 여러분을 날마다 먹여주시고 입혀주시는 하나님의 은혜를 잊지 않게 해달라고 기도하시기 바랍니다. 그 은혜가 여러분의 가정에 날마다 더하시기를 기도하시기 바랍니다. 시냇물이 흐르는 줄기를 따라 가보면 산골짝에서 물이 시작됩니다. 작은 물이 흘러 개울물이 되고 넓은 하천이 되고 강물이 되고 바다가 되는 것입니다. 은혜를 그렇게 받아야 합니다. 아버지 대에 시냇물의 은혜를 받았다면 자녀 대에는 강물이 되고 바다가 되는 은혜를 받는 성도들이 되십시다.

오늘 성경을 보면 만국이 다 모여 왕이 세운 신상 앞에 절을 할 때에 사드락, 메삭, 아벳느고가 절을 하지 않았다고 갈대아 사람들이 왕에게 상소를 했습니다. 갈대아 사람들이란 본토사람들입니다. 티그리스와 유프라테스 강 유역에 살던 사람들로, 이들이 신바빌로니아를 세워 앗수르를 멸망시키고 중동 전역을 지배했습니다. 이들은 유대인인 다니엘이 총리가 되고 그의 친구들이 도지사가 된 것을 못마땅하게 생각했습니다. 그래서 참소를 한 것입니다. 크리스천들이 잘되는 것을 항상 시기하는 사람들이 있습니다. 그래서 우리 크리스천들이 잘해야 합니다. 조심해야 합니다. 빛과 소금으로 살아야 합니다. 그리고 세상을 변화시키는 사람들이 되어야 합니다.

이 좋은 우리 교회에서 대한민국을 빛낼 각 분야에서의 스타들이 많이 나오기를 기도합니다. 여러분도 기도하셔야 합니다. 그저 되는 것이 아닙니다. 많이 기도하셔야 합니다. 왜 스타가 되어야 합니까? 하나님의 영광을 위하여 스타가 되어야 합니다. 예수 믿고 축복받고 나서 타락하면 안 됩니다.

오늘 성경에 다니엘과 세 친구는 세상에서 가장 높은 자리에 올랐습니다. 본토인인 갈대아인도 오르지 못한 스타의 자리에 올랐습니다. 지금 이들이 신상에 절하는 문제로 자신들을 죽이려 하는 것도 알고 있었습니다. 그런데도 절하지 않았습니다. 그래서 이들이 훌륭한 것입니다. 다니엘의 이야기는 지금 나오지 않지만, 느부갓네살이 죽고 그 다음 왕이 집권했을 때에 똑같은 일을 만나게 됩니다. 이때에 다니엘은 목숨을 걸고 창을 열고 예루살렘을 향하여 기도합니다. 창을 열었다는 것은 다 보라는 것입니다. '나는 하나님께 기도하고 우상에게 절하지 않겠다'는 선전포고입니다. 그래서 다니엘은 사자굴에 들어가지만 하나님의 은혜를 입고 오히려 대적들이 다 죽었습니다.

오늘 느부갓네살 왕 때에 사드락, 메삭, 아벳느고가 각 도에 있었지만 이들은 한결같이 절을 해야 할 때에 절을 하지 않았습니다. 이것을 지금 갈대아인들이 보고 있는 것입니다. 그래서 사드락, 메삭, 아벳느고가 왕 앞에 끌려오게 됩니다. 왕은 이 세 사람을 무척이나 신뢰하였던 것으로 보입니다. 그래서 너희들이 지금이라도 신상 앞에 절을 하면 살려주려니와 그렇지 아니하면 극렬히 타는 풀무불 속에 던져 넣을 것이라고 말합니다. 오늘 읽은 17절 말씀을 보면 다니엘의 세 친구는 우리가 대답할 필요도 없다고 말합니다. "우리 하나님이 살아 계시다면 풀무불 속에서도 건져내실 것이고 왕의 손에서도 건져내실 것입니다"라고 말합니다. 얼마나 담대합니까?

이 대답은 첫째는, 우리 하나님이 어떠한 환경 속에서도 지키실 것이라는 믿음입니다. 풀무불이 대단합니다. 100도만 되어도 물이 끓는데 풀무불은 쇠를 끓이는 불입니다. 그래서 1,000도 이상이 되어야 합니다. 그런 불속에 집어넣는다고 하니 두렵지 않겠습니까? 성도 여러분, 세상의 환경을 두려워하면 하나님을 두려워하지 않습니다. 오늘 교회의 타락의 문제가 무엇입니까? 하나님을 두려워하지 않는 것입니다. 많은 교회의 문제들을 볼 때에 이것은 다른 문제가 아닙니다. 지금 많은 크리스천들이 하나님의 살아 계심을 믿지 않기 때문입니다.

하나님이 살아 계심을 믿는다면, 우리에게 구원의 확신이 있다면 그렇게 하지 못합니다. 그런 죄를 짓지 못합니다. 하나님이 살아 계심을 믿지 않기 때문에 교회에서도 방자히 행하는 것입니다. 정확히 말하면 하나님을 잊어버린 것입니다. 이스라엘 백성들이 광야에서 하나님을 잊어버렸습니다. 그래서 우상을 만들고 거기에 절을 했습니다. 불과 몇십 년 만에 다 잊어버린 것입니다. 성도 여러분, 하나님의 살아계심을 잊지 마시기 바랍니다. 지금도 모든 환경을 주관하시고 여러분의 인생과 가정과 일터를 주장하시는 하나님의 역사를 믿으시기 바랍니다.

둘째는, 왕의 권력도 우리 믿음을 바꾸지 못할 것이라는 믿음입니다. 사람이 약한 것이 세 가지가 있다고 하는데 첫째가 돈이요, 둘째가 권력, 셋째가 성적인 유혹입니다. 저는 사람을 쓸 때에 이것을 중요하게 봅니다. 돈을 주었을 때 하나님 앞에 두려움으로 사용하는지를 봅니다. 그 다음에 자리를 주었을 때 끝까지 겸손한지를 봅니다. 많은 사람들이 위치가 조금만 달라져도 교만하게 됩니다. 이런 사람은 큰 인물이 되면 일을 크게 그르칩니다. 세 번째는 성적 유혹인데 이것은 제가 어떻게 시험할 수 없어서 못했습니다.

다니엘의 세 친구는 왕의 신하입니다. 당시의 왕은 절대권력입니다. 야당도 없습니다. 재판도 필요 없습니다. "저 못된 놈들을 당장 능지처참하라" 그러면 끝입니다. 이것을 잘 알고 있는 다니엘의 세 친구는 '하나님께서 왕의 손에서도 건져내실 것입니다. 우리가 믿는 하나님은 왕보다도 강하신 분입니다' 하고 고백한 것입니다. 여러분, 우리 하나님은 위대하신 분입니다. 우리를 위해 아들까지 십자가에 내어주신 굉장하신 하나님이십니다. 갈릴리 어촌에서 복음을 전파하시고, 오늘 전 세계에 하나님의 나라를 세워 가시는 위대하신 분입니다. 청교도 몇백 명으로 시작된 미국을 몇백 년 만에 세계에서 가장 강한 나라로 바꾸신 하나님이십니다.

우리 대한민국도 수천 년 가난에서 벗어나게 하시고 전국 방방곡곡에 교회를 세워주신 하나님이십니다. 세상의 권력을 크게 보면 하나님이 크게 보이지 않습니다. 그러나 하나님을 가장 크게 보면 세상의 권력이 두렵지 않은 것입니다. 여러분, 여러분이 우리 교회 직분을 맡은 것이 가장 크게 보여야 축복을 받습니다. 성가대원은 성가대가 가장 크게 보이고, 안내하는 분은 안내의 자리가 가장 크게 보여야 충성을 합니다. 그래야 축복의 인물이 되는 줄로 믿으시기 바랍니다.

셋째, "그렇게 하지 아니하실지라도 왕이여 우리가 왕의 신들을 섬기지도 아니하고 왕이 세우신 금 신상에게 절하지도 아니할 줄을 아옵소서"라고 말합니다. "그렇게 하지 않으실지라도, 하나님께서 우리를 풀무불이나 왕의 손에서 구하여 주시지 않아도 우리는 왕의 신을 섬기지 않고 왕이 만든 금 신상에게 절을 하지도 않겠습니다" 하는 말입니다. 이들은 하나님의 뜻을 먼저 믿었습니다. 내 뜻과 하나님의 뜻이 달라도 나는 성경 말씀대로 살겠다는 것이 '그리 아니하실지라도'의 믿음입니다. "이는 내 생각이 너희의 생각과 다르며 내 길은 너희의 길과 다름이니라 여호와의 말씀이니라 이는 하늘이 땅보다 높음같이 내 길은 너희의 길보다 높으며 내 생각은 너희의 생각보다 높음이니라"(사 55:8-9)고 말씀하십니다.

손양원 목사님은 두 아들을 공산당에게 잃고도 9가지 감사기도를 드렸습니다.

"나 같은 죄인의 혈통에서 순교의 자식이 나게 하셨으니 감사합니다. 한 아들 순교도 귀하거든 하물며 두 아들이 함께 순교했으니 더욱 감사합니다. 미국 가려고 준비하던 두 아들, 미국보다 더 좋은 천국 갔으니 안심되어 감사합니다. 내 아들 죽인 원수를 회개시켜 아들 삼고자 하는 사랑하는 마음 주신 하나님께 감사합니다. 예수 믿다가 누워 죽는 것도 큰 복인데 전도하다 총살 순교 당했으니 감사합니다."

이렇게 감사의 기도를 드렸습니다.

이것이 '그리 아니하실지라도'의 감사입니다. 손양원 목사님의 아들을 죽인 공산당원의 아들이 이후 목사가 되어 그 은혜를 갚기 위해 미국에서 목회를 하고 있습니다. 오늘 다니엘의 세 친구는 하나님께서 지금 구해주시지 않을지라도 하나님의 섭리를 믿기에 감사하겠다는 것입니다. 이것이 진정한 믿음입니다. 실패해도 실패의 자리에서 감사하고, 병들어도 병석에서 감사하고, 손해 보아도 손해 본 자리에서 감사하고, 비난을 당해도 억울한 일이 있어도 감사하는 믿음이 '그리 아니하실지라도' 믿음입니다. 이런 믿음이 있었기에 이스라엘이 하나님의 심판으로 바빌로니아로 끌려갈 때에 그중에서 이들은 특별한 은총을 입는 사람들이 되었던 것입니다. 하나님은 특별한 믿음을 가진 이들에게 특별한 은총을 베풀어주셨습니다. 그래서 풀무불 속에서도 지켜주셨습니다. 하나님께 영광 돌리게 했고 왕이 온 백성들에게 공포를 했습니다. "왕이 드디어 사드락과 메삭과 아벳느고를 바벨론 지방에서 더욱 높이니라"(30절).

성도 여러분, 하나님을 높이는 자를 하나님은 도와주십니다. 이 땅에서도 우뚝 서게 하십니다. 한국교회에 복음이 처음 들어왔을 때 대부분의 가정에서는 다 핍박을 받았습니다. 예수 믿는다고 매를 맞기도 하고 쫓겨나기도 했습니다. 욕먹지 않고 예수 믿은 사람이 별로 없습니다. 그래도 열심히 믿었습니다. 하나님께서 그 불쌍한 사람들에게 은총을 주셔서 성령님의 강한 역사가 임했습니다. 많은 역사가 있었습니다. 그래서 오늘 한국교회와 이 민족이 축복을 받은 것입니다.

여러분, 예수 믿으면서 내 마음대로 믿으려고 하면 안 됩니다. 핍박이 있어도 믿어야 합니다. 속상한 일이 있어도 믿어야 합니다. 질병의 위협이 와도 믿어야 합니다. 여러분 모두 믿음으로 이겨 하나님의 특별한 은혜를 입는 성도들이 되십시다.

적용

ⓐ 오늘 말씀의 주제 파악하기

ⓑ 오늘 말씀 중 은혜 받은 부분 나누기

ⓒ 삶에 구체적으로 적용하기

함께 드리는 기도제목

1. 하나님의 은혜를 잊어버리지 않고 믿음을 굳게 지키게 하옵소서.
2. 우리의 인생과 가정과 일터를 주장하시는 하나님의 역사를 믿는 믿음을 주옵소서.
3. 우리에게 다가오는 시험을 믿음으로 이겨 하나님의 특별한 은혜를 입게 하옵소서.

18

귀하게 쓰임 받는 그릇

- 본 문: 디모데후서 2장 20–21절
- 찬 송: 320장(나의 죄를 정케 하사, 통 350장)
- 요 절: 그러므로 누구든지 이런 것에서 자기를 깨끗하게 하면 귀히 쓰는 그릇이 되어 거룩하고 주인의 쓰심에 합당하며 모든 선한 일에 준비함이 되리라(딤후 2:21)

회사에서 가장 심혈을 기울이는 일 중의 하나가 사람을 뽑는 일입니다. 사람이 일을 계획하고 추진하고 성사시키고 이익을 가져오기 때문입니다. 사람을 잘 뽑으면 회사가 발전하게 됩니다. 구글은 어느 기업보다 사람을 까다롭게 뽑기로 유명합니다. 직원을 채용하는 9가지 기준 중 몇 가지를 보면 "유능하고 지식이 많은 사람을 채용하고 도전하지 않는 사람은 채용하지 마라. 일을 해낼 사람을 채용하고 문제점만 생각하는 사람은 채용하지 마라. 뛰어난 지원자를 발견할 때만 채용하고 기준에 부합하지 않으면 자리를 비워놓아도 채용하지 마라" 이런 원칙을 가지고 있습니다.

능력과 열정과 자세를 중요하게 생각하고 있습니다. 회사에 채용이 되면 그 회사를 위해 일을 하게 됩니다. 국가에서도 사람을 쓰는 일이 중요합니다. 한 사람의 총리가, 장관이 나라의 미래를 바꿀 수 있기 때문입니다. 하나님의 일도 사람을 통해서 하십니다. 그래서 하나님은 필요한 사람을 택하시고 훈련을 시키십니다. 400년 노예생활 하는 이스라엘 백성들을 위해 모세를 택하시고 무려 80년이나 훈련 시키셨습니다. 다윗을 왕으로 세우시기 위해 약 15년 동안 훈련을 시키셨습니다. 요셉을 이집트의 총리로 세우시기 위해 13년을 훈련 시키셨습니다. 바울이 예수님을 만난 뒤 즉시 사도로서의 일을 감당한 것이 아닙니다. 3년의 기간 동안 준비하는 시간이 필요했습니다.

예수님도 공생애 사역을 위해 40일을 금식하며 기도하셨습니다. 이 세상의 모든 일에는 준비하는 과정이 있어야 합니다. 이 종도 하나님께서 이 모양 저 모양으로 훈련을 시키셨습니다. 그래서 지금은 훈련을 받아 웬만한 일에는 흔들리지 않습니다. 큰 교회에 담임목사로서 훈련되지 않은 목사님들이 부임하여 큰 홍역을 치르는 일들이 있습니다. 목사님도 훈련을 받아야 하나님 일에 쓰임 받게 되는 것입니다. 장로님도 큰 장로님이 그냥 되는 것이 아닙니다. 훈련을 받고 기도의 용광로에서 훈련받고 이겨내야만 큰 장로님이 되고 중직자가 되는 것입니다.

오늘 성경은 그릇에 대한 말씀을 주십니다. 하나님께서는 하나님의 일꾼에 대해 그릇이라는 표현을 사용하셨습니다. 사도 바울에게 "나의 택한 그릇이라"(행 13:22)고 하셨습니다. 사도 바울은 이 말씀을 기억하며 옥중에서 낳은 신앙의 아들 디모데에게 하나님이 사용하시는 귀한 그릇이 되라고 하신 것입니다. 오늘 성경에 큰 집에는 금 그릇과 은 그릇 나무 그릇과 질그릇이 있어 귀하게 쓰는 것도 있고 천하게 쓰는 것도 있다고 하셨습니다. 큰 집은 하나님의 집 교회를 말합니다. 교회에는 많은 그릇이 있습니다. 여러분을 그릇으로 불러주셨고 훈련을 시키십니다. 그래서 좋은 그릇이 되고 복된 그릇이 되게 하십니다. 여러분은 모두가 하나님의 쓰임 받는 그릇들이 되십시다.

1. 큰 그릇이 되시기 바랍니다.

이왕이면 작은 것보다는 큰 것이 좋습니다. 집도 큰 집에 사는 것이 좋고, 과일도 큰 과일이 열려야 좋습니다. 그래서 품종개량을 합니다. 하나님께서 우리에게 은혜를 주시는데 그릇이 접시만 하다면 은혜를 받아도 접시만큼밖에 못 받습니다. 아무리 부어도 자기 그릇의 분량이 넘어가면 다 흘러넘치고 맙니다. 사발은 사발만큼 받고 대야는 대야만큼 받습니다. 강은 강만큼 받고 바다는 바다만큼 은혜를 크게 받습니다. 하나님께서는 다윗을 택하시고 크게 만드십니다. 다윗도 처음에는 작은 질그릇 같았습니다.

사무엘상 16장을 보면, 사무엘 선지자가 하나님의 명을 받고 왕으로 기름 부으러 이새의 집으로 갔을 때에 아버지조차 다윗은 제외시켰습니다. 그래서 들에서 양을 치고 있었습니다. 이새의 아들 일곱이 다 사무엘 앞에 나왔으나 하나님께서 감동을 주시지 않았습니다. 그래서 사무엘 선지자가 "다른 아들은 없느냐"라고 했을 때, '아들 하나가 또 있기는 하지만 들에서 양을 지키고 있다'고 했습니다. 그 애는 제사에도 참석할 필요를 느끼지 못한다는 말입니다. 사무엘 선지자가 그 애를 데려오기 전까지는 내가 자리에 앉지 아니하겠다고 하여 다윗을 불러온 후 기름을 부었습니다. "이날 이후로 다윗이 여호와의 영에게 크게 감동되니라"(삼상 16:13)고 했습니다. 성령 충만한 사람이 되었다는 말입니다.

그 다음 절인 14절에 보면 "여호와의 영이 사울에게서 떠나고 여호와께서 부리시는 악령이 그를 번뇌하게 한지라"(삼상 16:14)고 했습니다. 하나님께서 다윗을 택하시자마자 다윗을 훈련시키시기 시작합니다. 사울 왕은 하나님의 영이 떠나고 악령으로 인해 번뇌하게 될 때에 다윗이 왕궁에 들어가 수금을 연주합니다. 저는 사무엘서를 읽다가 깜짝 놀랐습니다. 사무엘상 16장 13절과 14절 이 한 절 사이에 놀라운 일이 일어나는 것을 발견하게 되고 큰 충격을 받았습니다. 13절과 14절 사이에 다윗은 하나님께 훈련받기 시작하고 사울은 하나님께서 버린 사람이 되는 놀라운 일들이 있는 것입니다.

다윗은 이때까지는 그저 질그릇 같은 아이였습니다. 그런데 하나님은 점점 그 그릇을 크게 만드십니다. 준비가 안 된 사람이 큰 그릇의 일을 맡게 되면 일을 크게 그르칩니다. 그래서 하나님께서는 다윗을 큰 그릇으로 하나하나 훈련시켜 나가시고, 다윗은 하나님 중심으로 살아가게 되는 것입니다. 사울은 어떻습니까? 사울은 원래 큰 그릇이었습니다. 보석으로 만든 그릇이었습니다. 이스라엘 자손 중에 그보다 더 준수한 자가 없었다고 했습니다. 키는 다른 백성들보다 어깨만큼 더했다고 했습니다. 외모만 그런 것이 아닙니다. 암나귀를 잃어버렸을 때에도 하나님의 사람을 찾아가 가르침을 받을 만큼 믿음이 깊은 사람이었습니다. 자기 스스로 나는 가장 미약한 자라고 고백했고 왕으로 지명되었을 때에 숨어 밖으로 나오려고 하지 않던 겸손한 사람이었습니다.

그런데 왕이 된 후 외적 환경과 조건이 그를 바꾸어 버렸습니다. 교만하게 변해버렸습니다. 제사장이 해야 할 일까지 자신이 하려 했고 하나님의 명을 어겼습니다. 선지자의 말을 들어도 회개하지 않았습니다. 이것은 그의 그릇이 더러워지고 마침내 깨어졌다는 말입니다. 큰 그릇이 되려면 하나님의 말씀에 순종하는 것을 잊지 말아야 합니다. 다윗은 큰 그릇이 되어 큰일을 했습니다. 이스라엘을 강국으로 만들었습니다. 하나님의 백성들을 잘 인도했습니다. 큰 그릇의 달란트를 주시는 것은 큰 은혜입니다. 이 은혜를 깨달을 때에 감당할 수가 있는 것입니다.

교회도 큰 교회가 있고 작은 교회가 있습니다. 그릇이 다 자기역할이 있듯이 교회도 역할이 있습니다. 큰 교회는 큰일을 감당해야 합니다. 선교지에 학교를 세우고 병원을 세우고 하는 일을 작은 교회는 할 수가 없습니다. 이 종은 장차 "우리 교회에서 큰 장학사를 운영하게 해주십시오" 하고 기도하고 있습니다. 선교사들의 자녀들이 대학에 들어갈 나이가 되어 한국에 와도 거할 집이 없습니다. 어려운 시골교회 목사님들의 자녀들이 공부를 잘해도 서울에 와서 거할 수가 없습니다. 시골교회를 위해 있는 힘을 다해 헌신하는 장로님들의 자녀들이 서울에 있는 대학에 다닐 수가 없습니다. 이를 위해 "우리가 수백 명이 거할 수 있는 장학사를 무료로 운영하게 해주시옵소서" 기도하고 있습니다. 이것은 큰 교회만이 할 수 있는 일입니다.

"은퇴하신 선교사님들과 시골교회, 어려운 교회에서 은퇴하신 목사님들이 갈 곳이 없습니다. 이분들이 언제 집을 마련해 놓았겠습니까? 이분들을 위한 집을 우리가 짓게 해주십시오"라고 기도하고 있습니다. 여러분이 함께 기도해 주시면 반드시 이루어주실 줄로 믿습니다. 이것은 미래의 한국교회를 위해 우리가 할 수 있는 큰일입니다. 우리 교회가 있기 때문에 마음 놓고 복음을 전하고 선교할 수 있기 때문입니다. 여러분도 큰 그릇이 되어 주님의 교회를 위해 크게 쓰임 받는 그릇들이 되시기 바랍니다. 큰 그릇은 외형적인 크기를 말하는 것이 아니라 크게 쓰임 받는 그릇이 되라는 말입니다. 한 걸음 한 걸음 주님의 음성을 듣고 순종하며 따라갈 때에 크게 쓰임 받는 그릇들이 될 줄로 믿습니다.

2. 깨끗한 그릇이 되시기 바랍니다.

그릇이 주인에게 사랑을 받으려면 먼저 깨끗하게 씻어야 합니다. 그릇은 금으로 만들었다고 해서 주인의 사랑을 받는 것이 아닙니다.

된장국을 끓일 때는 뚝배기에 끓여야 제맛이 납니다. 금 그릇에 끓이는 것이 아닙니다. 약을 끓일 때도 질그릇에 끓여야 합니다. 설렁탕을 먹는데 금 그릇에 담아놓으면 제맛이 나지 않습니다. 다 쓰임받는 용도가 다릅니다. 그런데 모든 그릇은 깨끗해야 합니다. 식당에 가서 밥을 먹는데 밥그릇에 고춧가루가 묻어 있다든지 하면 다음부터는 아무리 맛이 있어도 그 식당에 가지 않게 됩니다. 저는 등뼈해장국을 참 좋아했습니다. 그런데 어느 날 해장국을 먹는데 다 먹어 갈쯤 바퀴벌레가 나오는 것입니다. 주인에게 이야기했더니 미안하다고 한 그릇 더 주는 것입니다. 어떻게 먹겠습니까? 그 이후로 등뼈해장국을 먹지 않았습니다. 근래에 다시 등뼈해장국을 먹기 시작했습니다.

하나님께서 사용하시는 깨끗한 그릇은 영적으로 깨끗함을 말합니다. 이물질이 있으면 안 됩니다. 아무리 좋은 옷을 입어도 하나님 앞에서는 속사람이 깨끗해야 합니다. 아무리 큰일을 해도 속사람이 깨끗해야 하나님이 쓰십니다. 하나님은 사람을 쓰실 때에 먼저 그 사람의 죄를 씻어주십니다. 하나님을 만났을 때 우리가 제일먼저 깨닫는 것이 내 죄입니다. 이사야 선지자도 베드로도 하나님을 만났을 때 내가 죄인임을 먼저 깨달았습니다. 마틴 루터도 어릴 적에 성령충만함을 받고 죄가 생각이 날 때마다 교회로 수없이 뛰어갔다고 합니다. 그래서 신부님이 "얘, 루터야 너 죄를 좀 모아가지고 오면 안 되겠니?" 하고 이야기했다는 일화가 있습니다. 하나님을 만나면 내 죄가 보입니다. 그래서 엎드리게 되는 것입니다.

속사람을 누가 씻을 수 있습니까? 영혼에 묻은 때를 누가 씻을 수 있습니까? 그릇이 자기 자신을 닦지 못합니다. 사람이 사람의 죄를 씻을 수는 없습니다. 하나님만이 하실 수 있습니다. 그런데 죄를 한번 씻었다고 해서 되는 것이 아닙니다. 우리 몸에 쉬지 않고 때가 생겨나듯이 죄는 계속해서 우리에게 다가오고 묻어옵니다. 그래서 우리는 쉬지 않고 하나님께 나아와 우리 죄의 용서함을 받아야 하는 것입니다. 가룟 유다도 처음에는 하나님을 만났습니다. 그런데 마음속에 들어오는 죄의 유혹을 견뎌내지 못하고 죄의 노예가 되었고 예수님을 파는 지경에까지 이르게 된 것입니다.

이에 반해 다윗의 장점은 죄를 지었을 때 즉시 회개했다는 것입니다. 다른 말로 하면 나의 그릇을 깨끗하게 씻었다는 말입니다. 그래서 하나님께서 사용하시는 사람이 되었습니다. 성경은 교만한 사람을 경계하고 있습니다. 교만한 사람의 특징이 무엇입니까? 이제는 되었다고 생각하는 사람입니다. 이제는 하나님 앞에 엎드리려 하지 않습니다. 내가 어떻게 해보려고 하는 사람입니다. 여러분, 하나님 앞에 끝까지 겸손하셔야 합니다. 그렇지 않으면 죄가 우리를 끌고 가는 것입니다. 우리는 우리에게 일어나는 모든 일을 죄에서 찾아야 합니다.

나라에 일어나는 어려운 일도 죄 때문임을 알아야 합니다. 나라가 죄 가운데 빠져 있을 때 하나님은 그 죄에 대한 책임을 물으십니다. 그래서 내 죄뿐 아니라 나라의 죄를 위해서도 우리 크리스천들이 회개해야 하는 것입니다. 교회는 여러분의 영혼의 때를 씻는 곳입니다. 여러분의 병든 마음을 치료해주고 죄로 더러워진 영혼을 깨끗하게 씻어주시는 곳입니다. 그러므로 교회를 사랑해야 합니다. 교회를 기뻐하고 교회를 감사해야 합니다. 교회는 여러분의 영혼이 축복을 받는 곳입니다. 영혼이 축복을 받으면 인생이 축복을 받는 것입니다. 영혼이 깨끗하면 얼굴도 빛이 납니다. 세상에서도 근심이 있으면 얼굴에 표시가 나는데 영적으로도 그렇습니다. 주의 전에 나오는 성도들을 보면 얼굴에 기쁨이 있습니다. 그래서 감사하고 찬양하는 것입니다.

여러분의 그릇이 깨어지지 않기를 바랍니다. 구멍 나지 않기를 바랍니다. 그릇이 깨어지거나 구멍이 나면 아무리 좋은 것을 담아주어도 다 새어나갑니다. 은혜도 새어나가고 축복도 새어나갑니다. 성령의 은사가 다 새어나가는 것입니다. 성도 여러분, 온전한 그릇, 깨끗한 그릇이 되어 하나님께서 늘 들어 사용하시는 귀히 쓰는 거룩한 그릇들이 되십시다.

3. 하나님 손에 있어야 귀하게 쓰임을 받습니다.

얼마 전 오페라 영화인 '벤베누토 첼리니'란 영화가 개봉이 되어 화제가 되었습니다. '벤베누토 첼리니'는 예술가였으나 살인자, 도둑, 동성애자로 악한 일을 많이 한 사람입니다. 그러나 노년에 회개하고 수도원에 들어가 평생을 마치며 대형 상아로 십자가를 만들었습니다. 그가 만든 '소금 그릇'은 빈 미술사 박물관에 전시되었는데 감정가가 무려 1천 억 이상입니다. 피카소는 버려진 자전거를 가지고 안장과 핸들을 떼어내 '황소머리'라는 작품을 만들었습니다. 폐품으로 만든 이 작품이 얼마 전 293억 원에 낙찰이 되었습니다. 우리나라의 이중섭 화백이 가난한 시절에 담배 은박지에 그린 그림의 감정가가 1억5천만 원이 나왔습니다. 누가 만드냐에 따라 가치가 달라지는 것입니다.

예술가들이 만든 작품도 이렇게 가치가 있는데, 하나님께서 여러분을 작품으로 만드시고 하나님의 일에 사용하시고 천국명부에 기록하셨는데, 여러분의 가치는 돈으로 환산할 수가 없는 것입니다. 누가 만들고 누가 사용하느냐에 따라 그 가치가 달라지는 것입니다. 주인의 가장 사랑받는 그릇은 주인 옆에 있는 그릇입니다. 매일 전도하는 일에, 봉사하는 일에 하나님을 위해 쓰임 받는 여러분이 진짜 귀한 그릇인 줄로 믿으시기 바랍니다. 교회에 일이 있을 때 "누구에게 부탁할까요?" 하고 부목사님들이 물으면 "누구 장로님, 누구 권사님께

연락하세요"라고 할 때가 있습니다. 다른 사람이 하기 싫어하는 일, 힘들고 피곤한 일일지라도 하나님의 일이면 무조건 순종하는 분들이 있습니다. 하나님 가까이 쓰임 받는 그릇이기 때문입니다.

"♬~당신의 그 순종이 천국에서 해같이 빛나리
당신의 그 사랑이 천국에서 해같이 빛나리
당신의 그 찬송이 천국에서 해같이 빛나리
당신의 그 헌신이 천국에서 해같이 빛나리~♬"

금으로 지음 받은 사람은 금 그릇에 걸맞게, 나무로 혹은 질그릇으로 지음 받은 사람은 그 그릇에 걸맞게 쓰임 받고 충성하면 하나님께서 귀하고 거룩하게 사용하시고 천국에서 해같이 빛나는 보석과 같은 그릇으로 만들어주시는 줄로 믿습니다. 예수님께서 말씀하신 달란트의 비유를 보면 각기 다른 달란트를 맡기셨는데 충성한 종에게는 "잘하였도다 착하고 충성된 종아 네가 적은 일에 충성하였으매 내가 많은 것을 네게 맡기리니 네 주인의 즐거움에 참여할지어다"라고 말씀해 주십니다. 더 많은 것을 맡겨주신다고 했습니다. 더 크고, 더 귀하고, 더 좋은 그릇으로 바꾸어주신다는 말씀입니다.

하나님은 원래 우리 인간을 흙으로 빚으셨습니다. 또한 우리 인생도 빚으십니다. 예레미야에게 환상을 보여주셨는데, 토기장이가 녹로 위에서 진흙으로 그릇을 빚는 것을 보여주셨습니다. 하나님은 토기장이요 우리는 진흙이라는 것입니다. 이것을 잊지 말아야 합니다. 하나님께서 우리를 불러주시고 사용하시고자 하는 대로 우리 자신을 내어드릴 때에 우리를 만드신 분의 뜻에 따라 사용되는 것입니다. 때로는 내 마음에 안 들고 때로는 아파도 하나님께 맡기면 명품을 만들어주십니다.

성도 여러분, 하나님은 오늘도 여러분을 빚으시기 위해 이 자리로 불러주셨습니다. 주님의 음성을 듣고 주님의 손길을 느끼시기 바랍니다. 그리고 성령님의 인도하심에 따라 여러분의 인생을 맡겨 하나님께서 귀하고 거룩하게 사용하시는 그릇이 되어 주님이 쓰시기에 합당한 그릇들이 되시기 바랍니다.

적용

ⓐ 오늘 말씀의 주제 파악하기

ⓑ 오늘 말씀 중 은혜 받은 부분 나누기

ⓒ 삶에 구체적으로 적용하기

함께 드리는 기도제목

1. 주님 말씀에 순종하여 주님께 크게 쓰임 받는 큰 그릇이 되게 하옵소서.
2. 깨끗한 그릇이 되어 하나님께 늘 쓰임 받는 그릇이 되게 하옵소서.
3. 하나님께서 귀하고 거룩하게 사용하시는 그릇이 되게 하옵소서.

19

비전 만들기

- 본 문: 창세기 37장 6-11절
- 찬 송: 570장(주는 나를 기르시는 목자요, 통 453장)
- 요 절: 그가 그의 꿈을 아버지와 형들에게 말하매 아버지가 그를 꾸짖고 그에게 이르되 네가 꾼 꿈이 무엇이냐 나와 네 어머니와 네 형들이 참으로 가서 땅에 엎드려 네게 절하겠느냐 그의 형들은 시기하되 그의 아버지는 그 말을 간직해 두었더라(창 37:10-11)

요셉은 꿈 때문에 어려움을 겪었던 사람입니다. 아버지 야곱이 다른 자녀들보다 요셉을 더욱 깊이 사랑했습니다. 그래서 요셉에게는 채색옷을 지어 입혔습니다. 요셉이 형제들에게 미움을 받은 첫 번째 이유가 여기에 있습니다. 자녀들을 똑같이 대해야 하는데 편애를 한 것입니다. 요즘으로 말하면 다른 열한 형제들에게는 길에서 옷을 사 입히고 요셉에게는 명품을 사서 입힌 것입니다. 사랑하는 것이 문제가 있는 것이 아닙니다. 다른 자녀들과 다르게 사랑했으니 문제가 된 것입니다. 사람이기 때문에 어떤 자녀에게 더 마음이 가는 것은 있을 수 있는 일입니다. 그러면 그 자녀를 위해 더 기도하고 마음으로 사랑해야지 겉으로 차별을 하니 문제가 된 것입니다.

그래서 다른 형제들이 불평하였다고 했습니다. 거기다가 요셉이 꿈을 꾸고 형들에게 그 꿈을 이야기하자 화약고에 불을 붙이는 일이 되었습니다. 꿈의 내용은 형제들이 함께 곡식 단을 묶고 있는데,

형제들이 묶은 곡식 단이 요셉이 묶은 곡식 단을 향하여 절을 하였다는 것입니다. 그래서 요셉을 더욱 미워하였습니다. 요셉이 또 꿈을 꾸었는데 해와 달과 열한 별이 요셉에게 절을 했다는 것입니다. 이것은 부모와 형제들까지 요셉에게 절하였다는 말입니다. 요셉의 나이가 17세쯤 되었는데 이정도 나이면 상황을 판단할 수 있는 나이입니다. 그런데 이 꿈을 무엇 하러 형제들에게 이야기합니까? 이것은 꿈이 너무나 확연했기 때문입니다. 그저 잠자다가 우연히 꾼 꿈이 아니었습니다. 이 꿈은 하나님께서 계시로 주신 꿈이라고 믿었습니다.

그래서 형들에게 말할 수밖에 없었습니다. 이 일로 요셉은 형들에게 미움을 받아 집에서 멀리 떨어진 들판에서 구덩이에 던져지게 됩니다. 요셉이 아버지의 지시를 받고 형들을 찾아 헤브론에서 도단까지 갔습니다. 집에서 무려 100km, 즉 250리나 떨어진 곳입니다. 이곳에서 형들은 요셉을 죽이려고 했습니다. 그런데 르우벤이 "우리가 동생을 죽여 손에 피를 묻힐 필요가 있느냐? 구덩이에 던지자"라고 했습니다. 르우벤은 나중에 요셉을 구해주려 한 것입니다. 그런데 르우벤이 없을 때에 형제들은 요셉을 꺼내어 노예상인에게 팔아버리게 됩니다. 결국 요셉은 이집트에 노예로 팔려가고 그곳에서 이집트의 총리에 이르게 됩니다.

요셉의 이야기는 연속극에 나오는 역전의 드라마입니다. 그래서 많은 사람들이 흥미 있어 합니다. 거지가 왕자가 되고, 밑바닥에서 기업의 총수가 되는 이야기를 사람들은 환호합니다. 신데렐라 같은 이야기를 좋아합니다. 요즘 텔레비전에 나오는 드라마들이 다 그런 내용입니다. 내가 그 주인공이 되고 싶은 것입니다. 그래서 이런 내용들을 보면 응원하고 환호합니다. 그러나 요셉의 이야기는 개인적인 성공 이야기가 아닙니다. 하나님께서는 이미 창세기 15장에 이스라엘 백성들이 이방나라에 가서 400년 동안 객이 되어 괴로움을 당해야 할 것을 예고해 놓으셨습니다. 이 말은 하나님의 섭리에 요셉을 사용하셨다는 말입니다. 요셉이 일부러 꿈을 꾼 것도 아니요, 그 꿈을 이루기 위해 요셉 개인의 노력으로 쉬지 않고 일하여 총리에 이른 것도 아닙니다. 요셉은 이 사실을 알고 있었기 때문에 총리가 된 후 두려워하는 형들에게 "나를 이리로 보낸 것은 형들이 아니요 하나님께서 이스라엘을 구원하시기 위하여 보내신 것이라"고 말한 것을 볼 수 있습니다. 우리는 이 말씀을 통해 다음과 같은 교훈을 얻을 수 있습니다.

1. 믿음으로 자녀를 키워야 합니다.

요셉은 꿈을 주신 분이 하나님이심을 믿었기 때문에 고난 속에서도 지켜주실 줄로 믿었고 이 꿈이 이루어질 줄로 믿었습니다. 그래서 하나님 앞에 죄를 짓지 않으려 노력했습니다. 자녀를 가장 잘 키우는 방법이 무엇인지 아십니까? 사람들은 내가 키우려고 합니다. 내가 좋은 것을 먹이고 내가 좋은 옷을 입혀보려고 합니다. 그러나 시간이 지나면 자식은 부모의 손을 떠나게 됩니다. 그때는 내가 할 수 없습니다. 많이 배운다고 사람이 잘되는 것도 아닙니다. 대학원을 나오고 박사가 되어도 사람이 잘못되면 그 지식을 엉뚱한 곳에 사용합니다.

요즘 아이들은 컴퓨터와 휴대폰에 매여서 삽니다. 컴퓨터와 휴대폰이 아이들의 우상이요, 신입니다. 전철을 타보면 아이나 어른이나 다 휴대폰을 손에 들고 들여다보고 있습니다. 엘리베이터를 타도 그 짧은 시간을 참지 못하고 휴대폰을 두드리고 있습니다. 인터넷이나 컴퓨터를 들어가 보면 유해한 것들이 얼마나 많은지 모릅니다. 그것들이 정직하라고 가르치지 않습니다. 행복한 가정이 중요하다고 가르치지 않습니다. 믿음을 이야기하지 않습니다. 컴퓨터와 휴대폰이 자녀의 미래를 책임질 수 있는 것이 아닙니다.

여러분, 자녀들에게 믿음을 심어주면 그것이 가장 잘 키우는 것입니다. 믿음은 죽음의 구덩이에서도 살아나는 능력이 있습니다. 믿음은 감옥에 갇혀서도, 노예생활을 하면서도 살아나는 능력이 있습니다. 요셉이 이집트의 총리가 된 것은 믿음이 있었기 때문입니다. 믿음은 하나님을 붙잡는 능력입니다. 세상 줄은 끊어지는 순간이 옵니다. 요즘 뉴스에도 많이 나오지만 경제에서, 정치에서 한없이 올라갔다가도 바닥까지 떨어지는 날이 옵니다. 사람들은 이때에 절망하고 자살하고 포기합니다. 그러나 믿음은 포기가 없습니다. 하나님과 연결되어 있기 때문에 하나님께서 다시 일으켜 세워주시는 것입니다. 많은 재물도 많은 지식도 높은 자리도 하나님과 연결되어 있을 때만이 귀하게 사용되는 것을 잊지 마시기 바랍니다.

2. 하나님께서는 여러분에게도 꿈을 주셨습니다.

성경은 꿈의 책입니다. 성경이 말씀하는 꿈은 비전입니다. 성경 속에는 수많은 비전이 있습니다. 우리가 그 비전의 주인공이 되지 못하는 것은 우리의 그릇이 너무나 작기 때문입니다. 성경을 읽고 말씀을 사모하며 들으면 말씀이 우리를 바꿉니다. 요셉의 이야기를 들으며 '아 그렇구나, 이 말씀이 나에게 주시는 말씀이구나, 내가 요셉처럼 절망하지 않고 믿음으로 살아야겠구나!' 깨닫고 '아멘' 하면 내가 성경의 주인공이 되는 것입니다. 요셉이 총리가 되려고 해서 된 것이 아닙니다. 만약에 높은 자리에 오르려고 하는 꿈을 꾸었더라면 잘못되었을 것입니다. 믿음으로 살 때에 하나님께서 약속하신 꿈을 하나님의 방법으로 이루어주신 것입니다.

다윗의 이야기를 들으며 '아, 그렇구나. 나도 다윗처럼 믿음으로 살면 절망의 늪에서 일어날 수 있구나' 하고 말씀을 믿는 것입니다. 다윗은 왕이 되려고 했던 사람이 아닙니다. 얼마든지 사울 왕을 죽이고 왕의 자리에 오를 기회가 있었지만 그렇게 하지 않았습니다. 그러나 믿음으로 걸어가니 하나님께서 왕의 자리에 오르는 축복을 주셨습니다. 이 종은 절망에 빠진 사람들에게 시편을 많이 읽어보라고 합니다. 시편에 나오는 다윗은 절망 가운데서도 포기하지 않고 하나님을 의지하고 찬양했습니다. 그래서 하나님은 다윗을 붙들어주신 것입니다.

지금 한국교회는 성장이 멈추었습니다. 이 종은 목사가 되기로 하면서 성경이 말씀하는 꿈이 내 것이 될 줄로 믿었습니다. 이 종은 복음이 땅 끝까지 전파되리라는 하나님의 약속을 믿고 우리 교회가 복음을 전하는 교회가 되는 꿈을 꿉니다. 오늘도 말씀을 믿고 복음을 전하면 구원받는 백성이 날마다 많아진다는 것을 이 땅의 교회에 전하고 보여주는 우리 교회가 되게 해달라고 기도합니다. 기도는 하나님의 방법을 믿는 것입니다.

하나님의 방법은 참으로 놀랍습니다. 이 종이 지금까지 목회하면서 깨닫는 것은 하나님의 방법으로 살아야 한다는 것입니다. 교회 부흥도 내가 하려고 하면 실패합니다. 하나님께서 독생자 예수 그리스도를 이 땅에 보내시기까지 하신 그 마음을 깨닫고, 십자가까지 지시며 땅 끝까지 복음을 전하라 부탁하신 주님의 말씀에 순종하려고 할 때 교회 부흥은 저절로 이루어지는 것입니다. 성도 여러분, 성경의 말씀이 여러분의 꿈이 되기를 간절히 원합니다. 그래서 여러분과 자녀들이 하나님께서 사용하시는 성경의 주인공들이 되시기를 바랍니다.

3. 자녀들이 믿음의 꿈을 꾸도록 하는 것은 부모의 책임입니다.

자녀들은 백지와 같습니다. 어떤 그림을 그리느냐에 따라 자녀의 모습이 달라지는 것입니다. 어떤 가족이 예배를 드리고 돌아가는데 부부가 승용차 안에서 그날의 설교에 대하여 불평을 합니다. "야, 그걸 설교라고 하냐. 나 졸려죽는 줄 알았다." 그러니까 부인이 맞장구를 칩니다. "글쎄 말예요. 목사님이 일주일 내내 준비도 안 하는 모양이에요. 당신이 해도 더 잘할 거예요. 나도 지겨워 혼났어요." 그러자 듣고 있는 꼬맹이가 한다는 말이 "천 원짜리가 다 그렇지 뭐" 그러더라는 것입니다. 아빠엄마가 천 원 헌금하는 것을 다 본 것입니다.

아이들은 다 보고 있습니다. 눈으로 보고 마음으로 보고 행동으로 다 봅니다. 기도하는 것을 보고 말씀 읽는 것을 봅니다. 그리고 그 모습이 장차 자녀의 모습이 되는 것입니다. 지금 여러분의 신앙이 자녀 앞에서 어떻습니까? 그 모습이 장차 자녀의 신앙의 모습입니다. 지금 여러분은 가정에서 믿음으로 인해 행복합니까? 그러면 자녀도 믿음으로 자라 행복하게 살 것입니다. 배운 대로 합니다. 자녀들의 지금의 모습이 마음에 들지 않습니까? 그것은 부모가 그렇게 그린 것입니다.

우리는 어린 시절의 모습을 다 가지고 있습니다. 이것을 심리학에서 '성인아이'라고 부릅니다. 겉으로는 사회적으로 성공하고 많은 것을 가진 것처럼 보이는데 그 속에는 어린아이가 들어있습니다. 미국의 유명한 정신과 의사인 '휴 미실다인'은 《몸에 밴 어린 시절》이란 책에서 '성인아이'의 유형을 여섯 가지로 분류했습니다.

첫째, 불만이 있는 사람입니다. 이런 사람은 어릴 적에 완벽주의

의 부모 밑에서 칭찬받지 못하고 자란 사람입니다.

둘째, 반항하는 사람입니다. 어릴 적에 강요하는 부모 밑에서 자란 사람은 무엇인가에 반항하는 심리상태가 있습니다.

셋째, 자기중심적인 사람입니다. 부모의 과보호 가운데 자란 사람입니다. 막내가 이런 유형이 많습니다.

넷째, 무절제한 사람입니다. 어릴 때 부모가 해달라는 대로 다 해준 사람입니다.

다섯째, 불안한 사람입니다. 부모가 너무 바빠 다른 사람 손에서 자란 사람입니다.

여섯째, 자학하는 사람입니다. 어릴 때 학대를 받았다든지 부모의 사랑을 받지 못하고 자란 사람입니다.

"문제아는 없다. 다만 부모가 문제 있을 뿐이다"라는 유명한 말이 있습니다. 고독한 사람은 다 고독한 이유가 있습니다. 쉽게 분노하는 사람은 분노하는 이유가 있습니다. 눈치 보는 사람은 다 이유가 있습니다. 이것을 해결해야 행복한 인생이 되는 것입니다.

우리의 자녀를 양육하는 원리도 그렇습니다. 자녀들에게 저주를 물려주면 안 됩니다. 축복을 물려주어야 합니다. 성경은 "아비들아 너희 자녀를 노엽게 하지 말고 오직 주의 교훈과 훈계로 양육하라"(엡 6:4)고 하셨습니다.

성경은 이미 2천 년 전에 이런 말씀을 주셨습니다. 당시는 아이는 사람대접을 받지 못하던 때였습니다. 그런데 성경은 아이를 노엽게 하지 말라고 했습니다. 노엽게 하는 순간 잘못된 기억이 평생을 가게 되고 내 자녀의 인생을 억압하기 때문입니다. 그리고 주의 말씀으로 가르치고 잘못한 것은 훈계하라고 했습니다. 매를 들어서라도 가르치라는 것입니다. 제사장 엘리는 아들 홉니와 비느하스가 잘못해도 그대로 두었습니다. 이것이 그 가정의 재앙이 되었습니다.

우리가 성경대로 하면 그 가정은 축복을 받습니다. 그런데 오늘의 사회는 성경대로 살기가 어려운 세상입니다. 어떤 가정에서 한탄하는 이야기를 들었습니다. 초등학교에 다니는 자녀가 말썽을 피우고, 일진인가 하는 잘못된 길로 가길래 야단을 치려고 매를 들었더니 갑자기 휴대폰을 들더니 때려보라고 하더랍니다. 찍어서 고발하겠다는 것입니다. 학교에서도 선생님이 매를 들려고 하면 아이들이 여기저기서 휴대폰을 들고 때려보라고 그런다는 것입니다. 이미 잘못된 것입니다. 그래서 참으로 안타까운 것입니다.

이 종은 늘 "행복하게 살자"고 말합니다. 이 말은 이 종의 이야기가 아니라 성경의 말씀입니다. 하나님께서 명하신 것입니다. 불평하는 사람은 늘 불평합니다. 이런 사람은 손양원 목사님이나 주기철 목사님 교회에 나가도 또 불평합니다. 예수님이 목회하셔도 또 불평할 것입니다. 그러면 어떻게 할 것입니까? "나는 불행하게 자랐습니다. 나는 학대받으며 자랐습니다. 이제라도 행복하게 살고 싶은데 그러면 안 된다는 말입니까?" 질문할 수 있습니다. 여러분, 행복할 수 있습니다. 축복의 삶을 살 수가 있습니다. 말씀대로 살면 됩니다. 말씀에 은혜 받으면 됩니다. 그러면 말씀이 모든 것을 변화시켜 주시는 능력이 되는 것입니다.

말씀은 소심한 사람을 대범하게 바꾸고, 절망하는 사람을 소망의 사람으로 바꿉니다. 불쌍한 사람을 행복한 사람으로 바꿉니다. 가난한 사람을 부요하게 바꿉니다. 악한 사람을 정직하게 바꿉니다. 병든 사람을 건강하게 바꿉니다. 이 모든 능력이 하나님의 말씀에 있습니다. 여러분의 가정의 자녀들에게 하나님의 말씀을 가르치십시오. 말씀대로 사는 것을 가르치십시오, 이것이 비전 만들기입니다. 그러면 그 다음에는 말씀이 자녀들을 가르치고 말씀이 자녀들의 길을 인도할 것입니다.

여러분, 하나님의 말씀으로 여러분의 심령이 변화되고 가정이 변화되기를 원합니다. 그리하여 가정마다 자녀들이 잘되고 형통한 축복이 있기를 바랍니다.

적용

ⓐ 오늘 말씀의 주제 파악하기

ⓑ 오늘 말씀 중 은혜 받은 부분 나누기

ⓒ 삶에 구체적으로 적용하기

함께 드리는 기도제목

1. 자녀들에게 믿음을 심어 줄 수 있는 부모가 되게 하옵소서.
2. 우리 자녀들이 말씀 위에서 하나님께서 주시는 비전을 품게 하옵소서.
3. 성경대로 우리의 자녀들을 양육하여 성경이 약속하신 축복을 받게 하옵소서.

20

약속 있는 첫 계명

- 본 문: 에베소서 6장 1–3절
- 찬 송: 579장(어머니의 넓은 사랑, 통 304장)
- 요 절: 네 아버지와 어머니를 공경하라 이것은 약속이 있는 첫 계명이니 이로써 네가 잘되고 땅에서 장수하리라(엡 6:2–3)

우리가 잊지 않아야 할 세 가지 은혜가 있습니다. 첫째는, 하나님 은혜 둘째는, 부모님 은혜 셋째는, 스승의 은혜입니다. 성경이 말씀하는 은혜는 '카리스'라는 단어인데 이것은 '하나님의 선물'을 말합니다. 내가 무엇을 해서 얻은 것이 아니라 거저 얻은 것이 은혜입니다. 하나님은 우리를 위해 이 땅에 오셨고 몸을 죄의 대속물로 내어주셨습니다. 그래서 우리가 주님을 믿기만 하면 죄의 속박에서 벗어나 영원한 생명을 얻을 수가 있습니다. 은혜를 깨달으면 은혜의 대상을 향하여 존중하게 되고 감사하게 됩니다.

성도들은 모든 것이 하나님의 은혜임을 깨달아야 복이 있습니다. 건강해도 은혜요 아파도 은혜입니다. 자녀를 생각해도 은혜요, 직장을 생각해도 은혜입니다. 교회에 나와 예배를 드려도 모든 것이 다 은혜입니다. 현대인은 은혜를 잊어버리는 시대를 살아가고 있습니다. 나라의 은혜를 모릅니다. 나라를 잃어버리면 말할 수 없는 비극이 찾아옵니다. 직장도 은혜입니다. 아프리카에 갔더니 건장한 젊은 이들이 다 길에서 앉아 놀고 있습니다. 일하고 싶어도 일할 곳이 없기 때문입니다. 직장이 있는 것이 얼마나 감사한 일인지를 알아야 직장에 나가는 자세가 달라집니다.

우리 교회에서 관리집사님으로 오랫동안 수고하신 분이 은퇴할 시기가 되었습니다. 너무 성실히 일하셔서 "건강이 허락되신다면 조금만 더 일해주시면 안 되겠습니까?" 하고 질문을 했더니 "목사님, 제가 어렵고 힘들 때에 우리 교회 관리집사직을 맡아 자녀들을 다 대학까지 키우고 지금까지 잘 살았습니다. 요즘 경제가 어려워 힘들어 하는 분들이 많습니다. 저는 이제 일하지 않아도 먹고 살 수가 있는데 저보다 더 어려운 분들을 위해 이 자리를 양보할 수 있으면 좋겠습니다" 하는 것입니다. 그 말에 참 감동을 받았습니다. 직장에 대해 늘 불평하는 사람들이 있습니다. 그러나 직장이 있기 때문에 살아갈 수가 있는 것입니다. 우리 교회는 얼마나 감사합니까? 이전을 통하여 우리가 영의 양식을 먹고 오늘까지 하나님의 은혜와 축복 가운데 살아왔습니다. 교회를 통해 은혜의 단비를 누리지 못하면 영혼이 황폐해지고 사탄의 먹이가 되는 것입니다. 그래서 교회를 보아도 감사하게 됩니다.

부모님의 은혜는 어떻습니까? 이 세상에 부모님의 은혜를 입지 않은 사람이 누가 있습니까? 장로교의 대부인 칼빈은 "부모에게 효도하지 않는 자는 괴물이다"라고 했습니다. 독일 격언에 "부모 섬길 줄 모르는 자를 친구로 삼지 말아라. 그는 인간의 첫걸음이 잘못되었기 때문이다"라는 말이 있습니다. 부모님의 은혜를 모르는 인간은 출발이 틀렸기 때문에 이런 사람과 함께하면 불행해진다는 말입니다. 나는 부모님의 도움을 받은 적 없다고 말하는 사람은 나쁜 사람입니다. 나를 뱃속에 넣고 고통을 겪으신 그 은혜를 모르기 때문입니다. 자식들의 입에 밥풀 하나라도 더 넣어주려고 부모님은 냉수 한 그릇으로 허기를 때우고 살아오신 그 은혜를 모르기 때문입니다.

서울여자대학교 사랑의 엽서 공모전에 대상작으로 뽑힌 시의 내용입니다.

> 나에게 티끌 하나 주지 않은 걸인들이 내게 손을 내밀 때면 불쌍하다고 생각했습니다.
> 그러나 나에게 전부를 준 어머니가 불쌍하다고 생각해 본 적은 없습니다.
> 나한테 밥 한 번 사준 친구들과 선배들은 고마웠습니다. 답례하고 싶어서 불러냅니다.
> 그러나 날 위해 밥을 짓고 밤늦게까지 기다리는 어머니께 감사하다고 생각해 본 적은 없습니다.
> 실제로 존재하지도 않는 드라마 배우들 가정사를 목격하고 대신해 눈물을 흘렸습니다.
> 그러나 일상에 지치고 힘든 어머니를 위해 진심으로 눈물을 흘려 본 적이 없습니다.
> 골방에 누워 아파하던 어머니 걱정은 제대로 한 번도 해본 적이 없습니다.
> 친구와 애인에게는 사소한 잘못 하나에도 미안하다고 사과하고 용서를 구했습니다.
> 그러나 어머니에게는 잘못은 셀 수도 없이 많아도 용서를 구하지 않았습니다.
> 죄송합니다. 죄송합니다. 이제야 알게 되서 죄송합니다.
> 사랑합니다!

이 시는 우리 모두의 이야기입니다. 이제라도 알게 되었다면 다행입니다.

이 종은 어버이주일만 다가오면 참 마음이 무거워집니다. "부모에게 공경하고 순종하라"는 하나님의 말씀을 매년 전하면서 내 자신이 '부모에게 공경하고 순종하는 삶을 살았는가?'를 생각할 때에 너무나 부끄럽기 때문입니다. 몇 년 전 돌아가신 아버지를 생각할 때에도 늘 마음이 아픕니다. 목회한다는 핑계로 자주 찾아가 뵙지 못했습니다. 신세진 분이 돌아가시게 되었는데 과일이라도 사가지고 가야 하는데, 집에 돈이 하나도 없어 찾아가 뵙지 못했다는 말을 들을 때 참 마음이 아팠습니다. 다시 기회가 있다면 무엇을 팔아서라도 드릴 것입니다.

자식은 부모에게 효도하지 못했는데 부모님은 혹시라도 목회하는데 신경이 쓰일까 봐 서울에 오셔도 주일날에는 집 앞에 있는 우리 교회 옆의 개척교회에 나가시곤 했습니다. 이제 한 분 남은 어머니에게 효도해야 하는데 그러지를 못합니다. 그래서 마음이 늘 무거운 것입니다.

오나라와 손권의 참모를 지낸 육적이란 사람은 6살 때에 어른을 만나 뵈었는데 유자를 내어놓았습니다. 잠시 자리를 비운 사이 그 유자를 품에 집어넣었습니다. 인사를 하려고 일어서서 절하다가 그만 품에 있던 유자가 굴러 떨어졌습니다. 유자를 품에 넣은 까닭을 묻자 어머님께 드리고 싶어 그랬다는 것입니다.

이 고사를 가지고 박인로는 조홍시를 지었습니다.

반중 조홍감이 고와도 보이나다
유자 아니라도 품음직도 하다마는
품어 가 반길 이 없을새

글로 설워하나이다

부모님이 돌아가신 후 아무리 효도하고 싶어도 효도할 부모님이 안 계신 것이 슬픈 것입니다. 그래서 성경은 부모님이 살아 계실 때 순종하고 효도할 것을 수없이 많이 말씀합니다. 집집마다 죽은 효자는 다 있다고 하는 말이 있습니다. 부모님이 살아 계실 때에는 불효하고 부모님의 마음을 아프시게 해드렸는데, 돌아가신 후에는 제사지낸다고 법석을 떠는 청개구리 같은 사람들을 가리켜 하는 말입니다.

오늘 성경에 '자녀들아 주 안에서 너희 부모에게 순종하라, 공경하라' 말씀하십니다. 순종이란 말은 헬라어로 '휘파쿠오'(ὑπακούω)로 '주의 깊게 듣다. 복종하다'라는 뜻입니다. 부모님의 말씀에 그저 순종하는 것이 아니라 귀를 기울여 힘을 다하여 듣고 복종해야 함을 나타내는 단어입니다. 공경이란 말은 헬라어로 '티마오'(τιμάω)인데 '높이 평가한다. 존경한다'라는 뜻입니다. 부모님을 높여드리고 존경하는 것을 뜻하는 단어입니다. 이 말씀은 부모님을 어떠한 마음의 자세로 섬겨야 하는지를 잘 말씀해 주십니다.

부모님이 무슨 말씀을 하시면 "아이, 뭘 그걸 염려하십니까? 걱정하지 마세요" 하고 일축하는 경우가 있습니다. 부모님이 못 배웠다고, 구식이라고 귀담아 듣지 않으려고 합니다. 누구 키우느라고 못 차려입고, 못 배우고 사셨습니까? 나를 키우시기 위해서였습니다. 그래서 성경은 부모님이 말씀하시면 그렇게 하지 말라는 말입니다. 주의 깊게 듣고 복종하라는 것입니다. 복종이란 말은 내 뜻과는 상관이 없습니다. 내 생각이 달라도 명령이 떨어지면 따르는 것이 복종입니다. 억지로 하는 복종이 아닙니다. 군대에서도 상관의 명령이 떨어지면 복종을 합니다.

그러나 즐거운 마음으로 복종하는 경우는 그리 많지 않습니다. 불평하면서 합니다. 그런데 성경은 부모님이 말씀하시면 '티마오' 하라는 것입니다. 존경하여 순종하라는 말입니다. 나이가 들어가면서 이 성경의 말씀을 깨닫게 됩니다. 부모님이 말씀하시면 내 생각에는 틀려도 더 이상 이야기하지 않습니다. "예, 알았어요" 하고 하는 시늉이라도 냅니다. 성경에 그렇게 하라고 하셨기 때문입니다.

옛날에 두 사람이 서로 자기 집 아들을 칭찬하다가 누가 더 효자인지 시험을 해 보기로 했습니다. 먼저 한 집에 가서 아버지가 "아들아, 소를 끌고 지붕 위로 올라 가거라" 그랬습니다. 그러자 이 아들이 "아버지, 오늘은 이상한 이야기를 하시네요. 소가 어떻게 지붕에 올라갑니까?" 하고 꿈쩍도 하지 않았습니다. 다음 집에 가서 그 집의 아버지가 "아들아, 소를 끌고 지붕 위로 올라가거라" 하자 그 아들은 아버지의 말씀이 떨어지자마자 소를 끌고 가서 지붕 위에 올려놓으려고 애를 쓰는 것입니다. 이 모습을 보고 누가 더 순종하는 효자인지 알 수가 있었다는 것입니다.

그런데 부모님이 잘못된 길을 가라고 하면 "어떻게 합니까?" 하고 질문할 수 있습니다. 그래서 성경을 자세히 보면 "주 안에서"라고 했습니다. 하나님의 말씀을 따라서, 말씀 안에서 하라는 것입니다. 우상을 숭배하라고 하면 그것은 따라가면 안 된다는 것입니다. 교회 나가지 말라고 하면 어떻게 합니까? 실제로 그런 일들이 선교초기에는 많이 있었습니다.

충남 아산군 송악면 유곡리라는 마을에 복음이 처음 들어갔을 때 한 자매가 예수를 믿게 되었습니다. 그런데 얼마나 핍박을 받았는지 매로 맞기도 했고 나중에는 교회 가지 못하도록 처녀의 머리를 가위로 다 잘라 버렸습니다. 요즘은 여성들도 머리를 짧게 깎기도 하지만 당시에는 다 길게 길렀습니다. 그러니 부끄러워 밖에 나가지도 못하게 된 것입니다. 그런데 믿음이 들어가니 머리를 다 잘렸어도 수건을 뒤집어쓰고 교회에 나옵니다. 울면서 가족 구원을 위해 기도합니다. 그래서 그 가정이 다 예수를 믿었습니다. 오빠가 함께 살았는데 조카도 주일학교에 다니며 예수를 믿고 대전에 대표적인 교회에 담임목사로 부임하였습니다.

성경은 주 안에서 부모에게 공경하라고 말씀하십니다. 이것은 부모님이 하나님을 믿고 영생을 얻는 것이 효도 중의 효도요 부모 공경 중의 최고의 공경이기 때문입니다. 부모 공경은 약속이 있는 첫 계명이라고 했습니다. 첫 계명이라는 말은 십계명이 둘로 나누어져 있습니다. 학자들은 모세가 시내 산에서 하나님께 받은 십계명이 새겨진 돌비가 두 조각인데 한쪽에는 하나님에 대한 네 계명이 새겨져 있고, 다른 한쪽에는 인간이 마땅히 지켜야 할 여섯 가지 계명이 새겨져 있었을 것이라고 보고 있습니다. 그 인간에 대한 계명의 첫 번째 계명이 제5계명, 네 부모를 공경하라는 계명입니다. 그래서 첫 계명입니다.

이 계명에는 약속이 따릅니다. 그것은 오늘 말씀 3절 "이로써 네가 잘되고 땅에서 장수하리라"는 약속입니다. 주 안에서 부모에게 순종하고 공경하면 온 가족이 영적인 복을 누리게 됩니다. 그리고 땅에서 잘되는 복과 장수의 복을 받게 됩니다.

성도 여러분, 얼마나 신나는 일입니까? 부모님께 효도하는 자에게 땅에서 잘되는 복을 약속해 주셨습니다. 우리 예수 믿는 사람들은 땅에서도 잘되어야 합니다. 여러분은 모두 부모 공경의 계명을 지켜 이 약속의 형통한 복을 받으시기 바랍니다. 또 장수하는 축복을 누리시기 바랍니다. 그 비결은 부모에게 공경하고 순종하는 데에 있음을 잊지 마시기 바랍니다.

부모님께 효도하는 것도 다 때가 있습니다. 늘 기다리고 있는 것이 아닙니다. 효도하고 싶어도 효도할 부모님이 안 계시는 가정도 많습니다. 나이 50이면 해마다 몸이 달라지고, 60이면 계절마다 달라지고, 70이면 달마다 달라지고, 80이면 날마다 달라진다는 말이 있습니다. 부모님이 연로하시면 하루가 달라지게 됩니다. 그러므로 살아 계실 때 부모님의 얼굴에 늘 웃음이 넘치도록 효도하는 성도들이 되시기 바랍니다. 그러면 여러분의 가정이 복을 받습니다. 우리 성도들이 복을 받으니 우리 교회가 복을 받는 것입니다.

얼마 전 어버이날을 맞이하여 받고 싶은 선물이 무엇인지 설문조사를 한 보고서가 나왔습니다. 함께 여행을 가는 것, 시간을 함께 보내는 것 등 여러 답변이 있었는데 제1위가 무엇인지 아십니까? 현금이었습니다. 무려 56%가 현금을 원했습니다. 사실은 사랑이 담긴 현금일 것입니다. 오늘은 어버이주일입니다. 집에 가셔서 부모님께 현금도 보내드리고 손 편지도 써서 드리고 성경에 말씀하신 대로 지키는 성도들이 되시기를 바랍니다.

한국의 슈베르트라 불리는 유명한 작곡가로 이흥렬 씨가 있습니다. 우리가 많이 불렀던 '바위고개', '봄이 오면 산에 들에 진달래 피네' 하는 일본 식민지 시대에 민족적인 노래를 작곡한 분입니다. 이분은 홀어머니를 따라 교회를 다니며 음악을 접했고 일본에 유학을 하게 되었습니다. 일본에서 어머니에게 편지를 보냈습니다. "어머니 피아노가 필요해요." 전도사였던 어머니는 아들이 목사가 되기를 원했지만 음악을 하는 아들을 위해 피아노를 사서 보냈습니다. 이후 어머니 은혜가 너무나 감사하여 눈물로 지은 곡이 '어머니 마음'이란 곡입니다. 이곡 1절을 어버이로 바꾸어 함께 부르고 말씀을 마치겠습니다.

"♬~나실 제 괴로움 다 잊으시고, 기르실 제 밤낮으로 애쓰는 마음

진자리 마른자리 갈아 뉘시며, 손발이 다 닳도록 고생하시네
하늘 아래 그 무엇이 넓다 하리오, 어버이의 희생은 가이 없어라~♫"

적용

ⓐ 오늘 말씀의 주제 파악하기

ⓑ 오늘 말씀 중 은혜 받은 부분 나누기

ⓒ 삶에 구체적으로 적용하기

함께 드리는 기도제목

1. 어버이주일을 맞아 부모님의 은혜를 깨닫게 하옵소서.
2. 주 안에서 부모님께 순종하고 부모님을 공경하게 하옵소서.
3. 약속 있는 첫 계명을 지켜 형통의 복을 누리게 하옵소서.

21

나를 본받는 자가 되라

- 본 문: 고린도전서 11장 1-2절
- 찬 송: 450장(내 평생 소원 이것뿐, 통 376장)
- 요 절: 내가 그리스도를 본받는 자가 된 것같이 너희는 나를 본받는 자가 되라(고전 11:1)

미국 하버드 대학 교수 '로자베스 모스캔터'는 21세기의 성공 전략 중 가장 중요한 키워드는 '인간'이라고 했습니다. 성공의 중요한 세 가지를 꼽으라면 첫째가 사람, 둘째가 사람, 셋째도 사람이라고 했습니다. 그만큼 사람이 중요하다는 것입니다. 현대 경제학에서는 지하자원보다 인적자원을 더 중요하게 생각합니다. 우수한 인재를 확보한다는 것은 기업의 성공은 물론 한 국가의 흥망성쇠를 좌우하는 것입니다. 그래서 국가마다 우수한 인재를 끌어들이기 위해 무한한 노력을 합니다. 한 사람의 뛰어난 인재가 나라를 지키고 수천만을 먹여 살립니다. 우리나라 같은 경우도 삼성이 국내 총생산이나 수출의 거의 30%를 차지하고 있습니다.

역대 세계 최고 CEO로 인정받는 잭 웰치는 사무실에 "사람이 첫째요, 그 다음이 전략이다"라는 문구를 붙여 놓고, "내 업무의 70%는 인재에 쓴다"라고 했습니다. 사람이 중요한 것입니다. 《성공하는 기업들의 8가지 습관》을 쓴 짐 콜린스 교수는 "First who 첫째가 사람이요, then what 그 다음에 무엇을, 즉 무슨 사업을 해야 할 것인가를 생각해야 한다"라고 했습니다.

2천 년 전 예수님이 하신 일을 보십시오. 3년 공생애 기간 동안 예수님은 교회를 짓거나 학교를 세우지 않았습니다. 병원을 세운 것도 아니요 회사를 세운 것도 아닙니다. 12명의 사람들을 모아 그들을 낮이나 밤이나 함께 사숙하며 가르치셨습니다. 이들은 대단한 사람들이 아니었습니다. 물고기 잡다 온 사람들이 대부분이었습니다. 그런데 예수님은 사람을 키우셨습니다. 그 사람들이 교회도 세우고 학교도 병원도 세워나간 것입니다. 사람이 하는 것입니다. 성경을 보면 하나님께서 사람을 키우시는 방법을 보면 놀랍습니다. 다윗을 왕으로 키우시기 위하여 목동으로부터 출발하여 수많은 신앙의 훈련과 왕의 훈련을 시킵니다. 모세를 민족의 영도자로 만들기 위하여 무려 80년이란 기간을 훈련시키십니다.

그런데 사람 키우는 일이 쉽지 않습니다. 옛말에 "농사는 일년지계요, 과일나무를 심는 것은 십년지계요, 사람을 키우는 것은 백년대계"라고 했습니다. 사람 키우는 일이 하루아침에 되지 않는다는 말입니다. 그래서 우리 교회의 어린 학생들을 잘 키워야 합니다. 미래의 주인공으로, 이 민족의 대들보들로 키워내야 합니다. 학교공부가 중요한 것이 아닙니다. 어떻게 자라느냐가 중요합니다. 어렸을 때에 외국에 선교훈련도 보내고 나무 심으러 보내라고 하는 이유가 여기에 있습니다. 세계를 품는 아이들로 키워야 하기 때문입니다. 이것이 얼마나 훌륭한 투자인지를 잘 아셔야 합니다. 인도에 중국에 동남아의 어려운 나라에 가서 그들을 바라보고 미래를 꿈꾸는 아이들로 키워야 합니다. 교회의 리더십인 장로님들도 선교지에 다녀와야 합니다. 그곳에 가서 선교지의 슬픈 모습을 보며 기도하고 하나님께서 우리에게 주신 비전을 품는 리더들이 되어야 합니다. 그래야 미래적인 교회가 될 수 있습니다.

세계에서 가장 뛰어난 민족으로 유대인을 꼽습니다. 노벨상을 가장 많이 수상하고 전 세계 자본의 절반을 좌우하는 그 힘이 어디에서 나오느냐 하면 교육에서 나오는 것입니다. 유대인의 교육은 성경교육입니다. 말씀을 암송하고 가르치고 훈련하는 것입니다. 로마에 의해 예루살렘이 멸망당할 때 랍비가 항복을 하면서 요구한 것은 학교만은 파괴하지 말아달라는 것이었습니다. 학교만 살아있으면 이들이 다시 교회도 세우고 국가도 경제도 다시 일으킬 것이라는 생각이 있었기 때문입니다. 그만큼 교육이 중요합니다.

며칠 전 스승의 날에 학생들이 학교에 가지 않았습니다. 그 이유가 촌지를 방지하기 위해서였다는 것입니다. 요즈음 교육이 무너져 가고 있습니다. 이것을 우리는 중요하게 받아들여야 합니다. 교육이 무너진다는 것은 사람이 무너진다는 것이요, 우리나라의 미래가 무너진다는 뜻입니다.

전철 안에서 어느 여학생이 경로석에 앉아 있는 것을 보고 그 앞에 서 있던 할머니가 "아니, 여기는 경로석인데 학생이 앉아 있느냐?"고 했더니 이 여학생이 눈을 똑바로 쳐다보더랍니다. 그래서 할머니가 "아니 어디 눈을 똥그랗게 뜨고 그러냐?"고 했더니 이 여학생이 "아니 할머니, 그럼 눈을 똥그랗게 뜨지 네모나게 떠요?" 그러더랍니다. 요즘은 학생들이 길거리에 앉아 담배를 피우고 있어도, 혹은 아이들을 구타하고 있어도 말리는 사람들을 찾기가 어렵습니다. 괜한 어려움을 겪게 될까 두려운 것입니다. 이 사회가 총체적인 난국으로 빠져들고 있습니다.

1. 나를 가르쳐 준 스승의 은혜를 잊지 않아야 합니다.

옛말에 "스승의 그림자도 밟지 않는다"라는 말이 있습니다. 그만큼 스승은 존경의 대상이었습니다. 스승이기 때문에 존경하는 것입니다. 인도에서는 스승을 '구루'라고 부르는데 비록 아들이라도 구루가 되면 아버지도 그 앞에 무릎을 꿇고 그 발에 입을 맞춥니다. 스승은 나이의 문제가 아닙니다. 오늘 우리나라에 스승의 권위가 사라져 갑니다. 하나님의 은혜를 깨달을 때에 이 은혜를 잊지 않기 위해 매주일 하나님께 나와 예배를 드리고 몸과 마음과 정성을 드립니다. 부모님의 은혜를 잊지 않기 위해 어버이날 선물도 드리고 효도를 다짐합니다.

그런데 스승의 날은 쉬고 있습니다. 며칠 전 스승의 날에 학생들이 등교를 하지 않았습니다. 촌지에 대한 염려 때문이라는 것입니다. 참 안타까운 모습입니다. 옛날에는 스승의 날이 되면 시골에서는 손수 담근 동동주를 한 병 신문지에 싸가지고 선생님을 찾아오는 어머니들이 있었습니다. 이 얼마나 수채화 같은 아름다운 모습입니까? 선생님의 은혜가 감사하다는 것입니다. 스승은 존경받을 자격이 있습니다. 사람은 배워가며 사회적인 존재가 되기 때문입니다. 가정에서 부모를 통해 걸음마를 배우고 말을 배우면서 자라납니다. 학교에서 지식을 배우고 도덕을 배우고 사람의 가치를 배워 인격이 자라게 됩니다. 이 은혜를 잊으면 안 됩니다.

얼마 전 단원고 학생들이 세월호 침몰사고로 큰 고통을 당했습니다. 그때에 선생님들이 보여주었던 스승의 은혜가 있습니다. 아이들에게 하나하나 구명조끼를 입혀주고 먼저 나가라고, 목이 터져라 탈출하라고 외치던 열두 명의 선생님들의 모습을 아이들이 잊지 못합니다. 우리 교인 가정에 형제 중에도 그 학교에서 돌아가신 선생님이 계십니다. 선생님이기 때문에 차마 먼저 나오지 못하고 아이들을 구하다가 희생이 된 것입니다. 스승의 노래를 불러보신 지 참 오래되었지요?

"♬~스승의 은혜는 하늘 같아서, 우러러 볼수록 높아만지네
참되거라 바르거라 가르쳐 주신, 스승의 마음은 어버이시라
아아~ 고마워라 스승의 사랑, 아아 보답하리 스승의 은혜~♬"

단원고 학생들에게 스승의 은혜는 하늘 같은 것입니다. 우리 크리스천들은 하나님을 섬기고 세상에서도 마땅히 지켜야 할 도리를 지켜야 합니다. 그중에 스승의 은혜를 잊지 않는 일입니다. 우리 성도들은 스승을 존경하고 또 여러분이 훌륭한 스승들이 되시기 바랍니다.

2. 신앙의 스승의 은혜를 잊지 않아야 합니다.

오늘 사도 바울은 "내가 그리스도를 본받는 자가 된 것같이 너희는 나를 본받는 자가 되라"고 했습니다. 사도 바울이 본받으라는 것이 무엇입니까? 내가 가말리엘의 문하에서 훌륭한 공부를 한 것을 본받으라고 한 것이 아닙니다. 나의 로마 시민권, 나의 바리새인으로서의 고귀한 신분을 본받으라는 것이 아닙니다. 바울의 스승은 가말리엘이었는데 서른이 넘어 바울은 새로운 스승을 만났습니다. 그분이 예수님이십니다. 바울에게 예수님은 그저 스승이 아닙니다.

예수님을 나의 주님이라고 했습니다. 노예가 주인에게 부르는 또는 백성이 당시 절대적인 권력을 가진 황제에게 부르는 호칭입니다. "나는 주님의 종입니다. 나는 주님의 심부름꾼입니다"라고 고백을

합니다. 사도 바울은 이 종, 즉 노예의 정체성을 가지고 예수님을 섬겼습니다. 내가 그리스도를 본받은 자가 된 것같이 너희도 그 본을 받으라는 것입니다. 내가 예수님을 만나고 나의 과거에 가졌던 지위와 신분과 학식을 분토처럼 버리고 예수님의 뒤를 따랐던 그 모습을 너희도 본받으라는 말입니다. 오늘의 시대는 나를 본받으라고 외칠 수 있는 지도자들이 필요합니다.

기독교인 중에도 교회가 부패했다고 외치는 사람들이 많습니다. 그런데 정작 나를 본받으라고 외칠 수 있는 사람은 많지 않습니다. 여러분, "나의 기도를 본받으시오. 나의 헌신을 본받으시오. 나의 믿음을 본받으시오" 하고 외칠 수 있는 성도들이 되시기 바랍니다. '본받으라'는 말은 모범이 된다는 말입니다. 군에서 훈련을 받을 때 조교가 훈련병들에게 먼저 시범을 보입니다. 나를 보고 그대로 따라서 하라는 말입니다. 이것보다 확실한 교육이 없습니다. 말로 하는 것보다 글로 하는 것보다 확실한 교육이 몸으로 보여주고 삶으로 보여주는 교육입니다.

교회에는 많은 스승들이 있습니다. 교회학교 교사도 있고 노인학교, 한글학교 교사도 있습니다. 그뿐 아니라 중직자들이 영적으로 스승이 되어야 합니다. 장로님들은 성도들에게 "나의 신앙을 본받으시오" 하는 사람들입니다. 안수집사님들, 권사님들은 "나의 헌신을, 나의 구제를, 나의 기도를 본받으시오"라고 말하는 사람들입니다. 구역장들은 구역원들에게 "나를 본받으시오" 하고 앞장서서 나아가는 사람들입니다. 참 신기한 것은 기도 많이 하는 구역장 밑에는 기도 많이 하는 구역원들이 세워집니다. 전도 잘하는 구역장 밑에는 전도하는 구역원들이 세워집니다. 봉사 잘하는 구역장 밑에는 봉사 잘하는 구역원들이 세워집니다. 몸소 모범을 보였기 때문입니다. 전도도 봉사도 헌금도 기도도 다 앞에 서 있는 분들을 따라가는 것입니다. 그래서 오래된 교회가 중요한 것이 아닙니다. 잘 지어진 교회가 중요한 것이 아닙니다. 훌륭한 스승들이 많은 교회가 중요한 것입니다. 그 교회에 나오기만 하여도 좋은 성도들로 세워지기 때문입니다. 우리 교회는 훌륭한 교회인 줄로 믿습니다.

고린도전서 4장 15-16절에 사도 바울은 오늘 말씀과 똑같은 말씀을 합니다. "그리스도 안에서 일만 스승이 있으되 아버지는 많지 아니하니 그리스도 예수 안에서 내가 복음으로써 너희를 낳았음이라 그러므로 내가 너희에게 권하노니 너희는 나를 본받는 자가 되라." 교회 안에는 일만 스승이 있다는 말입니다. 스승이 많다는 말입니다. 그런데 아버지는 많지 않다고 했습니다. 아버지는 자식을 낳은 사람입니다. 내가 너희의 영적 아버지라는 말입니다. 그러고 나서 너희는 나를 본받는 자가 되라고 말씀합니다.

이것은 굉장한 말씀입니다. 아버지와 당시의 보통 스승이 다른 점이 무엇입니까? 서양의 스승의 개념과 동양의 스승의 개념은 다릅니다. 유태인의 스승의 개념도 다릅니다. 한국은 유교적인 영향을 받아 스승이 제자의 종아리를 때리기도 했습니다. 그러나 히브리 사상에는 그런 개념이 없습니다. 스승은 가르치는 개념입니다. 아버지는 자녀에게 회초리를 대기도 합니다. 그것은 징벌이 아니라 사실은 내 종아리를 때리는 것보다 더 아픈 마음으로 바르게 키우고자 때리는 것입니다. 사도 바울이 내가 아버지라고 하는 것은 '예수님이 나를 위해 십자가를 지시고 그 몸을 희생하셨듯이 나도 예수님께 배운 대로 너희를 위하여 십자가를 진다. 내가 너희들을 바르게 키울 의무가 있다'는 것을 이야기한 것입니다.

천주교에서는 이 전통을 따라 신부를 'Father', 즉 '아버지'라고 부릅니다. 베네딕트 신부라고 하면 Father 베네딕트라고 부릅니다. 영적인 아버지라는 것입니다. 바울은 초대교회의 아버지 같은 스승이었습니다. 그 말씀을 받아 성도들이 초대교회를 세워나갔고 순교하며 마침내 로마까지 복음화되는 역사가 일어나게 된 것입니다. 아무나 아버지가 되는 것은 아닙니다. 아버지라고 해서 다 아버지도 아닙니다. 본이 되어야 진짜 아버지가 될 수 있습니다. 어머니가 자식들에게 "얘들아, 너네 아버지가 그래도 속은 좋은 사람이다" 이런 말을 한다면 아버지가 어떻다는 말입니까? 사실은 자식들이 보고 배울 것이 없다는 말입니다. "너희 아버지를 보고 배워라, 너희 아버지처럼 예수 믿어라." 이렇게 이야기할 수 있는 여러분이 되시기 바랍니다.

혼자 예수 믿은 사람은 없습니다. 모두가 신앙의 스승이 있습니다. 인생의 스승이 나에게 지식을 주고 교훈을 주었다면 신앙의 스승은 여러분에게 예수 그리스도를 만나게 하고 영원한 생명을 소개한 최고의 은인입니다. 여러분이 더 나은 신앙으로 자라고 믿음을 지켜 축복의 인물이 되도록 이끌어주는 최고의 은인입니다. 그 은혜를 잊어서는 안 되는 것입니다. 이 종은 여러분에게 예수님을 만나게 하는 스승이 되기를 원합니다. 또한 여러분은 복음으로 잉태한 수많은 영혼들에게 예수님을 만나게 하는 좋은 스승이 되기를 원합니다. 내가 예수님을 믿는 것처럼 나를 본받는 자가 되라고 가르칠 수 있는 성도들이 되십시다.

3. 참 스승의 은혜를 잊지 않아야 합니다.

이분은 제자들 앞에 엎드려 제자들의 발을 씻어주신 분이십니다. 이분은 제자들을 끝까지 사랑하시고 용서하신 분입니다. 이분은 제자들을 위해 십자가를 지시고 친히 제물이 되어 주신 분입니다. 이분이 누구십니까? 예수 그리스도이십니다. 예수님은 우리에게 모든 것을 가르쳐 주셨습니다. "예수님도 나를 따르라"고 하셨고 "나의 멍에를 메고 내게 배우라"고 하셨습니다. 예수님은 우리에게 능력도 주셨습니다. 세상을 이길 권세도 주셨습니다. 그리고 지금도 성령님으로 오셔서 우리와 함께 동행해 주십니다. 사탄의 권세에서 우리를 보호해 주십니다.

예수님은 자기 자신을 여러 가지로 표현하셨는데, 요한복음 10장에 "나는 선한 목자"라고 하셨습니다. 선한 목자는 양들을 위하여 목숨을 버린다고 하셨습니다. 그 말씀 그대로 예수님은 양인 우리를 위하여 목숨을 내어 주셨습니다. 예수님이 힘이 모자라서 싸우다가 돌아가신 것이 아닙니다. 나는 스스로 버린다고 하셨습니다. 나는 버릴 권세도 있고 다시 얻을 권세도 있다고 하셨습니다. 선한 목자이신 예수님께서 우리를 위해 스스로 목숨을 주셨다면 양은 그 은혜를 알아야 합니다. 예수님은 "내가 내 양을 알고 양도 나를 안다"라고 하셨습니다. 삯군 목자는 양들을 팔아먹습니다. 사나운 들짐승이 오면 양을 버리고 도망칩니다. 내 양이 고통을 당하는지, 내 양이 아파하는지에 관심이 없습니다. 내가 배부르면 되는 것이 삯군 목자입니다.

그러나 우리 예수님은 우리가 아파하면 함께 아파하십니다. 우리가 힘들어 하면 함께 힘들어 하십니다. 그리고 우리가 주님과 함께 멍에를 메면 짐을 대신 져주십니다. 여러분이 잘되면 가장 기뻐하십니다. 여러분이 가는 길을 응원해 주십니다. "얘야, 조금만 더 힘내라. 멀지 않았다" 말씀해 주십니다. 우리 주님은 우리가 생각할 것, 행동해야 할 일, 인생의 모든 지침을 성경을 통해 다 주셨습니다. 양이 목자의 음성을 들어야 살 수 있듯이 우리는 주님의 말씀을 들어야 살 수 있습니다. 오늘 고린도 교회는 이단의 사상과 거짓교사들의 가르침 가운데 믿음을 지켜 사도 바울에게 칭찬을 받았습니다. 이들은 사도 바울의 가르침을 기억하여 이단과 싸워 나갔습니다. 전통을 잘 지켰습니다.

특별히 우리 교회는 좋은 전통이 있는 교회입니다. 사랑하는 성도 여러분, 우리 교회도 하나님의 말씀을 기억하고 본받는 자가 되어 좋은 전통을 이루어 나가 주님께 칭찬받는 성도들이 되십시다.

적용

ⓐ 오늘 말씀의 주제 파악하기

____

____

ⓑ 오늘 말씀 중 은혜 받은 부분 나누기

____

____

ⓒ 삶에 구체적으로 적용하기

____

____

함께 드리는 기도제목

1. 세상의 스승을 존경하고 우리 또한 훌륭한 스승이 되게 하옵소서.
2. 나를 본받는 자가 되라고 가르칠 수 있는 스승이 되게 하옵소서.
3. 하나님의 말씀을 기억하고 본받는 자가 되어 주님께 칭찬받게 하소서.

22

행복한 가정이 되라

- 본 문: 잠언 17장 1절
- 찬 송: 559장(사철에 봄바람 불어 잇고, 통 305장)
- 요 절: 마른 떡 한 조각만 있고도 화목하는 것이 제육이 집에 가득하고도 다투는 것보다 나으니라(잠 17:1)

하나님께서는 우리에게 두 가지 공동체를 선물로 주셨는데 교회와 가정입니다. 교회와 가정은 천국의 모형입니다. 하나님은 회사를 주신 적이 없습니다. 하나님은 국가를 원하시지도 않았습니다. 국가는 권력을 가진 자와 못 가진 자로 나누어지게 되고, 결국 힘을 가진 자가 지배하게 되는 결과를 가져올 것이라고 하셨습니다. 우리가 사는 세상은 서로가 강한 자가 되려고 합니다. 지배하는 자가 되려고 합니다. 이것이 죄입니다. 아담과 하와가 최초로 죄를 지은 이유는 '내가 하나님처럼 되겠다'는 마음이 들어갔을 때였습니다.

천사가 하나님께 범죄하여 사탄이 된 것도 내가 높아지겠다는 마음이 들어갔을 때였습니다. 에덴동산에서도 높아지려고 할 때에 죄를 짓게 되었고, 천사도 높아지고자 할 때에 마귀가 되었습니다. 에덴동산에서 나와 지은 첫 번째 죄도 가인이 아벨보다 높아지려고 하는 마음이 있었기 때문입니다. 교회와 가정은 서로가 높아지려고 하는 곳이 아닙니다. 서로가 아프면 상처를 치료해주고, 마음이 상하면 감싸주고, 낙심하여 돌아오면 위로해주고 용기를 주는 곳이 가정이요, 교회입니다. 그런데 잘못하면 천국이 지옥이 됩니다.

가정이 무너지면 사회가 무너지고 사회가 무너지면 국가가 무너집니다. 사탄은 천국의 모형인 교회와 가정을 공격합니다. 성적인 문제로 공격하고, 성격을 차이로 공격하고, 자녀의 문제로, 물질의 문제로 가정을 공격합니다. 우리는 눈에 보이는 것에 대해서는 긴장하고 바라봅니다. 일본의 공격에 대해 아주 민감하게 반응합니다. 독도 문제만 나와도 온 국민이 반응을 합니다. 북한에 대하여 반응합니다. 물가가 조금만 올라도 반응합니다.

그러나 보이지 않는 사탄의 공격에 대해서는 민감하지 않습니다. 가정의 평안과 행복은 민감하게 지켜내야 하는 것입니다. 농사를 지을 때에 며칠만 풀을 매주지 않으면 잡초가 자랍니다. 몇 주만 그대로 두면 풀밭이 되고 맙니다. 곡식들이 양분을 다 빼앗기고 제대로 자라지를 못합니다. 가정이 그렇습니다. 가정을 쉬지 않고 가꾸어야 행복한 가정이 되는 것입니다. 우리 성도들은 하나님의 말씀대로 가정을 잘 가꾸는 성도들이 되시기 바랍니다.

성경에는 가정에 대한 수많은 말씀들을 주시고 있습니다. 이 성경의 원리대로 살기만 하면 가정은 행복한 가정이 되는 줄로 믿습니다. 가정에서 부부는 가장 가까운 관계입니다. 그래서 촌수로도 무촌입니다. 부자간에도 1촌이요 형제간에도 2촌인데 부부는 무촌입니다. 너무나 가까운 관계입니다. 그런데 잘못하면 남남이 되고 맙니다. 매일같이 서로 바라보고 사는 관계가 부부입니다. 그런데 등을 돌리면 지구 한 바퀴를 돌아야 만날 수 있는 관계가 부부입니다.

설문조사를 보니 남편이 원하는 다섯 가지의 중심은 respect(존경)입니다.

(1) 성적인 만족을 주는 아내

(2) 놀이 상대가 되어 주는 아내

(3) 깨끗하고 매력 있는 아내

(4) 내조, 집안 살림을 잘하는 아내

(5) 인정하고 칭찬해 주는 아내입니다.

제자가 공자에게 "행복한 부부는 어떤 것입니까?" 하고 묻자 공자가 말하기를 "행복한 부부는 남편이 도둑인데 도둑질을 하고 아내는 망을 보는 부부다"라고 했습니다. 도둑질을 하는 것이 잘하는 것이 아니라는 것을 공자 선생님이 모를 리가 없습니다. 그러나 남편이 무엇을 하던 그것이 맞는 줄 알고 따라가는 아내를 둔 가정이 행복한 부부라는 말입니다.

아내가 원하는 5가지를 보면 love(사랑)가 중심이었습니다.

(1) 애정을 표현하는 남편: 다정한 눈길, 안아주는 것, 말로 사랑 표현하는 것

(2) 대화, 상대해 주는 남편: 들어주는 것

(3) 정직, 투명하게 마음을 나누는 남편

(4) 경제적 필요를 공급하는 남편

(5) 자녀에게 관심을 가져주는 남편입니다.

'세계 행복 보고서'에 의하면 2014년 우리나라는 행복 순위가 세계 47위였습니다. 2013년에는 41위였는데 일 년 만에 그만큼 더 불행하다고 느끼고 있는 것입니다. 이혼율이 해마다 높아가고 있습니다. 결혼한 지 20년 이상 지난 가정의 이혼율이 제일 높다는 것입니다. 이

혼의 이유 1위가 성격 차이입니다. 성격이 원래 다른 거 모르고 결혼을 합니까? 성격은 원래 다른 것입니다. 그 누구도 나와 같지 않습니다. 그런데 이 성격 차이를 무엇으로 극복할 수 있습니까? 사랑입니다. 사람은 누구나 사랑해서 결혼을 합니다. 살면서 사랑이 점점 깊어져야 진짜 사랑입니다. 처음 사랑은 불타오르는 양은 그릇 같은 사랑이요 나중의 사랑은 무쇠솥과 같이 식지 않는 사랑입니다.

차를 마셔도 오래된 차는 은은한 맛이 있습니다. 요즘 사람들이 보이차를 많이 마십니다만 지금은 진짜 오래된 보이차를 구할 수가 없습니다. 중국의 문화혁명 때에 차는 부르주아의 산물이라 하여 오래된 보이차를 다 없애 버렸습니다. 오래된 차나무도 다 베어 버렸습니다. 나중에 '그게 아니구나!' 깨닫고 보이차를 구하려 해도 오래된 보이차가 없습니다. 그래서 억지로 숙성을 시켜 차를 만드니 땅속에서 50년, 100년 묵은 보이차의 맛을 낼 수가 없습니다. 가정도 땅속에 자기를 묻듯이 그렇게 서로를 참아내며 수십 년을 지나면 가정에서 은은한 향기가 나는 것입니다. 행복한 가정이 되기 위한 비결을 성경은 우리에게 가르쳐주고 있습니다.

고린도전서 13장을 보면 사랑에 대하여 말씀합니다.

> "사랑은 오래참고 사랑은 온유하며 시기하지 아니하며 사랑은 자랑하지 아니하며 교만하지 아니하며 무례히 행하지 아니하며 자기의 유익을 구하지 아니하며 성내지 아니하며 악한 것을 생각하지 아니하며 불의를 기뻐하지 아니하며 진리와 함께 기뻐하고 모든 것을 참으며 모든 것을 믿으며 모든 것을 바라며 모든 것을 견디느니라"(고전 13:4-7).

이런 사랑의 과정을 거쳐 진짜 사랑이 되는 것입니다.

부부간의 행복이 깨어지는 것이 크고 복잡한 문제 때문에 오는 것이 아닙니다. 대통령의 대북정책 때문에 부부간의 갈등이 오는 것이 아닙니다. 미국의 팔레스틴 정책 때문에 부부가 다투고 이혼하는 것이 아닙니다. 가만히 보면 사소한 문제입니다. "왜 전화 안 받아? 그러려면 휴대폰 내다버려!" "아니, 전화 한 번 안 받았다고 왜 소리를 지르는데?" 그러다가 싸움이 됩니다. 부인 도와준다고 운전 가르쳐 주다가 "왜 깜빡이를 안 켜고 들어가냐? 운전 그렇게 하다가 사고 나겠다"고 그러면 "옆에서 떠드니까 정신이 없어서 못하겠다"고 하다가 싸움이 나는 것입니다. "화장실 물을 왜 안 내렸냐? 목욕탕 슬리퍼에 왜 물을 적셔놨냐?" 이런 거 가지고 싸우다가 이혼하는 것입니다. 그럴 때마다 고린도전서 13장을 늘 암송하시고 기억하시기 바랍니다. "사랑은 오래참고 사랑은 온유하며……" 그러면 성령님께서 말씀으로 도와주십니다.

남녀 간의 사랑은 불타올랐다가도 쉽게 사라집니다. 그래서 부부가 원수가 되기도 합니다. 그러나 성경이 말씀하는 사랑은 그런 사랑이 아닙니다. 하나님께서 이 세상을 사랑하셔서 독생자를 주신 그런 사랑입니다. 예수님께서 우리를 사랑하셔서 십자가에 몸을 내어주신 그런 사랑입니다. 이 사랑을 본받아 살면 가정이 행복하게 되는 것입니다.

에베소서 6장에는 가정에 대한 귀한 말씀을 주십니다. 행복한 가정이 되려면 아내는 남편에게 복종하라고 했습니다. 우리 교회 아내들은 하나님의 명령대로 남편에게 복종하셔야 합니다. 이 복종은 신하가 왕에게 하는 그런 복종이 아닙니다. 남편의 가장으로서의 권위에 복종하라는 것입니다. 국가의 대통령의 권위가 없으면 그 나라는 불행한 나라입니다. 회사에서 사장의 권위가 없으면 그 회사는 제대로 될 리가 없습니다. 군대도 마찬가지입니다. 지휘관이 돌격 앞으로 그러면 총알이 빗발치는 전쟁터에서도 앞으로 나아가야 합니다. 그래야 군대입니다.

교회도 그렇습니다. 담임목사는 목회적인 측면에서는 담임목사라고 부릅니다. 담임목사의 리더십은 예수님께서 하셨듯이 섬김의 리더십입니다. 교회를 위해 자신을 십자가에 걸고 가족까지도 희생시키는 것이 담임목사의 리더십입니다. 그럴 때에 교회가 삽니다. 그러나 행정적인 명칭으로는 당회장이라고 부릅니다. 당회의 장으로서 당회에 교회의 리더십을 세우고, 제직회의 장으로서 제직회를 세우고 온 교회를 이끌어야 한다는 말입니다. 이 권위가 사라진 교회는 불행한 교회입니다.

가정도 마찬가지입니다. 아버지의 권위가 무너지면 그 가정은 이미 불행해진 것입니다. 아버지가 병들어 누워 있어도, 직장에서 실직을 당해도 아버지입니다. 아버지는 그 자체가 존경받을 자리인 것입니다. 아버지의 권위가 인정받지 못하고 있다면 이 가정은 불행한 가정입니다. 그러므로 우리 교회의 가정은 아버지의 권위가 있는 가정들이 되시기 바랍니다.

또 남편은 아내 사랑하기를 그리스도께서 교회를 사랑함같이 하라고 했습니다. 우리 교회 남편들은 아내를 주님께서 교회를 사랑하심같이 사랑하시기 바랍니다. 부부 관계는 쌍방관계입니다. 어느 하나만 잘해서 안 됩니다. 함께 잘해야 합니다. 그리스도께서 교회를 어떻게 사랑하셨습니까? 십자가에 자기 자신을 주심같이 사랑하셨습니다. 내 몸을 희생해 교회를 살리는 사랑이 남편의 사랑입니다. 어떻게 보면 이것은 복종하는 것보다 훨씬 더 힘든 의무입니다. 아내를 위해 자녀를 위해 묵묵히 일하고 자기 자신의 즐거움을 포기합니다.

옛날에 남녀평등이란 말이 한참 유행했습니다. 몇십 년 전만 해도 여성들의 인권은 없었습니다. 시골교회에서 목사님이 남녀가 평등해야 한다고 말씀을 전했더니 집사님 부인이 사사건건 남녀평등이라고 하면서 남편의 의견을 꺾는 것입니다. 남편 집사님이 속이 상했지만 가만히 있었습니다. 어느 날 부부가 나무를 하러 산에 갔는데 남편 집사님이 아내 지게에 나뭇단을 산처럼 쌓아놓습니다. 그것을 보고 아내가 "아니, 내가 이걸 어떻게 지라고? 지금 뭐하는 거냐?"라고 하자 남편이 하는 말이 "남녀평등이라며?" 그랬다는 것입니다. 남녀평등은 그런 것이 아닙니다. 서로를 존중해줄 때에 평등이 오는 것입니다.

오늘 성경은 "마른 떡 한 조각만 있고도 화목하는 것이 제육이 집에 가득하고도 다투는 것보다 나으니라"고 말씀합니다. 마른 떡이란 가난한 사람들의 식사입니다. 부패하지 않도록 말린 빵입니다. 제육은 화목제사를 드리고 나면 그 제물을 가족과 가까운 사람끼리 나누어 먹는 고기입니다. 화목제는 제물을 드린 사람에게 제사장 몫을 제외하고는 다 돌려줍니다. 화목하라고 준 그 고기를 가지고 서로 많이 먹겠다고 다투는 것을 말합니다. 좋은 아파트에 살며 좋은 옷을 입고 좋은 음식을 먹고 좋은 차를 타고 다닌다고 해서 행복한 것이 아닙니다. 그 속에 서로를 향한 날카로운 비수 같은 말들이 있고, 얼음장같이 차가운 가정은 행복과는 관계가 먼 것입니다.

성격 차이라는 것이 사실은 자기의 생각을 서로가 주장하기 때문입니다. 생각이 달라도 주장하지 않으면 충돌하지 않습니다. 가정은 자기를 주장하는 곳이 아닙니다. 교회도 자기를 주장하는 곳이 아닙니다. 주장하는 사람들이 있으면 그 사람 때문에 행복이 깨어지고 맙니다. 가정은 기쁜 일이 있으면 함께 기쁘고 슬픈 일이 있으면 함께 슬퍼하는 곳입니다. 가정은 어려운 일이 있으면 함께 이겨나가고 아픈 사람이 있으면 함께 아파하는 곳입니다. 우리 교회에 사업을 하다가 부도가 난 가정들이 있습니다. "당신 때문이야. 왜 그런 쓸데없는 일을 했느냐?"라고 비난하면 그 가정은 깨어지는 것입니다.

그런데 가만히 보면 어려움을 당한 가정마다 부부가 함께 손을 잡고 기도하며 어려움을 꿋꿋하게 이겨냅니다. 혼자는 힘들지만 가족이 함께하니 이겨내는 것입니다. 엊그제도 사업상의 이유로 큰 어려움을 오랫동안 겪어온 가정에 재판이 있다고 해서 그 시간에 함께 기도했습니다. 그 가정을 보며 감사한 것은, 그 어려운 일을 겪으면서도 부부가 함께 기도하며 서로를 붙잡아주는 것입니다. 성경 말씀 그대로입니다. 많은 물질을 가지고 서로 많이 갖겠다고 원수처럼 재판하며 싸우는 것보다, 가진 것이 없어도 서로를 염려하며 기도해주고 위로해 주는 가정이 행복한 가정입니다.

이혼을 하려고 마음먹은 가정이 있었습니다. 남편은 가정을 깨트릴 수 없다고 생각되어 하나님께 기도했습니다. 하나님께서 "내가 너를 도와주겠다. 힘내라" 하는 감동을 주셨습니다. 그러고 나서 남편은 아내와 함께 첫사랑을 고백했던 바닷가에 가자고 했습니다. 아내는 내키지 않았지만 헤어질 사람이니 마지막 소원이나 들어주자 생각하고 함께 바닷가로 가서 말없이, 재미없이 걷고 있었습니다. 그때 갑자기 파도가 밀려오며 아내가 깜짝 놀라 넘어졌고, 아내 손에 끼워져 있던 결혼반지가 파도 속으로 빠져버렸습니다. 아내는 비싼 반지라 아깝지만 곧 헤어질 것이니 잘되었다 생각을 했습니다. 그때 망설이던 남편이 갑자기 자기 반지를 빼어 바다 속으로 던져 넣었습니다. 남편의 엉뚱한 행동에 아내가 "왜 그랬냐?"고 물었습니다. 그러자 남편이 "당신 반지가 바닷속에서 혼자 외로울 거 아냐, 내 반지가 함께 있으면 당신 반지가 외롭지 않을 거야" 그 말을 듣고 누가 먼저 랄 것도 없이 두 사람은 함께 울기 시작했습니다. 그리고 아내는 당신과 함께 있고 싶다고 고백을 했습니다.

여러분의 가정에 서로를 향한 분노가 있는 가정이 있습니까? 하루하루 자녀들 때문에 어쩔 수 없이 살아가는 가정이 있습니까? 저녁에 퇴근하면 서로가 보고 싶어 하지 않는 가정이 있습니까? 이것이 하나님 앞에서 죄임을 깨달아야 합니다. 하나님께서는 가정을 만들어 주시고 행복하라고 하셨습니다. 가정에서 행복하게 사는 것이 성도의 의무요 책임입니다. 이것을 지키지 않는 것이 죄입니다. "여호와를 경외하며 그의 길을 걷는 자마다 복이 있도다"(시 128:1)라고 하셨습니다. 여러분의 가정에 하나님을 모시고 그 말씀대로 살아가면 행복한 가정이 되게 해주십니다. 가정에 큰 상처를 가지신 분들도 이제부터라도 하나님 말씀대로 살아가면 새롭게 행복한 가정을 이루어 주실 것입니다.

우리는 행복이 얼마나 귀한 선물인지를 깨달아야 합니다. 하나님께서 가정을 그냥 만드신 것이 아닙니다. 아담 혼자 있는 것을 보시고 혼자 있는 것이 좋지 않다고 하시며 아담의 갈빗대를 취하여 하와를 만드셨습니다. 행복한 가정을 만들어 나가기 위해서는 내 갈빗대가 뽑혀야 하는 것입니다. 행복한 교회를 위해 주님이 십자가에 피 흘려주심으로 우리에게 화목을 주신 것처럼 가정도 내 갈빗대에 피가 흘러야 화평이 오는 것입니다. 여러분, 하나님께서는 행복한 가정을 명하셨습니다. 여러분 모두가 하나님의 말씀을 가정마다 모시고 그 말씀대로 살아 행복한 성도들이 되시기 바랍니다.

적용

ⓐ 오늘 말씀의 주제 파악하기

ⓑ 오늘 말씀 중 은혜 받은 부분 나누기

ⓒ 삶에 구체적으로 적용하기

함께 드리는 기도제목

1. 하나님의 말씀대로 가정을 잘 가꾸게 하옵소서.
2. 가족 모두가 서로를 염려하며 기도해 주고 위로해 주는 가정이 되게 하옵소서.
3. 하나님의 말씀을 모시고 그 말씀대로 살아 행복한 가정이 되게 하옵소서.

23

축복 받는 가정이 되라

• 본 문: 시편 128편 1-6절
• 찬 송: 569장(선한 목자 되신 우리 주, 통 442장)
• 요 절: 네 집 안방에 있는 네 아내는 결실한 포도나무 같으며 네 식탁에 둘러앉은 자식들은 어린 감람나무 같으리로다 여호와를 경외하는 자는 이같이 복을 얻으리로다(시 128:3-4)

존 하워드 페인이란 사람이 알제리에서 사망한 후 31년 만에 그의 시신이 군함을 통해 미국으로 돌아오는 날 항구에는 미국 대통령, 국무위원, 상원의원들과 수많은 국민들이 나와 모자를 벗고 조의를 표했습니다. 그는 미국을 위해 싸운 위대한 군인도 아니요 정치가도 아니었습니다. 위대한 학자나 역사에 남는 예술가도 아니었습니다. 그는 가족도 없이 외국을 떠돌다가 외롭게 생을 마친 사람이었습니다. 그런데 많은 사람이 그를 환영한 것은 '즐거운 나의 집'이란 노래를 작곡했기 때문입니다. 가정이 중요하다는 것입니다.

"♬~즐거운 곳에서는 날 오라 하여도, 내 쉴 곳은 작은 집 내 집뿐이리
내 나라 내 기쁨 길이 쉴 곳도, 꽃 피고 새 우는 내 집뿐이리~♬"

이 노래는 우리도 잘 아는 노래입니다.

5월을 가정의 달이라고 하는데 사실 1년 12달이 가정의 달이어야 합니다. 1년 12달 계속해서 가정에 대해 관심을 가지고 가정이 행복해야 되기 때문입니다. 크게 성공한 사람 중 가정과 일 두 가지가 다 성공했다면 참으로 행복한 사람입니다. 크게 성공한 사람 중 많은 사람이 일을 위해 가정을 희생시켰습니다. 가정과 일은 공통점이 있는데, 성공하기 위해서는 둘 다 많은 시간과 열정이 있어야 하기 때문입니다. 시간과 열정을 투자하지 않고 가정이 행복하게 되기를 원하는 사람처럼 어리석은 사람은 없습니다.

크게 성공한 정치인이나 경제인 중에 자녀들에게 미안하여 이후 자녀들에게 무리한 것을 주려고 하다가 구설수에 오르는 경우들이 많습니다. 일을 성공시키기 위해 가정에 시간과 열정을 투자하지 않았고 아내의 몫으로 생각했습니다. 그런데 정상에 오르고 나니 자녀들이 생각이 나는 것입니다. 그런데 이미 자녀들과 대화가 되지 않습니다. 내 마음은 그것이 아니었는데, 사실은 자녀를 사랑하는 마음이 있었는데 대화가 부족했던 것입니다. 그래서 미안한 마음에 돈으로, 다른 것으로 보상을 하려 하니 되지 않는 것입니다. 회사가 무너지면 가정이 지켜주지만 가정이 무너지면 회사가 지켜주지 않습니다. 가정을 지키는 것이 얼마나 중요한 일인지를 깨달아야 합니다.

이 종도 우리 교회에 부임할 때 아들 녀석이 초등학생이었는데, 강변에 자전거 타러 나가자고 부탁을 해도 들어주지 못했던 것이 늘 후회가 됩니다. 그때는 다른 것이 보이지 않았습니다. 그런데 이제는 대학생이 되었으니 자전거 타러 가자고 해도 안 갑니다. 모든 것에 때가 있듯이 가정에도 때를 놓치면 안 됩니다. 전도서 3장 1절에 "범사에 기한이 있고 천하만사가 다 때가 있다"라고 하셨습니다. "날 때가 있고 죽을 때가 있으며, 울 때가 있고 웃을 때가 있으며, 잠잠할 때가 있고 말할 때가 있으며"라고 때에 대해 28가지의 많은 말씀을 주십니다.

우리가 때를 잘 알면 행복하게 살 것입니다. 지나놓고 생각하면 아 그때 입을 닫았어야 하는데, 그때는 일을 했어야 하는데 하고 후회할 때가 많습니다. 하나님께서는 때에 대해 지혜를 주십니다. 교회도 때를 놓치지 않는 교회가 부흥합니다. 회사도 발전할 때를 놓치면 안 됩니다. 정치하는 사람도 예술을 하는 사람도 다 때를 아는 지혜가 있어야 합니다. 가정은 때를 놓치면 후회하게 됩니다. 아이들이 자란 다음에는 다시 어린 시절로 되돌릴 수가 없습니다. 아내와 남편도 다시 신혼시절로 돌아갈 수가 없습니다. 가정이 행복하기 위해서는 하나님께서 주시는 때를 잘 잡아야 합니다. 여러분은 주시는 기회를 놓치지 않고 행복한 가정이 되시기 바랍니다. 오늘 말씀은 하나님을 경외하며 그 길을 걷는 가정에 주시는 축복의 말씀입니다.

1. "네 손이 수고한 대로 먹을 것이라 네가 복되고 형통하리로다"고 하셨습니다.

아버지가 일터에 나가 수고한 대로 복을 받는 가정이 행복한 가정입니다. 이스라엘은 목축과 농경사회입니다. 곡식을 심고 양을 치는 일은 고되고 힘든 일입니다. 농부가 이른 봄부터 땅을 일구고 씨를 뿌리고 김을 매고 가꾸는 것은 추수를 기대하기 때문입니다.

시골교회를 목회할 때에 보니 농사짓는 일이 참 어렵습니다. 봄부터 열심히 농사를 지었는데 그만 모든 것이 허사가 되는 때가 있습니다. 병충해가 돌아 고추가 다 노랗게 말라버리는 일이 있습니다. 과수농사를 지었는데 태풍이 불어와 익지도 않은 시퍼런 과일이 다 쏟아지는 일도 있습니다. 떨어진 과일을 보며 주름진 이마에 수심이 가득 찬 얼굴의 모습을 지금도 잊지 못합니다. 파를 심었는데 파 값이 엉망이 되어 파를 뽑을 인건비도 안 나온다고 그냥 갈아엎어야 되겠다고 걱정하는 모습에 제가 가서 파를 뽑아 서울에 가지고 온 적도 있습니다.

사과가 익기도 전에 떨어져 그 사과를 봉고에 가득 싣고 서울에 올라와 친구 목사님 교회에 가서 담임 목사실에 부어놓고 돈 달라고 떼를 썼던 일도 있습니다. 얼마 전에 그 교회에 설교를 하게 되었는데 그 생각이 나 청과시장에 가서 제일 좋은 사과를 잔뜩 사서 싣고 갔습니다. 시골교회가 어려울 때에 그 파란 사과를 사주어서 고맙다고 교인들에게 제일 좋은 사과 두 개씩을 나누어 주었습니다. 익지 않은 파란 사과를 사주었는데 제일 좋은 사과로 돌려받으니 너무 좋아하는 것입니다. 성경은 30배, 60배, 100배의 축복을 말씀합니다. 곡식 하나를 심었더니 이렇게 많은 추수의 복을 말씀하시는 것입니다.

세상에 일하는 대로 형통하여 복을 받으면 얼마나 신이 나겠습니까? 그런데 다 잘되는 것이 아닙니다. 형통한 길로 가야 하는데 망하는 길로 가는 사람이 있습니다. 우리나라에서 제일 많이 망하는 것이 식당이라고 합니다. "당신 음식 솜씨가 좋으니 식당 한번 해봐." 그래서 시작한 음식점 경영이 쉽지를 않습니다. 2014년 코리아 헤럴드에서 나온 통계를 보니 서울 인구 80명당 식당이 1개입니다. 그리고 음식점 창업자 10명 중 9명이 폐업을 했다고 합니다. 성공하는 것이 쉽지를 않습니다.

그러나 하나님을 경외하며 그의 길을 걷는 자에게 여러 가지로 약속해 주신 축복이 있는데, 그중에 첫 번째가 "네 손으로 수고한 대로 먹고 형통할 것이다"라는 말씀입니다. 성도 여러분, 오늘 하나님을 경외하고 말씀대로 행하여 형통한 복이 넘치시기를 바랍니다.

2. 아내와 자녀의 복을 약속해 주셨습니다.

집안에 좋은 며느리가 들어오면 그 집안이 살아납니다. 광주에서 있었던 일입니다. 아주 지독한 할머니가 있었는데 그 집에 대학을 나온 똑똑한 며느리를 보게 되었습니다. 주변 사람들은 이제 그 며느리는 죽었다고 이야기들을 했습니다. 실제로 시어머니는 며느리를 잡기 위해 준비를 했습니다. 처음부터 길을 들여야 된다고 생각했습니다. 그런데 문제가 생길 것으로 생각했던 그 집이 조용한 것입니다. 알고 보니 지혜로운 며느리가 들어온 것입니다. 시어머니가 벼르고 별러 트집을 잡고 모욕을 주어도 다 참아내는 것입니다. "그런 것도 모르면서 대학 나왔느냐?"고 하면 "아이고 어머니 요즘 대학은요 옛날 초등학교 나온 것만도 못해요. 어머님이 잘 가르쳐 주세요" 하고 엎드리는데 더 이상 할 말이 없었습니다. 그래서 시어머니가 "알았다. 네가 이제 다 알아서 해라" 하고 받아들였다는 것입니다.

한 부부가 부부싸움을 하다 남편이 몹시 화가 나서 아내에게 "나가 버려!" 하고 소리를 쳤습니다. 아내도 화가 나서 벌떡 일어나 "나가라고 하면 못 나갈 줄 알아!" 하고 나가 버렸습니다. 그런데 잠시 후, 아내가 다시 집으로 들어왔습니다. 아직도 화가 풀리지 않은 남편이 비꼬는 투로 "다시는 안 들어올 것같이 나가더니, 왜 다시 들어와!" "가장 소중한 것을 두고 갔잖아!" "그게 뭔데?" "바로 당신~" 지혜로운 사람들은 싸울 것도 피합니다. 그러나 어리석은 사람들은 안 싸울 것도 만들어 싸웁니다.

옛날 어머니들은 참 많이 참았습니다. 시어머니에게 참고 남편에게 참았습니다. 늘 먹을 것이 부족했지만 어머니는 자녀들을 다 먹이셨습니다. 궁색한 살림에도 자식이 돈을 달라고 하면 어머니 치마 속 주머니에서는 늘 꼬깃꼬깃 뭉쳐진 돈이 나왔습니다. 우리나라가 경제대국이 된 것은 사실은 어머니들의 힘이 큽니다. 눈물로 자식들을 키워냈기 때문입니다. 요즘 같으면 그렇게 하겠습니까? 요즘 여자들은 너무 똑똑합니다. 힘들면 자식 놓고도 집을 나갑니다. 손해보고 살려고 하지 않습니다. 어느 책에 보니까 아이가 하나일 때 둘일 때 셋일 때 아내가 이렇게 달라진다고 합니다. 애가 하나일 때는 남편이 반찬 투정을 하면 “맛 없어? 미안해. 내일 맛있는 것 만들어 줄게.” 애가 둘일 때 “이만하면 괜찮은데, 왜 그래? 애들도 아니고…….” 애가 셋일 때 남편이 반찬 투정을 하면 반찬을 확 걷어가면서 이렇게 말한다고 합니다. “배 불렀군!”

오늘 하나님께서는 “아내는 결실한 포도나무 같으며 식탁에 둘러앉은 자식들은 어린 감람나무 같으리로다”라고 하셨습니다. 결실한 포도나무는 풍성함을 말합니다. 유대인의 교육은 아버지가 시작하고 어머니가 완성합니다. 유대인의 가정은 아버지가 절대적인 권위를 갖습니다. 이것은 성경이 가르치는 대로입니다. 유대인의 아버지는 자녀를 잘못 가르치면 가정뿐 아니라 나라가 망한다는 것을 잘 압니다. 수천 년 동안 경험해 왔기 때문입니다. 그래서 가정교육에 매우 엄격합니다. 그런데 실제적인 교육은 어머니가 합니다. 그래서 유대인이냐 아니냐 하는 문제를 어머니가 유대인이냐 아니냐로 판단을 합니다. 아버지가 아무리 훌륭한 유대인이어도 어머니가 유대인이 아니면 유대인이 아니라는 것입니다. 오늘날 유대인이 세계에서 가장 머리가 좋은 민족으로, 돈이 가장 많은 민족으로 인정받는 이유는 그 뒤에 결실한 포도나무 같은 어머니가 있기 때문입니다.

《다니엘 학습법》이란 책을 쓴 김동완 씨는 과외 한번 안 하고 서울대를 들어가고 전체 수석졸업으로 사람들을 놀라게 했습니다. 그 비결이 무엇이냐고 물을 때에 어머니의 교육을 이야기했습니다. 어머니는 불치병으로 고생하다가 기도로 고침을 받은 후 자녀들을 철저히 신앙으로 키웠습니다. 자녀들이 매일같이 교회에 들러서 기도하게 했습니다. 시험주간이라도 부흥회나 수련회 참석을 철저하게 했습니다. 이 집의 가훈이 "기도하지 않으면 밥을 먹지 말아라. 성경 읽지 않으면 공부하지 말아라"입니다.

고등학교 졸업할 때까지 잘못하면 어머니에게 매를 맞았습니다. 어머니는 새벽기도를 다녀와서는 자녀의 머리맡에서 자녀들을 위해 또 기도했습니다. 큰 아들은 영적인 지도자가 되게 해달라고 기도했습니다. 막내아들은 육신의 병을 고치는 의사가 되게 해달라고 기도했습니다. 딸은 하나님의 영광을 위하여 쓰임 받는 음악가가 되게 해달라고 기도했습니다. 그 기도대로 큰 아들이 서울대를 수석졸업한 후 목사가 되었습니다. 막내아들은 의사가 되었고 딸은 피아니스트가 되었습니다. 기도대로 된 것입니다.

오늘 성경은 어린 감람나무 같은 자녀의 축복을 약속해 주셨습니다. 성경에 나오는 감람나무는 히브리어로 '자이트'라고 하는데 정확한 번역은 올리브입니다. 어린 감람나무는 속히 자랍니다. 그리고 미래가 있습니다. 요즘 아이들이 불안합니다. 그래서 기도해야 합니다. 하나님께서 도와주셔야 합니다. 요즘 아이들을 보면 다리를 떠는 아이들이 있습니다. 잠시도 가만있지 못하는 것입니다. 가만있으면 불안합니다. 그래서 다리를 떨고, 휴대폰을 만지고, 손톱을 물어뜯습니다. 불안하다는 것입니다. 왜 그렇습니까? 부모님의 사랑을 받고 싶다는 자기도 모르는 표현입니다.

요즘 어머니들이 자녀교육에 열심이 있는 것 같지만 사실은 가장 중요한 것을 놓치고 있습니다. 자녀들과 대화하지 못합니다. 그저 공부 많이 시키고, 학원 많이 보내면 되는 줄 압니다. 일등으로 만들려고 합니다. 그러니 이런 말이 나오는 것입니다. 잘난 아들은 나라의 아들, 돈 잘 버는 아들은 장모 아들, 빚진 아들은 내 아들이 된답니다. 뻐꾸기는 알을 낳을 때가 되면 멧새, 할미새, 지바귀 등 작은 새의 둥지에 알을 낳습니다. 작은 새가 덩치 큰 뻐꾸기를 키우려니 얼마나 힘이 듭니까? 죽을힘을 다해 키워놓으면 뻐꾸기는 날아가 버리고 마는 것입니다. 그래서 "아들이 장가가면 사돈지간이 된다"는 말도 있는 것입니다.

공부 가르치는 것을 자녀교육 시키는 것으로 착각해서는 안 됩니다. 그래서 성경은 가정의 윤리를 말씀하며 매를 때려서라도 어릴 때에 가르치라고 하신 것입니다. 자녀를 가장 잘 가르치는 것이 무엇입니까? 유대인들처럼, 김동완 목사님의 이야기처럼 말씀으로 가르치는 것입니다. 말씀 제일주의로 가르쳐 놓으면 그 다음은 말씀이 인도해 주십니다. 성경에는 인생의 수많은 해답이 들어있기 때문에 걱정할 필요가 없습니다. 말씀대로 살려 하면 절대로 잘못된 길로 가지 않습니다. 못된 곳에 어울려 다니지도 않습니다. 믿음의 자녀들에게는 상상할 수 없는 일입니다. 부모에게 효도합니다. 믿음으로 살아 하나님께 영광 돌리는 복된 사람이 되는 것입니다.

요즘 부모들은 학교에 늦으면 큰일 나는 줄 알면서 교회 늦는 것은 심각하게 생각하지 않습니다. 공부는 과외까지 시켜가며 애를 쓰는데 성경 읽고 기도하는 일은 그리 신경 쓰지 않습니다. 신앙교육이 잘못된 것입니다. 성도 여러분, 하나님을 경외하며 그 말씀대로 행하여 아내와 자녀들이 축복 받는 가정들이 되시기를 바랍니다.

3. 영적인 복을 약속해 주셨습니다.

평생에 예루살렘의 번영을 보게 될 것이라고 하셨습니다. 예루살렘은 하나님의 도성이요 성전을 의미합니다. 예수님께서는 사람이 떡으로만 사는 것이 아니요 하나님의 말씀으로 산다고 하셨습니다.

이 땅에 사는 동안 교회를 통하여 하나님의 말씀을 주십니다. 오늘 성경에 말씀하는 예루살렘이 오늘의 교회를 상징적으로 표현합니다. 교회가 번영하고 풍성해지면 성도의 인생이 함께 행복해지는 것입니다.

이 좋은 우리 성도들이 전도하는 것을 보면 얼마나 감사하고 또 감사한지 모릅니다. 전도행사 기간에는 놀라울 정도로 많은 이웃들을 등록시키고 함께 예배를 드립니다. 이 일이 쉬운 일이 아닙니다. 여러분이 말씀대로 살았기에 가능한 일입니다. 여러분이 거짓되게 살았다면 될 수 없는 일입니다. 여러분은 이 전에서 하나님의 말씀을 늘 듣고 말씀의 생수를 먹고 말씀대로 살아가는 아버지와 어머니가 되고 미래가 있는 자녀들이 되시기를 바랍니다.

성도 여러분, 모든 것은 뿌린 대로 거두게 되어 있습니다. 그것이 하나님의 섭리입니다. 가정을 위하여 하나님 앞에서 눈물로 씨를 뿌린 가정은 그 열매를 거두게 되어 있습니다. 그러므로 여러분의 가정을 위해 열심히 씨를 뿌리십시오. 가정을 위해 기도하십시오. 하나님께서 약속하신 대로 이루어주실 줄로 믿습니다.

가정은 천국의 모형입니다. 하나님의 말씀대로 가정을 세워나가면 가정이 천국이 됩니다. 그래서 바로 앞에 시편 127편에서도 "여호와께서 집을 세우지 아니하시면 세우는 자의 수고가 헛되며 여호와께서 성을 지키지 아니하시면 파수꾼의 깨어 있음이 헛되도다 너희가 일찍이 일어나고 늦게 누우며 수고의 떡을 먹음이 헛되도다"(시 127:1-2)라고 하셨습니다. 하나님께서 여러분의 가정을 도와주셔야 하고 지켜주셔야 행복한 인생이 됩니다. 여러분 모두 하나님을 경외하고 그 도에 행하여 축복받는 가정이 되시기를 바랍니다.

적 용

ⓐ 오늘 말씀의 주제 파악하기

ⓑ 오늘 말씀 중 은혜 받은 부분 나누기

ⓒ 삶에 구체적으로 적용하기

함께 드리는 기도제목

1. 하나님을 경외하고 말씀대로 행하여 형통한 복이 넘치게 하옵소서.
2. 하나님을 경외하며 그 말씀대로 행하여 아내와 자녀들이 축복 받는 가정이 되게 하옵소서.
3. 우리 가정 모두가 하나님을 경외하고 그 도에 행하여 축복받는 가정이 되게 하옵소서.

24

평화를 만드는 사람들

- 본 문: 창세기 26장 19-25절
- 찬 송: 411장(아 내 맘속에, 통 473장)
- 요 절: 이삭이 거기서 옮겨 다른 우물을 팠더니 그들이 다투지 아니하였으므로 그 이름을 르호봇이라 하여 이르되 이제는 여호와께서 우리를 위하여 넓게 하셨으니 이 땅에서 우리가 번성하리로다 하였더라(창 26:22)

이삭은 아브라함과 사라가 기도하면서 낳은 아들입니다. 하나님은 아브라함에게 "내가 네게 복을 주고 내가 이 모든 땅을 너와 네 자손에게 주리라"고 하셨습니다. 이삭은 나면서부터 축복을 안고 태어난 사람입니다. 100세에 얻은 아들이니 얼마나 사랑스러웠겠습니까? 자녀를 키울 때에 오냐 오냐 하면서 키우면 자기중심적이고 이기적인 사람이 됩니다. 어려움이 왔을 때 쉽게 포기하기도 합니다. 과보호 가운데 키웠기 때문입니다. 그래서 하나님께서 이삭을 훈련시키십니다.

이삭의 아들 야곱도 집안의 어머니 품안에서 자란 아들입니다. 큰 아들인 에서는 사냥을 하며 밖으로 다녔지만 야곱은 늘 집안에 있었습니다. 같은 배에서 나왔어도 이렇게 다릅니다. 에서는 밖으로만 다니며 부모님의 교육을 잘 받지 않았습니다. 그래서 거친 성격이 되었고 신앙훈련도 제대로 받지 않았습니다. 둘 다 문제가 있었지만 하나님께서는 영적 욕심이 많은 야곱을 택하시고 훈련을 시켜주셨습니다. 그래서 삼촌 라반의 집에 가서 거친 광야에서 훈련을 받고 강인한 사람이 되었습니다. 이삭도 사랑받고 과보호 가운데 자란 아들이었지만 그 믿음을 보시고 하나님께서 이삭을 훈련시키셨습니다. 이것을 보면 믿음이 중요한 것입니다.

하나님께서는 믿음으로 사는 사람을 택하시고 이기게 하시기 때문입니다. 머리 좋은 사람이 잘 사는 것이 아닙니다. 뛰어난 사람이 잘되는 것이 아닙니다. 하나님께서 택하신 사람이 잘되는 것입니다. 이삭은 청소년 시절에 아버지 아브라함이 자신을 제물로 바치려는 것을 목격했습니다. 이때에도 이삭은 믿음으로 순종을 했습니다. 많은 종들과 가축을 이끌고 다니며 훈련을 받았습니다. 가뭄 때문에 고통을 겪은 적도 있었습니다. 때로는 하나님께 책망도 받았습니다. 그러면서 이삭은 점점 큰 인물이 되어간 것입니다. 우리가 늘 평안한 가운데 살 수는 없습니다. 그러면 기도하지 않습니다. 여러분 가운데 세상에 어려운 일들이 닥쳐와도 '하나님께서 지금 나를 훈련시키시는구나!' 하고 바라보면 기도하게 되고 점점 더 강한 사람으로 훈련이 되는 것입니다.

이삭이 그랄 지역에서 농사를 지어 백배의 축복을 받았다고 했습니다. 거부가 되었습니다. 그랬더니 블레셋 사람들이 시기를 합니다. 시기하는 것이 사람의 본성입니다. 남들이 잘되면 축복을 해주어야 하는데 그렇지를 못합니다. 블레셋 사람들이 긍정적인 마음을 가지고 이삭을 찾아와 "축복의 비결이 무엇이냐?"고 물었다면 얼마나 좋았겠습니까? "당신이 믿는 하나님을 우리도 믿겠다"고 했으면 얼마나 좋았겠습니까? 여러분은 잘되고 형통한 사람이 있을 때에 찾아가서 그 비결을 배우는 긍정적인 사람이 되시기 바랍니다.

그런데 이들은 이삭이 사용하는 우물을 막고 흙으로 메워버렸습니다. 그리고 블레셋 왕 아비멜렉이 "우리를 떠나가라"고 했습니다. 여기에는 의미가 있습니다. '그랄'은 이집트 접경지역입니다. 이삭이 세상 사람들을 따라 이집트로 내려가다가 머물러 있는 곳이 '그랄' 입니다. 이곳은 우상을 섬기는 사람들이 있는 곳입니다. 이곳에 살다가는 이집트 사람들과도 동화될 수가 있고 블레셋 사람들을 닮아갈 수도 있습니다. 그래서 하나님은 사람들을 통하여 이곳을 떠나게 하시는 것입니다. 아브라함에게도 "너의 본토 친척 아버지 집을 떠나 내가 네게 지시할 땅으로 가라"고 하셨습니다. 아브라함이 살던 '갈대아 우르'는 메소포타미아와 티그리스 강 유역으로 아주 비옥한 곳이었지만 이곳은 우상이 만연한 곳이었습니다. 하나님께서 "떠나라" 하실 때에는 잘 몰랐지만, 그 길이 고통스러운 길이었지만 사실은 축복의 길로 떠나라 하신 것입니다. 하나님께서는 그 아들 이삭에게도 '네가 이곳에 있어서는 안 되겠구나!' 하시고 블레셋 족속을 통하여 떠나게 하시는 것입니다.

성경을 읽으면 인생이 잘되고 형통한 비밀을 깨닫게 됩니다. 오늘 말씀을 통해서도 깨달을 것이 참 많습니다. 복 받을 사람은 이삭이 있던 곳을 떠나는 장면을 보면서 '아, 하나님의 뜻이 여기에 있구나. 내가 복된 장소에 있어야 되겠구나. 내가 복된 사람들을 만나야 복된 인생이 되겠구나!' 하는 것을 깨닫는 것입니다. 그리고 '하나님이 함께하셔야 복을 받는구나! 내가 하나님의 말씀대로 살아야겠구나!' 하는 사실을 깨닫는 것입니다. 우리 인생에 찾아오는 일들을 통해서 하나님의 뜻을 깨닫는 은혜를 갖게 되기를 바랍니다.

이삭은 블레셋과 싸우지 아니하고 다른 곳으로 옮겨 골짜기에 우물을 팠는데 그곳에서 또 물이 나왔습니다. 그랬더니 이번에는 그랄 지역의 목자들이 와서 이 우물이 우리 것이라 합니다. 중동에는 샘을 판다고 해서 물이 나오지 않습니다. 물이 나오면 그곳에 마을이 형성이 됩니다. 한 마을에 우물이 하나 정도밖에는 없습니다. 그런데 기적적으로 물이 나온 이 우물을 자기들 것이라 억지를 부리니 이삭은 또 참고 다른 곳으로 가서 우물을 팝니다. 그런데 그곳에서도 또 샘이 나왔습니다. 그런데 그곳에도 또 따라와서 자기들의 우물이라는 것입니다. 말이 되지 않지만 이삭은 또 다른 곳으로 가서 우물을 팝니다. 그랬더니 이제는 다툼이 없으므로 그곳 우물을 '르호봇'이라 하였습니다.

'르호봇'이란 '넓은 장소'라는 뜻입니다. 오늘 말씀의 제목을 "평화를 만드는 사람들"이라고 정한 이유가 여기에 있습니다. 우리에게는 '르호봇'이 있습니다. 넓은 장소가 있습니다. 넓은 것을 바라보아야 합니다. 미래를 바라보아야 합니다. 눈앞의 이익만 좇는 사람은 넓은 것을 보지 못합니다. '정이불박'(精而不博)이라는 한자어는 "나무만 보고 숲은 보지 못한다"는 뜻입니다. 가정에서도 작은 것에 연연하다가 중요한 것을 놓치는 경우가 많습니다. 하나님께서는 가정을 복된 공동체로 만들어 주셨는데, 식구끼리 별 것 아닌 것 가지고 자존심 싸움하다가 불행해지는 경우가 많습니다.

교회에서도 르호봇을 바라보아야 합니다. 하나님께서는 "땅 끝까지 이르러 내 증인이 되라"고 하셨습니다. 복음 전하는 것이 교회의 사명입니다. 여전도회나 남선교회나 총회나 노회 모든 기관들의 사명은 복음을 전하기 위해 존재하는 것입니다. 그런데 작은 것을 바라보고 다투다 보니 르호봇을 차지하지 못하는 것입니다. 이삭은 잘 참는 사람이었습니다. 보통 사람 같으면 싸움을 걸었을 것입니다. 아니면 떠날 땐 떠나더라도 흙으로 메워놓고 떠난다든지 심술을 부릴 것입니다.

회사원들 이야기를 들어보니 직원들에게 함부로 대하는 상사가 행복할 것 같지만 사실은 행복을 잃어버리고 삽니다. 직원들의 사랑을 받지 못하고 삽니다. 평소에도 못되게 "야! 커피 타와" 하고 무례하게 심부름을 시키는 상사에게 어떻게 합니까? 커피를 뽑아 침을 뱉어 저어서 가져다준다고 하지 않습니까? 들은 이야기입니다. 엊그제도 들은 이야기인데 어떤 지점장이 하도 비인격적으로 하니까 그 직원들이 보이지 않게 영업량을 줄여 탈이 안 날 정도로만 했다는 것입니다. 그래서 그 지점장이 영업 실적이 좋지 않아 결국은 퇴직을 하게 되었다는 것입니다.

강한 자가 이기는 것 같지만 사실은 온유한 자가 이깁니다. 강한 자는 자기보다 더 강한 자가 나타날까 봐 늘 불안하지만 온유한 자는 행복합니다. 산에 호랑이가 토끼를 잡아먹습니다. 날쌔고 강한 호랑이만 살고 토끼는 다 죽어 없어질 것 같았으나 오히려 호랑이는 없어지고 토끼는 산마다 얼마나 많은지 모릅니다. 동물들은 약한 것에 자비를 베푸는 법이 없습니다. 말 그대로 약육강식입니다. 독수리가 비둘기에게 사랑한다고 말하지 않습니다. 사자가 하이에나에게 용서한다고 하지 않습니다.

그런데 주님은 원수를 사랑하라고 하셨습니다. 핍박하는 자를 용서하라고 하셨습니다. 모욕하는 자를 위해 기도하라고 하셨습니다. 이것이 믿음의 사람들이 사는 법입니다. 따라합시다. "참는다." "잘난 내가 참는다." "용서한다." "멋진 내가 용서한다." "양보한다." "잘생긴 내가 양보한다." 우리 교회 성도들이 있는 곳에는 늘 참고 용서하고 양보하는 이삭의 영성이 있기를 바랍니다.

사람들은 마음은 불편해도 겉으로는 이기려고 합니다. 그래서 상대방에게도 상처를 주고 나도 평안하지 않습니다. 하나님은 우리에게 복을 주실 때에 먼저 심령에 복을 주십니다. 물질이 아무리 많아도 심령에 복을 받지 못하면 그 물질은 헛된 것입니다. 그 물질 때문에 고통스러운 일들이 생겨납니다. 아무리 많은 것을 얻어도 심령에 복을 받지 못하면 늘 불안합니다. 건강해지려고 아침부터 일어나 뛰어도 심령에 평안이 없으면 그 건강은 소용이 없습니다. 그러나 믿음의 사람은 어느 곳에 있어도 평안합니다. 이 평안은 하나님께서 주시는 것입니다. 주님이 우리 마음에 오시고 주장하시면 나는 평안한 사람이 되는 것입니다.

이삭은 시비를 걸 때마다 아무 말도 없이 그곳을 떠납니다. 불평하지 않았습니다. 그들이 있는 곳을 떠나 자꾸 위로 올라갔습니다. 그래서 브엘세바까지 올라갑니다. 브엘세바는 이스라엘의 네게브 사막 위쪽의 사람이 살 수 있는 최남단 지역입니다. 그래서 이스라엘 전역을 말할 때에 "단에서 브엘세바에 이르기까지"라는 표현을 씁니다.

이삭이 드디어 블레셋 지역에서 이스라엘 지역으로 올라간 것입니다. 이것이 하나님의 섭리입니다. 24절을 보면 브엘세바로 올라간 그날 이삭에게 나타나셨습니다. "그 밤에 여호와께서 그에게 나타나 이르시되 나는 네 아버지 아브라함의 하나님이니 두려워하지 말라 내 종 아브라함을 위하여 내가 너와 함께 있어 네게 복을 주어 네 자손이 번성하게 하리라 하신지라"(창 26:24).

다투지 않고 우물을 판 것은 어느 곳에 가도 하나님께서 내게 복을 주실 것을 믿었기 때문입니다. 그래서 한 걸음 한 걸음 올라가다 보니 약속의 땅에 이르게 되었고 하나님은 아브라함에게 주셨던 약속을 다시 이삭에게도 확인해 주십니다. 이때 이삭은 25절에 보니 제단을 쌓고 여호와의 이름을 불렀다고 했습니다. 하나님께 감사의 예배를 드렸습니다. 여러분, 예배는 "내가 일주일 동안 세상에서 주님의 은총 때문에 살았습니다" 하는 간증이 있어야 하는 것입니다. 우리가 이 세상을 나의 힘으로 사는 것 같지만 그렇지 않습니다. 하나님의 택함 받은 성도들은 블레셋에서 브엘세바로 인도해 주십니다.

나는 잘 모르지만 믿음으로 사는 사람을 점점 더 하나님이 약속하신 축복의 땅으로 인도해 주십니다. 오늘 이 자리에 나온 것도 내가 나온 것이 아닙니다. 하나님께서 여러분의 마음에 감동을 주셔서 심령을 복되게 하신 것입니다. 사탄은 여러분으로 하여금 은혜 받지 못하도록 애를 씁니다. 믿음이 약한 사람에게는 예배에 참석하지 못할 이유를 만들어줍니다. 아이가 아프고 집안에 일이 일어납니다. 우연히 일어나는 일이 아닙니다. 악한 영이 방해하는 것입니다. 예배에 나오다 보면 꼭 은혜를 빼앗아갈 일이 생깁니다. 운전하는데 화나는 일이 생깁니다. 사탄이 하는 일입니다.

'예배드리고 아멘 하고 내가 말씀대로 살아야 되겠다' 결심을 하고 나면 불평하는 사람이 와서 속삭입니다. 은혜 받고 집에 돌아가면 화날 일이 기다리고 있습니다. 기도하려고 하면 기도의 문을 막습니다. 다 사탄이 하는 일입니다. 그래도 주님 앞에 나와야 합니다. 주님은 우리의 방패가 되어 주시고 산성이 되어 주시고 피할 바위가 되어 주십니다. 주님을 의지하면 우리를 브엘세바로 나도 모르게 점점 인도해주시는 것입니다. 하나님께 예배드리고 주시는 말씀을 붙들고 씨름하는 자가 세상을 이기는 자가 될 수 있습니다. 사도 바울은 "우리의 씨름은 혈과 육을 상대하는 것이 아니요 통치자들과 권세들과 이 어둠의 세상 주관자들과 하늘에 있는 악의 영들을 상대함이라"(엡 6:12)고 하였습니다. 여러분은 어둠과 악의 영들과의 싸움에서 믿음으로 이기는 성도들이 되시기를 바랍니다.

이삭은 하나님께서 나에게 복을 주실 줄로 믿었기 때문에 다투지 않았습니다. 사실은 나 자신과 싸운 것입니다. 악한 영들과 싸운 것입니다. "나는 하나님의 자녀니 하나님의 자녀답게 산다"라고 다짐을 한 것입니다. 그래도 점점 더 잘되었습니다. 나중에 보니 아비멜렉이 '그랄'에서부터 '르호봇'까지 찾아왔습니다. 이삭이 "너희가 나를 미워하고 떠나게 해놓고 무엇하러 왔느냐?"라고 하자 "여호와께서 너와 함께 계심을 우리가 분명히 보았으므로 우리와 너 사이에 계약을 맺자"고 합니다. 이것이 축복입니다. 불신자들까지 '너와 함께 있으면 우리가 복을 받겠구나!' 하고 깨달을 수 있어야 합니다. 이삭이 우물을 빼앗기고 집안에 가만히 들어앉아 있었던 것이 아닙니다. 또 다른 곳으로 옮겨가 새로운 우물을 팠습니다.

'하나님의 뜻이 있겠지' 하고 새롭게 도전한 것입니다. 이삭은 화평케 하는 사람이었습니다. 예수님은 산상수훈에서 "화평하게 하는 자는 복이 있나니 그들이 하나님의 아들이라 일컬음을 받을 것임이요"(마 5:9)라고 하셨습니다. 예수님의 말씀처럼 이삭은 분쟁을 평화로 만든 사람이었습니다. 화평케 하는 자는 하나님의 아들이라 일컬음을 받는 복이 있다고 하셨는데, 이삭은 적들조차 하나님을 인정하고 교제하기 위해 찾아오게 만든 사람이었습니다.

오늘의 시대는 모두가 예민합니다. 시부모와 며느리가 예민하고, 부부간에 예민합니다. 학교에서는 교사와 학생들이 서로 예민합니다. 정치하는 사람들도 예민하고, 사업하는 사람들도 예민합니다. 운전하면서도 예민합니다. 교회에서조차 예민한 사람들이 있습니다. 조금만 잘못해도 서로가 부딪치려 합니다. 폭발하기 직전입니다. 그러나 우리 교회 성도들이 있는 곳은 분쟁과 어둠을 평화와 빛으로 바꾸는 역사가 있기를 바랍니다. 여러분의 언행심사를 통해 주님이 살아 계시는 현장이 되는 역사가 있기를 바랍니다.

앗시시의 성자인 '성 프란시스코'의 '평화의 기도'를 마지막으로 말씀을 마칩니다.

주여, 나를 평화의 도구로 써주소서.
미움이 있는 곳에 사랑을
상처가 있는 곳에 용서를
분열이 있는 곳에 일치를
의혹이 있는 곳에 믿음을
절망이 있는 곳에 희망을
어둠이 있는 곳에 광명을
슬픔이 있는 곳에 기쁨을 심게 하소서.

오 거룩하신 주여,
위로받기보다는 위로하기를
이해받기보다는 이해하기를
사랑받기보다는 사랑하게 하소서.
우리는 줌으로써 받고
용서함으로써 용서받으며
자기를 버림으로써 영원한 생명을 얻음이나이다.

우리 교회 성도들이 있는 곳마다 평화를 만들어가는 성도들이 되십시다.

적 용

ⓐ 오늘 말씀의 주제 파악하기

ⓑ 오늘 말씀 중 은혜 받은 부분 나누기

ⓒ 삶에 구체적으로 적용하기

함께 드리는 기도제목

1. 우리 인생에 찾아오는 일들을 통해서 하나님의 뜻을 깨닫게 하옵소서.
2. 늘 참고 용서하고 양보하는 이삭의 영성이 있게 하옵소서.
3. 내가 있는 곳마다 평화를 만들어가는 성도가 되게 하옵소서.

25

잊지 말라

- 본 문: 신명기 6장 10–13절
- 찬 송: 580장(삼천리 반도 금수강산, 통 371장)
- 요 절: 너는 조심하여 너를 애굽 땅 종 되었던 집에서 인도하여 내신 여호와를 잊지 말고 네 하나님 여호와를 경외하며 그를 섬기며 그의 이름으로 맹세할 것이니라(신 6:12–13)

국가마다 나라를 위해 전장에서 목숨을 바친 사람들을 기념하여 국경일로 지킵니다. 미국은 Memorial Day로, 캐나다, 호주, 영국에서는 Remembrance Day로, 독일과 일본에서도 전쟁에 목숨을 바친 사람들을 기억하며 국가적인 기념일로 지킵니다. 나라마다 조금씩 차이는 있지만 대통령이 기념관을 찾아가 예의를 갖추고, 거리의 자동차들이 잠시 멈추어 서서 예의를 표하는 나라도 있습니다. 모든 나라가 전쟁을 치러 왔지만 우리나라만큼 전쟁 가운데 살아온 나라도 드뭅니다. 삼국시대에는 수나라, 당나라에게 침략을 당하고, 통일신라시대에도, 고려시대에도 늘 전쟁이 있어 왔습니다. 몽골의 침입으로 제주도까지 쫓겨가며 30년 동안 전쟁을 치렀고, 일본과의 전쟁과 36년 식민지 통치를 받았습니다. 그리고 6.25전쟁이 일어나 지금까지 끝나지 않은 전쟁의 시기를 살고 있습니다.

왜 전쟁이 일어납니까? 한 어린이가 아빠에게 묻습니다. "아빠, 어른들은 왜 전쟁을 일으키는 거예요?" 아버지는 정확한 이야기를 들려주고 싶어 "얘야, 네가 알아듣기는 참으로 어려운 이야기다. 그러나 한 가지 예를 들면, 1914년에 일어났던 세계전쟁은 독일이 벨지움을 공격하면서 시작되었단다"라고 설명을 시작했습니다. 옆에서 듣고 있던 아내는 "여보, 아이가 알아듣기 쉽게 제대로 가르쳐야죠. 얘야, 전쟁은 처음에 누가 누군가에게 죽고, 그래서 복수하려고 하고 또 복수하다가 시작된 거란다" 하고 남편의 말을 가로막았습니다. 화가 난 남편은 "아이에게 정확하게 역사적 진실을 알려야 한다"고 했고, 아내는 "그래서 애가 알아 듣냐? 알아듣기 쉽게 제대로 가르쳐야 한다"고 언성이 높아지고 "당신은 매사에 그 모양이다"라고 그러다가 남편이 문을 쾅 닫고 나가버렸습니다. 이 광경을 본 아이는 고개를 끄덕거리며 "전쟁이 왜 시작되는지 이제야 알 것 같다"고 했다는 것입니다.

전쟁의 본질은 사탄의 역사입니다. 사탄은 인간의 마음에 탐욕을 집어넣고 다른 사람을 지배하려는 욕망을 집어넣습니다. 더 많은 부를 축적하려는 욕망을 집어넣습니다. 나치가 일으킨 전쟁도, 무솔리니가 일으킨 전쟁도, 몽골과 중국과 일본이 일으켰던 전쟁도 다 탐욕에서 시작된 것입니다. 한국전쟁도 통일을 위한 것입니까? 아닙니다. 인간의 탐욕이 빚어낸 전쟁입니다. 누구를 위한 통일입니까? 누구를 위한 평화입니까? 백성들이 고통스러우면 그것은 잘못된 것입니다. 전쟁이 일어나면 모든 것이 황폐해집니다. 도시와 마을이 황폐해지고, 수많은 사람들이 죽습니다. 가족 간에 이별이 일어나고 이산가족이 생겨나고 고아가 생겨납니다. 그것뿐이 아닙니다. 보이지 않는 사람들의 마음이 황폐해집니다. 복수심이 생깁니다.

우리나라도 하루는 북한 공산당이 마을에 들어와 사람을 죽이고, 그 다음날에는 국군이 들어와 사람을 죽이고 이런 일들이 반복

되었습니다. 백성들은 살기 위해 눈치만 보아야 했습니다. 거제포로수용소에 있었던 이야기를 들었는데 낮에는 대한민국 편에 선 사람들이 공산당을 처형하고, 밤에는 반대로 공산당이 대한민국 편에 선 사람들을 처형하는 하루하루가 지옥이었다고 했습니다. 요즘 젊은이들은 전쟁을 영화처럼 낭만적으로 생각하는 사람도 있습니다. 어떤 6.25 참전용사에게 전쟁 때 있었던 이야기를 질문하며 "요즘 나오는 전쟁영화 같은 장면들이 있었느냐?"고 묻자 이분이 대답하기를 "영화에 나오는 것은 애들 장난이지요"라고 말했습니다.

6.25전쟁 당시 평양의 인구가 40만이었습니다. 그런데 평양에 투하된 폭탄이 40만 톤입니다. 한 사람 앞에 1톤이 투하된 것입니다. 그러니 남는 것이 무엇이 있겠습니까? 6.25때 죽은 국군이 141,956명, 유엔군이 149,587명, 경찰 11,303명, 민간인 244,763명, 그리고 점령지에서 죽은 사람이 123,936명으로 합계 676,545명입니다. 북한군은 사상자 294,151명 중공군 189,000명 등 300만 명 이상이 죽거나 부상을 입었습니다. 전쟁 미망인은 얼마나 많습니까? 아들을 잃어버린 가정들은 얼마나 많습니까? 부녀자들은 얼마나 많은 고통을 겪었습니까? 목사가 535명이 살해되고 교회가 2천 개 넘게 파괴가 되었습니다. 한국의 교회가 그저 쉽게 세워진 교회들이 아닙니다. 눈물과 희생으로 세워진 교회들이 다 파괴가 되었습니다.

전쟁은 전쟁 기간만 있는 것이 아닙니다. 우리나라는 지금도 이념전쟁 가운데 있습니다. 형제와 가족이 서로를 적대하며 살아가고 있습니다. 아버지와 아들이 서로 다른 이념을 가지고 산다는 것이 얼마나 불행한 일인지 모릅니다. 이 모든 것이 전쟁 때문에 만들어진 것입니다. 사탄이 하는 가장 큰 일이 전쟁입니다. 전쟁은 수많은 사람을 고통 속에 몰아넣기 때문입니다. 다시는 이 땅에 전쟁이 찾아오지 않도록 하기 위해서는 전쟁을 잊지 않아야 합니다. "6.25를 잊으면 다시 6.25가 오고, 6.25를 잊지 않으면 6.25가 오지 않는다"는 말이 있습니다. 요즘 학생들은 6.25전쟁을 잊어버렸습니다. 6.25전쟁이 북침이라고 하는 학생들도 있습니다. 잘못 가르친 것입니다.

오늘 성경은 "잊지 말라"고 말씀합니다. 하나님은 아브라함과 이삭과 야곱에게 젖과 꿀이 흐르는 땅을 줄 것을 약속하셨습니다. 그 약속대로 하나님은 가나안 땅을 주셨습니다. 그곳에 네가 건축하지 아니한 크고 아름다운 성읍을 얻게 하신다고 하셨는데 가나안 땅에 들어가니 그 말씀대로 크고 아름다운 성읍이 건축되어 있었습니다. 여리고 성과 아이 성은 무너뜨리고 불을 질렀지만 나머지 성읍은 그대로 있었습니다. 성을 쌓는 일이 얼마나 힘이 드는 일입니까? 그런데 이들은 약속대로 건축하지 않고 성읍을 얻었습니다.

"네가 채우지 아니한 아름다운 물건이 가득한 집을 얻게 하시며 네가 파지 아니한 우물을 차지하게 하시며 네가 심지 아니한 포도원과 감람나무를 차지하게 하사 네게 배불리 먹게 하실 때에"(신 6:11)라고 하셨는데 이 말씀대로 다 이루어졌습니다. 이 말씀을 주시며 잊지 말라고 하십니다. 무엇을 잊지 말라고 하십니까? "너는 조심하여 너를 애굽 땅 종 되었던 집에서 인도하여 내신 여호와를 잊지 말고"(신 6:12)라고 하셨습니다. 너는 노예였는데 하나님의 은혜로 자유민이 된 것을 잊지 말라고 하십니다. 하나님께서 모세에게 주신 말씀을 보면 그 중심이 하나님의 은혜를 잊지 말라는 것입니다. 우리 인간은 망각의 동물이기 때문입니다.

구약의 가장 큰 절기가 유월절입니다. 유월절은 이스라엘이 애굽의 종이었는데 하나님의 은혜로 해방된 것을 잊지 않도록 하나님께서 세밀하게 지정해 놓으신 명절입니다. 유월절이 되면 유대인들은 집안에 발효된 모든 음식을 다 없앱니다. 딱딱한 빵과 쓴 나물을 먹으며 광야생활을 기억합니다. 유대인들은 오랜 전쟁과 포로생활 가운데 살아온 민족입니다. 그래서 자유가 얼마나 소중한지를 역사를 통해 잘 알고 있습니다. 이것을 잊지 않기 위해 지금도 유월절을 철저히 지킵니다. 자녀들에게 가르치는 것입니다.

신약의 가장 큰 절기가 부활절입니다. 구약에 이스라엘 백성들이 양의 피를 문설주에 발라 죽음의 심판을 넘어 해방이 되었다면, 부활절은 예수님의 십자가에 달리신 대속의 피로 우리가 구원 얻은 것을 기념하는 절기입니다. 우리는 예수님의 십자가 대속을 잊지 않아야 합니다. 매일 매주일 기억하며 감사해야 합니다. 구약의 유월절이 신약의 부활절입니다. 그래서 우리는 이 예수님의 대속의 은총을 자손들에게 가르쳐야 하는 것입니다. 예수님은 유월절 전날 제자들과 함께 식사를 하시며 제자들에게 빵과 포도주를 주셨습니다. 그리고 "이것은 너희를 위하는 내 몸이니 이것을 행하여 나를 기념하라"(고전 11:24)고 하셨습니다. 성만찬을 잊지 말고 행하여 기억하라는 것입니다. 그래서 예수님이 친히 제정하시고 이것을 행하여 기억하라고 말씀하신 성만찬이 중요한 것입니다.

우리는 결혼기념일을 기억하여 지킵니다. 처음에 사랑하여 평생을 검은머리가 파뿌리가 되도록 함께 사랑하며 살자고 약속했던 그날을 잊지 말고 기억하자는 것입니다. 어버이날, 스승의 날도 마찬가지입니다. 어버이의 은혜를 잊지 말고 스승의 은혜를 잊지 말자고 기념하여 지키는 것입니다. 하나님께서 주일을 명하여 주신 것도 잊지 말라는 것입니다. 이날은 하나님의 날이니 잊지 말고 기억하여 지키라는 것입니다. 오늘 말씀에 어떻게 지키라고 했습니까? "조심하여"라고 했습니다. 하나님의 은혜를 잊지 않고 조심하여 지켜야 합니다. 주일을 지키는 것도 조심하여 지켜야 합니다. 두렵고 떨림으로 지켜야 합니다.

제가 늘 강조합니다. "주일날은 제일 좋은 옷을 입고 오십시오. 자녀들에게 가장 축복된 날이 되도록 하십시오. 온 정성을 다하여 하나님을 예배하십시오"라고 강조합니다. 결혼식에 참석하거나 중요한 사람을 만나러 갈 때에 수염을 깎고 여성들은 화장을 하고 머리를 다듬고 합니다. 하물며 하나님 앞에 나올 때에 더 정성을 다해야 하는 것입니다. 서양에서는 다리를 꼬고 앉지만 한국문화는 그렇지 않습니다. 하나님 앞에서 조심해야 하는 것입니다. 그래서 오늘 성경에 조심하라고 하셨습니다. 네 하나님 여호와를 경외하며 섬기라고 하셨습니다. 맹세하며 지키라고 하셨습니다.

사탄은 주일날 은혜를 떨어트리려고 집중적으로 공격을 합니다. 그래서 주일날은 조심해야 하는 것입니다. 옷을 입는 것도 조심하고 말을 하는 것도 조심해야 합니다. 주일은 은혜 받는 날입니다. 주일은 축복을 받는 날입니다. 그러므로 힘들어도 주일은 교회에 나와야 합니다. 마음 아픈 일이 있어도 나와야 합니다. 요즘 사람들은 바이러스를 매우 두려워합니다. 그런데 우리가 정말 두려워해야 할 바이러스가 있습니다. 바이러스란 말은 라틴어에서 왔는데 뱀의 독이란 뜻입니다. 이 바이러스가 사람을 병들게 하고, 죽게 만듭니다. 그래서 두려워합니다. 그런데 가장 무서운 바이러스가 무엇인지 아십니까? 죄의 바이러스입니다. 이것을 두려워해야 합니다. 죄의 바이러스는 아담과 하와에게 들어와 인류를 죄로 전염시켰습니다. 이 죄의 바이러스를 해결하지 못하면 영원히 죽는 것입니다.

우리는 무서운 죄의 바이러스를 두려워해야 합니다. 죄는 가정을 파괴합니다. 죄는 사회를 공격하며 무너뜨리고, 죄는 교회도 공격하여 구원을 빼앗으려 합니다. 죄의 바이러스를 이길 힘은 예수님께 있습니다. 그러므로 무슨 일이 있어도 주님 앞에 나와야 하는 것입니다. 육신의 생명을 잠시 구하여도 영원한 생명을 잃어버리면 그것은 잘못 산 것입니다. 여러분은 하나님의 은혜를 잊지 마시기 바랍니다. 내가 하나님 앞에 나와 자녀가 된 것은 내 능력으로 된 것이 아닙니다. 그러므로 매일 감사해도 모자라는 것입니다. 또한 우리 민족이 이렇게 부요하게 살게 된 것도 하나님이 은혜입니다.

우리 민족은 복음을 받아들인 후 기도할 수밖에 없는 민족이었습니다. 우리는 일제 강점기에 예수님을 만났고 새벽마다 이 나라를 구해 달라고 하나님께 부르짖을 수밖에 없었습니다. 6.25전쟁의 시기를 지내며 하나님께 부르짖을 수밖에 없었습니다. 우리나라가 세계에서 제일 먼저 새벽기도를 시작하고 기도에 힘쓰는 민족이 된 것이 그저 된 것이 아닙니다. 이 민족이 기도하는 백성이 되었습니다. 새벽을 깨우는 민족이 된 것입니다. 이것이 하나님께서 이 민족을 복주시고 사용하시려는 섭리입니다. 그러므로 우리는 잊지 말고 계속해서 부르짖어야 합니다. 이 민족을 위해 계속해서 기도해야 합니다. 세계선교를 위해 계속해서 기도해야 합니다. 이것을 잊지 않아야 계속해서 누릴 수가 있습니다.

특별히 6.25 참전용사와 가족들을 위해서도 기도해야 합니다. 이 분들이 피와 희생으로 이 나라를 지키기 위해 싸웠기 때문입니다. 우리는 그날의 고통을 잊지 않아야 합니다. 자손들에게 가르쳐야 합니다. 수능시험만 잘 치도록 가르쳐서는 안 됩니다. 과거의 역사를 가르치고 미래를 바라보는 눈을 가르쳐야 합니다. 과거에 대학에는 나라와 역사에 대한 강의에 학생들이 넘쳐났습니다. 안병무 교수, 이영희 교수, 김동길 교수 이런 분들의 강의는 자리가 부족했습니다. 함석헌 선생님의 강의를 듣기 위해 쫓아다니기도 했습니다.

그런데 지금은 이런 강의가 인기가 없습니다. 이것을 보며 걱정해야 합니다. 나라를 사랑하고 민족을 위해 살겠다는 젊은이들이 사라지면 조국의 내일이 어둡습니다. 기술 가지고 나라를 살리는 것이 아닙니다. 지하자원이 있다고 되는 것이 아닙니다. 정신이 살아야 합니다. 우리 교회 청년들도 하나님께서 이 나라를 위해 나를 부르셨다는 비전을 가지고 살아야 합니다. 그래야 이 민족의 미래가 있습니다.

여러분, 우리 교회는 나라와 민족을 사랑하고 기도하는 성도들이 되십시다. 우리 한국교회는 나라와 민족을 지켜내는 교회가 되십시다. 하나님은 한국교회가 살아있을 때 이 나라와 민족을 지켜주시고, 통일도 이루어주시고, 축복의 날들을 허락해 주실 줄로 믿습니다.

적 용

ⓐ 오늘 말씀의 주제 파악하기

ⓑ 오늘 말씀 중 은혜 받은 부분 나누기

ⓒ 삶에 구체적으로 적용하기

함께 드리는 기도제목

1. 하나님의 은혜를 잊지 않고 조심하여 주일을 지키게 하옵소서.
2. 이 민족을 위해 계속해서 기도하게 하옵소서.
3. 나라와 민족을 사랑하고 기도하여 나라와 민족을 지키는 교회가 되게 하옵소서.

26

좁은 문으로 들어가라

- 본 문: 누가복음 13장 22-30절
- 찬 송: 521장(구원으로 인도하는, 통 253장)
- 요 절: 좁은 문으로 들어가기를 힘쓰라 내가 너희에게 이르노니 들어가기를 구하여도 못하는 자가 많으리라(눅 13:24)

오늘 말씀 바로 앞에서 예수님은 하나님 나라에 대한 말씀을 주셨습니다. "하나님 나라는 겨자씨 한 알과 같다. 하나님 나라는 누룩과 같다"라고 하셨습니다. 하나님 나라는 눈에 잘 보이지도 않는 작은 겨자씨가 자라서 새들이 깃들이는 큰 나무가 되는 것처럼 복음에는 역사가 있다는 말씀입니다. 작은 누룩이 커다란 밀가루 반죽에 들어가면 전체가 누룩이 되는 것처럼, 하나님 나라는 변화하는 역사가 있다는 말씀입니다. 예수님은 가는 곳마다 겨자씨를 심었습니다. 누룩이 되셨습니다. 그러므로 예수님이 가시는 곳마다 변화가 되었습니다. 복음이 들어가는 곳마다 가정이 변하고 나라가 변화되었습니다. 천국의 주인인 여러분도 가는 곳마다 변화가 되고 확장되는 역사가 있기를 바랍니다.

예수님께서 천국에 대한 말씀을 하시자 어떤 사람이 "주여, 구원을 받는 자가 적으니이까?" 하고 물었습니다. 예수님은 많다 적다 말씀하시지 않고 "좁은 문으로 들어가기를 힘쓰라"고 하셨습니다. 이 말씀은 유대인들은 자기들만이 구원받을 수 있다고 생각해 왔는데 그렇지 않다는 것입니다. 좁은 문으로 들어가야 구원을 받을 수 있다는 말입니다. 니고데모에게도 거듭나지 아니하면 하나님 나라를 볼 수 없다고 하셨습니다. 마태복음 19장에서는 어떤 부자 청년에게 천국에 들어가는 것이 어렵다고 말씀하시고 부자가 천국에 들어가는 것보다 약대가 바늘귀로 들어가는 것이 더 쉽다고 하셨습니다. 천국은 사모하는 자에게만 주어지는데 이 땅에 살면서 천국보다 다른 것을 더 사랑하고 사모하면 천국에 들어가기가 어렵다는 말씀입니다.

물질을 사랑하는 사람은 물질만 있으면 다 된다고 생각합니다. 권력을 사랑하는 사람은 권력만 있으면 다 해결된다고 생각합니다. 이런 사람은 천국 앞에서도 무릎 꿇지 않습니다. 성경은 물질에 대하여 부정적으로 보지 않습니다. 오히려 물질의 복을 말씀하십니다. 다만 물질을 다스리라고 하셨습니다. 충성하는 자에게 물질도 주시고 권세도 주십니다. 그러나 물질이 하나님 나라보다 크게 보이면 영적으로 병이 듭니다. 하나님 앞에서도 교만해지기 쉽기 때문에 이것을 강조하여 말씀하신 것입니다. 그리고 지금 유대인들에게도 좁은 문으로 들어가는 자만이 구원을 받을 수 있다고 말씀하신 것입니다. 요한계시록에도 14만4천 명만이 구원을 받을 수 있다고 하셨는데, 이 말씀은 누구나 예수 믿고 다 천국에 들어갈 수 있는 것이 아니라는 말씀입니다.

우리 교회 성도들 모두 예수 믿고 구원받는 성도들이 되어야 합니다. 예수님이 탄생하신 베들레헴의 외양간 자리에 유스티아누스 황제 때에 그의 어머니 헬레나가 '예수탄생교회'를 세웠습니다. 이 교회의 왼쪽에는 겸손의 문이 있습니다. 높이 1m 20cm 넓이 80cm

의 좁은 문입니다. 이 문으로 들어가려면 말을 타고 들어갈 수 없습니다. 높은 사람도 많은 것을 가진 사람도 다 고개를 숙이고 들어가야 합니다. 좁은 문은 주님 앞에 겸손한 사람만이 들어갈 수 있는 문입니다. 왜 좁은 문입니까? 세상의 많은 사람들이 넓은 문으로 가기 때문입니다.

존 번연의 《천로역정》에 보면 주인공인 기독도가 전도를 받아 책을 한 권 받았는데 그 책이 생명의 책입니다. 책을 읽고 나니 자신의 등에 있는 죄의 짐이 보이는 것입니다. 그래서 책을 준 사람에게 다시 찾아가 "이 짐을 어떻게 하면 벗을 수 있느냐?"고 했더니 "좁은 문으로 가라"고 했습니다. 그런데 좁은 문으로 들어가려 하는데 죄의 짐이 걸려 들어갈 수가 없습니다. 그래서 어떻게 해야 하나 하고 있는데, 십자가 밑으로 가라고 해서 십자가 밑으로 갔더니 죄의 짐이 저절로 벗겨지고 좁은 문으로 들어갈 수 있었다는 이야기입니다. 우리가 하나님을 만나기 전에는 내 죄가 보이지 않습니다. 죄 가운데 살면서도 죄를 모릅니다. 그런데 하나님을 만나는 순간 내 죄가 보입니다. 그래서 회개하게 되는 것입니다.

이 죄의 문제를 어떻게 해결할 수 있습니까? 다른 방법이 없습니다. 예수님께로, 십자가 앞으로 나와야 합니다. 예수님께서 나를 위해 십자가를 지셨다는 그 사실이 믿어질 때에 저절로 죄 용서함을 받는 것입니다. 사람은 다 죄 가운데 사는 것을 깨달아야 합니다. 아침에 일어나서 죄를 짓고 하루를 살면서도 마음으로 몸으로 수없이 죄를 짓습니다. 하나님의 영광을 가리는 죄도 많이 지었습니다. 내게 주신 달란트를 허비한 죄도 많이 지었습니다. 그런데도 '나는 주일성수하고, 십일조도 정확하게 드리고, 수요기도회 새벽기도회도 나와서 기도하고, 봉사도 많이 했다. 그래서 나는 천국에 갈 것이다'라고 생각하는 사람이 많다는 것입니다. 오늘 성경에 "들어가기를 구하여도 못하는 자가 많으리라"는 말씀이 그것입니다. 들어가기를 구하지도 않는 사람도 많지만 이렇게 들어가기를 구하는 사람도 많습니다. 그런데 그중에서 들어가지 못하는 자가 많으리라고 하십니다. 왜요? 죄 때문입니다.

불교신자들 가운데 100일 불공을 드리는 사람도 있고, 천 번을 절하는 사람도 있습니다. 아는 분의 이야기를 들어보니 천 번을 절하는 것이 아무나 할 수 있는 것이 아니라고 합니다. 천 번 절을 하면 무릎이 고장 난다는 것입니다. 이슬람 국가에 가보면 하루 다섯 번의 기도시간이 되면 모두 하던 일을 멈추고 기도를 합니다. 심지어 고속도로에도 곳곳에 기도처가 있습니다. 고속도로를 달려가다가 기도시간이 되면 기도처에 들어가 기도를 합니다. 이슬람은 하나님도 믿고, 구약성경도 믿고, 복음서도 믿습니다. 동정녀 마리아도 인정하고 예수님도 예언자로 인정합니다. 그런데 마호메트가 마지막 예언자라는 것입니다. 마호메트에 의해 완성되었다는 것입니다. 처음에는 이렇게 출발이 좋았다가도 나중이 잘못되면 엉뚱한 길로 갑니다. 그런데 이들의 열심을 보면 대단합니다. 천국에 들어가겠다는 것입니다. 그런데 이들은 성경에서 벗어나 버렸습니다. 자기들의 행위로 구원을 얻으려고 합니다.

우리는 예배시간에 하나님과 나만이 아는 죄를 고백합니다. 1부 예배 때에 고백했는데 2부 예배가 되면 그 순간 또 지은 죄가 너무 많은 것입니다. 하나님만 바라보지 못한 순간이 그 짧은 시간에도 너무 많은 것입니다. 찬송하지 못하고 기도하지 못한 것입니다. 주님을 더 사랑하지 못한 것입니다. 하루에 죄를 10가지만 지어도 1년이면 3,650가지 죄를 짓습니다. 하루에 10가지만 짓겠습니까? 우리가 짓는 죄가 너무 많은 것입니다.

'나는 네가 지난여름에 한 일을 알고 있다'는 제목의 영화가 있습니다. 여러분에게 "나는 네가 한 일을 다 알고 있다"고 하면 가슴이 두근거리지 않겠습니까? "나는 아무 죄가 없다. 나는 정직하게 살았고 한 점 부끄러움이 없다"고 말하는 사람이 있다면 이런 사람이 오히려 더 심각한 사람입니다. 사람이 죄 가운데 사는 것을 모르는 사람입니다. 여러분, 내가 죄인인 것을 깨달아야 합니다. 죄를 깨달은 성도는 늘 하나님의 은혜를 사모합니다. 하나님의 은혜가 없이는 아무것도 할 수 없음을 알기 때문입니다.

사탄 마귀는 우는 사자와 같이 두루 다니며 삼킬 자를 찾는다고 했습니다. 예수님께서 말씀하셨듯이 쉴 새 없이 가라지를 뿌립니다. 원망과 불평의 가라지를 뿌립니다. 거짓과 증오와 시기와 분노와 무절제와 게으름과 교만의 가라지를 뿌립니다. 가라지는 영양분을 다 빼앗아갑니다. 성도들이 교회에 나와 하나님의 말씀을 듣는 순간을 성경은 씨앗에 비유하여 말씀합니다. 그런데 사탄이 가라지를 뿌리는 바람에 은혜를 빼앗겨 버리는 것입니다. 여러분에게 주일날에 교회에 나와 머무는 순간에 모이면 찬송하고, 함께 기도하고, 은혜의 이야기를 나누라고 하는 이유가 여기에 있습니다. 천국은 지켜야 하는 것입니다. 그럴 때에 하나님께서 더 큰 은혜를 주시고 달란트를 주십니다.

예수 믿고 구원받지 못하면 이보다 더 억울한 일이 없습니다. 남들은 주일날 휴가 가고 야외로 나가는데 매주일 교회에 나옵니다. 그것뿐입니까? 헌금도 드립니다. 봉사도 합니다. 기도하고 전도하고 많은 시간과 정성을 드리고 구원받지 못한다면 이 얼마나 억울한 일입니까? 그러면 좁은 문으로 들어가는 것이 어렵습니까? 성경은 구원받는 것에 대해 어렵다고 말씀하지 않습니다. "주 예수를 믿으라 그리하면 너와 네 집이 구원을 받으리라"(행 16:31) 말씀하셨습니다.

주 예수를 믿으면 되는 것입니다. 그런데 믿는다는 것이 "주여 믿습니다" 하는 것이 믿음입니까? 믿음은 성경의 말씀을 하나님의 말씀으로 믿는 믿음입니다. 그리고 그 말씀에 순종하는 믿음입니다.

어떤 집사님에게 편지를 받았습니다. 은퇴하신 장로님이 은퇴집사님 방에 책장을 선물했다는 것입니다. 그리고 신앙서적을 모았고 책을 열심히 구입하여 2백여 권이 모아졌다는 것입니다. 은퇴하신 집사님들이 주일날 모여 신앙서적을 읽으니 너무 좋다는 것입니다. 그 편지를 읽으며 참 감사했습니다. 그런데 다음부터는 찬송도 함께 부르십시오. 기도도 하십시오. 나라와 민족을 위하여 기도하고 북한 땅의 불쌍한 형제들을 위하여 기도하고, 구원받지 못한 사람들을 위해 기도하고 성전건축을 위해 기도하십시오. 이 종과 우리 교회를 위해 기도하십시오. 그러면 더 좋은 것입니다. 천국이 가까워지는 것입니다.

천국은 침노하는 자의 것이라고 했습니다. 천국을 사모하는 자에게 주어진다는 말입니다. 이 땅을 사는 동안 쉬지 않고 천국을 얻기 위하여 힘쓰는 자에게 천국이 주어지는 것입니다. 믿음 생활은 늘 은혜를 사모해야 합니다. '내가 이런 사람인데' 하는 사람에게는 절대로 은혜가 임하시지 않습니다. '늘 울어도 못 갚을 줄 알아' 하는 맘으로 나오는 자에게 은혜를 주십니다. 여러분은 매일 말씀을 듣고 읽고 주님의 나라를 사모하며 사는 성도들이 되시기 바랍니다.

오늘 예수님의 말씀에 "집주인이 일어나 문을 한 번 닫은 후에 너희가 밖에 서서 문을 두드리며 주여 열어 주소서 하면 그가 대답하여 이르되 나는 너희가 어디에서 온 자인지 알지 못하노라 하리니" (눅 13:25)라고 하셨습니다. 문을 닫을 때가 온다는 것입니다. 복음이 늘 전해지는 것이 아닙니다. 베들레헴 같은 곳은 1930년경만 해도 기독교인이 80% 가까이 되었습니다. 그런데 지금은 이슬람이 거의 장악을 하고 있습니다. 우리나라에도 복음이 먼저 들어온 곳은 북한이었습니다. 평양을 한국의 예루살렘이라 했습니다. 그런데 지금은 복음의 문이 막혀 버렸습니다. 은혜는 늘 내리는 것이 아닙니다. 은혜 받는 것도 기회가 있습니다. 축복을 받는 것도 기회가 있습니다. 이 기회를 놓치지 않아야 합니다.

예수님께서 문을 닫을 때에 사람들이 두드리며 "우리는 주 앞에서 먹고 마셨으며 주는 또한 우리를 길거리에서 가르치셨나이다"(눅 13:26)라고 외칩니다. 주 앞에서 먹고 마시는 관계는 보통 관계가 아닙니다. 예수님께서 친히 길거리에서 가르치셨으니 모든 사람들이 다 인정하는 사람들입니다. 지금으로 말하면 "제가 우리 교회에 출석도 하고 봉사도 했습니다. 주일날 식당에서 식사도 했습니다. 제가 굉장한 직분도 받았습니다"라는 말입니다. 그런데 주님께서는 "나는 너희가 어디에서 왔는지 알지 못하노라 행악하는 모든 자들아 나를 떠나가라 하리라"(눅 13:27) 말씀하신다고 하셨습니다. 이것은 소설이 아닙니다. 비유가 아닙니다. 장차 우리에게 일어날 일을 말씀해 주신 것입니다. 찬송 521장이 오늘의 말씀을 너무나 잘 표현해주고 있습니다.

1. 구원으로 인도하는 그 문은 참 좁으며
생명으로 인도하는 그 길은 참 험하니
우리 몸에 지워 있는 그 더러운 죄 짐을
하나 없이 벗어 놓고 힘써서 들어갑시다
구원으로 인도하는 그 좁은 문 들어가
영생으로 인도하는 그 생명길 갑시다
2. 이 세상의 많은 사람 큰 문으로 들어가

넓은 길로 갈지라도 멸망으로 끝나니
세상 헛된 부귀 영화 모두 내어 버리고
주의 말씀 순종하여 그 생명길로 갑시다
구원으로 인도하는 그 좁은 문 들어가
영생으로 인도하는 그 생명길 갑시다

3. 구원의 문 열렸으니 주의 공로 힘입어
주저 말고 들어가서 생명길로 갑시다
구원의 문 닫힌 후엔 들어가고 싶으나
한번 닫힌 구원의 문 또 열려지지 않으리
(후렴) 구원으로 인도하는 그 좁은 문 들어가
영생으로 인도하는 그 생명길 갑시다

여러분, 생명으로 인도하는 좁은 문으로 모두가 들어가시기를 바랍니다. 그날에 하나님 나라에 들어간 사람들을 보십시다. 아브라함과 이삭과 야곱이라고 했습니다. 아브라함은 믿음의 사람입니다. 하나님의 말씀에 순종하여 고향 친척 아버지 집을 떠난 사람이요, 아들 이삭보다 하나님의 말씀에 순종하는 것을 더 귀하게 여긴 사람입니다. 이삭은 온유한 사람입니다. 하나님의 영광을 위해 자기 것을 포기하는 사람이었습니다. 야곱은 간교한 사람입니다. 어떻게 보면 우리와 가장 비슷합니다. 그러나 야곱은 영적인 욕심이 있었던 사람입니다. 그래서 하나님의 은혜를 입었고 훈련 과정을 거쳐 하나님께 이스라엘이라는 이름까지 얻은 사람입니다. 이들의 공통점은 자기의 힘으로 무엇을 이룬 사람들이 아닙니다. 하나님의 말씀을 귀하게 여겼고 하나님 영광을 위해 자기 생각을 포기한 사람들이었습니다.

그 다음에 선지자가 나옵니다. 제사장이나 다른 직책을 예로 들지 않고 선지자를 말씀하신 이유가 있습니다. 선지자는 다양한 직업을 가졌습니다. 농부도 있고, 여성도 있고, 제사장도 있고, 왕족도 있습니다. 이들은 모두가 하나님의 부르심을 받고 자기의 것을 포기한 사람들입니다. 이런 사람들이 천국에 있을 것이고 너희는 슬피 울며 이를 갈게 될 것이라 하셨습니다. 억울해서 이를 부드득 갈지만 그때는 이미 늦은 것입니다. 그러나 그때에 "사람들이 동서남북으로부터 와서 하나님의 나라 잔치에 참여하리니 보라 나중 된 자로서 먼저 될 자도 있고 먼저 된 자로서 나중 될 자도 있느니라"(눅 13:30) 하셨습니다. 유대인뿐 아니라 이방인들도 구원에 참여할 것임을 예수님은 말씀하셨습니다. 이것은 유대인들에게는 상상도 못할 선포였습니다. 그래서 이들이 이를 갈게 될 것이라는 말씀입니다.

신앙은 먼저 된 자가 나중 되고 나중 된 자가 먼저 되는 일이 많습니다. 부모님 때문에 어렸을 적부터 믿었으나 지금은 믿음을 다 팔아먹은 사람도 있습니다. 하나님의 말씀을 두려워하지 않고 순종하지 않는 사람도 있습니다. 먼저 된 자가 나중된 것입니다. 그러나 예수 믿은 지 한 달밖에 안 되었는데 그 믿음이 정금 같은 분도 있습니다. 예수님을 위해 나의 걸어온 길의 방향을 바꾸는 분도 있습니다. 우리 교회에서 신앙생활한 지 얼마 안 되었는데 믿음으로 살려고 애쓰시는 분들이 참 많습니다. 죽을병에 걸려 기도 받으러 와서 오히려 "하나님을 찬양하며 감사해요"라고 말씀하시는 분들을 보면 얼마나 많은 감동을 받는지 모릅니다.

여러분, 지금까지 잘하셨습니다. 계속해서 좁은 문으로 들어가십시오. 세상의 문은 넓고 화려하고 웅장합니다. 그래서 사람들은 좁은 문으로 가려고 하지 않습니다. 그러나 주님이 말씀하시는 좁은 문으로 가는 것은 불편한 것이 아닙니다. 그곳에 생명이 있습니다. 그곳에 주님의 도우심이 있습니다. 절대로 잘못되지 않습니다. 지금은 어려워도 나중이 행복하게 됩니다. 그 문으로 들어서면 그곳에 은혜가 있고 축복이 있습니다. 그래서 기뻐하게 되고 감사하는 인생이 되는 것입니다. 그러나 넓은 문은 반드시 후회하게 됩니다. 여러분, 좁은 문으로 들어가기를 힘써서 그날에 천국의 주인공들이 다 되십시다.

적용

ⓐ 오늘 말씀의 주제 파악하기

ⓑ 오늘 말씀 중 은혜 받은 부분 나누기

ⓒ 삶에 구체적으로 적용하기

함께 드리는 기도제목

1. 예수님처럼 우리가 가는 곳마다 복음의 놀라운 변화가 있게 하옵소서.
2. 매일 말씀을 듣고 읽고 주님의 나라를 사모하게 하옵소서.
3. 좁은 문으로 들어가기를 힘써서 그날에 천국의 주인공이 되게 하옵소서.

27

여호와께 감사하라

- 본 문: 시편 136편 1절
- 찬 송: 593장(아름다운 하늘과, 통 312장)
- 요 절: 여호와께 감사하라 그는 선하시며 그 인자하심이 영원함이로다 (시 136:1)

시편 136편은 총 26절로 되어 있는데 "감사하라"는 말씀이 26번이나 나옵니다. 이 시편은 절기 때에 제사장들이 암송하여 선창을 하면 백성들이 후창을 하며 하나님께 찬송을 드렸습니다. 오늘 말씀을 보면 감사할 조건이 얼마나 많은지 모릅니다. 지나온 날들을 생각하며 하나하나 감사를 드리고 있습니다. 오늘 성경말씀에도 "하나님께 감사하라"고 말씀하십니다. 하나님의 선하심과 인자하심이 영원하기 때문입니다.

왜 감사를 합니까? 은혜를 깨달은 사람은 감사가 저절로 나오는 것입니다. 보통 사람들의 감사는 조건적인 감사입니다. 내가 생각한 것이 이루어지면 감사하고, 일이 잘되면 감사합니다. 그런데 성경이 말씀하는 감사는 무조건적인 감사입니다. 불행한 일을 만나도 감사하고 아플 때에도 감사합니다. 이것이 믿음의 감사요 순종의 감사입니다. 하나님은 "범사에 감사하라"고 하셨습니다. 범사에 감사하라는 말씀은 우리 일평생 호흡이 붙어 있는 동안 감사하라는 말씀입니다. 하나님께서 감사하라고 명하셨기 때문에 그 말씀을 믿고 순종하는 사람이 감사하는 사람이 됩니다.

오늘 시편은 다윗의 시편입니다. 다윗의 시편을 읽어 보면 감사가 많이 나옵니다. 다윗은 늘 순경 가운데 산 사람이 아닙니다. 누구보다 역경이 많았던 사람입니다. 그런데 다윗은 역경 속에서도 감사했습니다. 하나님의 은혜를 깨달았기 때문입니다. 다윗은 목동으로 양을 치던 소년이었습니다. 그런데 하나님의 은혜로 양을 치는 일을 잘 감당할 수 있었습니다. 사자나 곰이 와서 양을 물고 달아나면 쫓아가서 맹수의 입에서 양을 구해냈습니다. 골리앗과의 싸움에서도 하나님의 특별한 은혜로 골리앗을 이길 수가 있었습니다.

기름부음을 받은 후에도 인생의 많은 역경이 있었지만 믿음을 잃지 않았고 왕위에까지 오를 수가 있었습니다. 이 모든 일이 하나님의 은혜임을 깨달았기 때문에 다윗은 늘 감사하는 사람이 되었습니다. 다윗은 불통할 때에도 감사하였고, 감사하는 다윗에게 하나님께서는 형통의 축복을 주셨습니다. 이 다윗의 감사를 배우시기 바랍니다. 지나온 날들을 돌이켜보며 감사하시기 바랍니다. 우리가 이렇게 신앙생활하게 된 것을 생각하면 감사할 조건이 얼마나 많은지 모릅니다.

우리나라는 복음의 빚을 진 나라입니다. 우리나라를 위해 선교사들이 와서 피를 흘렸습니다. 훌륭한 선교사들이 많이 왔습니다. 그들이 이 나라에 복음의 씨앗을 뿌려주었습니다. 이것을 우리는 감사해야 합니다. 곡식을 심을 때에도 좋은 씨앗을 심어야 좋은 열매가 맺힙니다. 나무를 심어도 좋은 품종을 심어야 좋은 열매가 맺힙니다. 산에 있는 밤나무 묘목을 가져다 심으면 밤이 손가락 만하게 열립니다. 그런데 좋은 품종을 심으면 밤송이가 주먹보다 큽니다. 우리나라는 훌륭한 선교사들이 많이 왔습니다. 선교사들이 목숨을 바쳐 우리나라를 위해 복음의 좋은 씨앗을 뿌렸습니다. 그래서 우리나라는 순결한 믿음을 가진 교회들이 세워지게 되었습니다. 이것을 우리는 감사해야 합니다.

미국 선교사들이 많이 왔었는데, 지금 미국 선교사들은 옛날 선교사들처럼 순결하지가 않습니다. 미국교회가 변해버렸기 때문입니다. 얼마 전 충격적인 기사를 읽었는데 미국 장로교 패널이 조사한 바에 의하면 예수 그리스도를 따르는 자만이 구원받을 수 있다는 질문에 대해 목사의 41%만이 그렇다고 대답했습니다. 동의하지 않는다는 답변이 45%나 되었습니다. 미국이 변하고 있습니다. 지금의 미국 선교사들이 순교를 각오하고 복음을 전하겠습니까? 오직 예수를 전하겠습니까? 그렇지 않습니다. 우리는 과거에 순결한 복음을 받은 것에 대해 감사해야 합니다. 우리 한국교회를 보면서도 감사해야 합니다.

우리 한국교회는 복음을 위해 목숨을 바친 순교자들이 많습니다. 그 핏값으로 우리가 축복을 받고 있는 것입니다. 하나님은 절대로 공짜가 없으신 분입니다. 우리가 헌신한 것을 다 기억하고 계시고 그 은택을 자손들에게 부어주시는 하나님이십니다. 그러므로 우리는 감사해야 합니다. 한국교회는 선교사를 지원하는 사람들이 많습니다. 선교사는 자기 몸을 이웃을 위해 바치며 사는 분들입니다. 이런 한국교회를 주신 것을 우리는 감사해야 합니다.

우리 교회를 보면서도 감사해야 합니다. 안 된다는 사람은 모든 것을 안 되는 것만 봅니다. 이제는 교회가 부흥이 안 된다고 합니다. 이제는 방향을 바꾸어야 한다고 말합니다. 스스로 전도가 안 된다고 포기하는 것입니다. 그런데 우리 교회가 계속 부흥합니다. 많은 한국교회가 우리 교회를 보면서 비전을 갖습니다. 희망을 갖습니다. '저 교회가 부흥하는 것을 보니 우리도 할 수 있다'는 마음이 드는 것입니다. 전도가 안 되는 줄 알았는데 되는 것을 보니 우리도 할 수 있다는 것입니다. 이것은 우리 교회와 성도 여러분이 한국교회를 향해 꿈을 주는 굉장한 것입니다.

군선교가 안 된다고 합니다. 그래서 우리 교회는 우리 노회 소속 교회가 있는 한 부대에 집중적으로 선교를 합니다. 이 일을 맡은 장로님에게도 "장로님, 할 수 있습니다. 아끼지 말고 열심히 하십시오" 하고 부탁을 드렸습니다. 이 선교의 열매가 맺어지기를 기도하시기 바랍니다. 오늘 한국교회가 사는 길은 다시 복음으로 돌아가는 것입니다. 엉뚱한 것을 좇아다니면 안 됩니다. 오직 예수, 오직 복음으로 돌아가야 한국교회가 살 길이 열리는 것입니다. 교회의 개혁이 다른 것으로 되는 것이 아닙니다. 우리가 본을 보이면 되는 것입니다. 교회 건축도 안 된다고 합니다. 그래서 우리 교회가 해내야 합니다. 하나님께서 도와주시니 할 수가 있습니다. 우리는 모든 것을 볼 때에 하나님의 은혜를 중심으로 바라보아야 합니다. 교회의 역사는 은혜의 역사입니다.

세상의 눈으로 본다면 교회는 벌써 없어졌습니다. 러시아에서 그리고 중국에서 공산혁명을 일으키면서 제일 먼저 교회부터 없애려고 했습니다. 그런데 없어졌습니까? 오히려 러시아 공산주의가 무너졌고 교회는 다시 부흥하고 있습니다. 중국에서도 1억이 넘는 신자들이 있습니다. 전체 중국 인구의 10분의 1입니다. 북한공산당이 교회를 없애려고 하지만 교회는 무너지지 않습니다. 하나님의 은혜가 함께하기 때문입니다. 지금 우리는 감사한 것이 많습니다. 먹을 것도 많습니다. 가난해도 다 먹을 것이 있습니다. 입는 옷은 얼마나 좋습니까? 아파트 한쪽에 있는 헌 옷 수거함에 가보면 좋은 옷들이 너무나 많습니다. 아무 옷이나 골라 입어도 다 멋진 옷입니다. 가구들을 버리는 것을 보면 다 아까운 것들입니다. 오늘 우리가 이렇게 잘살고 있습니다. 여러분, 여러분의 살아온 날들을 돌이켜보십시오. 다 감사한 것들입니다. 감사하면 하나님이 기뻐하시고 그 감사보다 더 많은 감사를 주십니다.

이 종은 군에 입대했을 때 몸이 몹시 힘들었습니다. 걷기도 힘이 들었습니다. 그런데 군에 입대하여 훈련을 하며 건강을 찾았습니다. 지금은 군음식이 가정집보다 더 좋다고 하는데 지금부터 35년 전이니 그때는 먹을 것이 그리 풍성하지 않았습니다. 훈련소 시절에는 늘 배가 고팠습니다. 훈련 기간 중 아무것도 사 먹을 수가 없었습니다. 그런데 훈련소에서 만난 저의 짝꿍이 전교 불교학생회 회장 출신입니다. 이 사람은 불교 집안에서 자라 비린 것도 먹지 않습니다. 고기나 생선을 입에 대지도 않습니다. 그래서 늘 저하고 바꾸어 먹었습니다.

나는 김치나 깍두기를 주고 그 사람은 저에게 고기를 주는 것입니다. 군에서 깍두기는 밥 한 그릇에 서너 개 나오는데, 그것도 생무에 고춧가루 몇 개 발라놓은 것입니다. 그런데 다른 음식은 다 고기입니다. 미역국에도 고기가 들어가고 다른 반찬은 나왔다 하면 생선튀김입니다. 그러니 나는 2인분을 먹으니 날마다 몸이 건강해집니다. 그래서 훈련소를 2등으로 졸업을 했습니다. 모든 훈련을 마치고 근무할 부대에 배치가 되었는데 생각해보니 모든 것이 감사한 것입니다.

근무할 부대에 배치가 되기 전 부친이 목사 모임에 참석했다가 우연히 제가 있는 부대의 목사님을 만나게 되어 당시 돈 3만 원을 주셨습니다. 당시 3만 원은 지금보다는 훨씬 큰돈입니다. 그 돈을 간수하기가 힘들어 칫솔 통에 감추어두었다가 '아껴 써야지' 생각했습니다. 첫 예배를 드리러 가면서 하나님의 은혜가 너무나 감사했습니다. '내가 하나님의 은혜가 아니면 여기까지 올 수 없었구나' 생각하며 그 돈을 모두 꺼내어 감사헌금으로 드렸습니다.

그랬더니 부대의 목사님이 헌금을 정리하다가 사병이 3만 원이란 큰돈을 헌금한 것을 보고 저를 불렀습니다. 그 목사님은 지금 서울 평강교회를 담임하고 계시는 정옥균 목사님인데, 당시 군목장교로 입대했다가 학생회장 시 시위한 것이 뒤늦게 문제가 되어 사병으로 강등이 되었습니다. 그 당시 사단장이 목사님 설교에 늘 은혜를 받다가 목사님이 갈 곳을 찾아보았습니다. 전국에서 군종으로 가장 목회하기 좋은 곳이 어디인가 찾아 기드온교회라고 하는 곳에 보내드렸습니다. 부대장교들이 모두 기독교인이고, 목사님은 부대에서가 아니라 교회 사택에서 살 수 있는 대한민국에서 제일 좋은 조건의 교회였습니다. 목사님께서 이런 저런 이야기를 하더니 제가 마음에 들었나 봅니다. 하나님께서 감동을 주셔서 저에게 은혜를 베푸신 것입니다.

그래서 부대장에게 이야기하여 제가 교회에서 일할 수 있게 되고 그 목사님의 후임이 되었습니다. 그래서 하루 종일 성경을 읽고 심방도 하고 매일 설교하는 목회훈련을 그곳에서 받았습니다. 군인이면 '충성' 하고 인사를 해야 하는데, 그 부대에서 저는 부대장에게도 고개를 숙여 "안녕하십니까?" 하고 인사하는 유일한 사병이요 전도사였습니다. 그 부대에서는 누구나 저에게 존댓말을 했습니다. 제일 높은 부대장과 두 번째, 세 번째 높은 장교 부부가 다 집사님이니 이분들이 "전도사님" 하고 존댓말을 하니 다른 사람들이 함부로 할 수가 없었습니다. 저는 젊은 나이에 목회자의 수업과 훈련을 이때부터 받은 것입니다.

어디에서부터 이 축복이 시작되었습니까? 하나님께 내 전 재산 3만 원을 감사로 드릴 때에 그 은혜가 시작된 것입니다. 그때부터 저는

'나의 모든 것을 주님께 드릴 때에 하나님은 절대로 공짜가 없으시구나!' 하는 사실을 깨닫고 늘 주님께 드리려고 합니다. 장경동 목사님은 평생에 세 번 하나님께 전 재산을 감사로 드렸다고 했는데, 나는 늘 수없이 전 재산을 드렸습니다. 왜냐하면 재산이 원래 없기 때문입니다. 바치면 늘 전 재산입니다. 그래서 하나님께서는 이 종에게 은혜를 베푸셔서 대한민국에서 제일 좋은 교회, 비전이 있는 우리 교회에까지 이끄신 줄로 믿습니다.

감사는 축복을 낳는 것입니다. 야곱은 삼촌 라반의 집에 가서도 하나님의 특별한 은혜를 입어 하는 일마다 잘되었습니다. 이 간증을 아들 요셉에게 늘 이야기했을 것입니다. 그래서 요셉도 아버지를 따라 믿음으로 살았고, 감옥에서도 은혜를 입고 가는 곳마다 은혜를 입었습니다. 그리고 마침내 애굽의 총리가 되었습니다. 요셉의 이야기를 읽으며 이 이야기가 나의 이야기구나 하고 아멘을 합니다. 제가 여러분에게 말씀을 들을 때에 '아멘' 하라고 하는 이유가 여기에 있습니다. '성경에 나오는 인물의 이야기, 축복받은 이야기, 은혜 받은 이야기가 나의 이야기가 될 줄로 믿습니다' 할 때에 아멘이 저절로 나오는 것입니다.

요셉은 감옥에서도 좋은 사람을 만났습니다. 하나님께서 요셉을 위해 복된 사람을 예비해 주시는 것입니다. 이 종이 기도할 때에 복된 사람, 행복한 사람, 긍정적인 사람, 믿음의 사람을 만나게 해달라는 기도를 드리는 것이 이와 같은 이유입니다. 감사는 이렇게 좋은 것입니다. 감사는 특별한 사람만 할 수 있는 것이 아닙니다. 공부 못하는 사람도 감사할 수 있습니다. 머리가 좋지 않아도 감사할 수 있습니다. 외모와 관계없이 감사할 수 있습니다. 감사하면 행복한 사람이 됩니다. 행복해야 감사하는 것이 아닙니다.

순서를 잘 깨달아야 합니다. 구름이 비가 되어 내리려면 구름의 밀도가 높아져야 합니다. 구름의 밀도가 높아지면 검은빛이 됩니다. 그러면 비가 오는 것입니다. 불평도 눈에 보이지는 않지만 작은 수증기가 하늘로 올라가 구름이 되고 그 구름이 밀도가 채워지면 비가 내리는 것입니다. 하나님의 은혜의 단비가 내리는 원리가 이것입니다. 하나님께 감사를 드리십시오. 힘들어도 드리고, 속상해도 드리십시오. 불평할 일이 있어도 불평하지 말고 감사를 드리십시오. 불평은 축복을 빼앗아가고 받을 복을 빼앗아갑니다. 눈에 보이지 않지만 조금씩 쌓아져 가는 것입니다. 그러나 감사하면 그 감사가 은혜와 축복으로 내리는 순간이 오는 것입니다.

감사는 훈련입니다. 감사가 훈련되면 저절로 감사가 나옵니다. 불평도 훈련입니다. 매일 입만 열면 불평이 나오는 사람은 자기도 모르게 불평이 나옵니다. 그래서 불평의 사람이 됩니다. 이스라엘 백성들은 광야에서 불평이 훈련이 되었습니다. 처음 한 번이 중요합니다. 한 번 두 번 불평하다 보니 불평하는 사람이 되었고, 마침내 하나님께서는 그 불평대로 불평의 삶을 살게 하신 것입니다. 이들은 광야에서 고생만 하고 가나안 땅에 들어가지 못하는 불행한 인생이 되고 말았습니다.

여러분, 감사할 것을 자꾸만 찾아보시고 감사하시기 바랍니다. 아침에 일어나면서 "하나님 감사합니다" 하고 일어나고, 저녁에 잠들 때도 "하나님 감사합니다" 하고 잠드십시오. 감옥과 수도원은 비슷한 점이 많습니다. 세상적으로 재미있는 것이 없습니다. 식사도 시원찮습니다. 속박하는 것도 많습니다. 마음대로 밖에 다닐 수도 없습니다. 감옥은 불평이 가득 찬 곳입니다. 감옥에는 감사가 없습니다. 그러나 똑같은 상황에서 수도원은 감사가 있습니다. 하나님을 향한 찬양이 있습니다. 비슷한 환경에 있어도 불평하는 사람이 있고 감사하는 사람이 있을 수 있다는 말입니다. 설교 말씀을 전하고 인사할 때 보면 손을 흔들며 "목사님 감사합니다" 하고 나가는 분들이 있습니다. 예배드리고 하나님의 말씀을 듣고 감사를 깨달으면 이 사람은 복된 사람인 것입니다. 우리 인생은 하나님의 은혜가 있어야 복된 삶이 됩니다.

7월 첫째 주일은 맥추감사절로 지킵니다. 맥추감사절은 이스라엘 백성들이 출애굽한 후 첫 농사를 지어 하나님께 감사를 드린 절기입니다. 영원히 희망이 없는 노예였는데, 이렇게 자유를 얻었고 하나님의 약속하신 땅에 와서 농사를 지어 첫 열매를 얻게 된 것이 하나님의 은혜임을 잊지 말라고 이 절기를 지킬 것을 명하셨습니다. 하나님께서는 유월절과 맥추절, 초막절의 절기를 지키라고 명하셨습니다. 그것은 잊지 말라는 것입니다. 여러분, 죄로 인해 멸망당할 우리가 이 자리까지 온 것이 하나님의 은혜임을 잊지 마시기 바랍니다. 은혜를 깨달은 자는 감사밖에는 없습니다. 불평하지 않습니다. 불평은 은혜를 잊은 자가 하는 행위입니다.

"감사로 제사를 드리는 자가 나를 영화롭게 하나니 그의 행위를 옳게 하는 자에게 내가 하나님의 구원을 보이리라"(시 50:23) 말씀하셨습니다. 여러분, 감사로 예배드리십시오. 그러면 하나님을 영화롭게 하는 것입니다. 이 예배에 나오게 된 것이 하나님의 은혜임을 잊지 마시기 바랍니다. 이 전에서 영의 양식을 먹으며 주의 자녀로 살아가는 것이 하나님의 은혜임을 잊지 마시기 바랍니다. 그 행위를 옳게 하는 자가 누구입니까? 감사로 예배드리는 자입니다. 이런 성도에게 오늘 성경을 보면 구원의 약속을 주셨습니다. 하나님의 은혜에 감사하고 늘 감사의 예배를 드려 구원의 은총을 입는 성도들이 되십시다.

적용

ⓐ 오늘 말씀의 주제 파악하기

ⓑ 오늘 말씀 중 은혜 받은 부분 나누기

ⓒ 삶에 구체적으로 적용하기

함께 드리는 기도제목

1. 우리에게 좋은 교회를 주신 하나님께 감사하게 하옵소서.
2. 매 주일 예배드리며 하나님의 말씀을 듣고 감사를 깨닫게 하옵소서.
3. 하나님의 은혜에 감사하고 늘 감사의 예배를 드리게 하옵소서.

28

많은 열매를 맺는 사람

• 본 문: 요한복음 12장 24-26절
• 찬 송: 317장(내 주 예수 주신 은혜, 통 353장)
• 요 절: 내가 진실로 진실로 너희에게 이르노니 한 알의 밀이 땅에 떨어져 죽지 아니하면 한 알 그대로 있고 죽으면 많은 열매를 맺느니라(요 12:24)

요한복음 12장에서 예수님께서는 나귀를 타시고 예루살렘 성에 들어가셨습니다. 나귀는 평화와 겸손의 상징입니다. 이 땅에 왕으로 오신 예수님께서 나귀를 타셨으니 이 땅의 다른 왕들과는 다릅니다. 이것은 예수님께서 왜 이 땅에 오셨는지를 알려주시는 행위입니다. 왕은 나귀를 타지 않습니다. 백마를 타고 나팔을 불며 창검을 든 병사들을 앞세우고 행진을 합니다. 백마를 타고 병사들을 앞세우고 오는 왕 앞에 백성들이 가까이 가지 못합니다. 병사들이 막습니다.

그러나 겸손하게 나귀를 타고 오시는 예수님을 향해 백성들은 가까이 다가와 자신들의 옷을 깔고 예수님을 진심으로 환영했습니다. 아이들까지 나귀 옆에 붙어서 함께 달려가며 예수님의 옷자락도 만져보고 함께 즐거워했을 것입니다. 힘이 없어서 머리 숙이는 것은 겸손이 아닙니다. 내가 힘이 있지만, 고개 숙이지 않아도 되지만 고개를 숙이는 것이 겸손입니다. 이 겸손이 사람들에게 감동을 주는 것입니다. 세상에서는 왕을 뽑아놓고 만족해하는 법이 없습니다. 뽑아놓고는 얼마 지나지 않아 늘 불평합니다.

우리나라도 지난번에도 불평이 많더니 이번에도 불평이 많습니다. 생각해보니 불평이 없던 적이 한 번도 없었습니다. 또 다른 사람이 되면 불평이 안 나오겠습니까? 그런데 예수님을 왕으로 모신 사람은 불평이 없습니다. 예수님을 진정 내 마음에 구주로 모신 사람은 감사합니다. 행복해 합니다. 그 은혜를 갚을 수 없어 늘 미안한 마음입니다. 예수님은 겸손한 왕이시기 때문입니다.

세인트 로렌스는 싸우기를 좋아하고 문제가 많은 한 수도원의 원장으로 임명을 받았습니다. 어떤 원장을 보내도 문제 해결이 안 되니까 마지막에 로렌스를 원장으로 보낸 것입니다. 이분은 원장의 격식을 갖추지 아니하고 터벅터벅 걸어서 수도원을 찾아갔습니다. 수도원에 들어섰을 때 젊은 수도사가 "나이 많은 수도사가 오셨네요. 우리 수도원에는 처음에는 접시 닦는 일을 해야 합니다" 하고 식당으로 보냈습니다. 그런데 한 달 두 달 세 달이 지나가도 그저 묵묵히 접시만 닦고 있었습니다.

어느 날 감독이 이 지역을 가게 되어 수도원에 들렀습니다. 감독은 "원장님이 어디 계시느냐?"고 묻습니다. 그러자 "우리 수도원에는 아직 원장님이 오시지 않으셨습니다"라고 대답을 합니다. "3개월 전에 그 유명한 성 로렌스 수도사를 이곳에 원장으로 보냈는데 무슨 소리냐?"고 했습니다. 그때 짐작이 간 수도사들이 부엌에 가보니 로렌스 수도사는 여전히 그곳에서 다른 사람들이 식사하고 난 접시를 닦고 있었습니다. 이때 그곳의 수도사들이 그 앞에 무릎을 꿇고 변화되기 시작하였다는 이야기입니다. 성 로렌스 원장은 내가 로렌스라고, 내가 신임원장이라고 이야기하면 접시를 닦지 않아도 되었지만 묵묵히 접시를 닦았습니다. 이것이 중요한 것입니다.

예수님은 나귀를 타지 않아도 되셨지만 겸손히 나귀 그것도 새끼 나귀를 타셨습니다. 나귀를 타고 입성하신 예수님은 죽은 나사로를 살리셨습니다. 이 소문을 듣고 사람들이 예수님께 찾아왔습니다. 사람들은 예수님의 제자들에게도 선생이라고 불렀습니다. 빌립이라는 제자에게 가서 "선생이여 우리가 당신의 스승인 예수를 만나 뵙고자 합니다"라고 부탁을 했습니다. 이스라엘은 헬라 사람들의 식민지 지배를 받고 있었습니다. 평생을 천대 속에 물고기 잡으며 살아왔는데 헬라 사람들이 와서 선생이라고 부르니 기분이 얼마나 좋았겠습니까? 제자들은 예수님이 입성하실 때 모든 백성들이 환호하는 것을 보고 우쭐댔습니다. 이제 모든 고생은 다 끝났다고 생각했습니다. 우리가 스승을 잘 택했다고 생각했습니다. 제자들이 서로 높은 자리에 올라 다른 사람을 다스리려고 했습니다. 야고보와 요한의 어머니인 살로메는 예수님께 나아와 주님의 왕국이 임할 때에 내 자식들을 예수님의 좌우편에 앉게 해달라고 청탁을 하기도 했습니다. 이 때에 예수님이 오늘 읽은 말씀을 주셨습니다.

> "내가 진실로 진실로 너희에게 이르노니 한 알의 밀이 땅에 떨어져 죽지 아니하면 한 알 그대로 있고 죽으면 많은 열매를 맺느니라"(요 12:24).

"너희가 지금 높아지려고 하는 생각 다 안다. 그러나 그렇게 해서는 세상을 구원할 수가 없다. 내가 먼저 죽어야 한다"는 역설적인 진리를 말씀해 주십니다. 예수님을 따라 사는 것은 세상의 방법과 다른 것이 많습니다. 세상에서 다른 사람을 위해 죽으려고 하지 않습니다. 그런데 예수님은 내가 죽어야 많은 열매를 맺는다고 말씀하십니다. 이 말씀은 이제 곧 있을 예수님의 십자가 죽음을 말씀하시는 것이요, 또한 제자들이 살아야 할 삶을 말씀해 주시는 것입니다.

예수님은 "누구든지 나를 따라오려거든 자기를 부인하고 자기 십자가를 지고 나를 따라야 한다"고 말씀하셨습니다. "원수를 사랑하라"고 하셨습니다. 원수에게 복수를 해야지 어떻게 사랑합니까? 나에게 해를 끼친 사람들을 미워하지 않아야 합니다. 교회 안에서도 미움의 영에 사로잡힌 사람들을 보게 됩니다. 왜 그렇게 미워하고 왜 그렇게 못마땅하게 생각하는지를 알아야 합니다. 예수님을 믿게 되면 미움이 사라집니다. 원수를 사랑하라고 하셨는데 '아멘' 하고 그렇게 되기를 원합니다. 고백할 때에 원수까지 사랑하는 마음을 주십니다.

간증들을 들어보면 교회 나온다고 남편에게 핍박을 받은 가정들이 꽤 많습니다. 남편이 그렇게 못되게 하는데 어떻게 그렇게 남편에게 잘할 수 있을까 참 감동이 됩니다. 재떨이를 집어던져 이마에 맞아 이마가 찢어져도 아무 소리 안 하고 남편에게 극진히 합니다. 남편은 정성껏 차린 밥상을 집어던지기도 합니다. 어떻게 그렇게 참고 사느냐고 물어보면 남편 영혼이 불쌍하다는 것입니다. 그래서 교회 가서 엎드리면 남편 기도를 하게 되고 눈물이 나옵니다. 이 마음을 누가 주시는 것입니까? 주님 말씀대로 순종하려고 아멘 할 때에 주님이 주시는 것입니다. 아멘 하는 믿음이 중요한 것입니다.

성경을 보면 하나님의 말씀이 들려질 때에 백성들이 아멘 하였습니다. 하나님께 찬양을 드릴 때에도 아멘 하였습니다. 여러분에게 한 번 말씀을 전한 적이 있는데 찬양대가 찬양을 하면 꼭 아멘 하시기 바랍니다. 그 찬양대로 이루어질 줄 믿습니다. 하나님을 향한 고백이 아멘입니다. 이것이 성경적입니다. 내 마음에 좀 들면 아멘 하고 그렇지 않으면 아멘 하지 않는 것이 아닙니다. 아멘은 나보다 하나님을 더 신뢰한다는 표현입니다. 그 말씀이 이해되지 않지만, 지금 상황이 어렵지만 하나님은 전능하신 분이기 때문에 이루어주실 줄로 믿습니다. 하는 것이 아멘입니다. 믿음의 아멘이 여러분을 변화시키고, 막힌 담을 허물고, 사탄이 물러가고, 축복의 문이 열리는 역사가 일어나는 줄로 믿으시기 바랍니다.

상담하는 프로그램을 보면 남편에게 폭행을 당하고 고통 받는 아내들이 상담소를 찾아 상담을 하면 왜 그렇게 사느냐고 이혼하라고 합니다. 그런데 예수님께 상담을 하면 뭐라고 말씀하십니까? 원수도 사랑하라고 말씀하십니다. 세상 사람들에게는 이해가 되지 않는 말입니다. 그런데 예수님의 말씀은 평생을 그렇게 살라는 말이 아닙니다. 내가 죽음으로, 내가 희생함으로 가정이 살고 남편이 구원을 받게 된다는 비전을 주십니다. 어머니가 희생하여 자녀들이 삽니다. 그리고 주님께서 그 가정에 개입해 주십니다. 예수님 말씀대로 살 때에 그 남편의 마음을 변화시켜 주십니다. 그래서 결국에 보면 남편이 신앙생활을 하게 되는 것입니다. 이제 남편이 할 일이 무엇입니까? '내가 아내를 핍박하고 살았으니 내 남은 평생에 아내에게 잘해야 되겠다' 생각을 하는 것입니다. 이것이 내가 한 알의 밀로 땅에 떨어져 죽으면 많은 열매를 맺는 것입니다. 죽지 아니하면 한 알 그대로 있습니다. 내가 죽으니 기적이 나타나는 것입니다.

사도 바울은 "나는 날마다 죽노라"고 했습니다. 그런데 이 사도 바울로 인해 유럽의 역사가 바뀌었고 지도가 바뀌었습니다. 내가 죽었더니 주님의 역사가 크게 나타나게 된 것입니다. 기독교는 희망의 종교입니다. 가정에서 내가 죽으면 가정이 사는 것입니다. 교회에서 내가 죽으면 교회가 사는 것입니다. 예수 믿는 가정들이 그저 된 것이 아닙니다. 수많은 핍박 속에서 내가 믿음으로 죽으니 가정이 살고 집안이 살게 된 것입니다. 우리 집도 어머니가 먼저 믿었습니다. 그런데 한 사람이 믿음으로 사니 목사님 가정에 시집오게 되고, 형제들이 믿고, 온 집안이 믿고, 목사도 나오고, 장로도 나오고, 권사도 나오게 된 것입니다.

여러분 내가 죽으면 많은 열매를 맺습니다. 정확히 말하면 우리 주님께서 많은 열매를 약속해 주십니다. 그런데 사람들이 참지를 못합니다. 세상 사람들과 똑같이 행동하려고 합니다. 그러니 함께 살지 못하는 것입니다. 예수 믿는 사람들도 어떤 사람들을 보면 그 속에 미움이 가득 들어 있습니다. 거짓이 들어 있습니다. 행복이 없습니다. "그러나 너희 듣는 자에게 내가 이르노니 너희 원수를 사랑하며 너희를 미워하는 자를 선대하며 너희를 저주하는 자를 위하여 축복하며 너희를 모욕하는 자를 위하여 기도하라 너의 이 뺨을 치는 자에게 저 뺨도 돌려대며 네 겉옷을 빼앗는 자에게 속옷도 거절하지 말라 네게 구하는 자에게 주며 네 것을 가져가는 자에게 다시 달라 하지 말며 남에게 대접을 받고자 하는 대로 너희도 남을 대접하라"(눅 6:27-31) 말씀하셨습니다.

이것이 믿음의 사람들이 사는 법입니다. 그리하면 너희 상이 클 것이요 또 지극히 높으신 이의 아들이 될 것이라 하셨습니다. 오늘 예수님은 한 알의 밀이 땅에 떨어져 죽으면 많은 열매를 맺는다고 하셨는데 말씀 그대로 예수님은 매를 맞고 십자가에 달려 돌아가셨습니다. 예수님이 죽으셨습니다. 그런데 그것이 끝이 아닙니다. 예수님은 다시 살아나셨고 대속의 첫 열매가 되어 주셨습니다. 주님의 죽으심 때문에 오늘 우리는 죄에 대하여 승리하게 되었고 영원한 생명을 누리게 되었습니다. "자기의 생명을 사랑하는 자는 잃어버릴 것이요 이 세상에서 자기의 생명을 미워하는 자는 영생하도록 보전하리라"(요 12:25)고 말씀하십니다. 자기 생명은 한 알의 밀알을 더 구체적으로 표현하는 말입니다.

인도의 성자 선다싱은 네팔에 가서 복음을 전한 사람입니다. 한 번은 히말라야 산맥을 넘다가 눈길에 쓰러져 있는 한 사람을 보게 되었습니다. 함께 동행하던 사람에게 이 사람의 숨이 아직 붙어 있으니 우리가 업고 가자고 했으나 다른 사람은 그러다가는 우리까지 죽게 된다고 먼저 서둘러 길을 떠났습니다. 눈보라가 치는 산길을 썬다싱은 거의 뻣뻣해진 다 죽어가는 사람을 업고 걸어가기 시작했습니다. 축 늘어진 사람을 업고 간다는 것은 참 힘이 드는 일입니다.

육군 훈련소를 마치고 광주에 있는 포병학교에 입학을 하게 되었는데, 당시에는 송정리라고 하는 곳까지 뛰어서 가야 했습니다. 한참을 뛰다보니 쓰러지는 사람들이 생깁니다. 쓰러지면 다시 훈련소로 보낸다고 엄포를 놓습니다. 그때는 사실인 줄 알았습니다. 몇 킬로미터를 남겨놓고 내 옆에 뛰던 사람이 얼굴이 하얗게 되어 쓰러지는데 그 사람을 한쪽 어깨에 걸치고 뛰기 시작했습니다. 한쪽 어깨가 출렁거리고 다리는 몇 배로 무거워집니다. 그때 사람을 업고 뛴다는 것이 이렇게나 힘들다는 것을 처음 알았습니다.

땅이 빙글빙글 돌고 입에서 거품이 나옵니다. 나도 쓰러질 지경이 되어 옆 사람에게 좀 교대해 달라고 소리를 쳐도 아무도 교대할 생각을 안 합니다. 거의 뒤에 쳐져서 드디어 광주 포병학교 연병장에 도착하여 함께 쓰러지고 말았습니다. 이 친구가 저를 붙잡더니 내 이 은혜를 평생 잊지 않겠다고 눈물을 흘립니다. 그런데 평생 안 잊는다고 하더니 지금까지 연락이 없습니다.

선다싱이 얼어서 죽어가는 사람을 등에 업고 미끄러지고 넘어지고 하면서 가다 보니 온몸에 땀이 펄펄 납니다. 그러니 등에 업혀 있던 사람도 사람의 체온이 전해져 오니 깨어나기 시작했습니다. 한참을 가다 보니 이제 대피소에 이르게 되었습니다. 그런데 대피소를 얼마 안 남겨 놓고 또 한 사람이 눈 속에 엎드러져 죽어 있는 것이 아닙니까? 그 사람이 누구입니까? 자기만 살겠다고 혼자 떠나간 사람입니다. 선다싱은 이날 있었던 일을 회상하며 "내 생명을 포기하니 함께 살게 되었다"고 간증했습니다.

오늘 성경은 자기 생명을 미워한다고 표현을 했습니다. 생명이 곧 밀알입니다. 밀알이 많은 열매를 맺으려면 자기부정이 있어야 합니다. 나를 포기해야 합니다. 나를 땅에 떨어트리고 묻어야 합니다. 이것이 어렵습니다. 내 생명을 위해 포기하지 못하는 것들이 참 많습니다. 얼마 전 메르스 때문에 나라가 휘청거렸습니다. 대통령까지 물러나라고 했습니다. 지나놓고 보면 또 쉽게 잊혀져 갑니다. 메르스 때문에 주일을 포기하시지는 않았습니까? 내 생명을 미워한다는 것이 이런 것입니다. '주님 앞에 예배하기 위해 내 생명을 땅에 묻겠습니다' 하는 것이 자기 생명을 부정하는 것입니다. 또 사람들은 명예에 참 약합니다. 예수님 때문에 그저 참으면 좋겠는데 그것이 참 어렵습니다.

차량 안내를 하다 보면 지나가던 차량에서 막 욕을 합니다. 내가 차량 안내 안 하면 얼마든지 편하게 주일을 보낼 수 있는데 왜 욕을 먹으며 안내를 해야 합니까? 그것이 자기 생명을 미워하는 것입니다. 식당에서 봉사하는 분도 자기 생명을 미워해야 합니다. 헌금을 드릴 때에도 자기 생명을 미워해야 그 헌금이 마리아의 향유옥합과 같이 되는 것입니다. 성가대에서 찬양을 할 때에도 자기 생명을 미워해야 주님이 사십니다. 자기 혈기, 자기 욕심, 자기 자랑을 버리지 못하면 그것은 자기 생명을 미워하지 못하는 것입니다. 자기 생명을 미워하는 자에게 약속하신 축복이 무엇입니까? 생명을 "영생하도록 보전하리라." 이 약속이 보통 약속이 아닙니다. 구원의 약속입니다.

지켜주시겠다는 것입니다. 이 세상에서 보호해 주시고, 하나님 나라에 이르기까지 인도해 주시겠다는 것입니다.

26절에 "나를 섬기려면 나를 따르라"고 하십니다. 예수님은 지금 한 알의 밀알이 되어 자기 생명을 미워하고 우리에게 대속물로 주시려고 하십니다. 이 예수님의 뒤를 따라 세상을 위해 교회를 위해 한 알의 밀알이 되라는 말입니다. 이런 사람에게 또 어떤 약속을 주십니까? "나 있는 곳에 그 사람도 있게 될 것이라." 즉 예수님이 천국에 계시니 주님을 섬기는 자들도 천국에 있게 될 것이라는 약속입니다. 이 천국의 약속을 받는 주인공들이 되시기 바랍니다. 그리고 "내 아버지께서 그를 귀히 여기시리라"고 약속을 주셨습니다. 귀히 여긴다는 성경에 '티마오'라는 단어는 '값을 정한다, 값을 쳐준다'는 뜻입니다. 하나님께서 나의 값을 쳐주신다는 말이 얼마나 신나는 말입니까? 하나님은 항상 후하게 값을 쳐 주십니다.

이 종이 부족해도 하나님이 값을 쳐주시고 사용하시니 이것이 은혜 받은 것입니다. 내가 부족해도 내가 주님을 섬기는 곳에서 가정에서 일터에서 주님 때문에 내가 한 알의 밀알이 되려 하면 이런 놀라운 축복을 주시는 것입니다. 교회의 역사는 한 알의 밀알이 땅에 떨어진 역사입니다. 여러분, 우리 하나님께서 귀히 여기시는 사람은 이 세상에서도 존귀하게 됩니다. 성경에 하나님이 귀히 여기시는 사람들을 보십시오. 다윗을 귀히 여기셨습니다. 내 마음에 합한 사람이라고 하셨습니다. 모세를 귀히 여기셨습니다. 아브라함을, 야곱을, 요셉을 귀히 여기셨습니다. 하나님께서 귀히 여기시면 그 인생길을 돌보아주십니다. 사탄이 범접하지 못합니다. 은혜가 따라옵니다. 기도에 응답해 주십니다. 이 세상에서도 존귀하게 쓰임 받게 하십니다.

여러분, 나 하나가 밀알처럼 땅에 떨어져 죽으면 많은 열매를 맺습니다. 여러분 모두가 주님을 위해 쓰임 받고 많은 열매를 맺어 우리 주님의 약속이 여러분의 인생 가운데 충만하기를 바랍니다.

적 용

ⓐ 오늘 말씀의 주제 파악하기

ⓑ 오늘 말씀 중 은혜 받은 부분 나누기

ⓒ 삶에 구체적으로 적용하기

함께 드리는 기도제목

1. 하나님의 말씀에 아멘으로 순종하여 많은 열매를 맺게 하옵소서.
2. 예수님의 뒤를 따라 세상을 위해 교회를 위해 한 알의 밀알이 되게 하옵소서.
3. 우리 모두가 주님을 위해 쓰임 받고 많은 열매를 맺게 하옵소서.

29

생수의 강

• 본 문: 요한복음 7장 37–39절
• 찬 송: 190장(성령이여 강림하사, 통 177장)
• 요 절: 나를 믿는 자는 성경에 이름과 같이 그 배에서 생수의 강이 흘러나오리라 하시니(요 7:38)

오늘 말씀은 예수님께서 초막절 마지막 날에 하신 말씀입니다. 초막절을 장막절이라고도 하는데 말 그대로 천막을 뜻하는 단어입니다. 이스라엘 백성들이 애굽에서 해방되어 광야 40년 동안 천막생활을 했습니다. 지금은 가나안 땅에 들어와 정착하고 평안한 생활을 하게 되었지만 광야생활 하던 날들을 잊지 않기 위해 모든 백성들이 일주일 동안 집 밖에 나와 감람나무나 종려나무의 가지를 취하여 천막을 치고 살았습니다. 이 절기는 하나님께서 명하신 절기입니다. 노예생활에서 해방된 것이 하나님의 은혜였음을 잊지 말라는 것입니다. 우리 인간은 너무나 잘 잊어버리는 존재이기 때문에 하나님께서는 절기를 명하실 때에도 특별하게 지낼 것을 명하셨습니다. 이벤트를 하라는 것입니다. 그래야 하나님의 은혜를 잊지 않기 때문입니다.

주일 점심식사를 위해 헌금하시는 분들이 있습니다. 이것은 세상에서처럼 '내가 한 턱 낼게' 이런 의미가 아닙니다. 결혼기념일에 식사 헌금을 드리는 분들은 지금까지 살아온 것이 하나님의 은혜였음을 잊지 않기 위해서 드리는 것입니다. 질병에서 나은 분들은 그 은혜를 잊지 않기 위해서 드리는 것입니다. 아기를 낳고 혹은 부모님을 천국에 보내드리고 그 은혜를 잊지 않기 위해서 드리는 것입니다.

초막절 마지막 날에는 대제사장이 많은 무리와 함께 예루살렘 성전 옆 실로암 못에 가서 금주전자에 물을 가득 담아옵니다. 모든 백성들이 모이게 한 후 그 물을 제단에 뿌리며 하늘을 향해 두 손을 들고 "호산나 라바"라고 외칩니다. "호산나 라바"는 많은 구원이라는 뜻을 가지고 있는데, 우리에게 풍성한 은혜를 내려 달라는 뜻입니다. 초막절 6일 동안 버드나무를 잘라 성전 번제단의 남서쪽에 세우고 버드나무가 말라가는 모습을 보며 매일 한 바퀴씩 돌며 비의 주인은 하나님이심을 고백하는 기도를 드렸습니다. 마지막 날에는 일곱 바퀴를 돌며 기도를 드렸습니다.

"버드나무를 세운 것은 버드나무가 물이 없으면 말라죽는 것처럼 하나님께서 우리에게 큰 은혜를 주시지 아니하면 죽을 수밖에 없습니다" 하는 고백입니다. 이 시기는 건기의 마지막 주간으로 우기가 시작되기 직전입니다. 이때에는 산과 들이 다 말라버리는 시기입니다. 우리나라는 비가 많이 오기 때문에 물에 대한 갈급함이 별로 없습니다. 전국 어디에서나 수돗물이 나옵니다. 물 값이 몇 천 원 나오지 않습니다. 그래서 물이 얼마나 소중한지를 잘 모릅니다. 이스라엘에는 건기에 물이 없습니다. 비가 오지 않으니 농작물이 다 죽어가고 들판에 풀도 죽어갑니다.

열대지방의 건기에는 짐승들이 수난을 당합니다. 좁은 웅덩이에 악어와 하마들이 뒤엉켜 득실거립니다. 그러다가 비가 빨리 오지 아니하면 다 죽는 것입니다. 얼룩말이나 누 떼는 풀밭을 찾아 강을 건넙니다. 수십 만의 짐승 떼가 강둑에 모여들면 굶주린 악어 떼들도 준비를 하고 모여듭니다. 그것을 보면서도 얼룩말이나 누 떼는 강물로 뛰어듭니다. 신선한 풀이 있어야 먹고 살 수 있기 때문입니다. 중동지역에는 샘을 판다고 해서 물이 다 나오는 것이 아닙니다.

우리 성도님들 중에 우물을 파달라고 헌금을 가져오시는 분들이 있습니다. 그래서 여러 곳에 우물을 파주었습니다. 물이 나오면 동네가 삽니다. 그런데 다 물이 나오는 것이 아닙니다. 필리핀에도 신학교에 물이 없어 우물을 파는데 150m나 팠습니다. 영남대 지질 조사단이 가서 조사를 하고 팠는데도 물이 나오지 않습니다. 돈이 모자라 다른 교회에서 지원을 받아 더 팠지만 물이 나오지를 않습니다. 인도에도 우물을 파기로 했는데 아무리 파도 물이 안 나오는 것입니다. 자, 이럴 때 이삭처럼 팠다 하면 물이 콸콸 나오면 얼마나 좋겠습니까? 초막절은 건기의 마지막 주간 온 세상이 바싹 바싹 타들어갈 때에 초막을 짓고 밖에 나와 기거하며 하나님의 은혜를 구하는 절기였습니다.

특별히 광야 40년 동안 메마른 광야에서 물을 주셔서 죽지 않았던 사건을 회상하며 비가 내리기를 기도했습니다. 이러한 배경에 사람들이 비를 구하며 하나님께 기도할 때에 예수님께서 오늘의 말씀을 주신 것입니다. 초막절이 생수를 주는 것이 아니라 예수님께서 생수를 주신다는 것입니다.

우리 인생에는 갈증이 있습니다. 수가성에 사는 사마리아 여인은 물을 뜨기 위해 한낮에 우물로 나왔습니다. 이 여인은 곤고한 사람이었습니다. 인생에 문제가 있었습니다. 남편을 다섯이나 두었었습니다. 남편을 계속해서 바꾸었지만 인생의 문제가 해결되지 않았습니다. 계속해서 갈증이 있었습니다. 예수님께서는 "지금 함께 사는 사람도 네 남편이 아니다"라고 하셨습니다. 이 여인에게 "이 물을 마시는 자마다 다시 목마르려니와 내가 주는 물을 마시는 자는 영원히 목마르지 아니하리니 내가 주는 물은 그 속에서 영생하도록 솟아나는 샘물이 되리라"(요 4:13-14)고 오늘 말씀을 주셨습니다. 이 말씀을 듣고 이 여인은 예수님이 메시아인 줄 깨달았습니다.

현대인들은 갈증이 많습니다. 그래서 젊은이들은 야구장으로 축구장으로 가서 소리를 지르며 갈증을 해소해 보려고 합니다. 도박에 빠져드는 사람들도 있습니다. 도박에서 이길 수 있는 사람은 없습니다. 질 줄 알면서도 빠져드는 것입니다. 연예인들이 도박에 빠져드는 일들이 많은데 사람들을 울리고 웃기면서도 자기 자신은 고갈이 되어 미친 듯이 도박에 빠져드는 것입니다. 이 세상의 것들은 만족함이 없습니다. 돈이 많은 사람은 더 많은 것을 가지려고 합니다. 재벌가들이 종종 재산가지고 형제들 간에 싸우는 이야기들이 나옵니다. 그 많은 재산을 가지고 좋은 일을 많이 할 수 있을 텐데, 백 분의 일만 있어도 넉넉한데, 더 가지려고 싸우고 더 많은 일들을 해보려고 애를 씁니다.

권력도 멈추는 법이 없습니다. 구의원을 하면 다음에는 구의장을 하고 싶고 그 다음에는 구청장을 하고 싶습니다. 국회의원, 대통령을 하면 끝입니까? 또 다른 힘을 가지려고 합니다. 인생은 많은 것을 가져도 계속해서 갈증이 있습니다. 바다에 표류하는 배에 물이 떨어지면 선원들이 갈증에 시달리다가 환각상태에 빠진다고 합니다. 그래서 바닷물을 퍼서 마시려고 합니다. 그 물을 마시면 안 된다고 말리지만 어느새 바닷물을 벌컥벌컥 마십니다. 그리고 나면 갈증이 더욱 심해지는 것입니다. 인생은 마셔도 마셔도 갈증이 심합니다.

한국의 지성인인 이어령 씨가 《우물을 파는 사람》이란 책에서 "어른들은 늘 한 우물을 파라고 했지만 나는 거꾸로 여기저기 새 우물을 파고 다녔습니다. 이곳을 파면 물이 나올까 하는 호기심과 궁금증이 바로 나의 갈증이었습니다. 명예를 달라며 글을 썼더니 명예가 생겼습니다. 돈을 벌려고 애를 썼더니 돈이 생겼습니다. 그런데 어느 날 너무 외로워서 극장에 가서 영화를 봐도, 좋은 책을 봐도 마음은 채워지지 않고, '이 세상에 나 혼자로구나'라는 절대고독이 느껴졌습니다"라고 고백했습니다. 실존주의적 관점에서 냉철한 시각으로 한국 사회를 분석하며 지성인의 대명사로 불렸고 장관까지 지내며 권력도 가졌습니다.

남들이 볼 때에는 부족함이 없는 그가, 모든 사람의 칭송을 받던 그가 인생의 갈증에 힘들어 했던 것입니다. 그러던 어느 날 예수님을 만나고 그는 새 사람이 되었습니다. 일본의 한 선교대회에서 세례를 받고 《지성에서 영성으로》라는 책을 썼습니다. 세례는 물로 받는 것이 아니라 나의 내면의 갈급함을 채워주는 것이라고 말했습니다. 그는 기독교를 사막의 종교라고 했습니다. 이 땅의 지성은 영성을 방해하지만 목마른 암사슴이 물을 찾아 헤매는 것처럼 그 바탕에는 갈구가 있다고 했습니다.

예수님 당시에도 많은 사람들이 하나님을 믿고 있었지만 그 마음 속에 공허함이 있었습니다. 바리새인들에 의해 가르쳐지는 말씀 속에서 인생의 갈증을 해결 받을 수 없었기 때문입니다. 그때 예수님은 "누구든지 목마르거든 내게로 와서 마시라"고 했습니다. 사람들은 이 말을 듣고 황당해 했을 것입니다. 아니 배에서 생수의 강이 흘러나온다니 무슨 말입니까? '하늘에서 비가 내려야 하는데 마르지 아니하는 생수의 강이 있다니!' 이해할 수 없는 말이었습니다. 수가성의 여인에게도 마르지 아니하는 생수를 말씀하셨는데 이것은 영혼의 생수를 말씀하시는 것이었습니다.

"다 같은 신령한 음료를 마셨으니 이는 그들을 따르는 신령한 반석으로부터 마셨으매 그 반석은 곧 그리스도시라"(고전 10:4) 했습니다. 이스라엘 백성들이 광야에서 목이 말라 할 때에 모세가 반석을 쳤습니다. 그 반석에서 생수가 쏟아져 나왔는데 사도 바울은 그 생수가 예수 그리스도라고 했습니다. 예수 그리스도를 영접하면 목이 갈한 백성이 생수를 마시고 새 힘을 얻게 되는 것입니다. 어떤 자에게 생수의 강이 흘러나오리라고 하셨습니까? "나를 믿는 자는" 그렇습니다. 예수 그리스도를 믿으면 인생의 갈함을 적셔주고 채워주는 생수의 강이 흘러넘치게 되는 것입니다. 생수의 샘물 정도가 아닙니다. 생수의 강입니다. 그곳에 들어가 흠뻑 적시고도 남는 생수의 강이 넘치는 것입니다.

"내 백성이 두 가지 악을 행하였나니 곧 그들이 생수의 근원 되는 나를 버린 것과 스스로 웅덩이를 판 것인데 그것은 그 물을 가두지 못할 터진 웅덩이들이니라"(렘 2:13)고 하나님은 말씀하셨습니다. 우리 인생은 생수의 근원이 되는 하나님을 버리고 터진 웅덩이를 파는 존재입니다. 터진 웅덩이는 아무리 샘물을 부어도 다 새어버립니다. 인생의 배에는 탐심과 거짓과 정욕과 더러운 것이 가득 차 있습니다. 이것은 부어도 부어도 만족함이 없습니다. 인생은 밑 빠진 독과 같습니다. 밑 빠진 독에 어떻게 물을 채울 수가 있습니까? 터진 웅덩이와 같습니다.

그런데 한 가지 방법이 있습니다. 밑 빠진 항아리일지라도 강물 속에 완전히 집어넣으면 물이 가득 차게 됩니다. 내 인생이 깨어진 항아리일지라도, 상처 입은 인생일지라도 물이 가득 차게 도와주십니다. 누구에게요? 믿는 자에게입니다. 주님을 믿고 온전히 맡겨야 되는 것입니다. 39절에 생수를 구체적으로 설명하고 있는데 "이는 그를 믿는 자들이 받을 성령을 가리켜 말씀하신 것이라"고 했습니다. 예수님을 믿으면 성령님을 보내주십니다. 성령님이 내 안에 거하시면 목이 갈한 사람이 생수를 마신 것처럼 우리 인생에 새로운 능력이 솟아나게 됩니다.

열대지방에 건기가 끝나고 우기가 시작되면 비가 쏟아지기 시작합니다. 그러면 말라버린 풀들이 푸른빛을 띠고 다시 자라납니다. 말랐던 시냇물이 흐르고 물고기가 돌아다닙니다. 세상이 변하는 것입니다. 구원받고 나면 세상이 다르게 보입니다. 하늘을 보아도 내가 전에 보았던 하늘이 아닙니다. 길을 걸어도 다릅니다. 성령님이 임하시면 모든 것이 바뀌는 것입니다. 주 예수를 믿고 온전히 나의 삶을 예수님 안에 담그면 성령님이 여러분의 인생을 이끌어 주십니다. 성도 여러분, 갈한 심령이 있습니까? 예수 믿으면서도 절망의 강이 흐르고, 슬픔의 강이 흐르고, 내 힘으로 감당할 수 없는 무거운 짐을 지고 가는 성도들이 있습니까? 성령님께서 여러분 안에 오시고 여러분의 내면에서 생수의 강이 흘러나오기 위해서는 죄를 멀리하셔야 합니다.

"성령을 소멸케 하지 말라"(살전 5:19)고 하셨습니다. 내 안에 거하시는 성령님께서 떠나시지 않도록 죄를 멀리해야 합니다. 하나님 앞에 나와 말씀을 듣고 아멘 하고 그 말씀으로 여러분의 영혼이 씻겨져야 하는 것입니다. 요즘 낙동강 하류에 4대강 공사로 인한 피해가 많다고 합니다. 물이 자연적으로 흘러야 하는데 물이 흐르지 못하니 더러운 것들이 속에 쌓여 썩어버리는 것입니다. 그래서 살아있는 것들이 다 죽어버립니다. 냄새가 납니다. 인생이 그렇습니다. 성령님이 떠나시면 썩고 부패하고 냄새나는 인생이 되는 것입니다. 좋은 것을 보아도 나쁘게 보이고, 웃어야 할 때에 웃지 못합니다. 감사해야 하는데 감사하지 못하고 은혜를 받아야 하는데 은혜 받지 못합니다. 성령님이 떠나시니 축복을 받아야 하는데 자꾸 망하는 자리로 가는 것입니다.

여러분, "누구든지 목마르거든 내게로 와서 마시라"고 주님은 말씀하십니다. 이 초청에는 대상이 없습니다. 어른이나 어린이나 남자나 여자나 빈부귀천을 막론하고 주님은 누구나 다 오라고 부르십니다. 와서 믿기만 하면 됩니다. 그러면 성령님이 오셔서 우리 인생을 도와주십니다. 성령님은 그 의미가 보혜사입니다. 도우시는 분입니다. 성령님의 은혜와 감격을 누리지 못하고 성령의 불이 소멸된 성도들이 있습니까? 엎드려 기도하십시오. '나에게 성령 충만함을 달라고 간절히 기도하십시오' 성령 체험을 하지 못한 분들이 있으면 '내가 목마릅니다. 하나님께서 나를 긍휼히 여겨 주십시오'라고 기도하십시오. 그러면 주님께서 여러분을 찾아주시고 여러분 속에 생수의 강이 흘러넘치게 하십니다. 답답한 인생이 행복한 인생으로 변하게 됩니다. 의미 있는 인생이 됩니다. 형통한 인생이 됩니다. "영생을 누리며 주 함께 살리라" 찬송하며 사는 인생이 됩니다.

1. 목 마른 자들아 다 이리 오라. 이곳에 좋은 샘 흐르도다
   힘쓰고 애씀이 없을지라도 이 샘에 오면 다 마시겠네
2. 이 샘에 솟는 물 강같이 흘러 온 천하 만국에 다 통하네
   빈부나 귀천에 분별이 없이 다 와서 쉬고 또 마시겠네
3. 생명수 샘물을 마신 자마다 목 다시 마르지 아니하고
   속에서 솟아나 생수가 되어 영원히 솟아 늘 풍성하리(찬송 526장)

우리 교회 성도들이 말씀을 듣고, 말씀으로 새롭게 되어 성령 충만한 인생으로 사시길 바랍니다.

적 용

ⓐ 오늘 말씀의 주제 파악하기

ⓑ 오늘 말씀 중 은혜 받은 부분 나누기

ⓒ 삶에 구체적으로 적용하기

함께 드리는 기도제목

1. 우리 인생의 갈증들이 하나님의 말씀으로 해결되게 하옵소서.
2. 예수 그리스도를 믿고 인생의 갈함을 적셔주고 채워주는 생수의 강이 흘러넘치게 하옵소서.
3. 말씀을 듣고, 말씀으로 새롭게 되어 성령 충만한 인생으로 변화되게 하옵소서.

30

빈 그물도 축복이다

- 본 문: 누가복음 5장 1-11절
- 찬 송: 300장(내 맘이 낙심되며, 통 406장)
- 요 절: 시몬이 대답하여 이르되 선생님 우리들이 밤이 새도록 수고하였으되 잡은 것이 없지마는 말씀에 의지하여 내가 그물을 내리리이다 하고 그렇게 하니 고기를 잡은 것이 심히 많아 그물이 찢어지는지라(눅 5:5-6)

멕시코 만에 산티아고라는 노인이 낡은 오두막에서 살았습니다. 이 노인은 물고기를 잡으러 매일 바다에 나가곤 하였는데 나갈 때마다 번번이 실패를 합니다. 항구의 주민들은 노인이 이제 늙어서 더 이상 물고기를 잡지 못할 것이라고 비웃기도 하지만 노인은 그 비웃음을 딛고 만선의 꿈을 안고 매일 바다로 나갑니다. 장장 84일을 매일같이 나갔는데 한 마리도 잡지 못합니다. 그러나 노인은 포기하지 않았고 85일째 되는 날 바다에 나가서 노인의 어선보다 더 큰 자줏빛 대어 한 마리를 만나 온갖 사투 끝에 잡습니다.

그리고는 이 물고기를 끌고 항구로 돌아오면서 상상을 합니다. '항구에 돌아가면 나를 늙은 노인이라고 비웃은 사람들에게 보라는 듯이 자랑하겠노라고…….' 노인은 아직 내 인생이 끝이 나지 않았다는 것을 보이고 싶었습니다. 그런데 노인은 거대한 물고기를 끌고 오다가 상어 떼를 만나게 됩니다. 상어 떼와 사투를 벌이며 물고기를 끌고 오지만 항구에 도착해 보니 앙상한 뼈만 덩그러니 남아 있었습니다. 그러나 그 노인은 그 다음 날도 묵묵히 바다로 나갑니다.

미국의 소설가 어니스트 헤밍웨이가 쓴 《노인과 바다》라는 소설의 내용입니다. 그는 이 책을 써서 노벨 문학상을 받았습니다. 어니스트 헤밍웨이는 노인이 낚시하는 과정을 통해 인생을 그려냈습니다. 사람들은 무엇인가 얻기 위하여 노력하지만 그 노력이 물거품으로 돌아갈 때 허무함을 느끼게 되는 것이 인생입니다. 외국에 푸른 꿈을 안고 유학을 갔는데 중병을 얻어 돌아온 사람도 있습니다. 얼마나 안타까운지 모릅니다. 주식을 투자하여 많은 돈을 벌려고 했는데 예상치 않은 재난이 일어나 손에 있던 것까지 다 사라지는 경우도 있습니다. 자녀를 서울에 보내 공부시켜 우리 집안의 자랑거리로 만들겠다 생각하고 온갖 고생을 다하며 뒷바라지를 했는데, 믿었던 자식이 공부는 안 하고 불량청소년들과 어울려 돌아다닌 경우도 있습니다. 나를 너무나 사랑해 주었기 때문에 행복할 줄 믿고 결혼했는데, 그 사람 때문에 불행하게 끝을 맺는 가정도 있습니다. 인생의 빈 배입니다.

오늘 우리가 읽은 성경에도 자신의 일에 최선을 다하지만 결국 빈 배를 끌고 돌아온 한 어부의 모습이 나옵니다. 그의 이름은 시몬입니다. 시몬은 밤새도록 수고하였지만 물고기를 한 마리도 잡지 못했습니다. 참으로 이상한 날입니다. 몇 마리라도 잡혀야 정상인데 이날따라 한 마리도 잡히지 않는 것입니다. 우리도 이러한 상황을 보며 귀신이 곡할 노릇이라고 말합니다. 시몬은 빈 배를 끌고 돌아와 그물을 씻고 있었습니다. 오늘은 한 마리도 못 잡았지만 또 내일을 위해 그물을 씻어야 했기 때문입니다.

그런데 그의 빈 배는 우리 주님의 섭리였습니다. 주님은 베드로를 만나시기 위해 베드로의 빈 배를 찾아가셨습니다. 만약에 베드로의 배가 만선이 되었더라면 예수님께 배를 내어 드릴 수가 없었을 것입니다. 여러분, 인생의 빈 배가 실패가 아닙니다. 주님께서는 베드로의 실패를 통하여 더 큰 축복과 성공을 준비하고 계십니다. 내 인생의 빈 배 때문에 낙심하지 마시기 바랍니다. 우리 주님을 만나면 됩니다. 오늘 시몬 베드로의 모습을 통해 빈 배와 같이 절망스런 인생에서 성공한 인생, 행복한 인생이 되는 비결이 무엇인지를 주님의 말씀을 듣고자 합니다.

1. 예수님과 만나야 합니다.

행복의 첫 번째 비결은 주님을 만나는 것입니다. 베드로는 빈 배 때문에 주님을 만날 수 있었습니다. 베드로를 보세요. 주어진 일에 최선을 다했습니다. 베드로는 어부로서 밤새도록 바다와 싸우며 물고기를 잡았습니다. 그런데 한 마리도 잡지 못했습니다. 얼마나 힘들었겠습니까? 사랑하는 아내와 아이들이 기다리고 있는 집을 빈 망태를 들고 들어가야만 하는 자신의 모습을 생각하면 얼마나 처량했겠습니까? 포기하고 싶은 생각도 들었을 것입니다. 그러나 베드로는 결코 원망하거나 좌절하지 않습니다. 다시 시작하는 마음으로 그물을 하나둘씩 걷어 올리며 씻고 있었습니다. 이렇게 자신의 일을 위해 최선을 다하여 준비하는 자에게 주님은 찾아오셨습니다.

성경을 보면 하나님은 자신의 일에 최선을 다하는 사람을 사용하십니다. 엘리사는 밭에서 소를 몰며 일을 하고 있을 때 하나님의 부르심을 받았습니다. 기드온은 타작마당에서 곡식을 떨고 있을 때 부르심을 받았습니다. 다윗은 들에서 양을 치고 있을 때 부르심을 받았습니다. 예수님도 일하는 사람들을 제자로 불러 쓰셨습니다. 하나님은 자신의 일에 최선을 다하는 사람을 기뻐하신다는 것입니다. 여러분, 새벽잠을 깨워가며 열심히 노력하지만 얻은 것이 없다고 절망하지 않습니까? 주님을 만나면 됩니다. 베드로가 포기하지 않고 다시 내일을 위해 빈 그물을 씻고 있을 때 주님은 찾아오셨습니다. 게네사렛 호숫가에는 두 척의 배가 있었습니다.

그런데 왜 하필이면 베드로의 배에 주님께서 오르셨습니까? 자신의 일에 최선을 다하는 베드로의 모습을 주님은 보고 계셨던 것입니다. 예수님은 시몬 베드로의 배에 오르시고 육지에서 조금 떨어지기를 원하셨습니다. 지금 예수님께서 베드로에게 찾아오신 것입니다. 세상의 종교는 사람이 신을 찾아갑니다. 나무로 돌로 없는 신을 만들어서 찾아갑니다. 그러나 하나님은 우리를 찾아오시는 하나님이십니다. 여러분이 하나님을 찾아온 것이 아닙니다. 하나님께서 여러분을 불러주신 것입니다. 매주일 새가족을 축복하며 기도할 때에 "천사의 손길을 통하여 인도해 주심을 감사합니다"라고 기도합니다. 내가 온 것이 아니라 하나님께서 사자를 보내신 것입니다. 하나님께서 보내신 천사가 부모님일 수도 있고, 친구일 수도 있습니다. 직장 동료일 수도 있고 전혀 모르는 분들에게 초청을 받을 수도 있습니다. 그런데 그것은 하나님께서 여러분을 위해 보내신 것임을 믿으시기 바랍니다.

베드로의 배에 오르신 주님은 많은 사람들이 몰려오니 그들에게 효과적으로 말씀하시기 위하여 배 위에서 호숫가에 모여든 군중에게 말씀을 전하셨습니다. 베드로의 배가 예수님의 강단으로 쓰임 받는 은혜를 입었습니다. 예수님의 말씀을 가장 가까이서 가장 잘 들은 사람은 바로 이 배의 주인인 베드로였을 것입니다. 말씀을 듣는 순간 그의 마음속에 믿음이 들어가기 시작했을 것입니다. 우리 인생은 모두가 주님을 만나야 할 이유를 가지고 있습니다.

송명희 시인은 "주의 말씀 없으면 나는 흔들립니다. 주의 말씀 없으면 나는 어둡습니다. 주의 말씀 없으면 나는 괴롭습니다. 주의 말씀 없으면 나는 실수합니다. 주의 말씀 없으면 나는 넘어집니다. 주의 말씀 없으면 나는 슬퍼합니다. 주의 말씀 없으면 나는 불의합니다. 주의 말씀 없으면 나는 낙심합니다. 주의 말씀 없으면 나는 멸망합니다. 주의 말씀은 나의 생명이시니 주의 말씀 없으면 나는 살지 못합니다"라고 고백했습니다.

우리 인생은 모두가 상처가 있습니다. 아픔이 있습니다. 실패가 있습니다. 그러나 주님을 만나면 문제를 해결해 주십니다. 이 진리는 수천 년이 지나도 변함이 없습니다. 인생은 주님께로 나와야 합니다. 그러면 아무리 어려운 문제도 해결을 받습니다. 주님은 인생의 문제를 해결해 주시는 능력자이십니다. 주님은 인생의 질병과 상처를 치료해 주시는 치료자이십니다. 주님은 인생의 번민과 묶인 문제를 해결해 주시는 해결자이십니다. 여러분의 빈 배에 주님을 모시기 바랍니다. 그러면 여러분의 인생을 고쳐주실 줄 믿습니다.

2. 예수님의 말씀에 순종해야 합니다.

성공하는 인생은 주님을 만나기만 해서는 안 됩니다. 만난 다음에는 주님의 말씀을 듣고 순종해야 합니다. 한참 동안 배에서 말씀을 전하신 예수님은 갑자기 시몬에게 "깊은 데로 가서 그물을 내려 고기를 잡으라"고 말씀하십니다. 베드로가 이 말씀을 듣는 순간 많은 갈등이 스쳐 지나갔을 것입니다. '이 말을 들어야 하나? 말아야 하나? 고기를 잡는 데 있어서는 내가 전문가인데, 깊은 데로 나가서 그물을 던지라고? 지금 이 시간에는 깊은 곳에는 고기가 놀지 않는데…… 또 고기는 밤에 모여 다니는데 이 밝은 아침시간에 그물을 던지라고?' 여러 생각이 교차했을 것입니다.

예수님은 목수 일을 하셨으니 배 만드는 일에 있어서는 전문가일지 모르나 고기 잡는 일에 있어서는 베드로가 전문가였습니다. 그래서 베드로는 망설였던 것입니다. 사람들은 누구나 자기가 경험해 온 지식을 의지하는 모습이 있습니다. 베드로는 자신의 지식을 얼마든지 앞세울 수 있었습니다. 자신의 의지와 자신의 생각을 내세울 수도 있었습니다. '선생님, 안 됩니다. 내가 밤새도록 그물을 던졌고, 더군다나 이 시간에는 고기가 안 노는 법입니다. 해봤자 허탕입니다.' 이렇게 말할 수 있었을 것입니다. 그러나 베드로는 5절을 보면 "선생님, 우리들이 밤이 새도록 수고하였으되 잡은 것이 없지마는 말씀에 의지하여 내가 그물을 내리리이다" 하고는 그물을 깊은 데로 가서 내렸습니다. 이것이 믿음입니다.

주님의 말씀을 듣는 순간 믿음이 들어갔습니다. 여러분이 주님 앞에 나와 말씀을 듣는 것을 귀하게 여기셔야 합니다. 믿음은 다른 것으로 자라지 않습니다. 노력해도 안 됩니다. 애를 써도 안 됩니다. 연구해도 안 됩니다. 하나님의 말씀을 듣고 아멘 할 때에 믿음이 자라는 것입니다. 그 결과 고기를 잡은 것이 심히 많아 그물이 찢어지게 되었습니다. 너무 많이 올라오니까 친구인 요한과 야고보를 불러 도와 달라 하여 함께 고기를 올렸는데 두 배에 가득 찼습니다. 우리가 주님의 말씀을 따라 살아가면 우리에게 복을 주시는 것입니다. 복을 주시되 여러분의 빈 배에 넘치는 복을 주십니다.

창세기 12장에서 하나님은 아브라함을 부르셔서 "너는 복이 될지니라"고 말씀하셨습니다. 아브라함이 복의 근원이 된 것은 말씀 앞에 순종했기 때문입니다. 오늘 주님께서 우리를 부르심은 복 주시기 위하여 우리를 부르신 것입니다. 베드로도 주님의 말씀이 자기 생각에 도무지 맞지 않는 것이었지만 순종했습니다. 말씀에 의지하여 순종하였더니 많은 물고기를 잡게 되었습니다. 고기를 많이 잡는 것이 중요한 것이 아닙니다. 이 사건을 통해 예수님이 누구이신지를 깨닫게 되었습니다. 그의 영안이 열렸습니다. 성도 여러분, 우리가 예수 믿고 축복받는 것도 귀한 일입니다. 가정이 평안한 것도 귀한 일입니다. 병에서 치유된 것도 귀한 일입니다. 문제가 해결된 것도 귀한 일입니다.

그러나 그것보다 더 중요한 일이 있습니다. 주님이 누구이신지를 깨닫는 것입니다. 그럴 때에 내 인생의 주인이 주님이심을 고백하게 되는 것입니다. 내 자녀의 인생을 이끄시는 분도 주님이시요, 내 일터를 주장하시는 분도 주님이시요, 나의 미래를 인도하시는 분도 주님이심을 깨닫게 되는 것입니다. 예수님께서 70인의 제자들을 파송하신 후 제자들이 돌아와 "주여 주의 이름이면 귀신들도 우리에게 항복하더이다"라고 기뻐했습니다. 그때 예수님은 "귀신들이 너희에게 항복하는 것으로 기뻐하지 말고 너희 이름이 하늘에 기록된 것으로 기뻐하라"(눅 10:20) 말씀하셨습니다.

시몬 베드로는 물고기가 가득 잡힌 놀라운 기적을 체험하고는 깨닫습니다. "시몬 베드로가 이를 보고 예수의 무릎 아래에 엎드려 이르되 주여 나를 떠나소서 나는 죄인이로소이다"(눅 5:8)라고 두려워하며 고백합니다. '나는 아무것도 할 수 없는 죄인입니다. 나는 지금 주님 앞에 가까이 있을 수도 없는 죄인입니다'라고 고백합니다. 주님의 능력을 체험하는 순간 자기의 자아가 완전히 무너져 내리는 것을 경험했습니다. 이때부터 베드로는 인생의 가치관이 완전히 바뀌고 맙니다. 예수님을 만나면 인생의 가치관이 바뀌어야 합니다. 걸어가던 방향이 바뀌어야 합니다. 추구하던 목적이 바뀌어야 합니다. 성도 여러분, 예수님을 만나고, 여러분의 방향이 예수님을 향해 걸어가고, 천국을 향해 걸어가는 성도들이 되시기를 바랍니다.

3. 예수님을 따라야 합니다.

베드로와 야고보와 요한은 예수님을 만났습니다. 그래서 자기들의 배를 육지에 대고 모든 것을 다 버려두고 예수님을 따라나섰습니다. 믿음생활은 세상 짐을 버려두고 예수님을 따라나서는 것입니다. 주님을 따라가면 여러분을 회복시켜 주십니다. 병든 인생에서 건강한 영혼으로 바꾸어 주십니다.

1. 고통의 멍에 벗으려고 예수께로 나갑니다.
   자유와 기쁨 베푸시는 주께로 갑니다
   병든 내 몸이 튼튼하고 빈궁한 삶이 부해지며,
   죄악을 벗어 버리려고 주께로 갑니다
2. 낭패와 실망 당한 뒤에 예수께로 나갑니다.
   십자가 은혜 받으려고 주께로 갑니다
   슬프던 마음 위로받고 이생의 풍파 잔잔하며,
   영광의 찬송 부르려고 주께로 갑니다

   (찬송 272장)

세상은 여러분을 바꾸어 준다고 선전합니다. 화장품 회사도 피부과에서도 바꾸어 준다고 말합니다. 거리마다 수많은 상품들을 쌓아놓고 여러분을 유혹합니다. 아파트 분양을 하면서 승용차를 팔면서 여러분의 인생을 바꾸어 준다고 합니다. 선거철만 되면 삶의 질을 바꾸겠다고, 나라를 바꾸겠다고 말합니다. 공산주의자들도 세상을 바꾼다고 했습니다. 그런데 진정으로 여러분의 인생을 바꾸시는 분은 예수님밖에는 없습니다. 예수님은 병든 자를 바꾸어 주십니다. 낙심한 자를 바꾸어 주십니다. 인생에 지친 사람들을 바꾸어 주십니다.

예수님을 따라가면 됩니다. 실망하지 마세요. 낙심하지 마세요. 포기하지 마세요. 여러분의 빈 배도 예수님을 만날 축복의 기회임을 깨달아야 합니다. 여러분의 인생의 빈 배에 주님을 모시기 바랍니다. 그러면 주님께서 말씀하십니다. "인생의 깊은 곳에 그물을 내리라." 주님의 말씀에 순종하여 여러분의 인생에 만선의 축복을 누리는 성도들이 되십시다.

적용

ⓐ 오늘 말씀의 주제 파악하기

ⓑ 오늘 말씀 중 은혜 받은 부분 나누기

ⓒ 삶에 구체적으로 적용하기

함께 드리는 기도제목

1. 예수님을 만나 우리 인생의 빈 배에 주님을 채우게 하옵소서.
2. 우리의 방향이 예수님을 향해 걸어가고, 천국을 향해 걸어가게 하옵소서.
3. 주님의 말씀에 순종하여 우리 인생에 만선의 축복을 누리게 하옵소서.

31

하나님의 음성을 들으라

• 본 문: 사무엘상 3장 1-9절

• 찬 송: 531장(자비한 주께서 부르시네, 통 321장)

• 요 절: 엘리가 사무엘에게 이르되 가서 누웠다가 그가 너를 부르시거든 네가 말하기를 여호와여 말씀하옵소서 주의 종이 듣겠나이다 하라 하니 이에 사무엘이 가서 자기 처소에 누우니라(삼상 3:9)

인류 역사를 보면 하나님께서는 쉬지 않고 말씀을 주셨습니다. 성경에 나타난 믿음의 사람들은 하나님의 음성을 들은 사람들입니다. 오늘도 하나님께서는 성경을 통해 하나님의 음성을 들려주십니다. 누가 하나님의 음성을 들을 수 있습니까? 하나님의 음성에 귀 기울이는 자만이 들을 수가 있습니다. 때로는 성령님께서 우리의 마음에 찾아오셔서 감동을 주시고 우리의 마음과 생각을 인도해 주십니다. 마음과 생각을 누가 주장하시도록 하느냐에 따라 성령님의 사람이 되기도 하고 악한 영의 사람이 되기도 합니다.

인디언 추장이 자기 손자에게 인간의 내면에 일어나는 싸움에 대해 이야기해 주고 있었습니다. "얘야, 우리 모두의 속에는 두 늑대가 있는데 한 마리는 악한 늑대인데 그 놈이 가진 것은 분노, 질투, 슬픔, 탐욕, 교만, 거짓, 이기심 등이란다. 다른 한 마리는 좋은 늑대인데 그 안에는 기쁨, 평안, 사랑, 소망, 겸손, 친절, 진실 등이란다." 손자가 추장 할아버지에게 물었습니다. "할아버지, 어떤 늑대가 이기나요?" 추장은 간단하게 대답을 합니다. "네가 먹이를 주는 놈이 이기지." 우리가 그렇습니다. 하나님의 말씀을 듣고 묵상하고 기도하고 그 말씀에 따르는 사람은 성령님이 주장하고, 악한 영의 유혹과 시험에 따르는 사람은 악한 영이 이끄는 것입니다. 예수님은 "내 양은 내 음성을 듣고 그들은 나를 따른다"(요 10:27)라고 하셨습니다. 내가 내 마음을 주장할 수 없고 지킬 수 없지만 하나님의 말씀을 따라 살려고 애쓰는 사람들은 그 마음과 생각을 지켜주십니다.

갈라디아서 5장 19-23절에 육체의 일과 성령의 일에 대한 말씀이 나옵니다. "육체의 일은 분명하니 곧 음행과 더러운 것과 호색과 우상 숭배와 주술과 원수 맺는 것과 분쟁과 시기와 분냄과 당 짓는 것과 분열함과 이단과 투기와 술 취함과 방탕함과 또 그와 같은 것들이라 전에 너희에게 경계한 것같이 경계하노니 이런 일을 하는 자들은 하나님의 나라를 유업으로 받지 못할 것이요"(갈 5:19-21). 육체의 일을 따라가면 점점 더 악하게 됩니다. 방탕한 사람은 점점 더 방탕하게 되고, 시기하는 사람은 더 시기하게 되고, 분내는 사람은 더 분내게 됩니다. 당을 짓는 것, 분열하는 영에 사로잡힌 사람들은 점점 더 심한 죄를 짓는 사람이 됩니다. 암이 점점 자라면 사람을 병들게 하고 꼼짝 못하게 하듯 죄는 이렇게 사람을 무너뜨리는 것입니다. 그러므로 이러한 죄에서 떠나야 하는 것입니다.

죄를 이기는 것은 예수 그리스도의 능력입니다. 알코올 중독에 빠졌던 사람들, 노름에 빠졌던 사람들, 동성애에 빠졌던 사람들이 새로운 사람으로 변화되는 것을 우리는 보게 됩니다. 예수를 믿고 은혜를 받으면 저절로 되는 것입니다. 예수님이 여러분의 마음을 주장하시면 더러운 것들을 몰아내 주십니다. 정결케 하십니다. 과거에는 무기력하게 굴복했었지만 이제는 이길 힘도 주십니다. 이전에 좋던 것들이 싫어지게 됩니다. 주님이 내 마음의 주인이 되시면 새사람이 되는 것입니다.

이어서 22절에는 성령의 열매가 나옵니다. "오직 성령의 열매는 사랑과 희락과 화평과 오래 참음과 자비와 양선과 충성과 온유와 절제니 이 같은 것을 금지할 법이 없느니라"(갈 5:22-23). 육체의 일과 원리가 같습니다. 그리스도의 사랑으로 순종하며 실천하는 사람은 점점 더 사랑의 사람이 되고, 희락의 사람이 되고, 화평의 사람이 되는 것입니다. 이것이 신학적인 용어로 성화의 과정입니다. 예수님의 제자가 되는 과정입니다. 우리 성도들은 예수님을 마음에 모시고 성령의 열매를 맺는 축복의 사람들이 되십시다.

아이 사무엘이 엘리 앞에서 "하나님을 섬길 때에는 여호와의 말씀이 희귀하였다"고 했습니다. 하나님의 말씀이 희귀한 것은 백성들이 하나님의 말씀을 듣고도 순종하지 않았기 때문입니다. 하나님의 말씀을 대언하는 선지자도 부족했습니다. 엘리 제사장이 그 역할을 맡았지만 엘리는 영적으로 이미 어두워져 있었습니다. 엘리 제사장은 사명을 감당하지 못하고 살다가 죽을 때에도 안타깝게도 뒤로 넘어지며 목이 부러져서 죽었습니다. 엘리 제사장이 하나님을 믿지 않았다는 말이 아닙니다. 하나님의 살아 계심을 믿었지만 영안이 흐려진 것입니다. 그래서 하나님의 음성을 듣지 못했습니다.

그러나 이때에도 사무엘은 하나님의 음성을 들었습니다. 그러므로 사무엘이 귀한 것입니다. 사무엘은 선지자로 부르심을 받은 이후 늘 하나님의 음성을 들었고 그 말씀을 이스라엘에 전했습니다. 사무엘 선지자는 하나님의 음성을 듣는 것이 얼마나 귀한 일인지를 깨달았기 때문에 "순종이 제사보다 낫고 듣는 것이 숫양의 기름보다 나으니"(삼상 15:22)라고 말씀하였습니다.

오늘날 우리는 하나님의 말씀이 희귀한 시대를 살아가고 있습니다. 이단이 많습니다. 이 세상도 하나님의 말씀 따라 살기가 어렵습니다. 좋은 교회 찾기도 쉽지 않습니다. 성경의 인물들은 믿음을 따라 살고 믿음을 따라 죽었는데, 오늘의 시대는 적당히 순종하고 적당히 믿는 것이 많습니다. 그러나 이러한 때일수록 사무엘과 같이 하나님의 음성을 듣는 것이 더욱 귀한 것입니다. 교회는 오직 복음으로 세워져야 합니다. 성도들은 복음을 위해 일하고 복음을 위해 힘쓰는 자들이 되어야 합니다. 그래야만이 하나님께서 교회를 지켜 주십니다. 우리 성도들은 하나님의 음성을 듣고 순종하는 성도들이 되시기 바랍니다.

오늘 말씀에 엘리의 눈이 점점 어두워 잘 보지 못하는 그때에 자기 처소에 누워 있었습니다. 이때에 어린 사무엘은 하나님의 궤가 있는 여호와의 전 안에 누워 있었습니다. 그곳이 잠을 자는 사무엘의 침소였습니다. 여러분, 두 사람의 자리가 바뀐 것이 아닙니까? 사무엘은 원래 레위 지파입니다. 그런데 어머니 한나의 기도로 잉태되어 그 서원대로 성전에 바쳐졌습니다. 보통 다른 아이들은 자기 집에서 귀여움을 받으며 자라고 어머니의 보살핌 속에 잠들어야 할 나이에 사무엘은 혼자 성전에서 잠들었습니다. 그런데 다른 숙소에서 잠을 잔 것이 아니라 법궤가 있는 여호와의 전 안에서 잠을 잤습니다. 이것이 귀한 것입니다.

아마 우리나라로 치면 엘리 제사장이 "사무엘아, 너는 건넌방에서 자거라" 그랬는데 어린 사무엘이 "아녜요. 저는 성전 안에서 잘래요, 성전이 좋아요"라고 했을 것입니다. 편한 이불이 있고 가구가 있는 방보다 하나님의 집이 더 좋았던 것입니다. 하나님이 보실 때에 하나님의 법궤가 있는 전 안에서 웅크려 자는 어린 사무엘의 이 모습이 얼마나 사랑스러웠겠습니까? 여러분, 하나님의 집이 좋아야 합니다.

하나님의 집이 그리워야 합니다. 한국교회가 뜨거울 때에는 어린이도 노인도 교회를 그리워했습니다. 학교에 가면서 오면서 교회에 들러 기도하고 갔습니다. 하나님께서는 이 기도를 들으시고 한국교회에 부흥과 축복을 주신 것입니다. 이 기도가 식어지면 안 됩니다.

새로운 성전을 건축하면 제일 좋은 곳에 위치한 작은 예배실 문을 항상 열어놓으려고 합니다. 누구든지 오가며 기도할 수 있는 그런 교회가 되기를 꿈을 꿉니다. 얼마 전 2년 가까이 교회에서 잠을 잔 적이 있습니다. 강단 이 자리에서 잠을 자며 기도하고 말씀을 읽을 때에 그때가 가장 영적으로 행복했습니다. 그래서 또 건축하는 기간에는 '사무엘처럼 주의 전에서 잠을 자야 되겠다' 생각하고 있습니다. 하나님의 말씀이 갈급할 때에 주의 전을 찾으면 말씀을 채워주십니다. 기도가 막힐 때에 주의 전을 찾으면 기도의 문을 열어주십니다. 인생이 답답하고 힘들 때에 주의 전을 찾으면 문제를 해결해 주시는 줄로 믿습니다.

사무엘이 원래부터 하나님의 음성을 들었던 것은 아닙니다. 4절을 보면 "여호와께서 사무엘을 부르실 때에 일어나 내가 여기 있나이다" 하고 엘리 제사장에게 달려갔습니다. 지금까지 하나님의 음성을 들은 적이 없었고 훈련받지 않았다는 말입니다. 그런데 나중에는 사무엘을 통해 하나님의 말씀을 주셨습니다. 본문 말씀 뒤의 19절을 보면 "사무엘이 자라매 여호와께서 그와 함께 계셔서 그의 말이 하나도 땅에 떨어지지 않게 하시니"(삼상 3:19)라고 하셨습니다. 그의 말이 하나도 땅에 떨어지지 않았다는 말은 그 말대로 다 이루어졌다는 말입니다. 하나님께서는 사무엘의 말대로 이루어주셨고 백성들은 아멘 하며 그 말씀대로 순종했다는 말입니다.

왕이 세워지기 전 사무엘은 종교와 정치를 이끌어 나가는 마지막 정교일치 시대의 민족 최고의 지도자가 되었습니다. 사무엘이 자라며 이렇게 축복된 사람이 된 것은 하나님의 전을 사랑하였기 때문입니다. 성전을 사랑하는 사람은 하나님을 사랑합니다. 성전을 사랑하는 사람은 낙심하지 않습니다. 성전을 사랑하는 사람은 시험을 이깁니다. 성전을 사랑하는 사람을 하나님은 지켜주십니다. 성전을 사랑하는 사람을 하나님은 키워주십니다. 우리가 지금 연약하다고 해서 걱정하지 마세요. 성전을 사랑하면 되는 것입니다. 성전에 모여 예배할 수 있는 것을 감사하시기 바랍니다.

주일은 위대한 날입니다. 주일은 새 힘을 얻는 날입니다. 주일은 하나님을 만나 은총을 입는 날입니다. 누가 주일을 사랑합니까? 하나님을 사랑하는 사람입니다. 하나님을 사랑하니 주의 전이 그리워지는 것입니다. 남편과 아내가 사랑스러우면 서로의 고향까지 좋아하게 됩니다. 그런데 남편과 아내가 서로 미워하면 서로의 고향까지 미워하게 되는 것과 같습니다. 하나님을 사랑하면 주의 전을 사랑할 수밖에 없는 것입니다. 주의 전을 사랑하면 우리를 인도해 주십니다. 학자도 되게 하시고 장관도 되게 하십니다. 위대한 사업가도 되게 하십니다. 사무엘과 같이 민족의 지도자도 만들어 주십니다. 우리 교회에도 이런 큰 사람들이 많이 나오기를 바랍니다.

사무엘도 처음에는 하나님의 음성을 듣지 못했으나 자라면서 귀한 사람이 되었습니다. 하나님께서 세 번씩이나 사무엘을 부르셨으나 사무엘은 깨닫지 못하고 일어나 엘리 제사장에게 달려갔습니다. 처음에는 그랬습니다. 하나님의 음성을 알아듣지 못했습니다. 오늘도 기독교를 하나의 종교로 믿는 사람이 있습니다. 이슬람교나 유교보다 좀 더 유익하다고 보는 것입니다. 그래서 교회에 나와도 하나님의 음성을 듣지 못합니다. 여러분, 사무엘의 이야기를 그저 사무엘의 이야기로 들으면 안 됩니다. 바울의 편지로 들으면 안 됩니다. 그들을 통하여 주시는 하나님의 음성으로 들어야 하는 것입니다. 성경 66권은 1600년의 기간 동안 40여 명의 기자들에 의하여 각기 다른 나라에서 기록되었습니다. 그런데 신기하게도 서로 연락도 할 수 없었고, 서로 알지도 못하는 사람들이 같은 하나님, 같은 성령님, 같은 예수님에 대하여 증언하고 있습니다. 구약은 오실 메시아에 대하여 증언하고 있고, 신약은 오신 예수님과 다시 오실 예수님에 대해 증언하고 있습니다.

왜요? "모든 성경은 하나님의 감동으로 된 것"(딤후 3:16)이기 때문입니다. 그러므로 우리는 성경을 읽으며 하나님께서 오늘 나에게 주시는 생생한 음성으로 들어야 하는 것입니다. 내가 어떻게 하나님을 믿어야 하는지, 내가 어떻게 살아야 하는지, 내가 하나님을 어떻게 순종해야 하는지, 내가 고민하고 힘들어하는 문제들의 답을 어떻게 얻어야 하는지 하나님 음성을 들어야 하는 것입니다. 설교 말씀을 목사의 이야기로 들으면 안 됩니다. 목사님 설교가 좋다고 합니다. 오늘은 더 잘했다고 합니다. 그것이 아닙니다. 여러분, 말씀을 통하여 여러분에게 들려주시는 하나님의 음성을 들으셔야 합니다. 오늘 갈급한 심령들에게 주시는 하나님의 음성을 들어야 하는 것입니다.

엘리 제사장은 부족한 사람이었습니다. 문제가 많은 사람이었습니다. 아들들이 저주를 자청하되 금하지 아니하는 죄를 범하였다고 했습니다. 그러나 사무엘이 세 번째 달려왔을 때 이것은 하나님께서 사무엘을 부르시는지 깨달았습니다. 그래서 "가서 누웠다가 그가 너를 부르시거든 네가 말하기를 여호와여 말씀하옵소서 주의 종이 듣겠나이다 하라"(삼상 3:9)고 했습니다. 엘리 제사장이 하나님을 믿지 않은 것이 아닙니다. 과거에 하나님의 음성을 들었을 것입니다. 그러니까 이런 가르침을 줄 수 있었습니다. 그러나 지금은 영안이 흐려져서 더 이상 하나님의 음성이 그에게 임하시지 않은 것입니다. 하나님의 말씀이 희귀했습니다.

여러분, 한번 은혜 받았다고 해서 그 은혜가 계속되는 것이 아닙니다. 은혜는 계속 받아야 합니다. 겨울에는 실외에 있는 수도꼭지를 조금 열어놓습니다. 물이 계속 흐르도록 해야 합니다. 꼭지를 잠가 놓으면 기온이 내려갈 때에 수도파이프가 얼어버려 물이 나오지 않게 됩니다. 여러분, 은혜의 수돗물이 계속해서 흘러야 하는 것입니다. 과거에 은혜를 받았으면 오늘도 은혜를 받아야 하고, 다음 주일에도 은혜를 받아야 하는 것입니다. 은혜를 받지 못하면 은혜의 수도꼭지가 얼어버리는 것입니다. 수도꼭지가 한번 꽁꽁 얼어버리면 다시 녹이기가 무척 힘이 듭니다. 그래서 열어놓아야 합니다. 말씀을 받는 마음의 그릇을 잘 닦아야 합니다.

기도하며 준비해야 합니다. 기도로 준비하고 말씀을 듣는 사람과 그저 예배에 참석하는 사람과 받는 은혜는 다른 것입니다. '하나님, 오늘은 무슨 은혜를 주시렵니까? 내 마음을 정결케 하여 주시옵소서'라고 기도하며 일주일을 살 때에 은혜를 폭포수같이 부어주시는 것입니다. 주일은 여러분의 얼어들어가는 심령의 수도파이프를 청소하는 날입니다. 교회에 왜 나옵니까? 하나님의 음성을 들으러 나오는 것입니다. 하나님의 음성이 임하시면 더러운 것들이 씻겨져 나갑니다. 절망 중에도 소망을 갖게 됩니다. 여러분 마음에 평안이 임합니다. 은혜 받을 그릇이 준비가 됩니다.

우리 하나님은 모든 것을 하실 수 있는 분입니다. 여러분, 주의 전을 사모하며 달려나와 심령의 문을 활짝 여시기 바랍니다.

"♬~오 사랑의 예수님 내 맘을 곧 엽니다
곧 들어와 나와 함께하며 내 생명이 되소서~♬"(찬송가 278장)

심령의 문을 열어 아멘으로 주시는 음성을 듣고, 하나님이 말씀을 붙들고 세상으로 나가는 성도들이 되십시다.

적용

ⓐ 오늘 말씀의 주제 파악하기

ⓑ 오늘 말씀 중 은혜 받은 부분 나누기

ⓒ 삶에 구체적으로 적용하기

함께 드리는 기도제목

1. 예수님을 마음에 모시고 성령의 열매를 맺게 하옵소서.
2. 말씀을 통하여 우리에게 들려주시는 하나님의 음성을 듣게 하옵소서.
3. 아멘으로 주시는 음성을 듣고, 하나님이 말씀을 붙들고 이 세상을 살게 하옵소서.

32

야곱의 귀향

• 본 문: 창세기 33장 1–11절
• 찬 송: 384장(나의 갈길 다 가도록, 통 434장)
• 요 절: 하나님이 내게 은혜를 베푸셨고 내 소유도 족하오니 청하건대 내가 형님께 드리는 예물을 받으소서 하고 그에게 강권하매 받으니라(창 33:11)

추석은 우리나라의 가장 큰 명절 중 하나입니다. 많은 사람들이 고향을 찾아 떠납니다. 몇 시간씩 걸려가며 고향을 찾아가는 이유는 고향이 그립기 때문입니다. 고향은 나를 키워주신 부모님의 따뜻한 가슴이 있는 곳입니다. 고향은 함께 뛰놀던 친구들의 자취가 있는 곳입니다. 타향은 따스하지 않습니다. 살기 위해서 거짓말도 해야 하고, 남에게 고개도 숙여야 하고, 속지 않으려고 눈에 불을 켜고 살아야 하는 곳입니다. 나도 모르게 그렇게 살다 보니 그 착한 마음이 사나워지고 독해지는 곳입니다.

그래서 고향을 그리워합니다. 고향은 서로를 견제할 필요가 없습니다. 북한에 고향을 둔 분들은 가고 싶어도 갈 수 없는 고향 때문에 명절만 되면 눈물이 납니다. 우리나라에는 북한에서 온 실향민도 있고 탈북한 사람들도 많습니다. 중국에서 살다가 온 동포들도 있습니다. 외국에서 우리나라로 결혼해서 온 분도 있고 돈을 벌러

온 분도 많습니다. 모두가 고향이 그리울 것입니다.

오늘 말씀은 야곱이 집을 떠나 야반도주했던 그 그리운 고향에 20년 만에 찾아가는 장면입니다. 유대민족은 우리나라와 같이 장자의 권리가 특별했습니다. 장자에게는 특별한 축복의 권리가 있었습니다. 이삭의 두 아들 중에 동생인 야곱은 욕심이 많고 꾀가 많은 사람이었습니다. 야곱은 형 에서가 사냥을 나갔다가 돌아올 때 배고픈 틈을 노려 장자의 축복권을 가로채었습니다. 그리고 분노한 형의 손을 피하여 멀리 삼촌 라반의 집으로 피신을 합니다. 20년 동안이나 삼촌 라반의 집에 살면서 거부가 되어 귀향을 하는 장면이 오늘 읽은 성경의 내용입니다.

야곱은 평생 자기의 꾀를 믿고 살던 사람입니다. 형 에서의 장자권을 가로챌 때에도 꾀를 부렸고 삼촌 라반의 집에서 양을 칠 때에도 꾀를 부렸습니다. 단색의 양을 낳으면 삼촌 라반의 것이요 얼룩덜룩한 양을 낳으면 야곱의 것이 되기로 약조를 맺었습니다. 야곱은 양이 임신을 할 때에 버드나무와 살구나무와 신풍나무의 가지껍질을 벗겨 들고 서 있으면 얼룩덜룩한 양을 낳는다는 미신을 믿고 늘 나뭇가지를 들고 달렸습니다. 잠도 제대로 못 자고 뛰어다닌 것입니다. 확률상 야곱의 양이 될 가능성이 별로 없었습니다. 그런데 하나님은 야곱의 양을 많게 해주셨습니다. 나뭇가지 때문이 아니라 하나님의 은혜였습니다. 야곱은 하나님께서 복을 주시겠다는 약속을 받은 사람이었는데 자신의 방법으로 복을 얻으려 했습니다. 그리고 자신의 노력과 꾀 때문에 부자가 된 것으로 착각을 했습니다.

야곱이 20년 전 고향을 떠나올 때 하나님은 벧엘에서 "내가 너와 함께 있어 네가 어디로 가든지 너를 지키며 너를 이끌어 이 땅으로 돌아오게 할지라 내가 네게 허락한 것을 다 이루기까지 너를 떠나지 아니하리라"(창 28:15) 약속을 주셨습니다. 그 약속을 하나님은 잊지 않으신 것입니다. 하나님께서는 꾀돌이 야곱을 더 꾀가 많은 삼촌 라반을 통하여 훈련을 시키셨습니다. 라반은 야곱이 딸 라헬을 사랑한다는 것을 이용하여 7년을 일하면 라헬을 주겠다고 했습니다.

7년을 일한 결과 얻은 것은 인물이 좀 떨어진 라헬의 언니인 레아였습니다. 꾀돌이 야곱이 속은 것입니다. 그리고 7년을 더 일하면 라헬을 주겠다고 하여 7년을 더 봉사하게 합니다. 야곱은 14년간이나 그렇게 당한 것입니다. 스스로 꾀가 많다고 자부하던 야곱이 더 큰 사기꾼인 라반에게 당한 것입니다. 그런데 하나님은 야곱의 편이셨습니다. 그래서 야곱의 양 떼에 복을 주셨고 거부가 되었습니다. 사람은 좀 잘되면 내가 잘해서 된 줄로 압니다. 하나님께서 복을 주셔서 사업이 잘되면 "내가 이렇게 이렇게 해서 잘되었다"고 사업의 노하우를 자랑합니다.

작은 연못에 사는 개구리 한 마리가 하늘을 유유히 나는 독수리를 보고 간청을 했습니다. "독수리 선생, 나도 하늘을 좀 날 수 있게 해주시오." "어떻게 하면 되겠습니까?"라고 하자 개구리는 "독수리 선생이 나뭇가지를 발로 움켜쥐고 하늘을 날면 내가 그 나뭇가지를 물고 있겠노라"고 했습니다. 독수리가 나뭇가지를 물고 하늘로 날아올라 이리저리 관광을 시켜주었습니다. 이 광경을 밑에서 바라보던 수많은 개구리들이 개골개골 거리며 난리가 났습니다. "야, 대단하다. 저런 훌륭한 아이디어를 도대체 누가 생각해 냈을까?" 칭찬을 했습니다. 그 칭찬을 듣고 입이 근질근질한 개구리가 높은 하늘에서 "내가"라고 말하는 순간 그만 땅에 곤두박질치고 말았다는 것입니다.

여러분, 내가 공부 잘한 것이 아닙니다. 내가 사업을 잘한 것이 아닙니다. 내가 사람을 잘 고른 것이 아닙니다. 하나님께서 은혜를 베푸신 것입니다. 여러분 모두가 지금까지 지켜주신 하나님의 은혜에 감사하는 성도들이 되시기 바랍니다.

고향에 돌아오는 야곱은 확신이 없었습니다. 형 에서가 지금도 나를 죽이려 하는지, 분이 풀렸는지 알 수가 없었습니다. 그래서 얍복 강 나루에서 밤을 새워 기도했습니다. 야곱은 기도하다가 하나님의 사람을 만납니다. 그래서 그를 붙들고 나를 축복하지 아니하면 갈 수 없다고 밤새워 씨름을 합니다. 이것은 놀라운 변화입니다. 자기 꾀를 의지하고 살던 야곱이 앞길이 꽁꽁 막혔다고 생각할 때에 하나님을 붙들었던 것입니다. 사람이 어려움을 당하면 다른 사람들이 잘 돌아보지를 않습니다. 내가 잘되고 형통할 때에는 그렇게 많던 친구들과 이웃들이 내가 망하면 다 사라지고 없습니다. 형제들도 사라집니다. 믿었던 사람도 배신을 합니다. 내가 어려울 때에 도와주겠다고 먼저 찾아오는 사람을 만나기가 쉽지 않습니다.

그런데 우리 하나님은 내가 어려울 때에 먼저 찾아오십니다. 내가 그동안 하나님을 찾지 않았어도 하나님은 섭섭하게 생각지 않으시고 언제나 우리를 기다리시고 맞아주십니다. 우리는 지난 일 년 동안도 풍랑을 많이 만났습니다. 일어서기 힘든 일도 있었고 견디기 힘든 질병을 만난 사람도 있습니다. 앞으로도 많은 풍랑이 우리 인생에는 있습니다. 그때 누구를 찾아가야 합니까? 우리 주님을 찾아가면 한 번도 외면하지 않으십니다. 야곱이 얍복 강 나루터에서 하나님께 기도할 때에 하나님은 찾아오셨습니다.

32장을 보면 야곱이 하나님께 기도합니다. “내가 주께 간구하오니 내 형의 손에서, 에서의 손에서 나를 건져내시옵소서.” 야곱의 기도를 듣고 찾아오신 하나님은 야곱에게 약속을 주셨습니다. “네 이름을 앞으로 야곱이라 부르지 말고 이스라엘이라 하라” 하셨습니다. 야곱의 뜻은 ‘발꿈치를 잡은 자, 속이는 자’라는 뜻입니다. 너는 더 이상 남의 발꿈치를 잡고 발버둥치는 인생을 살지 말라. 더 이상 남을 속이는 자가 되지 말고 이스라엘이 되라는 것입니다. 이스라엘은 '하나님과 씨름하여 이겼다'는 뜻입니다. 이 씨름은 육적인 씨름이 아니라 기도의 씨름입니다. "나를 축복하지 아니하면 갈 수 없습니다. 내가 죽을지언정 하나님의 축복을 받겠습니다" 하고 목숨을 걸고 몸부림칠 때에 하나님은 "내가 졌다. 네 소원대로 복을 주겠다" 하고 새 이름을 주신 것입니다.

이스라엘 백성들은 이 사건을 중요하게 생각합니다. 우리가 하나님과 씨름하지 아니하면, 즉 기도하지 아니하면 살 수 없다는 사실을 깨달았습니다. 그래서 이들의 나라 이름을 '이스라엘'이라 부르는 것입니다. 이들은 이스라엘을 '하나님과 싸워 이겼다'는 뜻이 아니라 '하나님의 별, 하나님의 왕자'라고 해석합니다. 우리 민족이 하나님의 왕자요, 스타라는 것입니다. 여러분, 오늘 하나님의 자녀인 여러분이 하나님의 왕자요, 하나님의 별이요, 스타임을 믿으시기 바랍니다.

야곱은 하나님의 약속을 받고 고향을 향하여 강을 건넙니다. 야곱이 눈을 들어 보니 에서가 4백 명의 장정을 거느리고 달려오고 있습니다. 20년 만에 돌아오는 동생을 반갑게 맞이하려 했다면 4백 명의 장정은 필요 없을 것입니다. 이는 가서 야곱을 죽이겠다는 것입니다. 야곱은 지금 하나님의 사람과 밤새 씨름하다가 환도뼈를 다쳐 걸음조차 제대로 걸을 수 없는 상황입니다. 그런데 이것이 은혜입니다. "네가 네 힘으로 재산을 모았다고 생각하느냐? 네가 건강해서 양을 친 줄로 아느냐?" 하고 하나님은 환도뼈의 힘줄을 치십니다. 그러니 걷는 것도 제대로 할 수 없는 존재가 되고 말았습니다. 이것을 깨닫게 하신 것입니다. '네가 열심히 노력해서 된 것이 아니다. 네가 똑똑해서 된 것이 아니다. 하나님께서 지켜주셔야 걸을 수도 있다'

하시는 것을 깨닫게 하시는 것입니다.

이사야 41장에서는 "지렁이 같은 너 야곱아"라고 했습니다. "네가 힘이 있어서 된 것이 아니다. 너는 지렁이 같은 존재다. 은혜 없이는 안 된다" 하는 것을 말씀하신 것입니다. 그러므로 오늘도 우리는 감사해야 하는 것입니다. 복음성가 가사처럼 날 구원하신 주를 감사하고, 추억도 감사하고, 봄철에도 감사하고, 가을날도 감사해야 합니다. 옛날에 눈물 많이 흘렸는데 사라진 눈물도 감사해야 합니다. 응답하신 기도 감사하고, 아픔과 슬픔도 감사하고, 장미꽃 가시도 감사해야 하는 것입니다.

얼마 전 중환자실로 심방을 갔는데 성도님이 "목사님, 숨 쉬고 싶어요, 숨을 쉴 수가 없어요, 숨 좀 쉬게 기도해 주세요" 하시는 것입니다. 얼마나 안타까웠는지 모릅니다. 우리 인생은 숨 쉴 때에도 숨 쉬는 것을 감사할 줄 알아야 합니다. 고향땅을 향해 걸어오는 야곱의 모습은 축복받은 자의 모습이 아니라 완전히 망한 자의 모습이었습니다. 밤새 씨름하느라 얼굴은 엉망이 되었고, 옷은 흙이 묻고 찢어졌을 것이고, 환도뼈를 다쳐 다리를 절었습니다. 세상 사람들의 눈으로 볼 때는 축복받은 자의 모습이 아니라 완전히 저주받은 모습입니다. 그런데 바로 여기에 하나님의 놀라운 섭리가 숨어 있습니다. 만약 야곱이 좋은 옷을 입고 약대를 타고 기름진 얼굴로 형에게 나아갔다면 에서의 마음에 어떤 생각이 들겠습니까? '저놈 봐라, 내 복을 다 빼앗아 먹어서 저렇게 되었구나!' 하고 마음이 상해서 원래의 계획대로 야곱을 그냥 두지 않았을 것입니다.

그런데 하나님께서 야곱을 보호해 주시기 위해서 이런 처참한 몰골을 만드시는 것입니다. 야곱은 기도하고 나서도 그의 행동을 보면 참 비열합니다. 제일 앞에 여종과 그의 자식들을 세워 걸어가게 했습니다. 에서의 군사가 달려와 공격을 시작하면 제일 먼저 부딪치는 여종과 그 자식들을 죽이기 시작할 것입니다. 시간을 벌어주는 총알받이로 세운 것입니다. 그 뒤에 누구를 걸어가게 합니까? 레아와 자식들을 두었습니다. 레아는 야곱의 첫 부인이지만 그리 사랑받지 못한 아내였습니다. 네가 먼저 죽으라는 말입니다. 그 다음에 라헬과 요셉을 세웠는데 이것은 에서의 군사가 공격할 때 도망치라는 뜻입니다.

이 얼마나 비열한 생각입니까? 앞에 가는 사람들이 이 사실을 몰랐겠습니까? 다 압니다. 알면서 가는 것입니다. 이때 레아의 자녀들이 무슨 생각을 했겠습니까? 멀리서 에서의 군사가 달려오는 말발굽 소리가 들립니다. 도망치고 싶지만 아버지가 가라고 하니 갈 수밖에 없습니다. 죽음의 자리로 걸어가는 그 마음이 어떠했겠습니까? 아버지가 이럴 수가 있나? 정말 우리 아버지가 맞나? 요셉만 살리려고 이렇게 할 수가 있나? 섭섭한 생각이 들었을 것입니다. 여러분 여기서 비극이 싹트게 된 것입니다. 레아의 자녀들이 라헬의 아들로 동생인 요셉을 죽이려 하였고 이집트에 노예로 팔아먹는 사건이 여기서부터 시작된 것입니다.

사람들의 성격은 어릴 적에 형성이 된다는 학설이 정설입니다. 자녀들을 어릴 적에 행복하게 키워야 합니다. 영어공부 시키고 수학공부 시키고 진이 빠지도록 가르치고 그러는 것이 중요한 것이 아닙니다. 행복한 마음을 가르치고 서로 축복하는 마음을 가르쳐야 합니다. 그래야 행복하게 살아갈 줄 압니다. 자녀들을 키울 때에도 편애하지 않아야 합니다. 우리나라는 남존여비의 사상이 오랫동안 내려왔기 때문에 아들을 더 귀하게 여깁니다. 재산을 주어도 아들에게 더 많이 주는 경우가 많습니다. 그런데 나중에 보면 아들이 부모님을 모시는 것이 아니라 딸이 모시는 경우가 많습니다. 며느리가 쉽지 않습니다. 요즘은 점점 여자들이 파워가 강해집니다.

남자들은 나이가 들면서 여성호르몬이 강해지고 여성들은 남성호르몬이 강해집니다. 그래서 여자들이 남자같이 공격적으로 변합니다. 남자들은 나이가 들면서 연속극 보면서도 눈물을 잘 흘립니다. 아내가 부모님 모시겠다고 하면 남편들이 반대를 잘 못합니다. 점점 그렇게 세상도 변합니다. 아들을 편애했는데 나중에 딸이 부모님을 모시면서도 마음이 편하겠습니까? '재산은 아들에게 다 주었지' 하는 섭섭한 마음이 드는 것입니다. 그래서 편애하지 않아야 합니다.

오늘 말씀 3절을 보면 야곱이 형 에서가 다가왔을 때 맨 앞에서 에서를 향하여 나아갑니다. 기도하고 나서 확신을 가지고 앞으로 나아간 것입니다. 기도는 우리를 담대하게 합니다. 기도하는 사람은 두려워하지 않습니다. 우리 교회에도 사업에 어려움을 당하고 가정에 어려움을 당하고 질병으로 어려움을 당하는 가정들이 있습니다. 옆에서 보기에 안타까운 가정들도 있습니다. 그런데 주의 종이 감동을 받습니다. 우리 성도들이 소망을 가지고 담대하게 일어서기 때문입니다. 세상 사람들은 포기합니다. 자살하기도 하고 절망하기도 합니다. 그러나 믿음의 사람들은 기도하기 때문에 하나님께서 피할 길을 주시고 문제를 해결해 주실 줄로 믿고 나아가는 것입니다.

에서는 "내가 만난 이 많은 짐승의 떼가 무엇이냐?" 하고 묻습니다. 그때 야곱은 "내가 내 주께 은혜를 입으려 함입니다"라고 대답합니다. 선물이라는 것입니다. 이때 에서는 "내 동생아"라고 말합니다. "내게 있는 것이 족하니 네 소유는 네게 두라"고 합니다. 에서가 통이 큰 사람입니다. 조금 전만 해도 에서는 야곱을 죽이기 위해 장정 4백 명을 데리고 달려오던 사람입니다. 그런데 다 찢어진 옷에 엉망이 되어버린 야곱의 몰골을 보고 불쌍한 마음이 들어 "내 동생아"라고 부릅니다. 야곱이 기도할 때에 하나님께서 이미 에서의 마음을 변화시켜주신 것입니다. 여러분, 사람의 마음을 누가 변화시킬 수가 있습니까? 하나님이 하시는 것입니다.

내 주변의 환경과 조건을 누가 변화시키실 수 있습니까? 하나님이 하시는 것입니다. 야곱은 원래 에서의 상대가 안 되는 사람이었습니다. 세상적으로 보면 에서가 멋진 사람입니다. 요르단이나 이라크 사람들을 보면 지금도 얼굴이 멋집니다. 에서는 놀기 좋아하고 사냥도 잘하고 배포도 큽니다. 전투에도 능하였습니다. 에서의 후손이 세일 산에 살던 에돔 족속입니다. 과거에는 에돔이라는 것은 성경에만 나오는 허구의 족속이라고 했는데, 고고학의 발달로 에돔 족속이 수천 년간 거주했던 유적들이 발굴되었습니다. 지금의 요르단 지역으로 '페트라'라는 웅장한 건축물들이 발견이 되었습니다. 에돔 족속은 강한 족속이었습니다.

이에 비해 야곱은 집안에서 어머니와 있기를 좋아했던 유약한 사람이었습니다. 야곱의 후손인 이스라엘을 보면 지금도 유대인들이 중동사람들에 비해 얼굴이 멋지지 않습니다. 야곱은 힘도 약했습니다. 당시 목축과 사냥을 중심으로 하던 시대에 힘이 없는 야곱이 도저히 이길 수가 없었습니다. 그런데 야곱에게는 한 가지 중요한 것이 있었는데 영적인 욕심이 있었습니다. 내가 하나님께서 주시는 복을 받아야 되겠다는 열망이 있었습니다. 예배드리기를 좋아하는 사람이었고 기도하는 사람이었습니다. 이것이 야곱이 하나님의 선택받은 비결입니다.

에서의 후손이 세운 도시인 페트라는 주전 553년 바빌로니아에 의해 멸망당했고 예루살렘의 함락과 함께 하나님의 말씀대로 에돔인의 역사는 사라지고 말았습니다. 그러나 야곱의 후손인 이스라엘은 오랜 역사 가운데 아직도 남아 있는 민족이 되었습니다. 힘이 있는 자가 이기는 것이 아닙니다. 똑똑한 자가 잘 사는 것이 아닙니다. 건강하다고 행복한 것도 아닙니다. 하나님의 은혜가 있어야 하는 것입니다. 여러분, 야곱의 이야기가 바로 여러분 모두의 이야기입니다. 우리가 야곱처럼 영적인 욕심이 있으면 하나님께서 택해주시는 것입니다. 영적인 욕심이 무엇입니까? '내가 오늘 이 예배에 가장 은혜 받는 자가 되리라. 내가 우리 교회에서 가장 축복받는 자가 되리라. 내가 충성하는 일에도 최고가 되리라' 하는 것이 영적인 욕심입니다. 세상의 다른 욕심은 다 버리는 것이 좋지만 영적인 욕심은 많으면 많을수록 복된 것입니다.

우리가 야곱처럼 힘든 때도 있었고 내 방법과 계획대로 살아온 적도 많았지만 하나님은 우리를 잊지 않으십니다. 두려움의 얍복나루를 건널 때도 있었지만 지금까지 보호해 주셨습니다. 하나님을 의지하는 민족을 보호해 주시고 하나님을 의지하는 가정을 지켜주십니다. 그러므로 야곱과 같이 기도하시기 바랍니다. 이번 추석에 모든 가족들을 만나게 될 것입니다. 뿔뿔이 흩어진 가족들을 하나님께서 지금까지 지켜주신 것을 감사하시기 바랍니다. 믿음으로 살아온 것도 감사하고, 좋은 교회 만난 것도 감사하시기 바랍니다. 에벤에셀로 지켜주신 하나님의 은혜를 감사하며 가족 간에 간증이 오고 가는 이번 추석이 되시기를 바랍니다.

적용

ⓐ 오늘 말씀의 주제 파악하기

ⓑ 오늘 말씀 중 은혜 받은 부분 나누기

ⓒ 삶에 구체적으로 적용하기

함께 드리는 기도제목

1. 우리 모두가 지금까지 지켜주신 하나님의 은혜에 감사하게 하옵소서.
2. 하나님의 자녀인 우리가 하나님의 왕자요, 하나님의 별임을 믿게 하옵소서.
3. 우리가 야곱처럼 영적인 욕심이 많아져서 하나님의 복을 누리게 하옵소서.

33

별과 같이 영원토록 빛나리라

- 본 문: 다니엘 12장 1-4절
- 찬 송: 498장(저 죽어가는 자 다 구원하고, 통 275장)
- 요 절: 지혜 있는 자는 궁창의 빛과 같이 빛날 것이요 많은 사람을 옳은 데로 돌아오게 한 자는 별과 같이 영원토록 빛나리라(단 12:3)

다니엘은 기원전 605년 바빌로니아에 포로로 잡혀갔던 청년입니다. 바빌로니아의 왕인 느부갓네살은 잡혀온 청년들 중 똑똑한 사람들을 택하여 교육을 시켰습니다. 이들을 통해 식민지 국가들을 지배하려고 했습니다. 느부갓네살 왕은 2600년 전 사람이지만 정치적으로 굉장한 사고방식을 가지고 있었습니다. 다니엘은 왕에게 선택받은 사람이었습니다. 이들에게는 최상급의 음식과 고기와 포도주가 제공되었습니다. 그런데 다니엘은 우상에게 바쳐진 음식을 먹지 않기로 작정하고 환관장에게 구하여 허락을 받았습니다. 나는 채소만 먹겠다는 것입니다. 채소는 우상에게 바쳐진 제물이 아니었기 때문입니다. 이것은 목숨이 위태로운 간청이었습니다.

그런데 하나님께서는 다니엘이 환관장에게 은혜와 긍휼을 얻게 하셨다고 했습니다. 환관장은 “너희에게는 왕이 특별하게 지정한 음식이 있는데 만약에 너희가 얼굴이 초췌하게 되면 내 목숨이 무사하지 못할 것이라"고 했습니다. 그때 다니엘은 열흘만 시험하여 달라고 했습니다. 하나님께서 지켜주실 줄로 믿었습니다. 다니엘은 이스라엘이 바빌로니아에 침략을 당하고 포로가 된 것도 하나님께 범죄했기 때문임을 알았습니다. 믿음을 지켜야 하나님께서 다시 긍휼을 베풀어주실 줄로 믿었습니다. 이후에 다니엘이 왕국에서 모든 지혜자들의 어른이 되어, 즉 모든 박사들 중 수석박사가 되어 왕궁의 일을 처리할 때에도 그는 믿음을 굽히지 않았습니다. 우상에게 절하라는 왕의 명령에도 불복하고 예루살렘을 향하여 기도했습니다. 다니엘은 기도의 능력을 아는 사람이었습니다. 문제가 있을 때에 친구들과 합심하여 기도했습니다. 목숨을 걸어야 하는 일에도 기도하며 믿음을 지킨 사람이 다니엘입니다.

성경에 종말에 있을 일에 대하여 기록한 가장 대표적인 성경이 구약의 다니엘서와 신약의 요한계시록입니다. 요한계시록은 예수님의 제자로 사도인 요한에 의해 기록되었습니다. 그런데 놀랍게도 다니엘은 평신도입니다. 수많은 선지자들과 예언자들이 있었음에도 불구하고 하나님께서는 정치가인 다니엘을 통해 종말에 있을 일을 계시해주셨습니다. 정치하는 자리는 믿음을 지키기 참으로 어려운 자리입니다. 시험들 일이 많습니다. 그런데도 하나님께서 다니엘에게 계시를 주신 것은 그만큼 영적으로 깨끗한 사람이었고 순결한 사람이었다는 말입니다.

우리는 종말에 대해 늘 준비하고 살아야 합니다. 예수님께서는 내가 도적같이 오리라고 하셨기 때문입니다. 내가 생각하지 못한 순간에 오신다는 말씀입니다. 이단들이 종말에 대한 강조를 많이 합니다. 언제 어느 때 종말이 온다는 시한부 종말론 때문에 해프닝도 여러 번 있었습니다. 그래서 불신자들은 종말을 이야기하면 우습게 생각합니다. 그런데 이단들이 왜 종말을 그렇게 이야기합니까? 진짜가 있기 때문입니다. 명품 시계 중에 파텍필립 같은 시계는 5억 짜리도 있고, 6억짜리도 있습니다. 브레게 같은 시계는 4억, 5억짜리도 있습니다. 그러니까 짝퉁도 많습니다. 진짜가 있으니 짝퉁이 있는 것입니다.

여러분, 천국은 분명히 있습니다. 그러므로 종말이 분명히 있습니다. 믿음은 이 사실이 저절로 믿어지는 사건입니다. 믿음은 예수님께서 나를 위해 십자가를 지셨고, 내가 죄사함의 은총을 입었고, 내가 구원받았구나 하는 사실이 저절로 믿어지는 사건입니다. 종말의 믿음을 가질 때 우리는 순결한 성도의 생활을 할 수가 있습니다. 그날이 언제일지 모르나 분명히 오리라는 것을 믿을 때 죄 지으면서 살 수는 없는 것입니다. 예수님께서는 "마음이 청결한 자는 복이 있나니 그들이 하나님을 볼 것임이요"라고 하셨습니다. 마음이 청결한 성도, 순결한 성도가 천국을 바라보며 사는 것입니다. 다니엘은 천국을 바라보았습니다. 그래서 그날에 있을 일을 계시로 기록한 것입니다. 사랑하는 성도 여러분, 여러분도 마음이 청결하여 하나님의 나라를 바라보며 사는 성도들이 되십시다.

오늘 말씀은 다니엘을 통해 주신 계시입니다. "그때에 네 민족을 호위하는 큰 군주 미가엘이 일어날 것이요 또 환난이 있으리니 이는 개국 이래로 그때까지 없던 환난일 것이며"(단 12:1)라고 말씀합니다. 그때에 대하여 주경학자들은 안티오쿠스 에피파네스의 때라고 말합니다. 안티오쿠스 에피파네스는 시리아의 왕으로 예루살렘을 침략하여 초토화시킨 왕입니다. 이때 큰 환난이 있었습니다. 유대인들은 안식일에 움직이지 않는다는 사실을 알고 안식일에 침략을 했습니다. 예루살렘 성전에 우상을 들여놓고 유대인들에게 돼지고기를 먹게 했습니다. 신앙을 지키기 위해 돼지고기를 먹지 않는 자들을 그 자리에서 죽였습니다.

오늘 말씀은 이스라엘 역사상 가장 참혹했던 이 시기를 예언한 말씀이라고 보고 있습니다. 또 다른 주경학자들은 세상의 마지막 때에 대한 계시라고 보고 있습니다. 마지막 때에는 큰 환난이 있을 것이라는 예수님의 말씀과 같이 이 말씀도 그때를 나타낸 것이라 보고 있습니다. 어쨌든 이스라엘에도 큰 환난이 있었고 그 이후에도 큰 환난들이 있었습니다. 지금도 지구상에는 수많은 환난들이 있습니다. 요즘도 시리아 난민들은 큰 환난을 당하고 있습니다. 예수님은 마지막 때에 큰 환난이 있을 것이며 수많은 사람들이 죽임을 당하게 될 것이라고 하셨습니다. 이때 두 종류의 사람이 나옵니다. 깨어나 영생을 받는 자와 수치를 당하여서 영원히 부끄러움을 당하는 자입니다.

세상에는 많은 사람들이 있지만 결국은 두 길로 갑니다. 하나는 영생의 길이요 다른 하나는 영원한 멸망의 길입니다. 지금 우리가 사는 세상에는 다양한 인종이 있고, 직업이 있고, 수많은 성격의 사람들이 살아갑니다. 취미도 많고 살아가는 방법도 많습니다. 그러나 마지막에는 두 길 중 한 길로 가야만 합니다. 누가 전도를 합니까? 마지막 길이 있다는 것을 분명히 깨달은 사람이 전도를 합니다. 전도는 쉽게 할 수 있는 일이 아닙니다. 때로는 모욕을 당해야 합니다.

우리 성도님들이 길에서 전도지를 나누어 줄 때에 가만히 지켜보면 사람들이 아주 매몰차게 대하는 모습들을 봅니다. 그것을 볼 때 제 마음이 참 아픕니다. '저 사람이 인생의 마지막 길이 있다는 것을 모르고 지금 정신없이 가는구나! 한 번이라도 전도지를 받아서 읽어주면 좋을 텐데……' 하는 생각을 합니다. 어떤 사람은 "전도를 꼭 그렇게 해야 하나?" 하고 말하는 사람도 있습니다. 여러분, 전도는 그렇게라도 해야 하는 것입니다. 성경은 때를 얻든지 못 얻든지 전도하라고 하셨습니다. 길과 산울가로 가서 복음을 전하라고 하셨습니다. 많은 사람이 다니는 길에서도 전도하고, 사람이 잘 다니지 않는 산울가에 가서라도 전도해야 한다는 말씀입니다. 강권하여 데려오라고 하셨습니다. 그냥 말하면 안 되니 강력히 권하여 전도하라는 말입니다.

청년들이 불신자와 사귀게 되면, “나를 사랑하면 나를 따라서 이번 주일에는 교회에 같이 가자. 그렇지 않으면 안 만나겠다”라고 말해서라도 데려오라는 말입니다. 어떤 집사님은 회갑잔치를 하게 되었는데, 남편이 신이 나서 부인 집사님의 회갑잔치를 준비하니까 “나 회갑잔치 안 하겠다”고 했답니다. “왜 그러냐?”고 했더니 “내가 평생을 당신을 위해 살았는데 당신은 내가 그렇게 평생에 제일 좋아하는 것도 안 해 주면서 무슨 잔치냐? 필요 없다”고 했답니다. “어려운 것도 아니고 한 시간만 나에게 주면 되는데 내 소원도 안 들어주는 남편이 무슨 회갑잔치냐? 혼자 회갑잔치 하세요”라고 그랬답니다. 그러니까 “당신이 무얼 그렇게 좋아하느냐? 내가 해주겠다”고 하더랍니다. 그래서 “이번 주일에 한 시간만 내가 가자는 데 가자” 하면서 주일 교회 예배에 참석하게 했더니 그 다음부터 남편이 예수 믿는 남편이 되었다는 이야기입니다. 그동안 얼마나 많은 기도가 있었겠습니까? 그 기도가 응답받은 것입니다.

예수 믿는 사람이 왜 그렇게 전도합니까? 영생과 지옥을 분명히 알기 때문입니다. 이 사실을 깨닫지 못하면 예수 믿어도 건성건성 믿습니다. 내 남편이, 내 자식이 믿지 않아도 안타까워할 줄 모릅니다. 간혹 지하철에서 떨어진 사람을 구하려고 뛰어들었다가 사고를 당하는 사람의 기사가 나옵니다. 언론에서 살신성인의 일을 했다고 극찬을 합니다.

여러분, 복음 전하는 것이 바로 그것입니다. 어떤 사람이 길을 가는데 절벽을 향하여 가고 있다면, 한 걸음만 더 내딛으면 절벽 아래로 떨어지는데 딴 데 바라보고 정신없이 걸어가고 있다면 여러분은 어떻게 하시겠습니까? 소리 질러 막을 것입니다. "스톱, 당신 더 가면 죽어!" 하고 소리를 지를 것입니다. 그래도 못 듣고 가고 있다면 뒤에서 붙들어서라도 가지 못하게 할 것입니다. 전도가 그런 것입니다. 영생의 길이 있는데 영원한 멸망의 길로 걸어가고 있는 사람을 보면 안타까워 붙드는 것이 전도입니다. 우리 성도들이 더우나 추우나 나가서 전도하는 이유가 바로 생명을 사랑하기 때문에 안타까워 견딜 수가 없어 나가서 전도하는 것입니다.

서울역 앞에서 전도지를 나누어주는 한 권사님이 있는데 어떤 유명한 목사님이 물어보았답니다. "아니 그렇게 전도한다고 사람들이 예수 믿습니까?" 그러자 이 권사님이 "제가 이렇게 하루 종일 전도하면 평균 7~8명이 예수 믿겠다고 이야기를 합니다"라고 대답을 했습니다. 그 이야기를 듣고 자신이 부끄러워지고 전도에 대한 방향이 바뀌었다는 고백을 읽은 적이 있습니다. 그 목사님이 옥한흠 목사님입니다.

우리 교회는 자랑할 것이 많습니다. 예쁜 교회당이 있습니다. 장로님들이 참 훌륭합니다. 다른 교회 목사님들을 만나서 "나는 우리 교회에 내가 존경하는 장로님들이 참 많습니다"라고 자랑합니다. 목사가 장로님을 존경한다고 할 수 있는 교회가 쉽지 않습니다. 우리 교회는 선교지가 매년 늘어가는 교회입니다. 우리 교회는 집사님, 권사님들이 성도님들이 참 착합니다. 찬양대가 최고입니다. 이웃을 위한 봉사를 많이 합니다. 목사님도 참 좋습니다. 그런데 무엇보다 자랑할 것은 우리 교회는 영혼 구원하는 일을 가장 귀하게 여기는 교회인 줄로 믿습니다. 100여 개의 전도대와 함께 우리 성도들이 매주일 전도를 합니다.

우리 교회에 OOO장로님은 주보에 새신자가 많이 등록되면 신이 나서 주보를 한주먹 쥐고 우리 총회와 기독교 단체들이 모여 있는 종로 5가에 나가 각 기관과 부서를 한 바퀴 돕니다. “우리 교회 이렇게 전도한다”고 자랑을 합니다. “거짓말이 아니라고 주보에 이렇게 나와 있지 않느냐?”고 자랑을 합니다. 그래서 제가 종로에 나가면 “어떻게 이런 일이 있느냐?”고 모두 부러워합니다. 우리 교회는 전도가 막혀 버린 한국교회에 소망을 주는 교회라는 것입니다. 성전 건축을 하면서 사실은 이 종도 두려운 마음이 듭니다. 우리 교회가 한국교회를 위해 정말 복음을 위한 일을 하는 큰 교회 사명을 감당하겠다고 성전 건축을 시작했지만 걱정이 되는 것이 사실입니다. 그런데 우리 교회가 복음 전하는 교회이기 때문에, 한국교회의 희망이기 때문에 하나님께서 이 교회를 지켜주실 것이라고 믿습니다. 우리 성도들의 생업을 복 주셔서 잘되게 하시고 풍성하게 하실 줄로 믿습니다.

전도는 하나님께서 가장 기뻐하시는 일입니다. 예수님은 십자가 상에서 마지막까지 전도하셨습니다. 성령님은 전도하는 자를 가장 강하게 지켜주십니다. 3절 말씀에 전도자에 대한 축복의 말씀이 기록되어 있습니다. “지혜 있는 자는 궁창의 빛과 같이 빛날 것이요 많은 사람을 옳은 데로 돌아오게 한 자는 별과 같이 영원토록 빛나리라”(단 12:3). 지혜 있는 자가 누구입니까? 하나님을 아는 자가 가장 지혜 있는 자입니다. 세상에 아무리 많은 지식이 있어도 하나님을 알지 못하면 그 지혜는 마지막에 부끄러움을 당하고 맙니다. 지혜 있는 자는 하나님이 가장 기뻐하시는 일이 무엇인지 압니다. 지혜 있는 자는 내가 해야 할 일이 무엇인지를 압니다. 그것이 무엇입니까? 복음 전하는 일입니다.

복음을 전하는 일을 최고의 가치로 알았기 때문에 궁창의 빛과 같이 빛나는 사람이 되는 것입니다. 내가 세상에서 빛이 나지 못했어도 하나님의 나라에서 하늘에 떠 있는 태양과 같이 빛나는 사람이 된다고 약속해 주셨습니다. "많은 사람을 옳은 데로 돌아오게 한 자는 별과 같이 영원토록 빛나리라"고 하셨습니다. 옳은 데로 돌아오게 한 사람이 누구입니까? 전도 많이 한 사람입니다. 고린도전서 15장을 부활장이라고 하는데 부활 이후에 대한 말씀이 기록되어 있습니다. "해의 영광이 다르고 달의 영광이 다르며 별의 영광도 다른데 별과 별의 영광이 다르도다"(고전 15:41)라고 했습니다. 상급이 다르다는 것입니다.

한 목사님이 꿈을 꾸었는데 천국에 갔답니다. 베드로가 앉아 있다가 사람들이 들어오면 환영을 하는데 안아도 주고 등도 두드려주고 칭찬을 해주더랍니다. 그래서 '이제 내가 앞으로 나가면 대대적으로 환영을 해주겠지?' 생각을 했답니다. 그런데 베드로가 "잘 왔다" 하면서 일어나지도 않더랍니다. 그래서 이 목사님이 "아니 베드로님, 내가 세상에 있을 때 큰 교회도 목회했고, 무슨 무슨 연합회장도 했고, 부장도 하고 총회장도 했는데, 밤잠 못 자고 일했는데 왜 이렇게밖에 환영을 안 해주십니까?" 하고 서운해했더니, 베드로가 옆에 서 있는 천사에게 귓속말로 "내가 일어나는 순간 저놈이 내 자리 얼른 앉을까 봐 안 일어났다" 그러더라는 것입니다. 그 꿈을 꾸고 나서 이 목사님이 회개를 했답니다. 그래서 복음 전하는 데 일평생 힘을 쏟았답니다. 자리가 중요한 것이 아닙니다. 무엇을 한 것이 중요한 것이 아닙니다.

천국 이야기 2탄입니다. 어느 목사님이 천국에 가는 꿈을 꾸었는데 목사님, 장로님, 권사님들이 들어올 때마다 다 환영을 받았답니다. 예수님께서 "애고, 수고했다" 하고 등을 두드려주실 때에 이 세상에서 흘렸던 눈물이 다 사라지고 행복해졌답니다. 그런데 어떤 성도가 들어오자 예수님께서 갑자기 벌떡 일어나셔서 달려가 끌어안고 가장 빛나는 면류관을 씌워주시며 눈물을 흘리며 반가워하시더랍니다. 그래서 목사님이 "아니 예수님, 왜 저 사람에게는 저렇게 다르게 환영해 주십니까?" 그랬더니 예수님께서 "얘야, 이 사람은 이 세상에 있을 때 전도하느라 나 때문에 모욕을 많이 당하고 매를 맞고 자기의 재산과 건강과 모든 것을 희생했단다" 그러시는 것입니다. 그래서 이 목사님이 잠에서 깨어나 또 깨달았답니다.

여러분, 신앙의 열매가 전도입니다. 은혜를 깨달으면 제일 먼저 하는 것이 전도입니다. 내가 죄로 말미암아 죽을 인생이었는데, 그 죄가 더럽고 무서운 것이었는데, 내가 주님의 보혈로 사함을 입고 구원의 자녀가 된 것이 이 세상에서 가장 감사한 것입니다. 그래서 다른 사람을 볼 때에 불쌍해 견딜 수가 없어 복음을 전하게 되는 것입니다. 여러분, 온 성도들이 함께 많은 사람을 전도하여 궁창에서 해같이 빛나고 별과 같이 빛나는 상급을 받는 성도들이 되십시다.

적용

ⓐ 오늘 말씀의 주제 파악하기

ⓑ 오늘 말씀 중 은혜 받은 부분 나누기

ⓒ 삶에 구체적으로 적용하기

함께 드리는 기도제목

1. 우리의 마음이 청결하여 하나님의 나라를 바라보며 살아가게 하옵소서.
2. 우리 교회가 한국교회를 위해 복음을 위한 일을 하는 교회가 되게 하옵소서.
3. 많은 사람을 전도하여 궁창에서 해같이 빛나고 별과 같이 빛나는 상급을 받게 하옵소서.

34

내 집을 채우라

• 본 문: 누가복음 14장 16-23절
• 찬 송: 500장(물 위에 생명줄 던지어라, 통 258장)
• 요 절: 주인이 종에게 이르되 길과 산울타리 가로 나가서 사람을 강권하여 데려다가 내 집을 채우라(눅 14:23)

"인생을 살아가면서 무엇을 가장 많이 생각하느냐?"고 묻는다면 각자가 다른 대답을 할 것입니다. 메이저리그 강정호 선수는 하루 가운데 야구를 가장 많이 생각할 것입니다. 손흥민 선수는 축구를 늘 생각할 것입니다. '이런 상황이 오면 이렇게 해야겠다'고 늘 생각하고 있을 것입니다. 기업을 하는 사장님은 '어떻게 하면 회사를 발전시킬 것인가?'를 생각하며 살 것이고, 국회의원은 '어떻게 하면 당선이 될 것인가?'를 위해 생각하고 하루를 살아갈 것입니다. 가수나 탤런트에게 묻는다면 '어떻게 노래를 히트시킬 것인가? 어떻게 하면 드라마가 성공할 것인가?'를 생각하며 살 것입니다. 이 종에게 "하루 중 무슨 생각을 가장 많이 하며 사느냐?"고 묻는다면 '교회'라고 대답을 할 것입니다. 여러분은 무슨 생각을 가장 많이 하며 사십니까? 내가 가장 많이 생각하고 사는 것이 내 인생의 중심입니다.

오늘 성경의 예수님의 비유 가운데도 이런 이야기가 나옵니다. 어떤 사람이 큰 잔치를 준비하고 사람들을 초청합니다. 성경을 가만히 살펴보면 많은 준비를 했습니다. 사람들을 두 번씩이나 초청을 합니다. 처음에는 초청장을 가지고 종들을 보냈습니다. "어느 날 몇 시에 잔치를 하니 오시오" 하고 초청장을 보냈습니다. 그리고 초청한 날이 되어 다시 종들을 아침 일찍 보내어 "오늘 잔치를 하는데 잊지 않으셨지요? 11시입니다" 하고 종들을 보내어 초청을 합니다.

그런데 본문에 나오는 세 사람이 다 거절을 합니다. 이들이 가장 중요하게 생각하는 다른 것들 때문입니다. 첫 번째 사람은 "나는 밭을 샀으매 아무래도 나가 보아야겠다"고 말합니다. 부동산을 샀다는 말입니다. 그런데 이것은 핑계입니다. 왜 꼭 잔치하는 지금 시간에 나가야 합니까? 핑계 대는 것입니다. 잔치보다 더 중요한 것이 있다는 말입니다.

두 번째 사람도 "소 다섯 겨리를 샀으매 시험하러 가니 양해해 달라"고 합니다. 자동차를 샀는데 시운전을 해 봐야겠다는 말입니다. 이것도 핑계입니다. 다음에 하면 될 것입니다. 잔치에 참여하는 것보다 더 중요한 것이 있다는 말입니다.

세 번째 사람도 거절을 합니다. "나는 장가들었으니 그러므로 가지 못하겠노라"고 합니다. 세 번째 사람은 그럴듯한 이유가 있어 보입니다. 이제 신혼인데 집에 있어야 되겠다는 말입니다. 그런데 이것도 핑계입니다. 아내까지 데리고 잔치에 오면 되는데 안 오겠다는 말입니다. 화가 난 주인은 종들에게 "빨리 시내의 거리와 골목으로 나가서 가난한 자들과 몸 불편한 자들과 맹인들과 저는 자들을 데려오라"고 합니다. 이 사람들은 처음에 초청받지 못한 사람들입니다. 당시에 사회적 약자를 표현한 말입니다. 그래서 이들을 다 불러왔습니다. 그래도 자리가 남아 있다고 하자 "길과 산울타리 가로 나가서 사람을 강권하여 데려다가 내 집을 채우라"고 합니다. 이것이 오늘 읽은 말씀의 내용입니다.

예수님은 십자가에 달리시기 며칠 전, 한 유대인의 집에서 식사를 하시면서 이 비유를 들려주셨습니다. 처음에 초청받는 이들은 유대인을 말합니다. 그런데 이들은 오신 예수님을 알지 못하였고 예수님의 초청을 받아들이지 않았습니다. 잔치는 천국의 잔치를 말합니다. 천국의 잔치는 무엇을 가지고 오라는 것이 아닙니다. 그저 와서 잔치에 즐겁게 참여하라는 말입니다. 잔치에 참여하면 은혜도 누리고 축복도 주십니다. 그런데 사람들이 오지 않았습니다. 예수 믿으라고, 교회 한 번만 가자고 하여도 사람들이 이 초청에는 잘 응하지 않습니다. 그동안 친분이 있었던 사람들에게 신라호텔에서 뷔페에서 대통령이 잔치를 하는데 그냥 가기만 하면 된다고 하면 다 따라 나올 것입니다. 친구들에게 이번에 새로 상영되는 VIP 영화 티켓이 있는데, 그거 가지고 가면 큰 침대에 누워서 영화를 본다고 하면서 가자고 하면 다 따라 나올 것입니다.

어떤 목사님이 친구를 전도하는데 이리저리 핑계를 대더랍니다. 그래도 포기하지 않고 전도를 했는데 핑곗거리가 없자 마지막에 이 친구가 "나는 사람들이 많이 모인 곳에 가면 알러지가 있어 못 간다"고 거절을 하더랍니다. 그런데 얼마 후 극장에서 그 친구를 보았답니다. 왜 그렇게 교회 오기를 싫어합니까? '그까짓 거 한번만, 그것도 한 시간 가주면 되는데 왜 그토록 힘든가?' 하면 영적인 문제이기 때문입니다. 사탄이 방해하기 때문입니다. 예수님께서는 이 사실을 잘 아시기 때문에 오늘의 말씀을 주신 것입니다.

1. 복음의 초청은 대상의 제한이 없습니다.

처음에 초청받은 사람들은 모두가 거절을 했습니다. 그러니까 주인은 가난한 자들과 몸 불편한 자들과 맹인들과 저는 자들을 초청하라고 합니다. 이들은 평소에 부자들이 잔치하는 곳에 초청을 받지 못했었기 때문에 감사하는 마음으로 온 것입니다. 밭을 사고 소를 다섯 겨리나 사고 장가들고 이런 사람들은 지금 내 삶에 만족하다는 말입니다. 내가 지금 풍족하고 내가 하고 싶은 일들이 많이 있으니 잔치에 안 가도 상관없다는 말입니다. 복음은 아이러니하게도 대개 가난한 자들에게 먼저 들어가 전파되었습니다. 예수님도 유대의 랍비들이나 높은 사람들의 자제들을 제자로 삼지 않으셨습니다. 능력이 없어서 그러신 것이 아닙니다. 복음은 누구나 초청의 대상이 없다는 것을 보여주시기 위해서 그렇게 하신 것입니다. 부자나 건강한 자들은 부족한 것이 없다고 생각합니다. 그래서 복음의 필요성을 잘 느끼지 못하는 것입니다.

그러나 가난한 사람들, 병이 들어 고통당하는 사람들, 인생의 문제가 있는 사람들이 예수를 먼저 믿었습니다. 도움이 필요했기 때문입니다. 그리고 이들이 축복을 받아 복된 인생이 된 것입니다. 우리나라에 들어온 선교사들도 참 훌륭한 분들이 많았습니다. 그래서 한국교회가 부흥하게 된 것입니다. 새문안교회에 이어 우리나라 두 번째 장로교회이며 삼일운동에 앞장서 유명한 승동교회는 처음에 박성춘이란 백정이 교회에 나오는 것이 문제가 되었습니다. 당시 백정들은 돈이 많아도 기와집에 사는 것도 금지되었고 비단옷도 입을 수 없었습니다. 남자들이 상투를 트는 것도 금지가 되었고 결혼을 해도 가마를 타고 가는 것이 아니라 널빤지를 타고 가야 했습니다.

그런데 백정이 교회에 나오니 교회에 분란이 일어났습니다. 양반과 천민이 한 자리에 앉아 예배드릴 수가 없다는 것입니다. 그래서 양반들이 거부하자 당시 설교하던 무어 목사님은 단호하게 하나님 나라에는 양반과 천민이 없다고 했습니다. 몇몇 양반이 나가 교회를 세웠을 때 선교사들은 그곳에 가서 설교하지 않았습니다. 그래서 이들이 회개하고 다시 돌아와 예배를 드렸고, 장로를 세울 때 놀랍게도 백정 출신인 박성춘과 왕의 사촌인 이재선 씨가 함께 장로로 선출이 되었습니다. 이후 백정 박성춘의 아들인 박서양이 조선 최초로 서양의사 1호가 되는 축복을 받았고, 이후 제중원 의사의 직을 버리고 독립투사로 나서게 됩니다.

이 박서양의 이야기가 얼마 전 연속극으로 방영된 '제중원'이란 드라마에 나옵니다. 종로에 있는 연동교회도 갖바치들이 모여 세운 교회인데, 지금은 그들의 후손이 복을 받아 가장 풍성한 교회 중의 하나가 되었습니다. 복음은 신분의 제한이 없습니다. 누구나 초청에 응하면 예수님은 다 받아주십니다. 그리고 위로해 주시고 축복해 주십니다.

2. 강권하여 데려다가 내 집을 채우라고 하십니다.

강권이라는 말은 강하게 권하라는 말입니다. 한두 번 해보고 포기하지 말라는 말입니다. 왜 강권하라고 하십니까? 생명의 길을 내가 깨달은 사람은 안타까워 강권해서라도 복음을 전할 수밖에 없는 것입니다. 기차가 달려오는데 누군가 앞으로 걸어가고 있다고 합시다. 그러면 기차가 온다고 권면만 하지 않습니다. 귀가 들리지 않아, 혹은 앞이 보이지 않아 기차 앞으로 다가가고 있다면 발을 걸어서라도, 팔을 비틀어서라도 가는 길을 멈추게 해야 하는 것입니다. 생명을 살려야 하기 때문입니다. 이것이 강권입니다.

오늘 성경에 주인은 종들에게 억지로라도 데려오라는 것입니다. 전도는 예수님의 지상명령이며 최후의 명령입니다. 명령은 들어도 되고 안 들어도 되는 것이 아닙니다. 예수 믿는 사람이라면 누구나

다 순종해야 하는 일입니다. 전도는 사도들이나 목사나 직분을 맡은 사람들만 하는 것이 아닙니다. 구원받은 사람은 누구나 다 전도해야 하는 것입니다.

이 종은 젊은 시절에 신학교를 다니며 돈이 필요해서 친구들에게 도움을 요청한 적이 있었습니다. 그동안 돈을 빌리는 일은 늘 아내가 했기 때문에 남에게 돈을 빌린 적이 없었습니다. 몇백만 원이 필요한데 돈이 있는 친구도 없었고 빌려주는 친구도 없었습니다. 나는 누가 돈을 빌려달라고 하면 카드를 빌려주면서라도 빌려주었는데 그리고 받지 못한 돈도 참 많았는데 내가 빌리려고 하니 빌릴 데가 없는 것입니다.

문제는 어떤 친구는 돈이 좀 있을 텐데 빌려주지 않는 것입니다. 그때 내 인생을 다시 돌아보게 되었습니다. '내가 잘못 살았구나. 지금까지 살아오면서 내가 삼백만 원을 빌릴 수 없는 인생을 살았구나!' 생각하니 얼마나 자존심이 상하는지 고통스러웠습니다. 내가 살아온 날들이 후회가 되었습니다. 이 종이 여러분을 위해 기도할때마다 복된 사람들, 믿음의 사람들, 긍정적인 사람들, 축복의 사람들을 만나게 해달라는 기도가 바로 그런 이유입니다.

내가 고통스러워할 때에 함께 고통스러워해 주는 이웃, 내가 아파할 때 함께 아파해 주고 내가 어려울 때에 도와주는 이웃이 있어야 인생이 행복한 것입니다. 여러분, 지금까지 인생을 살아오면서 나에게 한 시간만 내달라고 하면 10명은 그러겠다고 한 시간쯤이야 못 내주겠느냐고, 어디든지 가겠다고 내 이웃이 나를 위해 내어주는 인생을 살아야 그것이 정상입니다. 아니 세 명만이라도 나를 위해 시간을 내어주는 이웃이 있어야 할 것입니다.

우리 인생은 하나님께서 복을 주셔야 행복한 인생이 됩니다. 내가 힘 있을 때에, 내가 건강할 때에, 내가 무엇인가 할 수 있을 때에

만 함께하는 사람들이 아니라 내가 누구를 필요로 할 때에, 내가 힘들 때에 나와 함께해 주는 이웃들로 축복해 주실 것입니다.

3. 전도하는 비결입니다.

전도는 먼저 기도하고 나가야 합니다. 전도를 못하게 하는 사탄의 방해가 있기 때문입니다. 기도하지 않으면 사탄은 우리를 무기력하게 만듭니다. 안 될 거라는 부정적인 생각을 집어넣습니다. 미리 포기하게 만듭니다. 그러나 기도하면 하나님께서 힘을 주십니다. 할 수 있다는 믿음을 주십니다. 그러므로 기도하고 나서 긍정적인 생각을 가지고 나가야 합니다. 안 된다고 생각하면 안 될 일들이 자꾸만 일어납니다. 그러나 된다고 생각하면 되는 일들이 보이는 것입니다

코미디언 구봉서 씨가 다니는 교회의 목사님이 동정녀 마리아가 예수님을 잉태했다는 내용으로 성경공부를 했답니다. 그 교회에는 연예인들이 많았는데 초창기에는 연예인들이 모여 성경공부를 하며 교회가 시작이 되었습니다. 한번은 교회에 따라온 젊은 코미디언이 동정녀가 잉태했다는 것이 말이 안 된다고 자꾸 질문을 하더랍니다. 마리아가 바람을 피웠다느니 하면서 트집을 잡아 성경공부가 진행이 되지 않았습니다. 지금은 장로가 되었지만, 당시 구봉서 씨는 신앙생활한 지 얼마 되지 않았는데, 뒤에 앉아 있다가 갑자기 후배 코미디언을 향하여 빽 소리를 지르더랍니다. "야 임마, 지 서방이 믿었다는데 니가 뭔데 안 믿어?"

그렇습니다. 예수님이 된다고 하셨는데, 땅 끝까지 내 증인이 되라고 하셨고 우리에게 권세를 주신다고 하셨는데 왜 안 된다고 생각을 합니까? 될 줄로 믿고 나가면 되는 일들이 일어나는 것입니다. 우리 교회의 전도 많이 하시는 분들도 처음부터 전도를 그렇게 하신

건 아닙니다. 그런데 믿고 긍정적으로 전도하다 보니 되는 겁니다. 그러니까 이웃들에게 간증도 하고 함께 전도하는 것입니다. 전도하려면 자랑을 많이 해야 합니다. 음식점에 가려 해도 자랑하는 집에 갑니다. 그 집에 냉면이 맛있다고 줄을 서서 먹는다고 하면 가게 됩니다. 한번은 성도님이 누룽지 맛있는 집이 있다고 해서 갔는데 한 30분을 서서 기다렸습니다. 그런데 먹어보니 누룽지가 다 똑같은 것입니다. 사람들이 자랑하니 더 맛있게 느껴지고 사람들이 몰려드는 것입니다.

교회도 자꾸 자랑해야 합니다. 하나님 자랑을 하십시오. 내가 예수 믿었더니 이렇게 변했다고, 이렇게 축복을 받았다고 자랑해야 합니다. 찬양대 자랑을 하십시오. 우리 찬양대처럼 실력 있고 은혜로운 찬양대가 없습니다. 언젠가 이 지역의 합창단들이 모여 우리 교회에서 발표회를 가진 것이 있습니다. 가만히 들어보니 우리 찬양대와는 비교가 안 됩니다. 다음에 한 번 더 초청하여 발표회를 하면서 우리 찬양대를 찬조출연 하라고 할까? 하다가 그러면 큰일 나겠다는 생각이 들어 그만두었습니다. 왜냐구요? 우리 찬양대가 하는 것을 들어보면 기가 죽어 다 합창단 그만둘까봐서요.

그리고 목사님 자랑을 하십시오. 우리 목사님 훌륭하다고, 말씀 자랑을 해야 합니다. 불신자들은 능력 있다고 하면 잘 못 알아들으니까 우리 목사님 신령하다고 하면 알아듣습니다. 옛날 섬기던 교회에서 교인들이 우리 목사님 잘생겼다고 자랑을 했답니다. 하도 자랑을 하니까 처음 오는 분들이 볼 때에 목사님이 참 잘생기셨다고 이야기를 합니다. 긍정적인 마음으로 나아오니 은혜를 받게 되는 것입니다.

여러분, 전도는 누구나 할 수 있습니다. 여러분이 입만 열어도 하나님께서 도와주십니다. 하나님께서 당신을 기다리신다고, 하나님은 당신을 사랑한다고 한 마디만 해도 하나님께서 도와주십니다. 어떤 분은 하나님께서 당신을 사랑하신다고 했더니 듣는 사람의 마음에 감동이 왔습니다. 가슴이 뭉클해졌습니다. 지금까지 살아오면서 부모님께 구박받고, 친구들에게 왕따 당하고, 누구에게도 사랑한다는 따뜻한 말을 들어보지 못했는데 하나님께서 나를 사랑하신다니 그 분을 한번 만나보자 하는 마음이 들더랍니다.

'쉰들러 리스트'란 유명한 영화가 있습니다. 그 주인공은 자신의 전 재산을 팔아 1,200명의 유대인들을 가스실에서 구해내었습니다. 그래서 전쟁 후에 영웅이 되었고 수많은 환영과 칭찬을 받았습니다. 유대인들은 자신의 금이빨을 뽑아 반지를 만들어 쉰들러에게 전달을 했습니다. 전쟁이 끝난 후 쉰들러는 자신의 손에 끼워져 있는 반지를 보며 '이 반지를 팔았더라면 몇 명의 사람을 더 구할 수 있었을 텐데…… 이 반지를 팔았더라면……' 하고 괴로워했습니다.

성도 여러분, 우리가 조금만 더 애쓰면, 몇 마디라도 더하면 몇 명의 사람을 더 구할 수가 있는 것입니다. 내가 받은 구원의 은혜를 다른 사람에게도 전하고, 하나님의 기뻐하시는 자가 되고, 전도자의 축복을 받는 우리 성도들이 되십시다.

적용

ⓐ 오늘 말씀의 주제 파악하기

ⓑ 오늘 말씀 중 은혜 받은 부분 나누기

ⓒ 삶에 구체적으로 적용하기

함께 드리는 기도제목

1. 강권하여 데려다가 내 집을 채우라는 주님의 명령에 순종하게 하옵소서.
2. 내가 받은 구원의 은혜를 다른 사람에게도 전할 수 있는 믿음을 주옵소서.
3. 많은 사람을 전도하여 전도자의 축복을 받게 하옵소서.

35

기도로 이기는 사람

- 본 문: 사도행전 16장 19-26절
- 찬 송: 369장(죄 짐 맡은 우리 구주, 통 487장)
- 요 절: 한밤중에 바울과 실라가 기도하고 하나님을 찬송하매 죄수들이 듣더라 이에 갑자기 큰 지진이 나서 옥터가 움직이고 문이 곧 다 열리며 모든 사람의 매인 것이 다 벗어진지라(행 16:25-26)

사도 바울이 아시아에서 복음을 전할 계획을 가지고 있었는데 하나님께서는 마게도냐로 가라고 하셨습니다. 마게도냐로 가서 첫 번째 복음을 전한 도시가 빌립보입니다. 빌립보는 알렉산더 대왕이 아버지 필립의 이름을 기념하여 지은 도시입니다. 빌립보는 아시아와 유럽을 연결하는 중요한 도시로 작은 로마라고 불렸습니다. 이곳에서 바울은 자주장사 루디아를 만나 유럽의 첫 교회를 세웁니다. 이 교회가 바울의 든든한 동역자가 되어 주었습니다. 바울의 선교를 후원하는 교회가 되었습니다. 내 뜻이 아니라 하나님의 뜻을 따라 순종하고 갈 때에 하나님께서는 복음이 만방에 전파되게 하시고 더 넓고 더 크게 일하게 하셨습니다.

그러므로 하나님의 뜻을 늘 바라보는 것이 중요합니다. 하나님의 뜻을 어떻게 알 수가 있습니까? 성경의 말씀대로 따라가면 그것이 하나님의 뜻입니다. 성경 말씀을 우리의 삶의 기준으로 삼아 살면 그것이 하나님의 뜻입니다. 우리는 세상의 많은 일을 만날 때마다 순식간에 내 생각으로 판단을 합니다. 어떤 것이 유익할지, 어떤 것이 손해 보지 않을 일인지 판단을 합니다. 그러나 믿음의 사람은 문제를 만날 때 성경 말씀을 먼저 상고해야 합니다. 성경에는 어떻게 하라고 하셨는지, 하나님이 무엇을 기뻐하실지를 먼저 생각하는 것입니다. 여러분은 하나님의 말씀을 늘 기억하고 말씀대로 살아가는 성도들이 되시기를 바랍니다.

오늘 말씀의 배경은 바울이 기도하기 위해 길을 가다가 점치는 귀신들린 여종을 만납니다. 이 여종은 주인에게 큰 이익을 주는 자였다고 했습니다. 지금도 점치는 사람들이 참 많습니다. 아현동에 있는 한 교회를 찾아가느라 골목길로 들어서니 온통 사방이 점집입니다. 그 많은 점집들이 있는 것을 보면 지금도 점집을 찾는 사람들이 많다는 말입니다. 사람들이 왜 점을 칩니까? 다 이유가 있습니다. 기가 막히게 알아맞히기 때문입니다. 그래서 귀신같이 안다고 하지 않습니까? “당신 몇 년 전에 아들이 죽었지? 마누라가 도망갔구먼!” 이렇게 기가 막히게 알아맞힙니다. 그러고 나서는 “어허, 큰일 났네. 사업에 문제가 생기게 되었어. 지금 거래처에 문제가 생겼지? 이제 완전히 망하게 생겼어” 그럽니다. 그래서 사람들이 꼼짝 못합니다. 그리고는 일단 부적을 만들어 가지고 다니라고 합니다. 그 부적이 10만 원짜리도 있고 몇천만 원짜리도 있습니다. 굿을 크게 하면 더 큰 돈이 들어갑니다.

상주에서 목회할 때에 보니 절에 다니던 사람, 미신 믿던 사람들이 예수 믿고 부적을 없애려고 목사님 오셔서 부적 떼어주십시오 해서 가보면, 안방에도 붙어 있고 현관에도 붙어 있고 부적들이 곳곳에 붙어 있습니다. 한번은 안방에 붙어 있는 그 부적이 얼마냐고 했더니 몇백만 원이랍니다. 그러나 여러분, 분명히 아시기 바랍니다. 귀신은 과거의 일들을 압니다. 사람이 모르는 일도 압니다. 그러나 귀신은 미래의 일을 모릅니다. 미래의 일을 바꿀 수도 없습니다. 이 세상은 하나님의 섭리대로 이루어지기 때문입니다. 귀신들려 점치는 사람들이 미래의 일을 그렇게 잘 안다면 자기들이 잘되는 길로 미리 가서 돈을 벌고 자기들이 잘되지 왜 그렇게 비참하게 살고 있습니까? 이들은 미래도 모르고, 미래를 바꿀 능력도 없습니다. 하나님께서는 하나님의 뜻대로 행하는 자에게 미래를 열어주시고 합력하여 선을 이루시는 줄로 믿으시기 바랍니다.

오늘 이 여종은 주인에게 큰 이익을 주는 자였으니 아마 굉장히 신통했던 것으로 보입니다. 이 여인이 바울과 일행을 따라다니며 소리 지르기를 "이 사람들은 지극히 높은 하나님의 종으로서 구원의 길을 너희에게 전하는 자라"고 했습니다. 쉽게 생각하면 '귀신도 바른말 하는구나' 하고 생각할 수 있습니다. 지금 귀신들린 여인이 바른말 하는 것이 아닙니다. 사도 바울을 시험하는 것입니다. 당시 세계에서 능력 있는 귀신은 상대방의 정체를 먼저 알아본다고 사람들은 믿었습니다. "난 너를 안다"는 말은 "너 정도는 아무것도 아니다" 하는 말입니다. 그래서 복음 전파에 위축을 시키려는 의도입니다.

또 이야기를 보면 "구원의 길을 너희에게 전하는 자라" 하는 말은 맞습니다. 그런데 그 앞에 "지극히 높은 하나님의 종"이라고 했습니다. 하나님을 높이는 것이 아니라 바울을 높이는 것입니다. 이때 바울이 "그래, 내가 바로 그런 사람이다" 하고 "귀신아 물러가라" 하면 좋겠지만 바울은 그렇게 하지 않았습니다. 귀신을 쫓아내는 것도 내가 하는 것이 아님을 알기 때문입니다. 하나님의 능력으로 하는 것입니다. 그 능력은 내가 끌어오는 것이 아니라 하나님께서 허락해 주셔야 할 수 있는 일입니다.

예수님도 사탄에게 세 번 시험을 받으셨는데 예수님 같으신 분이 무엇 하러 세 번씩이나 시험을 받습니까? 사탄이 오는 것을 보고 "이놈, 어디 오느냐? 물러가라" 하면 될 텐데 예수님은 그렇게 하지 않으셨습니다. 모든 것을 하나님의 말씀으로 하셨습니다. 바울은 자기 자신을 높여 이야기하는 것을 보고 괴로워한 것입니다. 이때 바울은 기도했을 것입니다. "하나님 어떻게 해야 합니까?" 그리고 "예수 그리스도의 이름으로 내가 네게 명하노니 그에게서 나오라"고 명령을 합니다. 그랬더니 "귀신이 즉시 나오니"라고 성경은 기록하고 있습니다. 바울의 이름이 아닙니다. 예수님의 이름입니다.

오늘 한국교회의 위기는 예수님을 높여드리는 것을 잊어버렸기 때문입니다. 유럽의 교회가 하나님의 은혜와 복을 받아 잘되었을 때에 이들은 예수님을 높이지 않고 자기들을 높였습니다. 그러면 예수님은 함께하시지 않습니다. 사람이 주님의 영광을 가로채서는 안 됩니다. 무슨 장 자리 하려고 그렇게 부정을 행하면서까지 애를 쓰는 것은 내가 영광을 받겠다는 말입니다. 내가 높은 자리에 올라서 박수도 받고, 내 이름을 내겠다는 말입니다. 그러면 주님은 분명히 떠나가십니다. 교회도 주님의 영광을 가로채서는 안 됩니다. 영광 받고 칭찬받을 일도 무슨 교회가 하는 것이 아니라 우리 주님이 하시는 것을 알아야 합니다.

하나님은 개척교회를 통해서도 영광을 받으시고, 시골교회를 통해서도 영광을 받으시고, 저 먼 나라 아프리카나 동남아의 작은 교회를 통해서도 영광을 받으십니다. 우리 교회만 잘한다고 하는 교회들의 결말을 보세요. 교회도 교만해지면 마지막에 이단으로 나가지 않습니까? 교만해지면 하나님의 자리도 빼앗으려고 하는 것이 인간입니다. 그래서 사이비 교주가 나오고 이단이 나오는 것입니다. 작은 교만에도 넘어지면 안 됩니다. 그러면 나중에 큰 힘이 생기면 하나님의 영광을 크게 도적질하는 사람이 됩니다. 여러분은 오직 주님께 영광 돌리는 사람들이 되시기 바랍니다. 오직 주님께 영광 돌리는 교회가 되시기 바랍니다.

귀신들린 여종의 주인들은 귀신의 힘을 입어 돈을 벌었는데, 이 여종이 귀신이 나가고 정신이 온전하게 되니 수익의 소망이 없어졌습니다. 그래서 바울과 실라를 붙잡아 관리들에게로 데려갑니다. 이 주인들은 여종의 삶에는 관심이 없었습니다. 오로지 돈이 목적이었습니다. 귀신들린 여종은 귀신이 들려 삶이 망가져 버렸습니다. 귀신들린 사람들은 친구도 없습니다. 가족도 다 떠나갑니다. 비참한 삶을 사는 것입니다. 그런데 여종의 주인들은 한 여인이 정신이 돌아와 새 삶을 살게 된 것을 기뻐하지 않고 돈을 벌지 못하는 것에 분노합니다.

돈의 신, 물질의 신이 맘몬신입니다. 오늘날의 사람들도 맘몬신에 지배되어 살아갑니다. 내가 돈을 벌기 위해서는 다른 사람이야 어떻게 되든 상관이 없습니다. 얼마 전에도 백화점에서 주차 관리하는 아르바이트생들을 무릎 꿇린 사건이 일어났습니다. '내가 돈이 있으니 너희 인격은 어떻게 되든 상관이 없다'는 생각이 이런 일을 만든 것입니다. 예수 믿는 사람들은 물질관이 바로서야 합니다. 하나님께서 내게 많은 것을 주셨으면 이것을 잘 사용해야 합니다. 내가 받는 사람이 아니라 주는 사람이 된 것을 감사하고 기쁘게 사용해야 합니다. 선한 일에 잘 사용해야 합니다. 이것이 하나님의 뜻입니다.

예수님은 항상 사람을 귀하게 여겨주셨습니다. 귀신들린 사람들을 보면 안타깝게 여기고 고쳐주셨습니다. 오늘 사도 바울도 물질의 문제를 먼저 생각한 것이 아니라 한 여인의 삶을 고쳐주었습니다. 오늘 우리가 복음 전하는 이유도 사람을 귀하게 여기기 때문입니다. 한 영혼이 지옥으로 들어가는 것을 차마 볼 수 없어 시간을 내어,

물질을 드려 영혼 구원하는 일을 하는 것입니다. 내 것을 감사하며 드리는 일이 쉬운 일이 아닙니다. 하나님께서 우리의 심령에 복 주셔야 되는 일입니다. 그러므로 이 마음을 주신 하나님께 감사하시기 바랍니다.

귀신들린 여종의 주인들은 바울과 실라를 잡아다가 고소를 합니다. 그리고 옷을 벗기고 매로 치고 차꼬를 채워 깊은 감옥에 가두었습니다. 그런데 바울과 실라는 무엇을 합니까? 25절 말씀을 보니 "한밤중에 바울과 실라가 기도하고 하나님을 찬송하매 죄수들이 듣더라"고 했습니다.

1. 기도했습니다.

오늘 말씀 전후에도 기도했다는 말이 자주 나옵니다. 13절에도 바울이 기도할 곳을 찾다가 여인들을 만나 복음을 전하는데 거기서 루디아를 만납니다. 루디아의 집은 빌립보의 교회가 되었습니다. 기도하려고 했더니 하나님은 벌써 빌립보에 첫 교회를 허락해주신 것입니다. 오늘 말씀의 배경에도 기도하는 곳에 가다가 점치는 귀신들린 여종을 만납니다. 이 만남은 이제 빌립보를 떠나기에 앞서 하나님께서 구원시킬 사람을 위해 예비하신 것입니다. 오늘 말씀 뒤에 간수가 예수를 믿고 온 가족이 세례를 받고 기뻐합니다. 기도하니 복음을 전파할 기회를 이렇게 만들어주신 것입니다.

바울과 실라의 이야기가 모든 사람들에게 퍼져나갔을 것입니다. '이 사람들이 감옥에 갇혀서도 기도하고 찬송하더라. 그랬더니 지진이 일어나고 옥 터가 움직이고 문이 열리고 모든 사람의 매인 것이 다 벗어졌다'라고 소문이 났을 것입니다.

오늘 말씀에 모든 사람의 매인 것이 벗어졌다고 했는데, 이곳의 감옥에 갇혀 있던 모든 사람들입니다. 이들은 자기의 손과 발에 채워져 있던 차꼬가 풀려지는 신비한 경험을 했습니다. 성경에는 다 기록되어 있지 않지만 이들 중에도 예수를 믿게 된 사람들이 많이 있었을 것입니다. 간수도 옥문이 열린 것을 보고 죄수들이 다 도망한 줄 알았습니다. 그래서 칼을 빼어 자결하려고 했는데 바울이 소리 지르기를 "우리가 다 여기 있다. 몸을 상하게 하지 말라"고 했습니다. 이 일을 경험하고 간수와 온 가족이 세례를 받고 예수를 믿게 되었습니다.

이 일이 신자들에게는 힘이 되었습니다. 이 모든 역사가 기도할 때에 일어난 것입니다. 바울과 실라가 감옥에 갇혀서도 기도할 수 있었던 것은 하나님의 섭리를 믿었기 때문입니다. 바울과 실라는 불평하지 않았습니다. '내가 예수 전하다가 매를 맞고 감옥에 갔는데 하나님 이럴 수 있습니까?' 하고 불평하지 않았습니다.

우리는 잘되면 감사하고 안 되면 불평하고 원망합니다. 내가 주일을 잘 지키고 십일조도 꼬박꼬박 드렸는데 왜 이런 일이 일어납니까? 불평하면 시험에 드는 것입니다. 믿음의 사람은 이 일을 통해 '하나님의 뜻과 섭리가 계시겠지, 나에게 더 좋은 것을 주시려고 하시는 일이지' 하고 믿음의 생각을 하는 것입니다. 이런 사람이 기도합니다. 낙심하지 않고 기도하는 사람에게 감옥의 문이 열리고, 손과 발의 차꼬가 풀려지는 역사가 나타나는 것입니다. 여러분의 인생에 감옥과 같은 문이 가로막혀 나갈 길이 없어도 하나님께서 하실 줄로 믿습니다. 기도하는 성도에게 문이 열려지는 역사가 일어나는 줄로 믿습니다. 여러분의 인생에 두 손과 발에 차꼬가 묶여 옴짝달싹 할 수 없는 상황에서도 기도하면 차꼬가 풀려나가는 역사가 일어나는 줄로 믿습니다.

2. 찬송했습니다.

하나님께 기도하고 나니 마음에 평안이 생겼습니다. 확신이 왔습니다. 그래서 찬송을 부르는데 모든 사람이 다 듣도록 큰소리로 찬송을 불렀습니다. 찬송은 역사하는 힘이 있습니다. 그래서 성경은 곳곳에서 여호와를 찬송하라고 말씀합니다. 찬송은 하나님께서 명하신 것이요, 우리에게 주신 축복의 선물이기 때문입니다. "찬송은 정직한 자들이 마땅히 할 바로다"(시 33:1)라고 했습니다. 감사하는 사람은 찬송해야 합니다. 축복받은 사람도 찬송해야 합니다. 어려운 일을 만났을 때도 찬송하고 힘들 때에도 찬송해야 합니다. 병든 사람도 찬송해야 합니다.

이 종은 병에 걸린 사람들에게 찬송을 부르라고 합니다. 그저 힘없이 부르는 것이 아니라 힘껏 부르는 것입니다. 내 마음에 감동을 주시는 대로 부르는 것입니다. 찬송도 크게 보면 기도입니다. 찬송은 곡조 있는 기도라고 했습니다. "이 찬송대로 이루어질 줄로 믿습니다" 하며 찬송을 불러야 합니다. 병에 걸린 사람들이 찬송을 부르다가 감동을 받고 은혜를 받고 죽을병에서 치유된 많은 간증들이 있습니다. 이런 사람은 찬송의 간증이 있는 사람입니다. 신앙생활에는 간증이 있어야 합니다. 찬송의 간증, 기도의 간증, 예배의 간증이 있어야 합니다. 찬송을 부르다가 성령의 뜨거운 체험을 한 사람은 찬송을 귀하게 여깁니다. 기도하다가 능력 받은 사람은 기도를 귀하게 여기고 기도하는 사람이 됩니다. 예배를 드리면서 뜨거운 은혜를 받은 사람들은 예배를 귀하게 여기는 것입니다.

다윗은 많은 간증이 있었던 사람입니다. 사울 왕 앞에서 수금을 연주할 때에 악귀가 떠나가는 것을 체험했습니다. 그래서 그는 쫓겨 다니는 상황에서도 "하루 세 번을 기도하고 일곱 번 찬송하리이다" 하고 고백한 것입니다. 쫓겨 다니는 사람이 찬송하는 것이 쉬운 일이 아닙니다. 감옥에 매를 맞고 갇혀 있는 사람이 찬송하는 것이 쉬운 일이 아닙니다. 그런데 찬송의 간증이 있으면 어떠한 상황에서도 찬송이 저절로 나옵니다. 그래서 믿음의 사람들은 장례식장에서도 찬송을 부릅니다. 불신자들은 이것을 이해하지 못합니다. 예수 믿는 사람들은 사람이 죽었는데도 노래 부른다고 말합니다. 그러나 믿음의 사람은 우리가 사는 세상이 끝이 아니요, 저 영원한 천국으로 이사 갔음을 믿기 때문에 죽음 앞에서도 절망하지 않고 찬송을 부르는 것입니다.

바울과 실라가 복음을 전하다가 어려운 일을 만났지만 그것이 결국은 손해가 아니었습니다. 하나님의 뜻을 이루어나가시는 과정이었습니다. 이것은 오늘 우리에게도 적용이 되는 것입니다. 예수 믿는 사람도 환난을 당하고 어려움을 당합니다. 그러나 이때가 기도하고 찬송할 때인 것입니다. 이때가 하나님의 기적을 체험할 기회요, 이때가 내 믿음이 자라는 기회요, 하나님의 특별한 사랑을 받을 기회인 줄로 믿습니다.

오늘 말씀에 기도하고 찬송을 부르는데 기적이 나타났습니다. 옥문이 열리고 차꼬가 다 풀어졌습니다. 말씀에 '기도한다, 찬송한다, 다른 죄수들이 듣는다'라는 헬라어 단어는 미완료형입니다. 즉 이들이 기도하고 찬송하고 사람들이 듣고 있는 중에 지진이 일어나고 옥문이 열리고 차꼬가 풀어지는 역사가 나타났던 것입니다. 그러므로 우리는 무슨 일을 만나든지 기도하고 찬송하는 일을 쉬지 않아야 합니다. 낙망하지 말고, 포기하지 말고 계속해서 기도하고 찬송해야 하는 것입니다. 여러분, 오늘도 우리가 찬송하면 여러분을 기쁘게 여겨주십니다. 막힌 문이 열려지고 묶인 것들이 풀려지는 역사가 나타납니다. 여러분의 삶을 누르고 힘들게 했던 것들을 물리치는 역사를 체험하게 되는 것입니다.

6.25전쟁 직후 우리 옆에 있는 영은교회에 어떤 집사님이 영등포 시장에서 가게를 하는데 불이 났습니다. 남편을 여의고 혼자서 3남매를 키우는 집사님입니다. 그런데 가게가 다 타버린 것입니다. 소식을 듣고 목사님과 교인들이 달려가 보니 목조로 된 가게는 다 불타버렸습니다. 목사님도 할 말을 잃었으나 교인들과 함께 그 자리에서 예배를 드렸습니다. 말씀을 전하고 543장 찬송을 불렀습니다. "어려운 일 당할 때 나의 믿음 적으나 의지하는 내 주를 더욱 의지합니다. 세월 지나갈수록 의지할 것 뿐일세 무슨 일을 당해도 예수 의지합니다." 찬송을 부르는데 마침 그곳을 지나가던 미군대장이 노랫소리를 들었습니다. 가만히 들어보니 익숙한 곡조입니다. 고향에서 예배드릴 때 많이 불렀던 찬송입니다. 그래서 이 미군대장이 감동을 받아 가게를 새로 지어주겠다고 약속을 하고 멋지게 지어주었습니다.

세상 사람들처럼 불이 났다고 해서 "아이고, 어떡하나" 하고 울고 앉아 있었다면 아무런 일도 일어나지 않았을 것입니다. 기도하고 찬송을 부를 때 하나님은 벌써 이 가정에 필요한 사람의 발걸음을 이끄시고 그 마음에 감동을 주신 것입니다. 성도 여러분, 남은 한 해 동안 마지막 날까지 더 뜨겁게 찬송하시고, 더 간절히 기도하여 하나님께서 주시는 기적의 은총을 체험하는 기도의 성도들이 되십시다.

적 용

ⓐ 오늘 말씀의 주제 파악하기

ⓑ 오늘 말씀 중 은혜 받은 부분 나누기

ⓒ 삶에 구체적으로 적용하기

함께 드리는 기도제목

1. 하나님의 말씀을 늘 기억하고 말씀대로 살아가게 하옵소서.
2. 기도하는 성도에게 하늘의 문이 열려지는 역사가 일어나는 줄로 믿고 항상 기도하는 사람이 되게 하옵소서.
3. 이 세상 살아가는 동안 더 뜨겁게 찬송하고, 더 간절히 기도하여 하나님께서 주시는 기적의 은총을 체험하게 하옵소서.

36

행복한 인생이 되려면?

- 본 문: 고린도후서 5장 17절
- 찬 송: 283장(나 속죄함을 받은 후, 통 183장)
- 요 절: 그런즉 누구든지 그리스도 안에 있으면 새로운 피조물이라 이전 것은 지나갔으니 보라 새 것이 되었도다(고후 5:17)

여러분, 지금 행복하십니까? 사람들은 누구나 행복하게 살기를 원합니다. 사람들은 대개 내 소원이 이루어지면 행복해질 것이라고 생각합니다. 병들어 고통 받고 있는 사람은 병만 나으면 행복하게 될 것이라고 생각합니다. 가난하여 고통을 받는 사람은 물질이 있으면 행복해지리라 생각합니다. 가정 문제로 고통을 받고 있는 사람은 가정의 문제만 해결되면 행복할 것이라 생각합니다. 소원이 이루어지면 행복해집니까? 사람의 행복해지려는 욕심은 끝이 없습니다. 오히려 불행은 욕심에서 오는 것입니다.

하나님께서 창조하신 에덴동산은 행복한 곳이었습니다. 그런데 이곳에 불행이 찾아옵니다. 사탄이 하와에게 찾아와 하나님께서 금하신 선악과를 먹으면 하나님과 같아질 것이라고 했을 때 하와의 마음에 욕심이 생겼습니다. '내가 하나님과 같이 높아지고 싶다'라는 마음이 생겼습니다. '아니, 내가 어떻게 하나님과 같아질 수가 있나?'라고 생각했더라면 얼마나 좋았겠습니까? 그런데 그러지를 못했습니다. "욕심이 잉태한즉 죄를 낳고"라고 했습니다. 그래서 이 세상에 죄가 찾아왔습니다.

가정이 불행해지는 이유가 어디에 있습니까? 내가 주도권을 갖겠다는 것입니다. 내가 인정을 받고 살겠다는 것입니다. 성경은 가정의 원리를 말씀해 주셨는데 아내는 남편을 존경하고 복종하라고 했습니다. 이 복종은 신하가 임금에게 복종하는 그런 복종이 아닙니다. 성경이 말씀하는 아버지의 권위에 대해 인정하라는 것입니다. 남편이 실직을 해도, 병이 들어도 아버지로서 존경을 받을 때 그 가정이 행복합니다. 자녀들이 바르게 자라납니다. 또 성경은 남편은 아내를 예수님께서 교회를 위해 자기를 주심같이 사랑하라고 하셨습니다. 예수님께서 어떻게 교회를 사랑하셨습니까?

십자가에 못 박히시기까지 사랑하셨습니다. 백성들이 예수를 십자가에 못 박으라고 외치는데도 예수님은 십자가 위에서 숨을 거두시면서도 "아버지여, 저들의 죄를 용서하옵소서"라고 기도했습니다.

남편이 아내를 이런 마음으로 사랑하면 그 가정이 행복해집니다. 제가 아는 어떤 분은 옛날에 남편이 월급을 받아오면 무릎을 꿇고 월급봉투를 받는다고 했습니다. "왜 그러냐?"고 했더니 "우리 가족을 먹여 살리려고 새벽부터 밤늦게까지 땀 흘리고 수고하고 고통을 겪었으니 감사한 마음으로 받아야 마땅하지 않느냐?"는 것입니다. 남편은 우리 아내가 세상에서 최고라고 말합니다. 그 집의 아들은 대학에서 수석을 했고, 딸은 미국의 컬럼비아대학에서 풀 스칼라십을 받는 장학생으로 공부를 했고 경제학 박사가 되어 요즘 언론에 자주 나옵니다.

남편과 아내가 행복하면 자녀들이 행복하게 자라는 것입니다. 남편이 월급을 받아오면 "그 쥐꼬리만한 월급으로 어떻게 살라고 하느냐? 당신이 살림해 보라"고 잔소리하는 가정은 행복해질 수가 없습니다. "매일 집안에서 하는 일이 뭐가 있냐?"고 말하는 남편이 있는 가정은 행복해질 수가 없습니다. 주부들에게 설문조사를 했는데 "당신이 로또에 당첨이 되면 어떻게 하겠느냐?"는 질문에 남편과 이혼하겠다는 대답이 의외로 많이 있었습니다. 여자들끼리 모여 식사하면서 "로또만 당첨돼 봐라, 이혼한다!"는 말을 한다고 합니다. 실제로 그런 일들이 여러 차례 있었습니다. 로또로 당첨된 금액을 이혼하면 나눠야 한다는 소송에 대하여 법원의 판결은 그것은 노동에 의해 취득한 재산이 아니기 때문에 나눌 필요가 없다고 판결을 했습니다. 여러분, 로또 사지 마시기 바랍니다. 오늘 성경은 행복한 인생이 되는 비결을 말씀해 주고 있습니다.

"그런즉 누구든지 그리스도 안에 있으면 새로운 피조물이라 이전 것은 지나갔으니 보라 새 것이 되었도다"(고후 5:17).

1. 누구든지 그리스도 안에 있으면 심령이 새로워집니다.

우리 인생이 행복해지려면 제일 먼저 심령이 행복해야 합니다. 현대인들은 심령이 불안합니다. 늘 쫓기는 인생을 삽니다. 평안이 없습니다. 주님께서는 그 불행한 곳으로부터 나와 내게로 오라고 하십니다. "누구든지"라고 말씀하셨습니다. 술집에 나가던 여인도 예수 믿으면 변화되어 새사람이 됩니다. 날마다 술독에 빠져 살던 사람도 예수 믿으면 새사람이 됩니다. 이것이 기독교입니다. 성경에 보면 기생 라합도 변화가 되어 새사람이 되었고 예수님의 족보에까지 오르게 되었습니다.

예수님의 제자 중에 요한이라는 제자는 성격이 불같은 사람이었습니다. 베드로도 성격이 불같지만 요한만큼은 못합니다. 오죽했으면 요한의 별명이 우레의 아들이었겠습니까? 요한이 예수님의 명령을 따라 사마리아 지방에 전도하러 갈 때에 사마리아 사람들이 동네에 들어오는 것을 허락하지 않았습니다. 그때 요한은 "주님, 우리가 불을 명하여 저들을 멸하라 하리이까?" 하고 말한 사람입니다. 요즘말로 하면 벼락을 쳐서 다 죽이겠다는 말입니다. 이런 요한이 예수님을 따라다니며 말씀을 듣고 변화가 되었습니다.

요한이 기록한 요한복음은 사랑이 50회 이상 나옵니다. 그래서 사랑의 사도가 되었습니다. 새롭게 된다는 헬라어는 아나카이노시스(ἀνακαίνωσις)로 '재생한다', '완벽하게 바꾼다'는 뜻을 가지고 있습니다. 그리스도 안에 있으면 옛사람이 새사람으로 변화가 되고 완벽하게 바뀌는 것입니다.

예수 믿는다는 것은 예수님이 내 안에 거하시고 예수님이 나를 주장하시는 것을 말합니다. 이전에는 나의 지식과 경험과 가치관이 나를 주장했는데 예수 믿고 나면 말씀이 나를 주장합니다. 예수님께서는 "목마른 자들아 다 내게로 오라, 그 배에서 생수의 강이 흘러나리라"고 하셨습니다. 마른 황무지에도 생수가 흐르기 시작하면 벌레가 찾아오고 강이 생기고 땅이 옥토로 변합니다. 물고기가 살고 새들이 지저귀고 나무들이 푸르게 자라고 열매를 맺고 낙원으로 변하게 됩니다. 모든 시작이 생수로부터 시작되는 것입니다.

그래서 우리의 심령에 주님께서 주시는 신령한 생수가 흘러야 합니다. 그러면 인생의 질병이 고쳐지고 새사람이 됩니다. 다른 사람의 마음에 상처를 주고 살던 사람이 이제는 위로를 주고, 복을 주는 사람으로 변화가 됩니다. 안 되는 길로 가던 사람이 잘되고 형통한 길로 가게 됩니다. 하나님께서 아브라함에게 "너는 복이 될지라. 복의 근원이 될지라"는 말씀은 단순히 복 받는다는 이야기가 아닙니다. '너는 복 그 자체다. 네 속에서 생수가 늘 흘러나와 네 주변에 있기만 해도 나무들이 푸르게 자라며 과실을 맺어 너와 함께하는 사람들까지 잘될 것이다' 하는 말씀입니다. 예배는 생수를 전하는 시간입니다. 그러므로 매주일 주님 앞에 나와 신령한 생수를 마시고 복된 심령이 되시기 바랍니다.

예수 믿고 심령이 변화되면 사는 목적이 달라집니다. 인생의 방향이 달라지고 바라보는 시선이 달라집니다. 예수님 안에 있으면 예수님께서 내 심령에 들려주시는 음성을 듣습니다. 그 음성이 복된 음성입니다. 사탄은 잘못된 것을 듣게 합니다. 그래서 우리의 마음을 악하게 만들고 배배 꼬이게 만듭니다. 어떤 사람은 무슨 말을 들어도 꼬아서 듣습니다. 제가 아는 어떤 분은 무슨 말을 해도 항상 좋게 듣지를 않습니다. 비판적으로 생각을 하는 것입니다. 그래서 이 분 앞에만 있으면 말하기가 두렵습니다. 예수 믿으면 긍정적으로 보는 마음이 생깁니다. 좋은 것을 바라보는 마음이 생깁니다. 이 종을 보십시오. 좋은 것만 있습니까? 마음에 안 드는 것도 있을 것입니다. 그런데 예수님의 눈으로 바라보면 좋게 보아주는 것입니다.

목회하는 친구 중에 실력도 있고 열심히 일하는데 참 고생을 하는 분이 있습니다. 그래서 옆에서 보면 참 안타깝습니다. 그 친구 이야기를 듣다가 제가 한마디 코치를 했습니다. 당신 말하는 것에 문제가 있다고, 누가 무슨 말을 하면 이 친구는 항상 "그게 아니라" 그러는 것입니다. 오늘 날씨가 참 춥다고 하면 "그게 아니라 추운 정도가 아니지"라고 말합니다. 말끝마다 일단 상대방을 부정하는 "그게 아니라"가 붙는 것입니다. 그러니 당회를 할 때에도 장로님이 무슨 말을 하면 "장로님, 그게 아니라 이렇다"고 하면 듣는 장로님이 마음이 좋겠습니까? 당신 그것부터 바꾸어보라고 그랬습니다. "장로님, 말씀이 맞습니다. 권사님, 아주 좋은 생각입니다. 그리고 이런 것은 또 어떻겠습니까?"라고 말하면 듣는 사람이 기분이 좋을 것입니다.

주님이 오셔서 내 심령이 바뀌면 생각이 바뀌고 생각이 바뀌면 그 입에서 나오는 말이 바뀌는 것입니다. 여러분은 예수 안에서 심령이 새로워지는 축복을 받으시기를 바랍니다.

2. 누구든지 그리스도 안에 있으면 가정이 새로워집니다.

하나님께서는 이 세상에 두 개의 천국을 주셨는데 하나는 가정이고 다른 하나는 교회입니다. 가정을 만드시고 복을 주셨고 교회를 세우시고 복을 주셨습니다. 그러므로 그리스도 안에 있으면 가정이 복을 받게 되는 것입니다. 모든 일에는 다 순서가 있습니다. 첫 번째는 심령이 잘되어야 가정이 복을 받습니다. 그리고 가정이 잘되어야 교회도 복을 받습니다. 그래서 이 종은 늘 우리 성도들이 잘되기를 기도합니다. 교회가 복을 받으면 나라가 복을 받습니다.

오늘 한국교회가 어려움을 겪고 있는데 교회가 어려워지면 나라도 함께 혼란해지는 것입니다. 교회가 빛과 소금의 역할을 감당하면 나라가 행복해지는 것입니다. 오늘날 한국사회의 어려움은 맨 처음 크리스천의 심령에서부터 시작되는 것입니다. 심령이 예수 믿는 기쁨으로 가득 차 있어야 하는데 그렇지 못하니 가정에 어려움이 옵니다. 그러니 자녀들이 길거리로 나가고 탈선하고 사회적인 문제가 되고 있습니다.

어떤 사람이 매일 술독에 빠져 아내와 자녀들에게 폭력을 행하고 동네사람들이 만나기를 두려워하는 못된 사람으로 살았습니다. 그런데 이 사람이 예수를 믿고 친구에게 전도를 했습니다. 친구가 하는 말이 "네가 예수 믿고 달라진 것이 뭐가 있느냐? 너희 집 형편이 나아진 것이 무엇이 있느냐?"고 물었습니다. 그때 이 사람이 "지금 나아진 것은 잘 모르겠지만 어쨌든 이전에는 집에 들어가면 집사람이 피하고 아이들은 밖으로 도망가고 반겨주는 사람이 없었는데, 지금은 하루 일을 마치고 집에 돌아가면 아내가 반갑게 달려 나온다네. 아이들도 '아빠' 하고 웃으며 안기고 우리 집은 웃음이 있는 가정으로 바뀌었네"라고 대답을 했습니다.

예수 믿으면 가정이 바뀌는 것입니다. 성경은 자녀는 가정에 주신 축복의 선물이라고 말씀합니다. 예수님을 모시고 말씀대로 살아가면 자녀가 가정의 미래가 되고 축복이 되는 것입니다. 서구사회의 이혼이 문제가 된 것이 얼마 되지 않았습니다. 얼마 전만 해도 우리나라에서는 이혼이 남의 나라 이야기인 줄만 알았습니다. 그런데 지금은 3쌍이 결혼을 하고 1쌍이 이혼을 합니다. 그러면 당사자들뿐 아니라 자녀들이 괴로운 것입니다. 오죽하면 이혼을 하겠습니까? 또 얼마나 괴롭겠습니까? 요즘은 황혼이혼까지 유행을 합니다. 남자들은 조심하셔야 합니다. 나이 들면 여성들은 혼자서도 잘 살 수 있지만 남자들은 참 어렵습니다. 그래서 미리 조심하고 미리 미리 가정이 천국이 되도록 예수 그리스도 안에 사셔야 합니다.

그런데 이혼한 분들은 기도 많이 하십시오, 기독교는 새롭게 되는 종교입니다. 좋은 사람을 만나기를 기도하십시오. 룻기를 보면, 남편을 잃었던 룻은 믿음으로 하나님을 좇았더니 보아스라는 축복의 인물을 만났습니다. 연세 드신 분들도 혼자 사는 것도 좋지만 가정이 필요하면 눈치 보지 말고 가정을 이루어 예수님을 모시고 행복하게 사십시오. 하나님은 독처하는 것이 보기에 좋지 못하다 하시고 가정을 만들어 주신 것입니다.

물질이 없어 가정이 행복하지 못한 것이 아닙니다. 오늘날 자녀들이 제자리를 못 찾고 방황하는 것이 못 먹어서 그런 것이 아닙니다. 또한 좋은 직장에 다니지 않아서, 자녀들이 좋은 대학에 들어가지 못해서 가정이 행복하지 않은 것이 아닙니다. 이러한 것들이 도움이 될 수는 있지만 진정한 가정의 행복은 하나님께로부터 오는 것입니다. 하나님께 구하십시오. 그러면 하나님은 여러분의 가정을 지켜주십니다. 은혜를 부어주시고 행복한 가정이 되도록 인도해주실 줄로 믿습니다.

3. 누구든지 그리스도 안에 있으면 교회생활이 새로워집니다.

기독교는 변화하는 종교입니다. 1517년 마틴 루터가 독일 비텐베르크 성당문에 95개 조항을 발표하였습니다. 로마 가톨릭은 극도로 타락해 가며 마지막에는 면죄부까지 팔게 되었습니다. 이 티켓을 사면 지옥에 간 사람도 구할 수 있다는 것입니다. 타락한 종교에 대하여 마틴 루터는 3가지 기준, 솔라 피데(sola fide, 오직 믿음), 솔라 그라티아(sola gratia, 오직 은혜), 솔라 스크립투라(sola scriptura, 오직 성경)을 외쳤습니다. 교회생활은 믿음으로 하는 것입니다. 세상의 방법으로 하는 것이 아닙니다. 교회생활은 은혜가 없으면 안 됩니다.

날마다 은혜를 누리며 살아야 사탄이 틈타지 못하는 것입니다. 그리고 교회생활은 성경대로 살면 됩니다. 지금까지 그렇게 못살았다면 지금부터 그렇게 사시기 바랍니다.

교회생활은 머물러 있으면 안 됩니다. 간혹 나이가 들어 은퇴한 후 그동안 열심히 참석하던 예배도 안 드리고, 헌금생활도 안 하고, 기도생활도 게을리하는 경우가 있습니다. 하나님 나라가 가까이 올수록 더 열심히 기도하고 더 열심히 주님 앞에 나와야 하는 것입니다. 세상의 즐거움을 내려놓고 주님 앞에 가까이 나와야 하는 것입니다.

옛날 어떤 사람이 한 고승을 찾아갔답니다. 이런 저런 이야기를 하다가 "스님, 한 주간을 어떻게 지내십니까?" 질문을 했더니 "월화는 여인이요, 수목은 명성이요, 금은 무요, 토일은 왕이니라"고 대답했습니다. 굉장히 심오한 뜻이 있다고 생각이 되어 "그것을 풀어서 가르쳐 주십시오" 그랬더니 스님이 죽도로 머리를 탁 치면서 하는 말이 "월요일 화요일은 여인천하요, 수요일 목요일은 명성왕후요, 금요일은 없어 쉬고 토요일 일요일은 왕건이니라. 너는 그것도 모르느냐?"라고 했답니다.

돌아가신 옥한흠 목사님이 한국교회가 쇠퇴하게 된 중요한 원인을 주일저녁 예배가 오후예배로 바뀌게 되면서부터라고 말했습니다. 주일은 하루 종일 주님과 함께하는 날로 지키며 믿음생활을 잘했는데, 오후예배가 생기면서 예배는 잠시 가서 드리는 것으로 하고 빨리 어디를 가겠다는 식으로 교회문화가 바뀌기 시작했다는 것입니다. 교회 중심에서 개인생활 중심으로 바뀌기 시작했다는 것입니다. 현대인들은 바꾸는 것을 참 좋아합니다. 휴대폰을 바꾸고, 자동차를 바꿉니다. 옷을 바꿉니다. 넥타이를 바꿉니다. 여러분, 다른 것은 안 바꿔도 교회생활은 날로 새로워져야 합니다.

개혁교회를 리폼드 처치(reformed church)라고 하는데, 이 말은 개혁한다는 말입니다. 더 정확히 표현하면 리포밍 처치(reforming church)라 부르는 것이 맞을 것입니다. 한번 개혁된 교회가 아니라 지금도 쉬지 않고 개혁되고 변화되어 가는 교회라는 뜻입니다. 성도 여러분, 여러분의 신앙생활이 날마다 새롭게 되기를 원합니다. 감사하는 생활이 더 감사하는 생활로 변화되십시오. 은혜를 받고 살았는데 더 큰 은혜의 강물로 들어가십시오. 축복을 받았는데 더 큰 축복을 누리는 사람이 되십시오. 인기강사이며 행복전도사인 서울대 최인철 교수는 "행복해지려면 행복한 사람 곁으로 가라"고 말했습니다. 이것은 일찍이 성경에 말씀한 것입니다.

이 종이 늘 강조하는 것입니다. 축복받으려면 축복받는 사람 옆에 있으면 됩니다. 기도하려면 기도 많이 하는 사람 옆에 있으면 됩니다. 그런데 근본적으로 우리 인생을 바꾸시는 분이 누구십니까? 하나님이십니다. 불행하십니까? 답답한 문제가 있습니까? 어두운 터널에서 나오지 못하는 분이 있습니까? 입에서 늘 불평의 말이 나오는 분이 있습니까? 웃음이 사라진 가정이 있습니까? 누구든지 그리스도 안에 있으면 우리를 새로운 존재로 만들어주십니다. 여러분 모두가 그리스도 안에서 행복한 인생으로 변화되는 축복이 날마다 이어지기를 바랍니다.

적용

ⓐ 오늘 말씀의 주제 파악하기

ⓑ 오늘 말씀 중 은혜 받은 부분 나누기

ⓒ 삶에 구체적으로 적용하기

함께 드리는 기도제목

1. 예수 안에서 심령이 새로워지는 축복을 받게 하옵소서.
2. 가정의 행복은 하나님께로부터 오는 것임을 믿고 하나님께 기도하게 하옵소서.
3. 그리스도 안에서 행복한 인생으로 변화되는 축복이 풍성하게 하옵소서.

37

감사할 것이 많습니다

- 본 문: 출애굽기 34장 21–24절
- 찬 송: 589장(넓은 들에 익은 곡식, 통 308장)
- 요 절: 너는 엿새 동안 일하고 일곱째 날에는 쉴지니 밭 갈 때에나 거둘 때에도 쉴지며 칠칠절 곧 맥추의 초실절을 지키고 세말에는 수장절을 지키라(출 34:21–22)

추수감사절은 일 년의 추수를 마치고 하나님께 감사하는 절기입니다. 오늘의 우리 사회는 농경사회가 아닙니다. 그러므로 가을철이 된다고 해서 특별한 것을 거두는 것은 아닙니다. 우리가 추수감사절을 지키는 것은 추수감사절의 정신을 지키는 것입니다. 하나님께서 감사절을 지키라 하셨으니 우리는 지나간 일 년의 삶을 돌이켜보며 추수감사절을 지키는 것입니다. 일 년의 농사를 짓는 데는 많은 수고가 있습니다. 땅을 일구고 씨를 뿌리고 거름을 주고 쉬지 않고 일해야 가을에 곡식을 거두게 됩니다. 그런데 노력한 대로 다 거둘 수 있다면 얼마나 좋겠습니까?

우리가 사는 세상은 노력한 대로 되는 세상이 아닙니다. 안전운전 한다고 안전할 수 있는 것이 아닙니다. 다 건강하고 싶어 합니다. 그래서 음식도 골라먹고 조심을 합니다. 그래도 질병이 어느 날 갑자기 찾아오는 것이 인생입니다. 다 행복하고 싶어 합니다. 그런데 원하지도 않는 불행이 우리에게 다가오는 것입니다. 우리 인생은 하나님께서 은혜 주셔야 되는 것입니다. 추수감사절을 맞이하면서 지난 일 년 동안 하나님께서 은혜 주셨음을 잊지 않고 감사하시기 바랍니다.

하나님께서 우리에게 지키라고 명하신 절기는 세 가지가 있는데, 그 첫째 절기가 출애굽 한 것을 감사하며 지키는 절기로 유월절입니다. 둘째는, 유월절 후 일곱 주일이 지난 오순절의 절기인 맥추절이며 셋째는, 매년 모든 오곡백과를 다 추수하고 드리는 수장절, 즉 추수감사절을 지키라 하셨습니다. 이스라엘 백성들은 원래 유목민족이었는데 이들이 정착하여 농사를 짓고 추수를 마친 후 하나님께 감사의 예배를 드렸습니다. 오늘 추수감사주일을 맞이하여 다시 한 번 우리의 신앙을 점검해 봅시다.

1. 하나님의 은혜에 대하여 감사하시기 바랍니다.

하나님은 감사할 것을 명하셨습니다. 그러므로 하나님의 자녀는 마땅히 감사해야 하는 것입니다. 감사는 하나님의 은혜에 대한 기억입니다. 사람은 감사를 자꾸만 잊어버립니다. 감사를 잊어버리지 않는 동물이 있습니다. 바로 개입니다. 애완용 동물 가운데 개와 고양이가 있습니다. 개와 고양이는 특별한 차이점이 있습니다. 개는 주인이 열 가지를 잘못하고 한 가지만 잘해주면 그 한 가지 잘해주는 것 때문에 주인을 졸졸 따르고 고맙게 생각합니다. 그런데 고양이란 놈은 열 번 잘해주다가도 한번 잘못해 주면 잘해준 것을 싹 잊어버리고 잘못한 것 때문에 토라져서 주인을 할퀴고 따르지 않는다고 합니다.

개를 키워보면 자기에게 잘해준 것도 없는데 어쩌다 한번 쓰다듬어 주었다고 그걸 기억합니다. 잠을 자다가도 주인이 나오면 비를 맞으면서도 뛰어나와 반가워합니다. 그러다가 한번 다가가기라도 하면 얼마나 반가워합니까? 펄쩍펄쩍 뛰어오르다가 그것으로도 모자라서 마구 뒹굴면서 환영을 합니다. 저는 개를 참 좋아합니다. 그런데 너무 좋아하다 보니 온통 신경이 개에게 가는 것입니다. 그래서 '목사는 개를 키워서는 안 되겠다' 생각하고 개를 다른 집으로 내보냈습니다. 은퇴하면 개부터 키울 것입니다. 개가 주인을 반가워하는 것을 보면서 내가 강아지만도 못하게 하나님을 기뻐해서야 되겠는가 하는 회개가 됩니다.

신앙생활 하는 사람들도 강아지형과 고양이형이 있는데 고양이형의 신앙은 하나님께서 늘 은혜와 복을 주시다가 한번 어려움이 닥치면 그것 때문에 하나님을 원망하고 불평합니다. 그러나 강아지형의 사람은 열 가지 어려움이 있다가도 하나님께서 회복시켜 주시면 그때그때마다 감사하고 기뻐합니다. 우리가 하나님께서 돌보아 주시고 지켜주시는 것에 대해 은혜를 잊지 않아야 합니다.

어떤 목사님이 이런 이야기를 했습니다. "함께 늙어가는 내 남편을 보면서, 내 마누라를 보면서 눈에서 눈물이 나와야 진짜 내 남편이요 마누라다." 남자는 대개 내 마누라가 되기 전에는 잘해주고 마누라가 되는 순간부터 못해줍니다. 그런데 여자는 다릅니다. 마누라가 되기 전에는 눈길도 한번 안주는데 마누라가 되는 순간부터 그 남자를 위해 잘해줍니다. 참 이상하지요. 그런데 늙어가는 아내의 주름살을 보면 눈물이 나오고 퇴근하는 남편을 보면 눈물이 나와야 진짜 남편과 아내라는 것입니다. 가만히 생각해보니 맞는 말입니다.

그러면서 그 목사님이 설교하시면서 하시는 말씀이 "20년, 30년 함께 살면서도 나 때문에 늙어가는 자기 남편 보고, 자기 아내 보고 눈물이 안 나면 그 눈깔 빼버려" 그랬습니다. 여러분, 진정으로 감사하면 눈물이 있어야 합니다. 우리가 하나님 전에 나와 예배드리며 눈물이 말라버렸다면 그 목사님 표현대로 눈깔을 빼버려야 되지 않습니까? 여러분, 지금까지 살아온 것이 내 힘으로 살아온 것이 아닙니다. 내가 선택한 것이 아닙니다. 내가 아들딸 낳고, 내가 건강하여 산 것이 아닙니다. 하나님께서 도우셨기 때문에 이 자리까지 온 것입니다. 그래서 아무리 감사해도 감사가 모자라는 것입니다. 하나님께서는 감사할 때 더 많은 감사할 것을 주십니다. 그러므로 하나님의 은혜를 늘 잊지 않고 감사하는 성도들이 되십시다.

2. 추수감사절에는 영적인 열매가 있어야 합니다.

이 땅에서 우리에게 주시는 축복의 열매가 풍성한 추수로 나타났다면 또한 우리에게는 영적인 열매가 나타나야 합니다. 우리는 모두가 인생의 농사를 짓습니다. 인생의 농사를 짓고 나서 세상 사람들은 세상적인 눈으로 감사를 합니다. 남보다 잘되고, 남보다 건강하면 감사합니다. 누구에게 감사합니까? 나에게 감사합니다. 내가 수고했고, 내가 고생했고, 내가 노력했다는 것입니다. 그래서 열매를 거두었다는 것입니다. 그래서 안 되면 "내 팔자야!" 하면서 나의 팔자소관으로 돌립니다. 원망하고 불평합니다.

그런데 믿음의 사람들은 언제나 하나님께 감사합니다. 어떤 목사님이 예배시간에 기도를 드리는데 늘 "하나님 아버지, 감사합니다. 오늘도 좋은 날씨를 주셔서 교회 나오게 해주시니 감사합니다" 하고 기도를 드립니다. 그런데 하루는 바람이 불고 소나기가 쏟아지는 가운데 주일 예배를 드리게 되었습니다. 교인들은 우리 목사님이 오늘은 어떻게 기도하나 궁금해 하고 있는데, 목사님이 "하나님, 감사합니다"로 시작하는 것입니다. 그러더니 "오늘과 같은 날씨를 매일 주시지 않아서 감사합니다" 그러는 것입니다. 믿음의 사람은 안 되는 상황에서도 감사하는 것입니다. 그러니 늘 마음이 행복합니다. 긍정적입니다. 예수 믿는 사람들이 행복하게 살고 성공하며 사는 비결이 여기에 있는 것입니다.

기독교인의 감사는 조건적인 감사가 아닙니다. 우리 성도들이 감사하는 것을 보면 가진 것이 없어도, 몸이 아파도 감사합니다. 가만히 보면 많이 가진 사람이 더 불평이 많습니다. 감사는 찾으면 찾을수록 더 많은 감사가 나오고 감사하는 사람은 더 행복하게 됩니다. 가정에서 남편에게 감사해 보세요. 아내에게, 자녀에게 감사해 보세요. 오늘 추수감사절 기념으로 집에 가셔서 모두 '여보, 감사해요, 아빠 엄마, 감사해요' 하시는 겁니다. 그러면 가정이 감사할 것이 더 많아지고 천국으로 변하는 것입니다. 불평하면 불평할수록 점점 더 지옥으로 변하는 것입니다.

모든 감사 가운데 제일의 감사는 하나님께서 나의 죄를 사해 주시고 하나님의 자녀로 살게 해주셨다는 것을 감사해야 합니다. 일 년 농사를 지으면 열매가 있듯이 영적인 농사도 일 년 동안의 열매가 있습니다. 추수감사절을 맞이하며 우리는 하나님 앞에서 어떤 열매를 맺었는가를 돌이켜보며 감사해야 하는 것입니다. 우리가 일 년을 더 살았으면 그만큼 우리는 믿음의 진보가 있어야 하는 것입니다. 기도가 더 간절해지고 찬송이 더 뜨거워져야 하는 것입니다. 오순절 마가 다락방의 역사가 나타난 초대교회는 가진 것이 없었습니다. 물질도 없었습니다. 건물도 없었습니다. 병원도 없었고 학교도 없었습니다.

그러나 이들에게는 성령 충만함이 있었습니다. 이들이 성령의 아홉 가지 열매가 풍성하여 세상으로 담대히 나아갔을 때에 초대교회는 세상을 변화시키는 열매 맺는 교회가 되었습니다. 성도 여러분, 이번 추수감사절을 맞이하며 여러분의 마음속에 성령의 열매가 풍성하게 맺히기를 바랍니다.

3. 하나님께 드리는 것에는 축복이 있습니다.

이스라엘 백성들이 절기를 아주 성대하게 지키는 이유는, 이날이 모세를 통하여 율법을 주신 날이기 때문입니다. 모세가 시내 산에 올라 40일을 금식하며 기도하다가 하나님께서 주신 율법인 십계명을 받아가지고 내려오는 장면이 오늘 말씀 바로 뒤에 나옵니다. 하나님께서는 모세에게 십계명을 주시기 전에 오늘의 말씀, 안식일과 절기를 지키라는 말씀을 주셨습니다. 추수감사절은 우리에게 세상과 구별되는 백성으로 살라고 계명을 주신 절기입니다.

21절을 보면 "앞으로 너희들은 주일을 지키라"고 하셨습니다. 안식일을 지키는 것은 세상의 계산법으로는 맞지 않는 말입니다. 일주일 내내 뛰어가도 살기 힘든 세상인데 모든 일을 내려놓고 쉬라니 맞지 않습니다. 더구나 안식년을 지키라고 하셨습니다. 일 년씩 땅을 묵혀놓으라니 이것은 상식적으로 맞지 않는 말입니다. 절기를 지키는 일도 쉬운 일이 아닙니다. 모든 남자들이 예루살렘을 향하여 수백 리 길을 나아와 예배를 드려야 합니다. 하나님께서 "내게 보일지니라"고 하셨기 때문입니다. 적군이 이때에 침입할 수도 있습니다. 그런데 하나님은 "아니다. 네가 매년 세 번씩 여호와 네 하나님을 뵈려고 올 때에 아무도 네 땅을 탐내지 못하리라. 내가 너희를 지켜주겠다"고 말씀하셨습니다. 그렇습니다. 하나님의 말씀을 지키며 사는 백성을 하나님께서는 지켜주십니다.

여러분, 안식일을 잘 지켜 망한 나라가 있습니까? 세계에서 안식일을 가장 철저히 지키는 민족이 유대인들입니다. 유대인들은 지금도 안식일에는 절대로 노동하지 않습니다. 그런데 세상에서 가장 부유한 민족이 어느 민족입니까? 유대민족입니다. 유대인은 세계 70억 인구의 0.2%밖에 되지 않지만 이들이 전 세계 부의 5분의 1을 소유하고 있습니다. 노벨 수상자도 유대인들이 20%를 차지하고 있습니다. 세계 500대 부자의 20%를 차지하고 있습니다. 주일성수는 하나님께서 명하신 것입니다. 그러므로 주일을 지킬 때 축복이 따르는 것입니다. 유럽이 안식일을 지키고 교회가 부흥할 때 세계에서 가장 부유한 나라들이었습니다. 역사가 요세푸스는 이스라엘 백성들이 안식일을 지킨 것이 아니라 안식일이 이스라엘을 지켜주었다고 말했습니다. 여러분, 우리가 주일을 지키는 것이 아니라 주일이 여러분을 지켜주는 것을 믿으시기 바랍니다.

우리가 잘 아는 원종수 박사는 지금 미국에서 세계적인 암전문의로 활동하고 있습니다. 이분이 고등학교에 다닐 때에 2학년까지 450명 중에 410등을 했다고 합니다. 그런데 어느 날 선생님으로부터 "네가 이렇게 살아서 되겠느냐?" 하는 이야기를 듣고 기도를 했습니다. "하나님, 하나님께 영광 돌리는 삶을 살게 해주세요. 지혜를 주세요." 이렇게 기도를 하고 공부를 하는데 이런 생각이 들더랍니다. '무엇이든지 하나님께 첫 것을 드리자.' 그래서 공부를 할 때마다 항상 성경책을 한 장씩 보고 시작했습니다. 저녁이면 식사를 하고 나서 다시 공부를 할 때에는 먼저 하나님께 처음 것을 드리자 하는 마음으로 구약 한 장, 신약 한 장을 읽고 공부를 했습니다.

그런데 놀라운 일은 그 다음 시험을 보는데 머릿속에 책이 막 넘어가더랍니다. 그래서 전교 5등을 한 것입니다. 그리고 3학년 때에는 수석으로 학교를 졸업하고 서울대 의대에서 수석으로 졸업을 했습니다. 의사고시에도 전국 수석으로 합격을 했습니다. 이분이 너무나 배가 고프게 공부를 했는데 인턴이 되어서 첫 월급을 탔습니다. 그 월급이 7만 원인데 세금 떼고 6만7천 몇백 원을 받고 너무나 기뻐서 서울에 오신 어머니에게 가져다 드렸습니다. 그랬더니 어머니께서는 "이거 첫 열매네" 하시면서 다음날 새벽에 근처 교회에 가셔서 다 드리고 오셨답니다. 얼마나 서운합니까?

그런데 딱 일주일 만에 학장님에게 연락이 왔는데 전국 의사고시에서 1등 했다고 상금이 왔는데 7만 원이더랍니다. 하나님께서 그대로 갚아주신 것입니다. 너무나 기쁜 마음으로 어머니에게 가져다 드렸더니 어머니께서 하시는 말씀이 "너 지금까지 상금 타본 적 있니?" "없습니다." "그럼, 이것도 첫 열매네" 하시면서 또 새벽에 가져다 바치더라는 것입니다. 그때는 서운했지만 이 첫 열매를 하나님께 드리는 정신으로 살았더니 하나님께서 놀라운 축복을 주셨다고 간증을 하는 것을 들었습니다. 지금 전 세계 의학계에 원종수 권사님 모르는 분이 어디에 있습니까? 원종수 권사님 간증에는 얼마나 많은 축복의 이야기가 담겨 있는지 모릅니다. 하나님께 '나의 처음 것을 드리고 주일을 지키고 말씀대로 살아가겠다'는 그 마음을 하나님께서 귀하게 받아주신 것입니다.

성도 여러분, 추수감사절을 맞이하며 주님께 진심으로 감사하시기 바랍니다. 나의 건강과 직장과 가정과 자녀들과 부모님을 지켜주신 것, 내 믿음을 지켜주신 것, 복된 교회에서 신앙생활 하도록 인도해 주신 것…… 쉬지 않고 감사하시기 바랍니다. 추수감사절은 하나님의 은혜를 잊지 말라는 절기입니다. 그래서 기억하고 지키라고 구체적인 방법까지 말씀해 주셨습니다.

광야에서 40년 동안 초막을 치고 살았던 그날을 기억하기 위하여 이때에는 7일 동안 모든 백성이 집에서 나와 초막을 짓고 살라고 하셨습니다. 7일 동안 매일 화제를 드리며 하나님을 찬양하다가 마지막 날 제8일 안식일에는 대성회를 열도록 하셨습니다. 오늘 우리는 추수감사절을 맞이하며 대성회로 하나님께 나아왔습니다. 이스라엘 백성들이 출애굽의 은총을 생각하며 하나님께 감사드린 것처럼, 오늘 우리가 죄의 노예에서 구원받은 것을 진심으로 감사하며 하나님께 나오는 절기가 되시기를 바랍니다.

적용

ⓐ 오늘 말씀의 주제 파악하기

ⓑ 오늘 말씀 중 은혜 받은 부분 나누기

ⓒ 삶에 구체적으로 적용하기

함께 드리는 기도제목

1. 하나님의 은혜에 대하여 감사하게 하옵소서.
2. 이번 추수감사절에 영적인 열매를 많이 맺게 하옵소서.
3. 오늘 우리가 죄의 노예에서 구원받은 것을 진심으로 감사하며 하나님께 나오게 하옵소서.

38

새 언약의 사람

• 본 문: 고린도전서 11장 23-29절
• 찬 송: 135장(어저께나 오늘이나, 통 133장)
• 요 절: 너희가 이 떡을 먹으며 이 잔을 마실 때마다 주의 죽으심을 그가 오실 때까지 전하는 것이니라(고전 11:26)

성찬의 예식은 주님께서 직접 명하신 예식입니다. 사도 바울은 오늘 말씀에 주께 받은 것이라고 말씀하고 있습니다. 이것은 성찬의 예식이 주님께로부터 시작되었다는 것을 말씀해 줍니다. 성찬의 예식은 구약의 출애굽 사건이 신약의 십자가 대속의 사건으로 나타난 것입니다. 더 정확히 말하면 구약의 출애굽 사건은 신약의 십자가 사건의 예표입니다.

이스라엘 백성들이 이집트의 노예로 신음하고 있을 때에 하나님은 모세를 보내셨습니다. 모세는 파라오에게 하나님의 백성을 노예에서 해방시켜 줄 것을 요청했지만 번번이 거절당했습니다. 이때 하나님은 열 가지 재앙을 이집트에 내리시는데 마지막 재앙이 장자와 모든 첫 것의 죽음입니다. 죽음의 사자가 이집트 전역에 미칠 때에 하나님은 모세를 통하여 이스라엘 백성들에게 살길을 주셨습니다. 그것은 어린 양을 잡아 그 피를 문설주 좌우 인방에 바르면 죽음의 사자가 그 피를 보고 넘어가리라고 하셨습니다. 그날 밤 이집트 전역에 통곡소리가 울려 퍼졌습니다. 모든 장자가 죽임을 당한 것입니다.

그러나 어린 양의 피를 문설주 좌우 인방에 바른 이스라엘 백성들의 가정은 무사했습니다. 그리고 이스라엘 백성들은 노예에서 해방이 되었습니다. 하나님께서는 이 사건을 기념하여 유월절을 지키라고 하셨습니다. 유월절이란 말은 'Pass Over'로 '지나간다, 넘어간다'는 뜻입니다. 죽음의 사자가 이스라엘을 넘어갔습니다. 유월절 어린 양의 피로 죽음을 만나지 않고 노예에서 해방되었다면 예수님은 신약의 유월절 어린 양인 것입니다. 예수님은 십자가의 좌우와 위아래에 피를 흘려주셨습니다. 머리에 가시관과 두 손과 발에 못 자국으로, 옆구리의 창 자국에서 흘러내린 피로 예수님은 십자가를 적셔 주셨습니다. 그러므로 그 피의 공로를 믿는 자마다 영원한 죽음을 보지 않고 죄의 노예에서 해방되는 은혜를 주신 것입니다.

모세의 명령을 듣고도 '양의 피를 문에 바른다고 무슨 기적이 일어나겠는가?' 의심한 자들은 모두 장자의 죽음을 맞이해야 했습니다. 그러나 믿는 자들은 모두 죽음을 만나지 아니했습니다. 모두가 홍해를 건넜습니다. 그리고 믿는 자는 하나님이 약속하신 가나안 땅에 들어갔습니다. 믿음이 그런 것입니다. 믿음은 믿는 것입니다. 주님의 십자가를 믿기만 하면 우리에게 죽음을 보지 않고 하나님 나라에 들어가는 기적이 나타나는 것입니다. "내가 진실로 진실로 너희에게 이르노니 내 말을 듣고 또 나 보내신 이를 믿는 자는 영생을 얻었고 심판에 이르지 아니하나니 사망에서 생명으로 옮겼느니라"(요 5:24)고 말씀하셨습니다.

예수님께서 행하신 성찬의 예식에 참여하는 것이 은혜요, 축복인 것입니다. 이 성찬을 통하여 우리는 하나님의 자녀임을 다시 한 번 확인하고 주님의 뜻을 기억하고 감사하는 성도들이 되십시다.

1. 성찬은 주님을 기념하는 것입니다.

유월절은 이스라엘 백성들이 이집트의 노예생활에서 하나님의 은혜로 해방된 것을 기념하는 절기입니다. 하나님의 은혜가 아니었더라면 이들은 대를 이어 노예살이를 하다가 모두 죽고 말았을 민족이었습니다. 성찬의 예식은 오늘 우리가 죄의 노예에서 주님의 은혜로 해방된 것을 기념하는 예식입니다. 예수님은 유월절 전날 제자들을 불러 모으시고 마지막 만찬을 가지셨습니다. 제자들에게 떡을 떼어주시며 "받으라. 이것은 내 몸이다" 말씀하시고 잔을 주시며 "너희가 이것을 다 마시라 이것은 죄 사함을 얻게 하려고 많은 사람을 위하여 흘리는 바 나의 피 곧 언약의 피니라"고 말씀하셨습니다.

제자들은 이 말씀의 의미를 몰랐지만, 말씀 그대로 예수님은 십자가에 달려 몸을 찢어 우리에게 주셨고, 피를 흘려 우리의 죄를 사해주셨습니다. 주님의 십자가 사랑이 아니었더라면 우리는 죄의 노예로 고통을 당하다가 영원한 멸망에 빠질 인생이었습니다. 그런데 우리는 주님의 은혜로 새사람이 되었습니다. 골수이식을 하면 혈액형이 바뀌게 됩니다. 항암치료를 받으면 골수 조혈세포들이 다 사라진 상태에서 건강한 타인의 골수를 받습니다. 새로운 골수가 들어와 피를 만드는데 골수를 준 사람의 혈액형으로 바뀌게 됩니다. 이전의 피가 O형인데 A형의 피를 가진 사람의 골수를 이식하면 그 사람은 A형이 되는 것입니다.

그렇습니다. 우리가 예수님의 성찬에 참여한다는 것은 예수님의 마음, 예수님의 형상으로 바뀌는 것을 의미합니다. 이전에는 미워하고 음란하고 불평하고 악한 사람에서 이제는 예수님의 사람이 되었으니 성령의 아홉 가지 열매가 맺히는 사람으로 변해야 하는 것입니다. 이것이 성찬에 참여하라고 하신 주님의 뜻입니다. 골수이식을 받아 생명을 건진 사람이 골수를 준 사람의 은혜를 잊어버리면 안 되는 것처럼, 우리는 십자가에 주님의 몸을 대속의 제물로 내어주신 주님의 은혜를 잊으면 안 되는 것입니다. 그러므로 사도 바울은 "주님의 은혜를 헛되이 받지 말라"(고후 6:1)고 하십니다.

구약에 나오는 사울은 이스라엘의 초대 왕으로 선택받은 사람입니다. 그는 모든 사람 가운데 하나님의 은혜를 크게 입은 사람이었습니다. 그런데 그 은혜를 지키지 못했습니다. 하나님의 은혜를 헛되이 여겨 그 자신도 죽고 가족이 몰락하는 불행한 인물이 되었습니다. 기념하라는 것은 잊지 말라는 것입니다. 신앙에 성공하는 비결은 처음 신앙의 그 감격과 감사의 마음을 끝까지 유지하는 것입니다. 내가 주님의 은혜로 구원받은 사실을 잊지 않으면 늘 겸손할 수밖에 없습니다. 그래서 이것을 잊지 말라고 기념하라고 하신 것입니다.

2. 성찬에 참여하는 이들은 자신을 살펴보아야 합니다.

당시 고린도 교회는 서로 미워하고 음란을 행하고 갈라져 있었습니다. 그럼에도 불구하고 이들은 성찬의 예식에 아무렇지도 않게 참여했습니다. 부자들이 자기들끼리 음식을 가져와 식사를 하기도 했고, 이것은 사람들에게 위화감을 주었습니다. 심지어 예배 전에 포도주를 너무 많이 마셔 술에 취한 사람들까지 생겨났습니다. 다른 사람들의 신앙에 부정적인 영향을 주는 사람들이 있었습니다. 이것은 우리를 위해 십자가에 달려 피를 흘려주시고 성찬의 예식을 주신 주님에 대한 모독이었습니다. 그러므로 죄의 문제를 해결하지 않고 성찬에 참여하는 것은 주의 몸과 피를 범하는 죄가 있음을 말씀하신 것입니다.

성찬의 예식은 우리로 하여금 죄에서 해방시켜 주시기 위하여 주님이 몸을 주신 거룩한 예식입니다. 그러므로 우리는 이 성찬의 예식에 "다시는 죄를 짓지 않겠다"는 결단과 함께 참여해야 하는 것입니다. 우리의 죄로 주님의 몸을 더럽히거나 주님의 보혈을 욕되게 해서는 안 되는 것입니다. 주님의 은혜를 깨달은 사람은 늘 겸손합니다. 늘 주님의 은혜를 갚을 길 없어 감사합니다. 그래서 주의 전에 나와도 나 같은 죄인이 용서함 받고 주님 전에 나와 하나님의 음성을 듣게 된 것을 감사하는 것입니다. 교만한 사람은 은혜를 모릅니다. 그래서 내가 무엇을 하려고 하고, 성령님이 주인이 아니라 내가 주인이 되려고 하고, 그 입에서는 불평이 떠나지 않는 것입니다. 이것을 오늘 성경은 주의 몸에 죄를 짓는 것이요, 자기의 죄를 먹고 마시는 자라고 하십니다.

우리는 성찬에 참여하며 이 떡과 잔을 주신 주님의 은혜에 진심으로 감사해야 합니다. 그리고 주님의 말씀대로 주님의 몸이 내 몸이 되고 주님의 피가 내 피가 되는 고백이 있어야 합니다. 새사람이 되었다는 것입니다. 성찬의 예식은 믿는 이에게 주시는 축복입니다.

"예수께서 이르시되 내가 진실로 진실로 너희에게 이르노니 인자의 살을 먹지 아니하고 인자의 피를 마시지 아니하면 너희 속에 생명이 없느니라 내 살을 먹고 내 피를 마시는 자는 영생을 가졌고 마지막 날에 내가 그를 다시 살리리니 내 살은 참된 양식이요 내 피는 참된 음료로다 내 살을 먹고 내 피를 마시는 자는 내 안에 거하고 나도 그의 안에 거하나니 살아 계신 아버지께서 나를 보내시매 내가 아버지로 말미암아 사는 것같이 나를 먹는 그 사람도 나로 말미암아 살리라"(요 6:53-57) 말씀하셨습니다.

믿음으로 주의 성찬에 참여하는 자들은 주님의 영이 내 안에 거하시고 마지막 날까지 인도하심을 입는 축복의 사람이 되는 것입니다. 여러분에게 허락하시는 성찬이 주님을 내 마음속에 모셔 들이고 새로운 결단을 하는 시간이 되시기 바랍니다.

3. 성찬에 참여하는 이들은 주의 죽으심과 부활을 전해야 합니다.

주님께서는 분명히 십자가에 죽으셨습니다. 주님이 죽으심으로 우리의 죄가 함께 죽었습니다. 그리고 주님은 다시 부활하셨습니다. 부활은 기독교 신앙의 핵심입니다. 우리는 이것을 전하는 것입니다. 언제까지입니까? '그가 오실 때까지' 예수님이 다시 재림하실 때까지 우리는 이 사실을 전해야 하는 것입니다. 부활신앙을 믿는 성도들은 육체의 환난이 와도 낙심하지 않습니다. 고난을 당하여도 절망하지 않습니다. 세상 따라 살지 않습니다. 죄에 대하여 굴복하지 않습니다. 오늘 한국교회가 혼탁해져 가는 것은 부활신앙이 희미해졌기 때문입니다. 그래서 예수 믿는 사람들도 세상 사람들처럼 마구 삽니다. 죄를 짓습니다. 오신다고 하신 예수님이 오시지 않으니 희미해져 버린 것입니다.

그러나 주님은 다시 오십니다. 그날에 주님의 전에서 거룩하게 산 자만이 구원의 대열에 참여하게 될 것입니다. 예수 믿다 보면 억울한 일이 많습니다. 눈물 흘리는 일들이 많습니다. 왜 하고 싶은 말이 없겠습니까? 왜 화가 나지 않겠습니까? 그러나 주님이 오실 날을 기다리기 때문에 참는 것입니다. 그래서 주님의 부활이 없으면 우리가 세상에서 가장 불쌍한 자일 것이라고 사도 바울은 말했습니다. 그러나 주님이 오실 것을 확실히 믿는 성도는 견디는 것입니다.

세상 사람들은 강한 것 같으나 어려움이 올 때에 좌절합니다. 포기합니다. 그러나 하나님의 자녀들은 세상 끝날까지 하나님이 함께해 주시겠다고 하신 약속을 믿기 때문에 순결한 성도로 살아가는 것입니다.

성도 여러분, 오늘의 성찬에 참여하게 해주신 주님의 은혜에 진심으로 감사하십시오. 그리고 그 은혜와 사랑에 감격하며 새로운 결단과 함께 이 거룩한 예식에 참여하는 성도들이 되십시다.

적용

ⓐ 오늘 말씀의 주제 파악하기

ⓑ 오늘 말씀 중 은혜 받은 부분 나누기

ⓒ 삶에 구체적으로 적용하기

함께 드리는 기도제목

1. 성찬을 통하여 우리가 하나님의 자녀임을 다시 한 번 확인하게 하옵소서.
2. 성찬을 통해 주님을 내 마음속에 모셔 들이고 새로운 결단을 하게 하옵소서.
3. 하나님의 은혜와 사랑에 감격하며 새로운 결단과 함께 거룩한 성찬의 예식에 참여하게 하옵소서.

39

금생과 내생의 약속

- 본 문: 디모데전서 4장 6–11절
- 찬 송: 310장(아 하나님의 은혜로, 통 410장)
- 요 절: 망령되고 허탄한 신화를 버리고 경건에 이르도록 네 자신을 연단하라 육체의 연단은 약간의 유익이 있으나 경건은 범사에 유익하니 금생과 내생에 약속이 있느니라(딤전 4:7–8)

교회의 5대 사명이 있습니다. 예배, 교육, 선교, 성도의 교제, 봉사입니다. 많은 교회가 예배와 선교와 성도의 교제, 봉사가 꼭 필요한 것인 줄 압니다. 그런데 의외로 교육에 대하여는 관심이 적습니다. 사명으로 생각하지 않습니다. 미래를 준비할 줄 아는 사람들은 교육의 중요성을 깨달은 사람입니다. 아리스토텔레스는 "국가의 운명은 교육에 달려 있다"라고 말했습니다. 공자도 "자녀에게 황금을 물려주는 것보다 한 권의 책을 남겨주라"고 했습니다. 교육이 살아 있으면 그 나라의 미래가 있습니다. 교회의 교육이 살아 있으면 그 교회의 미래가 있습니다.

여러분이 자녀들에게 훌륭한 유산을 남겨주려면 크고 아름다운 집을 물려주는 것보다, 많은 물질을 자녀들에게 물려주는 것보다, 바른 정신, 바른 신앙을 남겨 주어야 합니다. 믿음의 생활이 무엇입니까? 하나님의 뜻을 알고 순종하는 것이 믿음의 생활입니다. 하나님의 뜻을 무엇으로 알 수 있습니까? 교육을 통하여 하나님의 말씀을 배움으로 아는 것입니다. 그래서 하나님께서는 교육에 대하여 수없이 강조하고 있습니다. 가르치라고, 후손들이 잊지 않도록 하라고 수없이 강조하고 있습니다.

예수님도 이 땅에 오셔서 3년 동안 제자들을 데리고 다니면서 하신 일이 가르치신 일이었습니다. 이 제자들이 미래임을 알고 계셨기 때문입니다. 교육이라 하면 흔히 교회학교만을 생각하는데, 교회교육은 교회학교와 함께 장년교육을 의미합니다. 초대교회 교인들은 늘 모여서 교육을 했습니다. 오늘 사도 바울도 믿음의 아들 디모데에게 이 점을 강조하고 있는 것입니다. 지금 아무리 잘되어도, 교회를 아무리 크게 지어도, 아무리 많은 사람들이 있어도 교육이 없으면 사상누각이 되고 맙니다. 교육은 교회가 말씀의 가르침 안에서 하나가 되는 것을 의미합니다. 이것은 굉장히 중요한 의미를 가지고 있습니다.

오늘의 한국교회가 많은 갈등들을 겪고 있습니다. 오늘날 한국교회의 갈등의 문제는 내가 예수님을 더 잘 믿겠다는 것 때문이 아닙니다. 내가 복음을 더 열심히 전하기 위해서 싸우는 것이 아닙니다. 내가 옳다는 것입니다. 내가 대접받겠다는 것입니다. 내가 주장하겠다는 것입니다. 여러분, 대접을 받으려면 교회에 잘못 오셨습니다. 교회는 대접받기 위해 오는 곳이 아닙니다. 교회는 섬기기 위해 오는 곳입니다. 예수님의 보혈의 공로를 갚을 길 없어 주님께 드리고 봉사하기 위해 오는 곳입니다.

오늘 한국교회는 서로가 자기의 생각을 주장합니다. 60년대의 한국교회 분열이 예수를 바르게 믿는다고 주장하다 일어난 것이었다면, 지금은 내가 대접 받겠다는 데서 출발하기에 심각한 위기가 있습니다. 이 문제를 해결하기 위해서는 교회는 끊임없이 성경을 가르치고 배워야 합니다. 그래서 성도들이 성경말씀으로 하나가 되어야 합니다. 성경의 길을 따라가기 위해 말씀을 공부하는 일에 힘써야 합니다. 교육을 통하여 무장된 교회가 큰일을 감당할 수가 있는 것입니다. 미래에 부흥할 교회는 교육에 힘쓰는 교회입니다.

교육이 무엇입니까? 계속해서 나를 바꾸어나가고 훈련시켜 나가는 것이 교육입니다. 목사도 계속 교육을 받아야 합니다. 목사도 교육을 받아야 늘 새로워지기 때문입니다. 우리 교회가 봉사도 잘합니다. 선교도 열심히 합니다. 예배도 열심히 드립니다. 그런데 교육까지 더욱 힘써 교육에 이름난 교회가 되면 얼마나 좋겠습니까? 교회 교육은 크게 두 가지로 나누어집니다.

첫째, 교회학교 교육입니다.

오늘날 한국교회학교의 위기를 말합니다. 우리 장로교 통합교단은 가장 중심적인 교단입니다. 그런데 지금 전체 8,348개 교회 가운데 중·고등부가 없는 교회가 48%, 초등학교를 대상으로 하는 교회학교가 없는 교회가 45%입니다. 교회학교가 없어지고 있다는 말입니다. 한국교회가 가장 뜨겁게 부흥했던 때가 1980년대였습니다. 그 이유가 무엇입니까? 1960년대에 교회학교를 통해 자라난 세대가 교회의 중심에서 봉사할 때 교회가 부흥했습니다. 지금 교회학교의 위기는 20~30년 후의 한국교회의 위기를 보여주는 것입니다. 교회학교가 다시 살아나야 합니다. 씨를 다시 뿌려야 합니다.

교회학교 교육에서 가장 중요한 것이 있습니다. 그것은 교회학교에서 예수 그리스도를 가르쳐야 한다는 것입니다. 성도들의 마음속에 예수 그리스도가 있으면 그 교회는 걱정이 없습니다. 교회학교도 그렇습니다. 물질이 없어도 괜찮습니다. 좋은 교육시설이 없어도 괜찮습니다. 그러나 교사들과 온 교우들의 눈물의 기도와 관심은 반드시 있어야 한다는 것입니다. 그래서 우리 자녀들이 거듭난 예수님의 제자들로 태어나야 합니다. 그럴 때 우리 교회의 미래가 있습니다. 교회학교는 프로그램이 중요한 것이 아닙니다. 교실이나 조건이 중요한 것이 아닙니다. 중요한 일은 예수의 생명, 예수의 피를 우리 자녀들에게 가르치는 일이요, 교사들이 이를 위해서 날마다 눈물 흘려 기도하는 일입니다. 우리 아이들이 우리 교회의 미래와 자랑이 되도록 기도해 주시기를 주님의 이름으로 부탁드립니다.

둘째, 장년교육입니다.

사람은 죽을 때까지 교육을 받아야 합니다. 그래야 새로워지게 되어 있습니다. 부산지역은 교세가 약하기로 유명합니다. 서울에는 천 명 모이는 교회는 큰 교회라 할 수가 없는데 부산에서는 큰 교회도 천 명을 넘어가기가 쉽지 않습니다. 그런데 부산에 400명에서 수천 명으로 부흥한 교회가 있는데 새중앙교회입니다. 지금의 호산나교회입니다. 이 교회에는 제자훈련으로 유명한 사랑의 교회에서 오랫동안 사역한 최홍준 목사님이 교회를 교육의 체질로 바꾸어 수천 명의 훈련받은 대교회로 부흥을 했습니다. 이 교회는 훈련을 받지 않으면 교사나 찬양대도 할 수가 없고 안수집사도, 장로도 할 수가 없습니다. 기존에 있던 분들도 다 교육을 받았습니다. 처음에는 불평도 나오고 힘들었지만 교회가 교육의 체질로 바뀌고 나니 갑자기 부흥하기 시작했습니다.

교회가 부흥하기 위하여 교육을 해야 한다는 말이 아닙니다. 교육을 하고 나니 저절로 신앙생활이 바꾸어진 것입니다. 한국교회가 가장 뜨거웠던 1910년대와 1980년대는 모이기와 교육에 힘썼던 때였습니다. 곳곳마다 사경회가 열렸고 성경을 공부했습니다. 70~80년대에는 구역마다 장로님들과 집사님들이 구역예배를 인도하고 함께 엎드려 기도했습니다. 느헤미야서 8장을 보면 이스라엘 백성들이 모여 성경을 읽었습니다. 금식하며 자신들의 죄를 회개했습니다. 이때 이스라엘에 영적인 대부흥이 일어났습니다.

성경공부를 잘못 생각하면 성경의 지식을 배우는 것으로 착각하기가 쉽습니다. 그러면 바리새주의가 되고 맙니다. 성경공부는 말씀공부를 통하여 나 자신의 생활을 비추어보고, 죄를 뽑아내고, 하나하나 고쳐나가며 새로운 능력을 힘입는 것입니다. 세상의 교육은 나이가 들면 끝이 납니다. 새로운 것을 배우려고 하지 않습니다. 배우는 목표가 세상에 있기 때문입니다. 그러나 교회의 교육은 세상과 다릅니다. 나이가 들어도 상관이 없습니다. 세상에서는 60이 넘어가면 은퇴하라고 하지만 교회는 60이 넘어도 상관이 없습니다.

오히려 나이가 들수록 육체적인 힘은 약해지나 주의 일에 더욱 힘쓰는 자들은 영적인 힘이 더 강해집니다. 소망을 하나님께 두기 때문입니다. 연세가 들어가며 교회의 모든 봉사의 섬김을 내려놓고 심지어 수요예배, 새벽기도 나오시던 분이 예배도 내려놓고, 헌금생활도 내려놓는 것을 보면 '신앙교육을 잘못 받았구나!'라는 걱정이 됩니다. 우리 교회는 나이가 들어도 하나님의 말씀을 공부하고 훈련하는 일에 힘쓰시기 바랍니다. 수요성경공부에 힘쓰시기 바랍니다. 매일 성경을 읽으시기 바랍니다.

오늘 사도 바울은 "망령되고 허탄한 신화를 버리고 경건에 이르도록 네 자신을 연단하라"(딤전 4:7)고 했습니다. '허탄한 신화'라는 말은 원어에서 늙은 노파가 어린아이에게 들려주고 싶어 하는 헛된 말을 가리킵니다. 즉 유대인들이 가졌던 쓸데없는 교리나 잘못된 열심을 의미하는 말입니다. 오늘 우리에게 망령되고 허탄한 신화가 무엇입니까? 옛 것에 얽매여 진리를 따르지 못하고 있다면 그것이 바로 망령되고 허탄한 신화입니다. 게나 가재 같은 갑각류는 몸이 성장하면서 옛 껍질을 벗어버립니다. 매미도 보면 두꺼운 껍질을 벗어버리고 밖으로 나오는데 이 껍질을 벗어버려야 비로소 하늘을 나는 자유를 누릴 수가 있는 것입니다.

교회도 마찬가지입니다. 성장하기 위해서는 옛 껍질을 벗어버려야 합니다. 이것을 계속 붙잡고 있으면 있을수록 성장은 늦어지는 것입니다. 여러분의 옛 껍질이 있습니까? 우리 교회의 낡은 껍질이 있습니까? 모두 벗어버리시기 바랍니다. 이것을 사도 바울은 영적인 싸움에 비유하여 이야기했습니다. "우리의 씨름은 혈과 육을 상대하는 것이 아니요 통치자들과 권세들과 이 어둠의 세상 주관자들과 하늘에 있는 악의 영들을 상대함이라"(엡 6:12)고 했습니다. 이 땅에 성도로 하여금 죄를 짓도록 만드는 모든 것들과 싸워야 합니다. 영적으로 날마다 새로워지기 위하여 싸워야 합니다.

어떤 유명한 피아니스트는 하루를 피아노를 치지 않으면 내가 알고, 이틀을 치지 않으면 피아노가 알고, 사흘을 치지 않으면 청중이 안다고 했습니다. 하루라도 영적인 싸움을 멈추면 마귀가 먼저 압니다. 그래서 그런 사람에게 먼저 달려드는 것입니다. 그러므로 우리는 쉬지 않고 새로워지기 위하여 싸워야 하는 것입니다. 기도를 쉬어보세요. 쉬었다가 기도하면 기도가 잘 나오지를 않습니다. 말씀 읽는 일을 쉬어보세요. 말씀의 맛이 없어요. 성경공부를 쉬어보세요. 말씀에 나를 비추어보는 일을 잊어버립니다. 한참을 지나면 안 하는 것이 정상으로 느껴집니다. 그래서 영적인 싸움을 쉬지 않아야 합니다.

개혁교회를 '리폼드 처치'(reformed church)라고 합니다. 말 그대로 자기 스스로를 날마다 개혁해 나가는 교회라는 말입니다. 개신교를 가리켜 '프로테스탄트 처치'(protestant church)라고 합니다. 이 말 역시 저항한다는 뜻입니다. 죄에 대하여 불의에 대하여 날마다 저항한다는 뜻입니다. 교회의 역사는 바로 이렇게 개혁하고 스스로를 변화시키는 가운데 이루어져 왔습니다. 개혁하지 않으면 중세의 가톨릭과 같이 부패하게 되는 것입니다.

교회만이 아니라 여러분 모두가 그렇습니다. 날마다 말씀 앞에서 나를 쳐서 복종시키고 훈련시키지 아니하면 부패하게 되어 있습니다. 그래서 사도 바울은 "내가 내 몸을 쳐 복종하게 함은 내가 남에게 전파한 후에 자신이 도리어 버림을 당할까 두려워함이로다"(고전 9:27)라고 고백했습니다. 한번 믿은 신앙으로 평생을 살 수 있는 것이 아닙니다. 계속해서 은혜를 받아야 하고 계속해서 깨달아야 합니다. 그래야 성장하는 신앙인이 될 수가 있습니다. 그래서 사도 바울은 경건에 이르기를 연습하라고 했습니다.

운동선수가 최고의 선수가 되기 위해서는 쉬지 않고 연습을 합니다. 세계 최고의 스케이팅 선수인 이상화 선수의 허벅지 두께가 60cm입니다. 무려 날씬한 사람의 허리두께인 24인치에 해당하는 두께입니다. 그렇게 되기까지는 타이어를 끌고, 자전거를 타고, 매일 170kg이 넘는 역기를 다리로 들고 훈련을 하는 피나는 노력이 있었기 때문입니다. 이것은 하루아침에 되는 것이 아닙니다. 매일매일의 훈련을 통하여 연습을 통하여 만들어지는 것입니다. 아브라함 같은 신앙도, 다윗 같은 신앙도 하루아침에 되는 것이 아닙니다. 그래서 하나님께서는 하나님의 사람을 훈련시키신 것입니다.

신앙의 단계를 구분할 때에 첫 단계는 의인이 되는 단계입니다. 그 다음에는 성화의 단계가 있습니다. 우리는 모두 예수 그리스도를 믿음으로 죄에서 해방되어 의롭게 되었지만 거기에서 더 나아가야 합니다. 그것이 바로 성화입니다. 날마다의 싸움을 통하여 예수 그리스도의 성품을 닮아가는 것입니다. 여러분, 기도하는 것도 싸움입니다. 능력의 기도가 갑자기 되는 것이 아닙니다. 갈멜 산에 불을 내린 엘리야의 기도, 앉은뱅이를 일으키는 베드로의 기도, 옥중에서

착고가 풀리는 기적을 체험한 바울의 기도가 하루아침에 이루어진 것이 아닙니다. 능력의 기도는 날마다 하나님께 나아가기를 열망하는 기도의 훈련 중에 나오는 것입니다.

찬송하는 것도 훈련입니다. 찬송도 어느 날 그냥 되는 것이 아닙니다. 날마다 찬송을 부르기 위해 기도하고 애쓰는 가운데 나도 모르게 생활 속에서 찬송이 흘러넘치게 되는 줄로 믿습니다. 여러분은 일주일 동안 찬송을 얼마나 부르십니까? 찬송 부르기 위하여 싸워야 합니다. 그래야 내 영이 찬양으로 가득차고, 저절로 찬송이 나오는 것입니다. 말씀대로 사는 것도 그렇습니다. 말씀에 순종하기 위하여 말씀으로 나를 비추어보고 훈련할 때에 비로소 말씀의 삶을 살 수가 있는 줄로 믿습니다. "육체의 연단은 약간의 유익이 있으나 경건은 범사에 유익하니 금생과 내생에 약속이 있느니라"(딤전 4:8)고 하였습니다. 성경은 육체의 연단을 부정하지 않습니다. 유익이 있다고 하였습니다.

우리가 건강을 위하여 운동을 합니다. 그것은 유익이 있습니다. 그러나 더 큰 유익, 범사에 유익한 것이 있는데 경건에 이르기를 힘쓰는 훈련이라고 하셨습니다. 영적인 훈련은 범사에 유익합니다. 오늘 하나님께서는 훈련하고 힘쓰는 자에게 두 가지 약속을 주셨는데 금생과 내생의 약속입니다. 이 두 가지를 다 누리는 행복한 인생이 되시기를 바랍니다.

첫째, 금생에서 약속이 있습니다.

말씀을 귀히 여기는 자는 말씀의 인도함을 받습니다. 똑똑한 사람도 넘어지고 능력 있는 사람도 실패하지만 하나님의 인도하심을 받는 사람은 마지막에 승리합니다. 최후의 승리자가 진짜 승리하는 자입니다. 찬양하는 자는 그 영혼이 행복합니다. 주님과 동행하고 하나님께서 기뻐하십니다. 기도하는 자는 기도의 소원을 응답받습니다. 기도하는 사람은 그 생각이 정결해집니다. 은혜를 받고 능력을 받습니다. 이웃을 위해 봉사하고 섬기는 자들은 복을 받습니다. 성경에 약속하여 주셨기 때문입니다. 여러분은 금생에 약속된 축복을 누리는 성도들이 되시기를 주님의 이름으로 축원합니다.

둘째, 내생의 약속을 주셨습니다.

경건의 훈련을 힘쓰는 자는 이 땅에서 하나님과 동행하다가 천국까지 이어지는 것입니다. 이 땅에서 지옥의 마음을 가지고 살았는데 천국이 주어지지 않습니다. 주님과 동행하는 사람은 지금 그 마음에 이미 천국이 임한 것입니다. 예배드리는 일에 힘쓰십시오, 예배드리는 자에게 약속이 있습니다. "감사로 제사를 드리는 자가 나를 영화롭게 하나니"(시 50:23)라고 말씀하셨는데 이런 사람에게 구원을 보여주신다고 했습니다. 사람들은 이 땅에서 많은 것을 가지려고 애를 씁니다. 사람은 조금만 더 많이 가져도 교만해집니다. 얼굴이 조금만 잘생겨도 교만해지고, 지식이 많아도 교만해지는 사람이 많습니다. 그러나 그런 것 때문에 천국에 갈 수 있는 것이 아닙니다. 하나님 앞에서 엎드리는 사람, 하나님의 은혜로 사는 사람, 하나님의 도우심이 있어야 살 수 있다고 생각하고 하나님과 동행하는 사람, 바로 이런 사람에게 내생의 약속을 주십니다.

성도 여러분, 오늘 말씀을 기억하며 하늘의 영원한 소망을 바라보고 하나님의 말씀에 굳게 서서 경건에 힘씀으로 금생과 내생의 약속을 누리는 성도들이 되십시다.

적 용

ⓐ 오늘 말씀의 주제 파악하기

ⓑ 오늘 말씀 중 은혜 받은 부분 나누기

ⓒ 삶에 구체적으로 적용하기

함께 드리는 기도제목

1. 우리 아이들이 우리 교회의 미래와 자랑이 되도록 기도하게 하옵소서.
2. 하나님의 말씀을 공부하고 훈련하는 일에 힘쓰게 하옵소서.
3. 하늘의 영원한 소망을 바라보고 하나님의 말씀에 굳게 서서 경건에 힘씀으로 금생과 내생의 약속을 누리게 하옵소서.

40

약할 때 강함 되시네

• 본 문: 고린도후서 12장 7-10절
• 찬 송: 370장(주 안에 있는 나에게, 통 455장)
• 요 절: 그러므로 내가 그리스도를 위하여 약한 것들과 능욕과 궁핍과 박해와 곤고를 기뻐하노니 이는 내가 약한 그때에 강함이라(고후 12:10)

사도 바울은 성경에 나타난 인물 중에 가장 위대한 전도자입니다. 유대를 중심으로 시작된 복음을 세계선교로 확장시킨 인물이 바로 사도 바울입니다. 사도 바울은 스토아 철학자들의 근거지였던 길리기아 다소에서 태어났습니다. 유대인들에게는 사울로 불렸고 그리스어로 표기될 때에는 로마식 발음인 바울로 불렸습니다. 사도 바울은 당시 이단과의 싸움을 승리로 이끄는 학자요, 매일 쉬지 않고 이곳에서 저곳으로 다니며 복음을 전하는 전도자로 성경에 나오는 슈퍼스타입니다.

오늘의 한국교회를 보며 사도 바울 같은 분이 나오면 얼마나 좋을까 하고 기도한 적이 있습니다. 오늘의 한국교회는 이단 때문에 위기를 겪고 있습니다. 수많은 교파가 난립하여 신학교를 만들어내니 교회 없는 목사도 수없이 많습니다. 어제 뉴스를 보니 보험금을 타내려고 목사가 고의로 차량사고를 냈다는 보도를 보고 얼굴이 뜨거워졌습니다. 왜 이런 일이 일어납니까? 한국교회가 분열을 거듭하다 보니 이제는 교회를 통제할 수 없고 자업자득을 거두게 된 것입니다. 초기에 한국교회가 분열할 때에 "이것도 하나님의 뜻이다"라고 말한 사람들이 있었습니다. 교회가 분열하여 많은 교파가 나오고 교회가 분립하고 그래서 많은 교회가 세워졌으니 이것도 하나님의 뜻이라고 했습니다.

그런데 지금 그 죗값을 거두고 있는 것입니다. 내가 나가서 신학교를 세우고 목사를 양산해도 통제할 수 있는 방법이 없는 것입니다. 교회가 부흥만 하면 된다는 번영신학이 유행을 합니다. 교회는 교회답게 부흥해야 합니다. 순결하지 않게 부흥하면 스스로 넘어지는 날이 오게 되는 것입니다. 천주교는 세계적으로 단일조직을 가지고 있습니다. 그래서 잘못하면 치리를 합니다. 그런데 기독교는 얼마든지 다른 곳으로 옮겨갈 수가 있으니 통제가 되지 않는 것입니다.

오늘 우리 한국교회는 100년이란 짧은 기간에 우리가 저질렀던 분열의 죄에 대하여 회개해야 하나님의 은총을 기대할 수가 있는 것입니다. 성령님은 분열의 영이 아닙니다. 하나가 되게 하시는 영입니다. 성도들이 하나가 되고 교회가 하나가 되고 사역이 하나가 되어야 하는 것입니다. 남선교회와 여전도회가 하나가 되어야 합니다. 교회 안에 있는 모든 성도들이 지금도 우리를 분열시키려는 사탄의 흉계를 이기고 하나가 되어야 하는 것입니다. 오늘의 시대에 사도 바울 같은 분이 나와 이단과의 싸움에 승리하고 교회를 순결하게 하고 복음을 땅 끝까지 전하는 역사가 있기를 기도하시기 바랍니다.

사도 바울은 위대한 신학자요, 열정적인 복음전도자요, 교회를 위하여 목숨을 건 목사였습니다. 히브리파와 싸웠고, 이방인들을 복음화시키기 위해 온몸을 불살랐고 마침내 네로 황제에 의해 참수를 당한 사도입니다. 그러나 그가 뿌린 씨앗이 로마를 복음화시켰습니다. 거짓 사도들과도 두려움 없이 싸웠습니다. 그런데 이런 사도 바울에게도 가시가 있었습니다. 그도 인간이었습니다. 다른 사람이 알지 못하는 아픔이 많이 있었습니다. 그중에 바울에게는 육체의 가시가 있었는데 안질이 심해 글을 읽기도 어려웠고 눈이 짓무르고 아파 매일같이 고통스러웠습니다. 학자들에 따라 바울에게는 간질도 있었고 허리에 질병이 있었다고 말합니다. 요즘으로 말하면 허리디스크나 척추측만증이 있었습니다. 이 질병 때문에 사도 바울은 기도했습니다. 금식도 하며 세 번이나 하나님께 기도하고 응답받은 내용이 오늘 본문에 나오는 내용입니다.

1. 너무 자만하지 않게 하심이라고 했습니다.

사도 바울은 세상적인 조건에서 보면 부러울 것이 없는 사람이었습니다. 좋은 가문에서 태어났습니다. 유대인 중에 유대인이요, 베냐민 지파 출신입니다. 우리로 하면 진골 성골쯤 되는 지파입니다. 이스라엘 초대 왕인 사울이 베냐민 지파에서 나왔고, 야곱의 사랑과 축복을 받은 지파입니다. 예루살렘 성도 유다 지파가 아닌 베냐민 지파에게 주어졌습니다. 로마시민권이 있었습니다. 우리로 말하면 미군정시대에 미국 시민권을 가지고 있었던 것과 같습니다. 학식을 말하자면 최고의 석학 가말리엘에게서 공부를 했습니다. 가말리엘은 훌륭한 스승을 말하는 랍비라는 칭호로도 부족하여 우리 모두의 스승이라는 랍반이라고 불렸던 사람입니다. 민족의 스승이었습니다. 이런 사람에게 수학을 했습니다.

거기다가 영적으로도 굉장한 인물이었습니다. 죽은 유두고를 살려내기도 했고, 병자들을 위해 기도하면 치유가 되었습니다. 너무 바빠 사도 바울이 갈 수가 없자 그의 손수건을 가져다가 환자에게 얹어도 환자가 나을 만큼 굉장한 영성의 사람이었습니다. 우리나라의 초대교회 최고의 부흥사인 이성봉 목사님은 설교하다가 목이 아파 더 이상 설교를 할 수가 없어 답답하니 그 자리에서 손수건을 꺼내 휘둘렀습니다. 그것을 보고도 사람들이 은혜를 받고 회개하는 역사가 일어났습니다. 이 종도 성대가 약하여 4부쯤 되면 목에서 피 냄새가 올라옵니다. 더 간절하게 외치고 싶은데 목이 아파 할 수가 없습니다. 그때 손수건이라도 흔들 수 있다면, 그래서 우리 성도들이 은혜를 받을 수 있다면 하는 기도를 드린 적이 있습니다.

사도 바울은 셋째 하늘을 본 위대한 영성의 사람입니다. 솔로몬도 두 번째 하늘을 이야기했는데, 학자들이 무슨 세 번째 하늘이 있느냐고 비판했지만 과학이 발달하면서 우리가 보는 우주가 하나가 아님을 발견하게 되었습니다. 은하계가 하나가 아닙니다. 셋째 하늘이 이러한 다른 하늘을 말하는 것인지 새 하늘과 새 땅을 말하는 것인지를 우리는 알 수 없지만, 사도 바울은 하나님께서 천국을 보여주신 위대한 영성의 사람입니다. 그곳에서 사람이 말로 표현할 수 없는 말을 들었다고 했습니다. 성경 66권 가운데 13권을 기록한 사람이 사도 바울입니다.

이렇게 계시를 받은 것이 너무나 크므로 너무 자만하지 않게 하시려고 내 육체에 가시 사탄의 사자를 주셨다고 했습니다. 가시는 하나님의 사랑의 표현이었습니다. 바울이 늘 하나님을 인정할 수밖에 없도록 바울을 붙들어 놓으시는 것입니다. 모든 것이 다 채워졌을 때 타락하는 것이 인간입니다. 아담과 하와는 부족함이 없었습니다. 그러면 하나님의 은혜에 감사하고 살아야 하는데 갖지 않아야 할 것을 가지려는 욕심에 타락을 했습니다.

사울 왕도 그렇습니다. 감사하며 살아야 하는데 자기가 더 많은 것을 가지려 했습니다. 다윗 왕도 많은 것을 가졌을 때 갖지 않아야 할 것을 가지려 했습니다. 여러분, 많이 가졌을 때 조심해야 합니다. 우리는 멈춤의 원리를 알아야 합니다. 교통신호가 파란불도 있고 빨간불도 있고 노란불도 있습니다. 파란불만 있어서 계속 달려가면 좋을 텐데 그렇지를 않습니다. 계속해서 달려가면 문제가 생기는 것입니다.

사도 바울도 그저 잘나가기만 하면 좋을 것 같은데 하나님은 육체의 가시를 주셨습니다. 이것은 하나님께 가까이 오라는 신호입니다. "너는 나 없이는 안 된다"고 말씀하시는 하나님의 보호 장치인 것입니다. 성도들은 가정에 아픔을 주시는 이유를 깨달아야 합니다. 언제 우리가 하나님께 가까이 갑니까? 문제가 있을 때 더욱 가까이 가는 것입니다. 가정에 문제가 있을 때에 하나님께 부르짖게 됩니다.

전에 목회하던 교회의 한 장로님은 부러울 것이 없는 가정입니다. 좋은 가문에서 태어났고, 머리가 좋아 공부도 잘했습니다. 의사로 큰 건물을 가진 병원을 경영합니다. 부인 권사님도 미스코리아요 의사입니다. 권사님은 병원을 쉬면서 전도하여 전도 왕이 될 만큼 믿음도 대단합니다. 이 장로님이 악기를 못 다루는 것이 없습니다. 피아노, 베이스기타 등 보컬이 다 수준급입니다. 거기다가 운동도 잘합니다. 성격도 좋습니다. 믿음도 좋습니다. 그런데 이 가정에 자녀들이 아팠습니다. 그래서 하나님께 부부가 기도하며 아름다운 신앙을 가졌습니다. 장로님 부부의 기도로 자녀들이 잘되었습니다. 이 장로님을 보며 '하나님께서 이 장로님 부부에게 가시를 주셔서 하나님께 더 가까이 가게 하시는구나!' 생각을 했습니다.

우리는 가시가 있을 때에 하나님께 더 가까이 다가가는 지혜를 사도 바울을 통해 깨달아야 하는 것입니다. 목사도 목회를 하다 보면 가시를 만날 때가 있습니다. 그때마다 '하나님께서 나를 사랑하셔서 가시를 주시는구나!' 깨닫게 됩니다. 담임목사가 교만하면 하늘까지 교만해지게 됩니다. 그래서 가끔씩 가시를 허락해 주시는 것입니다. 기도하라는 것입니다. 네 힘으로 해서 안 된다는 것입니다. 우리 성도들의 가정에 문제가 일어나고, 직장에 문제가 일어나고, 자녀들 때문에 기도할 일이 생기는 것이 다 이유가 있습니다. 하나님께서 먼저 아시기 때문입니다. 그러므로 그때에 엎드려야 합니다. '하나님, 나는 부족합니다. 나는 무능합니다. 나는 죄인입니다. 나는 불의합니다. 나는 하나님의 은혜가 없이는 안 됩니다'라고 고백할 때에 마귀가 손대지 못하는 것입니다. 여러분, 아픔이 있습니까? 하나님께서 여러분에게 가까이 오라는 사인인 줄로 알고 기도하여 은혜를 깨닫는 성도들이 되십시다.

2. 내 은혜가 네게 족하다고 하셨습니다.

오늘 사도 바울은 사탄의 가시라고 했는데, 이 의미는 하나님께서 허락하시는 시험만을 사탄이 할 수 있다는 뜻입니다. 은혜는 이것을 깨닫는 자가 누릴 수가 있습니다. 깨닫지 못하면 가시를 만날 때에 불평합니다. 원망합니다. 그래서 하나님의 마음을 깨닫지 못하고 은혜의 바다로 들어가지 못하는 것입니다. 우리는 은혜에 대해 더 넓은 생각을 가져야 합니다. 우리가 은혜 받았다고 하면 문제가 해결되고 건강을 찾게 되고 부자가 되고 이럴 때에 은혜 받았다고 합니다. 물론 이것도 은혜입니다. 그러나 더 큰 은혜가 있습니다. 그것은 하나님께서 나와 함께하시는 것이 가장 큰 은혜인 것입니다. 복이란 히브리어로 '아사르'라는 단어인데, 하나님이 우리와 함께 계신다는 뜻입니다.

사도 바울은 육체의 가시를 통하여 하나님께서 나와 함께하시는 은혜를 깨달았습니다. 처음에는 육체의 가시 때문에 괴로워했고 간절히 기도했습니다. 복음을 전하는 자가 능력이 있어야 하는데 정작 자신이 병에 걸려 고통을 당하고 있으니 사람들이 뭐라고 공격을 하겠습니까? '자기 병이나 고치지 남의 병을 고친다고 그러느냐' 조롱을 하는 것입니다. 특별히 안질의 문제가 얼마나 심각했는가 하면 편지조차 제대로 쓸 수가 없었습니다. 그래서 사도 바울에 의해 기록된 13권의 성경은 갈라디아서를 제외하고는 다 대필을 했습니다. 눈이 짓무르고 충혈이 되고 아픈 상태로 복음을 전하는 사도 바울이 얼마나 괴로웠겠습니까? 성도들이 볼 때에도 사도 바울이 눈 때문에 너무나 괴로워 보이니 내 눈이라도 빼어 사도 바울에게 주었으면 좋겠다는 성도들이 있었습니다.

그래서 "하나님, 눈 때문에 괴롭습니다. 복음 전하는 데에 장애가 됩니다. 이 눈을 낫게 해주십시오" 기도한 것입니다. 그런데 하나님은 그 기도에 응답해 주시지 않고 오히려 "내 은혜가 네게 족하다"라고 말씀하셨습니다. 그런데 이것이 진짜 응답입니다. 사도 바울은 다메섹 도상에서 예수님을 만날 때에 홀연히 하늘에서 빛이 내려 비추며 "사울아 사울아, 네가 어찌하여 나를 핍박하느냐?"는 음성을 들었습니다. 이 사건 이후로 사울은 눈이 멀었고 아나니아에게 안수를 받은 후 비로소 볼 수 있게 되었습니다. 학자들은 사도 바울이 눈의 문제로 고통을 겪게 된 것이 이 일 이후로부터라고 말합니다.

사도 바울은 눈이 아플 때마다 '그래 내가 예수님을 핍박한 사람이지, 그런데 나를 용서해 주시고 나를 사도로 받아주시고 나를 복음 전하는 자로 쓰셨어. 내가 감사해야지' 하고 아플 때마다 그 사건을 회상할 수 있었다는 것입니다. 하나님의 은혜는 잊지 않는 자에게 계속해서 주어지는 것입니다. 우리는 모두가 다 하나님의 은혜를 받은 사람들입니다. 나 같은 사람이 어떻게 하나님의 자녀가 될 수 있습니까? 하나님의 은혜가 아니었다면 우리는 감히 이 자리에도 있을 수 없는 죄인인 것을 잊지 않아야 은혜의 사람이 되는 것입니다. 은혜를 깨달은 사람은 감사합니다. 그래서 더 큰 은혜를 누리게 되는 것입니다.

여러분, 나의 나 된 것이 하나님의 은혜입니다. 그러므로 감사하시기 바랍니다. 하나님을 찬양하시기 바랍니다. 시냇물이 졸졸졸 노랫소리가 나는 것은 물속에 있는 돌들 때문입니다. 돌이 물의 흐름을 방해하지만 그 돌들로 인해 시냇물은 아름다워지는 것입니다. 여러분에게 가로막는 돌이 있습니까? 가시가 있습니까? 육체의 가시, 직장의 가시, 가정의 가시, 영적인 가시가 있을 때에 이것이 하나님의 은혜임을 기억하고 하나님께 엎드리시기 바랍니다. 그러면 더 큰 은혜로 바꾸어주시는 줄로 믿습니다.

3. 약할 때 강함을 주십니다.

사도 바울은 "내 능력이 약한 데서 온전하여짐이라"고 했습니다. 내가 강하면 내 능력이 온전하여지지 않습니다. 내가 나서려 하고 내가 내 길을 인도하려 합니다. 하나님 앞에서 약한 것을 깨닫는 자는 늘 겸손하게 됩니다. 사도 바울은 기도한 후 깨닫고 내가 도리어 크게 기뻐하였다고 했습니다. 나의 약한 것을 자랑한다고 했습니다. 그때에 그리스도의 능력이 내게 머물기 때문입니다. 나의 약한 것을 인하여 하나님께 기도하고 의지하는 성도는 영적으로 강하여지게 됩니다. 능력이 있게 됩니다. 신앙생활이 풍성해지고 행복하게 됩니다. 불평이 많은 사람들은 나의 약함 때문에 그것이 열등감으로 작용하는 사람들입니다. 그래서 공동체를 괴롭게 만듭니다.

내게 있는 가시를 사도 바울처럼 은혜로 여기면 축복의 신앙생활을 하고 행복한 신앙생활을 할 텐데, 가시로 인해 자신도 늘 아파하고 다른 사람도 아프게 하니 참 안타까운 것입니다. 여러분에게 가시가 있으면 그것을 인정하십시오. 그리고 하나님 앞에 약함을 드러내십시오. 그러면 은혜로 바꾸어주시고 강한 자로 바꾸어주시는 것입니다.

기독교는 강한 것을 드러내지 않습니다. 오히려 약한 것을 자랑합니다. 내가 부족하고 내가 죄인 됨을 자랑합니다. 야곱은 그가 가졌던 재물과 짐승을 가지고 자랑하려 하였으나 그것은 오히려 죽음에 이르는 길이었습니다. 하나님께서는 기도하는 야곱의 환도뼈를 치셔서 다리를 절게 만드셨습니다. 그 약함과 고통이 오히려 야곱을 구원하는 은혜였습니다.

모세가 이집트의 왕자로 권세와 명예와 힘을 가졌을 때에 하나님은 그를 쓰시지 않았습니다. 오히려 광야로 쫓겨나 양을 치는 목동으로 지팡이 하나밖에 남은 것이 없었을 때에 그 지팡이를 통해 파라오의 군대를 이기는 강함을 주셨습니다. 예수님은 능력이 많으신 분이었습니다. 병자를 고치시고, 오병이어로 5천 명이 넘는 사람을 먹이시는 주님이셨습니다. 귀신을 내어쫓고 죽은 자도 살리시는 주님이셨습니다. 그런데 예수님은 십자가에 매달려 초라하게 울부짖으셨습니다. 그런데 그 십자가의 낮아지는 죽음이 우리의 죄를 사해주셨고 구원에 이르는 능력을 주신 것입니다. 내가 주님 앞에서 강하려고 하지 마십시다. 주님 앞에 나오면 엎드려야 합니다.

우리가 언제 간절히 기도합니까? 사업이 실패하여 더 이상 내 힘으로 해볼 도리가 없을 때에 엎드리게 됩니다. 가정에 문제가 있고 자녀에 문제가 있어 내 힘으로 해볼 도리가 없을 때에 엎드리게 됩니다. 연애에 실패하여 마음이 아파 견딜 수가 없을 때에 주님 앞에 엎드리게 됩니다. 주님 앞에 엎드릴 때에 이길 힘을 주시고 방법을 주십니다. 강할 때는 내가 할 수 없었으나 약하여 주님 앞에 엎드릴 때에 우리를 강하게 해주십니다.

'데니스 저니건'이란 사람은 "약할 때 강함 되시네"라는 유명한 가스펠 곡을 작사 작곡했고, 그의 이야기가 영화로도 만들어졌습니다. 이 사람은 어릴 때에 성추행을 당한 후 그 충격으로 고통을 겪으며 동성애에 빠졌습니다. 친구와 함께 예배에 참석하여 은혜를 받고 스바냐 3장 17절의 말씀을 통하여 하나님의 음성을 들었습니다. 그리고 동성애에서 벗어나 결혼하여 자녀를 9명이나 낳고 이혼과 폭력, 동성애에 고통당하는 사람들을 위한 사역을 하고 있습니다. 그가 동성애에서 벗어나 그 은혜를 체험하며 간증으로 고백한 것이 "약할 때 강함 되시네"라는 곡입니다.

> "♬~약할 때 강함 되시네 나의 보배가 되신 주 주 나의 모든 것
> 주 안에 있는 보물을 나는 포기할 수 없네 주 나의 모든 것
> 예수 어린 양 존귀한 이름~~ 예수 어린 양 존귀한 이름~♬"

여러분, 나의 약함을 인하여 열등감에 빠지지 마십시다. 나의 약함 때문에 포기하거나 절망하지 마십시다. 하나님은 여러분의 약함을 강함으로 바꾸어주시고 은혜로 채워주십니다. 오히려 나의 약함과 부족함을 주님 앞에 내어 놓고 엎드려 주님의 은총을 입고 행복한 신앙생활을 하는 성도들이 되십시다.

적용

ⓐ 오늘 말씀의 주제 파악하기

ⓑ 오늘 말씀 중 은혜 받은 부분 나누기

ⓒ 삶에 구체적으로 적용하기

함께 드리는 기도제목

1. 가시가 있을 때에 하나님께 더 가까이 다가가는 지혜를 주옵소서.
2. 가시가 있을 때에 이것이 하나님의 은혜임을 기억하고 하나님께 엎드리게 하옵소서.
3. 나의 약함과 부족함을 주님 앞에 내어 놓고 엎드려 주님의 은총을 입게 하옵소서.

41

위로를 기다리는 자

- 본 문: 누가복음 2장 25-33절
- 찬 송: 86장(내가 늘 의지하는 예수, 통 86장)
- 요 절: 예루살렘에 시므온이라 하는 사람이 있으니 이 사람은 의롭고 경건하여 이스라엘의 위로를 기다리는 자라 성령이 그 위에 계시더라(눅 2:25)

대림절은 주님의 다시 오심을 준비하며 기다리는 절기입니다. 대림절 혹은 대강절이라고도 부르는데 대림절은 한자로 기다릴 대(待)에 임할 임(臨), 대강절은 기다릴 대(待)에 내릴 강(降)을 씁니다. '주님이 내려오심을 기다리는 절기'라는 뜻입니다. 대림절 기간 동안 강단 앞에는 예수 그리스도를 상징하는 흰색 양초와 함께 네 개의 양초를 켭니다. 첫 번째 주일에 켜는 촛불은 기다림을 의미하는 촛불입니다. 두 번째 주일의 촛불은 회개의 촛불을 의미하고, 세 번째 주일의 촛불은 사랑과 나눔의 촛불, 네 번째 주일에 켜는 촛불은 화해의 촛불을 의미합니다.

말라기 선지자를 마지막으로 하나님께서는 400년 동안이나 선지자를 보내시지 않으셨습니다. 그러므로 이 시기는 영적 암흑기요, 구약과 신약을 잇는 중간시대라고 부릅니다. 정치적으로는 로마의 지배를 받고 백성들은 고통을 당하고 있었습니다. 종교적으로는 타락한 제사장들과 사두개인들, 바리새인들에게 희망을 찾을 수 없는 백성들의 아픔이 있었습니다. 이때에 이스라엘의 위로를 기다리고 있는 사람이 있었습니다. 시므온입니다. 시므온은 의롭고 경건한 사람이라고 했습니다.

하나님께서 보시는 사람의 기준은 의롭고 경건한 사람입니다. 선하고 훌륭한 사람이라고 하지 않았습니다. 의롭다는 것은 하나님의 말씀을 좇아 사는 사람이요, 경건하다는 말은 하나님 앞에서 그의 삶이 온전했다는 말입니다. 이런 사람에게 하나님은 약속을 주셨습니다. "그가 주의 그리스도를 보기 전에는 죽지 아니하리라 하는 성령의 지시를 받았더니"(눅 2:26)라고 했습니다. 오늘도 주님은 의롭고 경건한 사람에게 찾아오십니다. 교회에서 의로워 보이는 분들이 있습니다. 경건하게 보이는 분들이 있습니다. 문제는 하나님이 보실 때에 내 모습이 의롭고 경건한가가 중요합니다.

빌 하이벨스 목사님은 경건을 말하기를 "아무도 보는 이가 없을 때에 내 모습이 누구인가?" 그것이 경건이라고 말했습니다. 교회를 걸어오다 보면 좁은 1차선 도로에 신호등이 있는데 차는 오지 않고 그냥 건너가고 싶은 마음이 들 때가 많습니다. 언젠가 구역장 교육 시간에 늦을 것 같아 빨리 가야 하는데 그날따라 신호가 자꾸 걸립니다. 교회 옆 작은 도로를 건너려고 하는데 또 신호가 빨간불로 바뀌는 것입니다. 그래서 고민을 했습니다. '건너갈까, 말까?' 불과 6~7m 거리입니다.

그런데 건너편에 사람이 있는데 가만히 쳐다보니 저쪽에서도 나를 쳐다보고 있는데 인사를 안 하는 것을 보니 나를 모르는 분들 같아요. 그래서 눈치를 살피다가 마음은 급하고 '에라, 모르겠다' 하고 길을 건너는데 조금 전에 나를 빤히 쳐다보던 분들이 "목사님, 안녕하세요?" 하고 인사를 하는 것입니다. 인사하려면 진작 인사하지 왜 목사를 시험 들게 만듭니까? 그래서 길을 건너고 나서 후회를 했습니다. '목사님도 교통신호 어긴다' 그러지 않겠습니까? 그래서 그 다음부터는 좁은 도로에서도 신호를 어기지 않으려고 노력을 합니다.

문제는 하나님 앞에서입니다. 하나님 말씀 앞에서 사람이 보든 안 보든 언제 어디서나 경건한 사람을 하나님은 보시는 것입니다. 내 자녀들이 집에서 볼 때에 아버지의 신앙, 어머니의 신앙처럼 살면 되겠다고 존경할 때에 그 모습이 의로움과 경건입니다. 여러분은 어떻습니까? 자녀들이 볼 때에 본받을 만한 신앙생활을 하고 있습니까? 가정에서 늘 하나님께 감사하고, 다른 사람을 축복하고, 어려운 이웃을 섬기며 아끼는 모습이 우리에게 있습니까? 남편이 볼 때에, 아내가 볼 때에 '저렇게 신앙생활 해야 되겠다'고 하는 마음이 들어야 하는 것입니다. 이런 사람에게 주님은 찾아오십니다.

시므온은 기다리는 사람이었습니다. 요즘 사람들은 잘 기다리지 못합니다. 커피 한 잔을 뽑아도 눌러놓고는 잠시 몇 초를 못 참아 손을 집어넣고 있습니다. 그리고 불이 꺼지면 그때 꺼내면 되는데 한 손으로는 컵을 붙잡고 고개를 숙이고 기다리고 있습니다. 마지막 물이 똑똑 떨어지는데 그냥 컵을 뽑아냅니다. 거기서 끝나는 것이 아닙니다. 그 뜨거운 커피를 좀 쉬었다가 마시면 되는데 후후 불면서 이리저리 돌려가면서 마십니다. 그러다가 입천장이 데면서도 마십니다. 기다리지 못합니다.

엘리베이터를 만드는 회사에서 한국에 수출하는 엘리베이터에는 절대로 없어서는 안 되는 기능이 있답니다. 엘리베이터는 저절로 열리고 닫히는데 한국 사람들은 그 순간을 못 참기 때문에 닫히고 열리는 버튼이 반드시 눈앞에 있어야 한다는 것입니다. 기다릴 줄 알아야 합니다. 전철을 타려 해도 기다려야 합니다. 영화관에 가도 기다려야 합니다. 아이를 낳으려 해도 열 달을 기다려야 합니다. 밥을 맛있게 하려해도 좀 기다려서 뜸을 충분히 들여야 맛이 있습니다. 우리 인생은 기다리는 인생입니다.

'사무엘 베케트'가 쓴 《고도를 기다리며》라는 단편이 있습니다. 이 책으로 1969년 노벨 문학상을 받았습니다. 이 책을 보면 두 사람이 나무 그늘에 앉아 고도를 기다립니다. 고도가 누구인지도 모릅니다. 그러나 이들은 계속해서 고도를 기다립니다. 그러나 고도는 오지 않습니다. 고도를 기다리는 이들의 모습이 의미 없는 미래를 향해 기다리는 현대인들의 절망적인 모습을 표현하고 있습니다. 우리는 날마다 기다리는 삶을 삽니다. 오늘도 아침부터 지금까지 기다리는 것이 많았을 것입니다. 그런데 많은 기다림 가운데 정말 중요하고 절대 놓치지 않아야 할 기다림을 잊지 않아야 합니다.

시므온은 이스라엘의 위로를 기다렸습니다. 성경에 약속하신 메시아가 오셔서 내 조국 이스라엘을 위로하여 주시길 기다리는 경건한 사람이었습니다. 400년 동안이나 하나님의 계시가 끊어진 세상에 다시 하나님의 위로가 메시아를 통해 나타나기를 기다렸습니다. 그래서 시므온은 이 세상을 위로하러 오신 메시아, 예수 그리스도를 만나게 되었습니다. 시므온은 메시아를 보기 전에는 죽지 않으리라는 계시를 받았고, 그 계시를 믿으며 날마다 성전에 나와 오실 메시아를 기다렸습니다.

예수님은 성경에 예언된 대로 베들레헴에서 태어나셨습니다. 그리고 첫아들을 낳으면 율법에 따라 성전에 나와 봉헌예식을 드려야 하기에 7일 된 아기 예수를 안고 예루살렘 성전에 들어가게 되었습니다. 그런데 시므온이 아기 예수를 보는 순간 성령님의 감동이 임했습니다. '아, 이분이 메시아구나!' 예수님을 품에 안고 하나님께 찬송을 불렀습니다. 당시 성전에는 수많은 사람들이 있었지만 아무도 오신 메시아를 알지 못했습니다.

오늘 읽은 본문의 말씀이 시므온의 찬양입니다. 시므온의 찬송은 천주교에서는 끝 기도에, 성공회에서는 저녁 찬송으로, 루터교에서는 성찬식 후 찬송으로 불려왔습니다. 개신교에서도 칼빈의 찬송가집에 시므온의 찬송이 실려져 있었습니다. 화가 렘브란트도 시므온의 노래를 그렸는데, 깊은 주름살과 머리가 다 빠져버리고 눈이 더 이상 보이지 않는 육신적으로는 희망이 없는 노인이 아기 예수를 떠받들고 있는 그림입니다. 시므온의 찬송은 영광의 찬송이요, 승리의 찬송입니다.

기독교인의 찬송은 패배와 절망을 그린 것이 없습니다. 세상 노래를 보세요. 절망, 포기, 원망을 담은 노래들이 수없이 많습니다. 그런데 노래가사처럼 된다고 하지 않습니까? 현해탄에서 사망한 윤심덕은 '사의 찬미'를 불렀습니다. '산장의 여인'을 부른 가수 권혜경은 불행하게도 암에 걸려 정말로 산장에서 요양을 하며 살았습니다. 가수 남인수 씨는 '눈감아 드리리'를 불렀는데 41세에 세상을 떠났습니다. 젊은 나이에 세상을 떠난 배호 씨는 '마지막 잎새'를 불렀습니다. 29세에 세상을 떠난 차중락 씨는 '간다 간다 나는 간다. 너를 두고 나는 간다' 하는 노래를 불렀습니다. 참, 노래대로 되었습니다. 세상 노래를 보면 이런 노래들이 참 많습니다.

영화 '서편제'를 보면, 아버지가 딸에게 노래를 가르치기 위하여 어릴 적에 한약을 구해 딸에게 먹여 장님을 만듭니다. 그 이유가 한이 서려야 노래가 제대로 나온다는 것입니다. 서편제에서 주인공인 눈이 멀어 버린 '송화'라는 여인이 부르는 노래를 들어보면 참 마음이 아픕니다. 왜 노래를 한으로 부릅니까? 왜 갈라지고 쓰린 목소리로 노래를 불러야 합니까? 그러면 같이 슬픈 것입니다. 기독교는 그런 노래를 부르지 않습니다. 절망 중에도 희망을 노래합니다. 노예생활 속에서도 하나님을 찬양하는 노래를 부릅니다. 죽음 앞에서도 부활의 소망을 찬송하는 것입니다. 우리 교회 찬양대는 늘 위대하신 하나님을 찬송하고 감사하는 힘찬 찬송을 불렀으면 좋겠습니다. 그러면 함께 힘이 나는 것입니다.

오늘 우리의 상황은 위로가 참 많이 필요한 시대입니다. 얼마 전 교단신문 사설에도 "교회여, 청년들에게 희망을 주자"라는 글을 썼습니다. 청년들은 그 자체가 희망입니다. 그런데 오늘의 청년들의 현실은 취업이 어렵고 결혼조차 포기하는 시대, 모든 것을 포기해야 한다는 N포시대, 헬조선이라는 말까지 생겨났습니다. 옛날에는 노력하면 성공할 수 있었는데 지금은 희망이 없다는 것입니다. 참 어려운 시대입니다. 수많은 청년들이, 성도들이 이 땅의 죄악과 무거운 짐과 싸우다가 예배드리러 올 텐데, 마음이 무거운 것입니다. 오늘 말씀의 제목이 '위로를 기다리는 자'인데 위로를 기다리는 성도들에게 참 위로의 말씀을 전해주어야 하는데 힘이 드는 것입니다. 말씀을 준비하다 보니 밤이 깊어가고 내가 힘이 들고 내가 위로를 받아야 되겠는 것입니다. 그래서 고통스러워 하나님께 엎드렸습니다.

우리 인생은 위로를 필요로 하는 것이 은혜인 줄 알아야 합니다. 그래야 정결해집니다. 환난과 풍파가 많은 세상을 살아가며 위로를 필요로 하는 인생이 된 것을 우리는 감사해야 합니다. 위로가 필요 없으면 금세 교만해지는 것이 우리 인생입니다. 그러나 우리 기독교인은 환난과 풍파 때문에 기죽어 살지 않습니다. 포기하지도 않습니다. 우리는 시므온과 같이 하나님의 위로를 기다리며 함께 승리의 찬송을 불러야 하는 것입니다. 시므온은 최후의 승리의 노래를 불렀습니다. "주재여 이제는 말씀하신 대로 종을 평안히 놓아 주시는도다"라고 했습니다. 죽음 앞에서 죽지 않으려고 발버둥치는 모습이 아니라 이제는 다 이루었습니다. '하나님의 위로를 감사드립니다. 이제 메시아를 직접 뵈었으니 하나님께로 가겠습니다' 하는 감사와 승리의 찬송인 것입니다.

여러분, 주의 전에 올 때마다 시므온과 같이 우리에게 위로를 주시는 주님을 만나시기를 바랍니다. 주님이 내 안에 오시면 위로가 됩니다. 우는 자에게 위로해 주시고, 천한 자에게 높임을 주시고, 약한 자를 강하게 하시고, 병든 자를 고쳐주십니다. 찬송가 96장이 바로 이 고백입니다.

1. 예수님은 누구신가 우는 자의 위로와
   없는 자의 풍성이며 천한 자의 높음과
   잡힌 자의 놓임 되고 우리 기쁨 되시네
2. 예수님은 누구신가 약한 자의 강함과
   먼 자의 빛이시며 병든 자의 고침과
   죽은 자의 부활 되고 우리 생명 되시네
3. 예수님은 누구신가 추한 자의 정함과
   죽을 자의 생명이며 죄인들의 중보와
   멸망자의 구원 되고 우리 평화 되시네
4. 예수님은 누구신가 온 교회의 머리와
   온 세상의 구주시며 모든 왕의 왕이요
   심판하실 주님 되고 우리 영광 되시네

예수님을 만나시면 문제가 다 해결되는 것입니다. 그러면 누가 예수님을 만날 수 있습니까? 이스라엘 백성들도 사실은 위로가 필요했고 메시아를 기다렸습니다. 그러나 그들은 호화로운 왕궁에 오실 메시아를 기다렸습니다. 세상의 힘과 권력을 가진 권세자로 오시는 메시아를 기다렸습니다. 세상의 권세자가 백성을 위로합니까? 아닙니다. 자기의 권세를 빼앗기지 않으려고 하는 사람들이 권세자들입니다. 그러면 세상의 부유한 자들이 백성을 위로해 줍니까? 아닙니다. 더 많은 것을 가져가려고 합니다. 전 세계의 권력자들과 부자들이 국경을 넘어 서로 많은 것을 가져가려고 싸우는 것이 현대세계입니다.

메시아는 그런 세상의 모습으로 오시는 것이 아닙니다. 낮고 천한 곳에 오셔서 우리를 높고 귀한 곳에 세워주시는 주님이십니다. 약한 자와 눈먼 자, 병든 자를 위해 오셔서 함께 계시며 고쳐주시는 주님이십니다. 마지막에는 십자가에 죽으시고 부활하셔서 영광중에 계신 것처럼, 우리로 죽음에서 부활하게 하시고 영광을 누리게 하시는 주님이십니다. 이스라엘의 권력자들과 지배자들은 오시는 메시아를 만나지 못했습니다. 헤롯도 메시아를 찾았으나 위로를 받으려 한 것이 아니라 자신의 권력을 빼앗기지 않으려고 예수님을 죽이려 했습니다. 그래서 이스라엘의 어린아이들까지 다 죽음에 내몰았습니다. 그런데 누가 오시는 메시아를 만났습니까? 메시아의 오심을 사모하는 동방박사들이 만났습니다. 추운 들판에서 양을 치며 새로운 날이 오기를 기다렸던 양치는 목자들이 메시아를 만났습니다.

오늘 성경에 나오는 의롭고 경건하게 메시아의 오심을 기다렸던 시므온이 메시아를 만났습니다. 오늘도 이렇게 주의 위로를 기다리며 의와 경건으로 준비된 자들이 다시 오시는 메시아를 만날 수가 있는 것입니다. 신앙에는 기다림이 필요합니다. 주님을 만나기 위해 일주일을 기다려온 성도들이 찾아오시는 주님을 만나는 기쁨을 누리게 되는 것입니다. 여러분, 무엇하러 오셨습니까? 여러분은 주님을 만나러 이 자리에 오신 것입니다. 오늘 말씀을 통하여 찾아오신 주님을 만나셨습니까? 주님의 음성을 들으셨습니까? 주님의 위로를 받았습니까? 돌아가서 의롭게 사십시오. 경건하게 사십시오. 세상을 따라가지 말고 하나님의 말씀을 따라 사십시오. 주님을 사모하고 기다리며 살다가 예배를 통하여 주님을 만나고 승리의 찬송을 부르고 영원한 하늘의 위로를 받는 성도들이 되십시다.

적용

ⓐ 오늘 말씀의 주제 파악하기

ⓑ 오늘 말씀 중 은혜 받은 부분 나누기

ⓒ 삶에 구체적으로 적용하기

함께 드리는 기도제목

1. 시므온처럼 끝까지 믿음으로 주님을 기다리게 하옵소서.
2. 시므온과 같이 우리에게 위로를 주시는 주님을 만나 위로받게 하옵소서.
3. 주님을 사모하고 기다리며 살다가 예배를 통하여 주님을 만나게 하옵소서.

42

마지막이 좋아야 합니다

- 본 문: 히브리서 12장 1–2절
- 찬 송: 92장(위에 계신 나의 친구, 통 97장)
- 요 절: 믿음의 주요 또 온전하게 하시는 이인 예수를 바라보자 그는 그 앞에 있는 기쁨을 위하여 십자가를 참으사 부끄러움을 개의치 아니하시더니 하나님 보좌 우편에 앉으셨느니라(히 12:2)

금년도 마지막 달을 보내고 있습니다. 새해를 시작하며 꿈꾸었던 일들을 이제는 마무리해야 하는 달입니다. 지난 1년을 생각해 보면 우리 인간은 미래를 모른다는 것입니다. 이 세상의 일들이 계획대로 되는 것이 아닙니다. 또 처음부터 끝까지 다 잘하는 사람도 없습니다. 사람은 누구나 다 인생의 장애물을 만납니다. 꽃피는 춘삼월이 계속되면 좋겠지만 무더운 여름도 찾아오고 소나기도 찾아옵니다. 칼바람이 부는 겨울도 찾아옵니다. 그때에 나의 힘으로 살아온 사람들은 무너집니다. 좌절합니다. 제가 아는 어떤 분은 모든 일들이 다 잘되었습니다. 그런데 어느 한순간 무너지는 것입니다. 무너지고 나니 그의 옆에는 사람이 없습니다. 그가 힘이 있을 때에는 사람이 많이 있었는데 힘이 없으니 사람이 사라지는 것입니다. 그러니까 이 사람이 다른 사람들은 원망하는 것입니다. 사람을 원망해서 무엇 하겠습니까? 이 세상에 가장 든든한 사람이 은혜 안에 사는 사람입니다.

우리는 지난 1년도 하나님의 은혜로 살아왔습니다. 하나님께서는 은혜를 좋아하고 은혜를 사모하는 사람에게 은혜를 주십니다. 은혜는 결코 망하는 법이 없습니다. 은혜는 항상 마지막이 잘됩니다. 세상에서는 돈을 제일 중요하게 생각합니다. 그러나 아버지가 아무리 많은 돈을 물려주어도 자식이 지키지 못하면 소용없는 것입니다. 대를 이어 잘되는 가정이 쉽지 않습니다. 부모는 내 자녀를 고생시키지 않으려고 합니다. 그래서 모든 것을 다 해줍니다. 그러나 그것이 좋은 것이 아닙니다.

대학을 다닐 때에는 아르바이트도 해야 합니다. 학비를 벌어가며 공부를 해봐야 강한 정신이 생깁니다. 많은 부모들이 자식을 군대에 안 보내려 합니다. 이것은 정신이 이미 틀린 것입니다. 건강한 젊은이라면 나라를 지켜야 할 의무가 있습니다. 그리고 군 생활이 어렵지만 그곳에서 살아가는 방법을 배우는 것입니다. 군인들은 혹한기에 훈련을 합니다. 추위를 견뎌내야 좋은 군인이 되기 때문입니다. 사람은 어려움을 견뎌내야 강한 사람이 됩니다.

신앙도 그렇습니다. 그래서 하나님께서는 은혜 주실 사람에게 때로는 연단도 주시는 것입니다. 이것을 믿음으로 바라보면 시련도 감사하게 되는 것입니다. 성경에 나오는 요셉은 시련을 겪으면서도 감옥에서도 하나님의 은혜를 구했습니다. 포기하지 않았습니다. 다윗도 시련을 겪으면서도 하나님을 찬양했습니다. 총리나 왕을 아무에게나 주시는 것이 아닙니다. 세워진다고 할 수 있는 것도 아닙니다. 그릇이 되어야 할 수가 있는 것입니다. 하나님은 시련도 은혜로 알고 이긴 믿음의 사람에게 인생의 선물을 풍성하게 주시는 것입니다.

신앙생활도 늘 꽃피는 봄만 있는 것이 아닙니다. 때로는 시험이 찾아옵니다. 그러나 하나님의 은혜를 믿는 성도들은 시험에 절대로 넘어지지 않습니다. 불평하지 않습니다. 늘 감사합니다. 이런 사람에게 하나님은 마지막이 잘되는 복을 주시는 줄로 믿습니다. 우리가 세상 사람들과 똑같이 어려움을 겪으면서도 흔들리지 않는 것은 나에게 은혜를 주실 줄로 믿는 믿음이 있기 때문입니다. 오늘 성경의 배경은 초대교회 성도들이 클라디우스 황제의 박해나 네로 황제의 박해 때에 쓰인 것으로 보고 있습니다. 이 박해의 시기에 히브리서 저자는 예수를 바라보라고 말씀하고 있습니다.

1. 우리는 신앙의 경주를 하고 있습니다.

오늘 성경은 경주하는 자세에 대하여 "모든 무거운 것과 얽매이기 쉬운 죄를 벗어 버리고"라고 했습니다. 경주를 잘 하려면 가볍게 달릴 수 있어야 합니다. 주머니에 지갑을 넣고 뛰는 마라토너는 없습니다. 재킷을 입고 뛰지도 않습니다. 마라톤 선수는 몸에 무거운 것을 다 제하여 버립니다. 옷도 가장 가벼운 옷을 입습니다. 보통 구두의 무게가 500g 정도인데 마라토너가 신는 운동화의 무게는 200g 정도입니다. 아주 가볍습니다. 왜 그렇습니까? 달리기에 거추장스러운 것들은 다 제하여 버리는 것입니다.

우리가 신앙생활 하는 데 무거운 것들이 있습니다. 취미생활도 지나치면 무거운 짐이 됩니다. 바둑을 좋아하는 사람은 예배시간에 앉아 있으면 앞사람의 머리가 바둑알로 보입니다. 주님보다 더 사랑하는 것이 있으면 그것이 짐이 되는 것입니다. 주일 예배 마치고 골프 치러 가는 사람들은 예배가 마음에 들어오지 않습니다. 마음은 이미 골프장에 가 있기 때문입니다. 어떤 교회에서 할머니 한 분이 감사헌금을 드렸는데 목사님이 깜짝 놀랐답니다. 그 내용이 "하나님, 주몽 죽지 않게 해주세요"라고 써 있는 것입니다. 드라마 주인공인 주몽을 그렇게 사랑하면 주몽 하는 날에는 신앙이고 뭐고 다 중지되는 것입니다. 이런 것들이 다 무거운 짐입니다.

또 얽매이기 쉬운 죄도 있습니다. 오늘의 시대는 성경 말씀대로 살기 힘든 시대입니다. 이슬람 지역의 크리스천들도 고통스럽지만 자본주의 국가에 사는 크리스천도 힘이 듭니다. 죄지을 일이 더 많기 때문입니다. 우리 교회 출신의 어느 목사님이 서울의 한 교회에서 담임목사님을 청빙한다기에 서류를 냈습니다. 이 목사님이 참 훌륭한 목사님입니다. 어느 교회에 가셔도 목회를 훌륭하게 하실 분입니다.

그런데 반드시 주일날 낮 예배에 설교하러 오라는 것입니다. 선을 보겠다는 것입니다. 이 목사님이 저에게 상담을 했습니다. 그래서 그 목사님에게 "목사님, 목사님이 본 교회를 비우고 다른 교회 주일 설교를 하러 가면 거짓말을 해야 하는데 그것은 안 됩니다. 못 가셔도 할 수 없습니다" 그랬습니다. 그 목사님이 지금까지 목회한 것을 소문을 들어 다 알 수 있는데 꼭 눈으로 보고 설교를 들어야 하겠다니 참 안타까웠습니다. 이렇게 훌륭한 목사님을 왜 교회가 몰라보고 주일날 설교하러 오라고 하는지 안타까운 것입니다. 주일날은 못 가겠다는 목사님이 더 훌륭한 것입니다.

우리 교회는 이 종을 청빙할 때에 한 번도 설교하라고 하시지 않았습니다. 모든 성도들이 청빙하는 장로님들을 믿어주셨습니다. 그러므로 우리 교회가 위대한 교회입니다. 이제 와서 하는 이야기지만 이 종도 주일날 오후라도 설교하라고 했으면 설교하러 못 왔을 것입니다. 목사도 신앙생활하며 죄지을 시험이 많습니다. 그러니 날마다 세상에서 사는 성도들이야 얼마나 시험들 일이 많겠습니까? 죄를 벗어버리라고 했는데 죄 지을 일이 있으면 그 자리를 벗어나야 합니다. 죄 있는 곳에 미련을 두고 있으면 죄 지을 일이 생기는 것입니다. 죄는 무거운 짐이라고 주님은 말씀하셨습니다. 죄를 지고 가면 인생이 힘이 듭니다. 죄 때문에 지쳐서 넘어지게 됩니다. 죄는 우리 인생을 무겁게 짓누르는 짐이 되어 인생의 패배자가 되게 만듭니다. 그러므로 우리 성도들은 신앙의 경주를 하는 데 신앙에 방해되는 것, 무거운 것들, 죄지을 것들을 다 벗어버리시기 바랍니다.

신앙생활과 마라톤과는 비슷한 점이 많습니다. 마라톤은 오르막이 있으면 내리막이 있습니다. 신앙생활도 오르막이 있으면 내리막이 있는 것입니다. 마라톤 경주를 하면 누구나 처음에는 다 비슷비슷합니다. 그런데 중반쯤 되면 간격이 벌어집니다. 앞서가는 사람을 무조건 따라잡으려 하면 실패하게 됩니다. 신앙생활에도 시기하거나 질투하지 말고 내게 주신 달란트를 가지고 열심히 뛰는 것이 중요합니다. 마라톤은 무척 어려운 운동입니다. 그저 적당히 뛰어서는 될 수가 없습니다. 있는 힘을 다하여 뛰어야 합니다. 신앙생활도 있는 힘을 다하여 열심히 믿음으로 살아간 성도가 마지막에 승리하는 것입니다.

마라톤은 평소에 훈련을 많이 해야 합니다. 마라톤 선수는 42.195km만 뛰는 것이 아닙니다. 연습할 때에는 50km도 뛰고 60km도 뜁니다. 무리가 따르지만 그래야 시합 때에 42.195km를 힘껏 뛸 수 있기 때문입니다. 신앙생활도 평소에 훈련이 중요합니다. 힘이 들어도 봉사하는 훈련, 기도하는 훈련, 예배하는 훈련이 되어야 어떠한 상황에서도 믿음으로 승리할 수 있는 것입니다. 또한 마라톤은 함께 뛰는 사람이 중요합니다. '페이스 메이커'란 영화에 보면 다른 선수를 위해 일정구간만 뛰는 페이스 메이커가 나옵니다. 그런데 그 선수가 1등을 하는 내용을 그린 영화입니다. 함께 뛰는 사람이 페이스를 잘 조절해 주어야 합니다.

우리 신앙생활도 함께하는 신앙의 동지가 중요한 것입니다. 좋은 신앙의 동지를 만나야 나도 좋은 신앙생활을 할 수가 있는 것입니다. 이 종도 좋은 장로님, 좋은 권사님, 집사님들을 만나 여기까지 온 것입니다. 우리는 모두 좋은 신앙의 동지들을 만난 줄로 믿습니다. 하나님께서 여러분을 우리 교회에 사명이 있어 보내주신 것입니다. 그러므로 서로를 사랑하며 축복하며 행복하게 살아가는 성도들이 되시기 바랍니다.

2. 예수를 바라보자고 말씀합니다.

히브리서 전체의 주제가 '예수를 바라보자'입니다. 당시 히브리 출신의 유대인들이 핍박을 받으며 마음에 갈등이 생겼습니다. 유대교를 믿으면 핍박이 없는데 지금 너무나 힘이 드는 것입니다. 그래서 마음이 흔들리는 사람들이 생겼습니다. 이때에 히브리서 기자는 예수를 바라보자고 말씀합니다. '바라본다'는 말이 헬라어에 많이 있는데 '스코푼테스, 타노, 옵타노, 에이도' 등 많습니다. 우리나라에도 '맵다'라는 말을 할 때에도 '매콤하다, 매옴하다, 맵짜다' 등 여러 표현이 있습니다. 한국에 온 한 미국청년이 어떤 할머니에게 질문을 했습니다. "할머니, 빨강을 뭐라고 하죠?", "레드", "그럼 검정은요?", "블랙" 대답을 하다가 할머니가 약간 기분이 상했습니다. '지금 한국사람을 무시하고 이런 질문을 하는구나!' 하고 이 청년에게 질문을 합니다. "이봐 젊은이, 누리끼리를 영어로 뭐라고 하지? 그거 모르면 좀 쉬운 걸로 물을게. 거무틱틱은 뭐라고 하지? 불그리죽죽은? 노루수루무니는 뭐라고 하지?" 한국말은 참 어렵고 표현도 많습니다. 헬라어도 그렇게 표현이 많습니다.

그런데 오늘 성경에 기록된 '바라본다'는 단어가 원어로는 '압호라온테스'인데, 이 단어는 궁수가 과녁을 집중하여 바라보는 것을 의미하는 단어입니다. 영어성경을 보면 "fix our eyes on jesus"라고 번역을 했습니다. 우리의 눈을 예수님께 고정시키자는 뜻입니다. 그러니까 성경 원래의 뜻을 생각하면 그저 바라보는 것으로는 부족합니다. 예수님을 힘을 다하여 바라보아야 합니다. 예수님이 행하신 일을 바라보고, 예수님의 능력을 바라보고, 예수님의 사랑을 바라보고, 예수님의 십자가를 궁수가 과녁을 바라보듯이 바라보셔야 합니다. 우리는 예수님을 바라보며 달려가는 것입니다.

베드로가 풍랑 속에 오시는 예수님을 배에서 보고는 예수님께 "나로 하여금 물 위로 오라 하소서" 하니 예수님께서 "오라" 하십니다. 예수님의 음성을 듣고 베드로는 뛰어 달려 나갔습니다. 지금 물 위로 달려 나간 것입니다. 그런데 출렁이는 시퍼런 물결의 바닷속을 바라보는 순간 두려움이 찾아왔고 물속에 빠져들게 되었습니다. 베드로의 문제는 예수님을 끝까지 바라보지 못했기 때문입니다. 신앙생활 하다가 시험에 빠지는 사람들은 다른 것을 쳐다보았기 때문입니다. 불평하는 사람들도 보면 다른 것을 쳐다보았기 때문입니다. 예수님만 바라보고 십자가를 바라보면 시험에 빠지지 않습니다. 초대교회 성도들은 예수님만 바라보았기 때문에 매를 맞으며 예수 믿고, 형장에 끌려가면서 예수 믿어도 시험에 들지 않았습니다. 예수님을 바라보았기 때문입니다.

사다리를 잘 올라가는 방법은 아래를 쳐다보지 않는 것입니다. 고소공포증이 있는 사람은 아래를 쳐다보는 순간 온몸의 힘이 다 빠져버립니다. 무엇을 바라보느냐가 중요합니다. 하나님은 왜 꿈을 강조하십니까? 사랑하는 사람에게 꿈을 주시고 꿈을 바라보게 하시는 것입니다. 꿈을 바라보는 자는 꿈을 이루기 위해 달려갑니다. 꿈이 없는 사람은 노력할 것도 없는 것입니다. 그런데 세상의 꿈과 믿음의 사람들의 꿈에는 다른 것이 있습니다. 믿음의 사람들은 믿음으로 꿈을 바라본다는 것입니다. 그것은 내 힘으로 이루는 것이 아닙니다. 주님께서 도와주셔야 되고 은혜 주셔야 될 줄로 믿는 것입니다. 그래서 주님은 "네 믿음대로 될지어다"라고 하셨습니다. 우리 성도들은 믿음으로 꿈을 바라보시고 믿음으로 꿈을 이루시기를 바랍니다.

지금 어려운 분들이 있습니까? 궁수가 과녁을 바라보듯이 그렇게 주님을 바라보십시오. 그러면 은혜를 주십니다. 시험들 일이 있습니까? 그때 예수님을 바라보십시오. 불평하지 마십시오. 하늘나라의 소망을 바라보십시오. 우리에게 구름같이 둘러싼 허다한 증인들이 있다고 했습니다. 여러분은 혼자 신앙생활 하는 것이 아닙니다. 구름같이 둘러싼 허다한 증인들이 있습니다. 우리가 힘들어도 감사하며 하나님을 찬송하며 나가는 것을 다 보고 있습니다. 먼저 간 성도들이 다 보고 있는 것입니다. 그리고 우리를 향하여 힘내라고 조금만 더 힘을 내라고 응원하고 있는 것입니다. 그날에 그들이 증언해 줄 것입니다. '아무개 성도는 늘 감사하며 살았습니다. 시험들 일에도 잘 이겼습니다. 그래서 주님의 교회를 은혜롭게 했습니다.' 이런 증언을 듣는 성도들이 되십시다.

3. 마지막이 좋아야 합니다.

처음이 잘못되어도 마지막이 잘되는 것이 복된 것입니다. 이 세상의 모든 것은 마지막이 좋아야 합니다. 좋은 노래는 마지막이 멋있습니다. 끝나는지 마는지 흐지부지하게 끝나면 좋은 노래가 되지 못합니다. 우리 찬양대도 마지막에 소프라노와 테너가 함께 '와' 하고 끝나면 참 은혜가 있습니다. 영화도 좋은 영화가 되기 위해서는 마지막에 감동이 있어야 합니다. 영화를 잘 보다가 "왜 저래?" 하고 끝이 나면 보고 나서도 재미가 없습니다. 건축도 마지막이 잘되어야 합니다. 아무리 기초를 잘 하고 튼튼하게 지었어도 마지막 인테리어 공사를 잘 못하면 건축물이 보기 싫게 됩니다. 사람도 끝이 좋아야 좋은 사람입니다. 처음에 간을 빼줄 듯이 잘하여도 마지막에 안 좋으면 잘못된 만남이 되고 맙니다. 여러분은 우리 교회에서 마지막이 좋은 성도들이 되시기 바랍니다.

성경에 나오는 삼손은 처음에는 아주 좋았습니다. 신분도 좋았고 하나님께 바쳐진 나실인으로 잘 살았습니다. 그런데 마지막에 그는 이방여인을 좋아하다가 하나님께서 주신 그 힘을 이방여인을 위하여 쓰고 하나님의 백성을 위하여 제대로 사용하지도 못하고 불행하게 죽고 맙니다. 가룟 유다도 처음에는 예수님의 제자로 뽑혔습니다. 그런데 돈에 눈이 어두워 마지막에 가장 불행한 사람의 대명사가 되고 말았습니다. 사울 왕과 다윗 왕의 차이점이 무엇입니까? 다윗은 하나님을 바라보았고, 사울 왕은 왕이 된 후 다른 것을 바라본 것입니다. 그 결과가 사무엘하 3장 1절에 "사울의 집과 다윗의 집 사이에 전쟁이 오래매 다윗은 점점 강하여 가고 사울의 집은 점점 약하여 가니라"고 했습니다.

이 사람들의 차이점이 어디에 있다고 생각하십니까? 성격의 문제가 아닙니다. 능력의 문제가 아닙니다. 다른 문제가 아닙니다. 이것은 영적인 문제인 것입니다. 영적으로 주님을 바라보는 사람들은 찬송하고 감사하게 되지만 다른 것을 자꾸 바라보는 사람들은 불평하는 것입니다. 교만하게 되는 것입니다. 죄의 길로 가게 되는 것입니다. 우리는 마지막이 좋아야 합니다. 마지막에 감사해야 합니다. 마지막에 찬송해야 합니다. 마지막에 천국문에 들어가는 자가 되어야 합니다.

이제 12월을 보내고 있습니다. 1월이 좀 시원찮았어도 마무리를 잘하면 됩니다. 이제 남은 날들을 기도하지 못한 것이 있으면 더 기도하시고, 성경 읽으시고, 봉사하지 못했으면 더 봉사하시고, 사랑이 부족했으면 더 사랑하시고, 마무리를 잘하여 금년도를 은혜롭게 마무리하는 성도들이 되십시다.

적용

ⓐ 오늘 말씀의 주제 파악하기

ⓑ 오늘 말씀 중 은혜 받은 부분 나누기

ⓒ 삶에 구체적으로 적용하기

함께 드리는 기도제목

1. 주님의 몸 된 교회에서 좋은 사람들을 만나 행복한 신앙생활을 하게 하옵소서.
2. 힘을 다하여 예수님을 바라보면서 살아가게 하옵소서.
3. 남은 한 달 마무리를 잘하여 금년도를 은혜롭게 마무리하게 하옵소서.

43

말씀대로 내게 이루어지이다

- 본 문: 누가복음 1장 26-38절
- 찬 송: 104장(곧 오소서 임마누엘, 통 104장)
- 요 절: 마리아가 이르되 주의 여종이오니 말씀대로 내게 이루어지이다 하매 천사가 떠나가니라(눅 1:38)

많은 사람들이 성탄을 기다리고 있습니다. 태국 같은 불교국가에서도 성탄절을 축제로 지냅니다. 일본은 기독교인이 1%도 안 되지만 성탄절이 국가적인 축제입니다. 러시아 같은 공산국가에서도 성탄절을 지키고 유럽에서도 성탄절을 지킵니다. 필리핀 같은 열대나라에도 온 거리에 형광트리를 밝혀놓고 성탄을 축하합니다. 성탄절은 전 세계적인 축제일입니다. 그런데 이들이 무엇을 기다릴까요? 사실은 모두가 다 예수님을 기다리는 것은 아닙니다. 어린이들은 부모님이 주실 선물을 기다리고, 사랑하는 연인들도 서로에게 받을 선물을 기대하며 기다립니다. 성탄절 선물 준비를 안 했다가는 큰일 납니다. 예수님의 성탄은 추운 밤 마구간에 오셨는데 오늘의 성탄은 너무 화려합니다. 우리는 오늘 마리아의 이야기를 통해서 진정한 성탄의 의미를 깨닫고자 합니다.

오늘 성경에 나오는 마리아는 가브리엘 천사로부터 "네가 잉태하여 아들을 낳을 것이니 이름을 예수라 하라"는 말씀을 듣습니다. 처녀가 아들을 낳을 것이라니 이것은 하늘이 무너지는 소리였습니다. 처녀가 잉태하면 당시의 율법에 의해 돌에 맞아 죽게 됩니다. 더구나 마리아는 아론의 후손입니다. 제사장의 후손 가운데 이런 일이 있으면 불에 태워 죽게 됩니다. 동정녀가 잉태한다는 것은 있을 수도 없는 이야기이고, 이것이 역사적으로 기독교를 공격하는 표적이 되어 왔습니다. 비과학적이라는 것입니다.

성경에는 동정녀 탄생에 대한 예언의 말씀이 계속해서 기록이 되었습니다. "여자의 후손은 네 머리를 상하게 할 것이요"(창 3:15)라고 하셨습니다. 다윗의 후손에서 메시아가 나올 것임을 말씀하며 "보라 처녀가 잉태하여 아들을 낳을 것이요 그의 이름을 임마누엘이라 하리라"(사 7:14)고 하셨습니다. '임마누엘'이라는 말은 '하나님이 우리와 함께 계신다'는 뜻입니다. "베들레헴 에브라다야 너는 유다 족속 중에 작을지라도 이스라엘을 다스릴 자가 네게서 내게로 나올 것이라 그의 근본은 상고에, 영원에 있느니라"(미 5:2)고 말씀하셨습니다. 이렇게 성경은 수천 년 전부터 예수님께서 동정녀의 몸에서 여자의 후손으로 오실 것을 예언해 놓으셨습니다.

이것은 성령으로 잉태될 것을 말씀하신 것입니다. 다윗의 후손으로 오실 것도 말씀하셨습니다. 요셉은 다윗의 지파입니다. 그 좋은 땅들을 두고 베들레헴에 오실 것도 말씀해 놓으셨습니다. 예수님은 성경의 예언대로 오신 것입니다. 예수님이 오시기 전에는 이 예언의 말씀이 이해할 수 없는 것이었지만, 예수님의 오심으로 다 응답이 되었습니다. 성경은 하나도 틀림이 없는 것입니다. 예수님은 또 스스로를 인자라 하셨습니다. 굳이 인자라 말씀하실 필요가 없으신데 왜 인자라 했습니까? 하나님께서 육신의 몸을 입어 사람의 아들로 이 땅에 오신 것을 말씀하시는 것입니다.

오늘 우리는 동정녀로부터 예수님이 오셨다는 것을 믿기에 이 자리에 모여 예수님의 다시 오심을 기다리고 있는 것입니다. 우리는 대림절 기간을 지나며 예수님의 다시 오심을 기다리는 마음을 새롭게 하고 있습니다. 성탄절의 핵심은 하나님께서 육신의 몸을 입어 이 땅에 찾아오셨다는 것입니다. 그리고 우리의 죄를 사해주시고 승천하셨습니다. 우리는 또다시 이 땅에 찾아오실 하나님을 기다리고 있는 것입니다. 사람들은 내 눈으로 보아야 믿으려 합니다. 사실 우리 육신의 눈이라는 것이 그리 믿을 만한 것이 못됩니다. 사람들은 같은 것을 보고도 서로 다른 것을 보았다고 다툽니다.

예수님의 제자들은 예수님께서 십자가에서 돌아가시는 것을 눈으로 보고 다 실망하여 자기 갈 길로 가버렸습니다. 예수님께서 3일 만에 부활하실 것을 여러 번 말씀하셨지만 다 잊어버렸습니다. 그런데 예수님이 부활하신 후 그 얼굴과 몸을 눈으로 본 다음에 믿게 되었습니다. 도마라는 제자는 "내가 예수님의 손에 난 못 자국을 만져보고 옆구리에 난 창 자국을 만져보기 전에는 믿지 못하겠다"고까지 했습니다. 예수님께서는 도마에게까지 나타나셔서 "도마야, 네 손으로 못 자국을 만져보고 옆구리에 창 자국을 만져보아라" 말씀하셨습니다. 그리고 "너는 나를 본 고로 믿느냐? 보지 못하고 믿는 자들이 복되도다" 말씀하셨습니다. 히브리서 11장에서도 "믿음은 바라는 것들의 실상이요 보이지 않는 것들의 증거니"라고 하셨습니다. 내 육신의 눈에 보이지 않아도 믿는 것이 믿음이라는 말씀입니다.

사람들이 진화론을 왜 믿느냐 하면 교과서에 실렸기 때문에 믿습니다. 그런데 그동안 교과서에서 진화론의 내용이 얼마나 많이 바뀌었는지는 잘 모릅니다. 제일 많이 바뀌는 것이 과학교과서입니다. 진화론을 보니 기린은 높은 곳에 있는 나뭇잎을 먹기 위해 고개를 빼다보니 목이 길어졌다고 했습니다. 그러면 다른 동물들은 높은 곳에 있는 나뭇잎이나 열매를 안 먹고 싶어서 목이 짧습니까? 기린만큼은 못 따라가도 중간은 따라가야 할 것 아닙니까? 새는 또 어떻습니까? 날고 싶지 않은 동물이 어디 있습니까? 손이 문어처럼 여러 개 되면 얼마나 편하겠습니까? 손이 네 개나 여섯 개쯤 되면 두 손으로 상대방을 붙잡고 나머지 손으로 공격하면 천하무적인 것입니다. 진화론대로 말한다면 손이 몇 개인 포유류가 나와야 정상입니다. 사람들은 하나님을 부정하려고 하니 진화론을 믿고 싶어 합니다.

여러분, 예수님이 믿어지는 것이 은혜입니다. 은혜는 저절로 주어지는 것이 은혜입니다. 억지로 하려고 노력해도 안 되는 것이 은혜입니다.

1. 마리아는 은혜를 받은 자입니다.

"은혜를 받은 자여 평안할지어다 주께서 너와 함께하시도다"(눅 1:28)라고 하셨습니다. "주께서 너와 함께하신다"는 말은 '이미 하나님께서 성령으로 너에게 임하셨다'는 말입니다. 마리아는 은혜를 입은 자입니다. 우리는 '은혜를 주시옵소서' 하고 기도하는데, 은혜는 모든 것이 형통하는 것으로 생각을 합니다. 그런데 마리아에게 은혜가 임하고 나서 마음의 고통이 시작되었습니다. 다윗도 은혜를 입은 자입니다. 하나님께서 목동 다윗에게 찾아오신 것이 은혜입니다. 사무엘 선지자를 통하여 기름을 부어주셨습니다. 다윗이 선택한 것이 아닙니다. 하나님께서 선택하신 것입니다.

은혜가 임하고 나서 다윗에게 형통한 일이 생긴 것이 아닙니다. 고통스런 일이 많이 일어났습니다. 요셉도 꿈을 꾸게 된 것이 하나님의 은혜였습니다. 그런데 그 꿈 이후에 어려운 일들이 계속해서 일어났습니다. 그런데 하나님께서 주시는 은혜는 결국은 해피엔딩입니다. 마리아는 은혜를 입어 성모마리아가 되었습니다. 다윗은 은혜를 입고 목동에서 왕이 되었습니다. 요셉은 은혜를 입고 목동에서 애굽의 총리에 올랐습니다. 여리고 성의 기생 라합도 그의 인생이 기구했지만 이스라엘 정탐꾼을 도왔습니다. 그리고 은혜를 입고 나서 예수님의 족보에 오르는 이방여인이 되었습니다. 룻도 그렇습니다. 남편이 죽고 불쌍한 인생이었지만 시어머니의 신앙을 좇아 예루살렘에 오고 나서 은혜를 입었습니다. 유지인 보아스의 아내가 되었고 예수님의 족보에 오르는 두 이방여인 중의 한 사람이 되었습니다.

마리아도 특별한 여인이 아니었습니다. 유다의 중심지인 예루살렘에 사는 여인도 아니었습니다. 예루살렘으로부터 300리나 떨어진 나사렛이라는 시골에 사는 여인이었습니다. 가난한 사람들이 모여 사는 갈릴리 주변입니다. 지금은 마리아 그러면 굉장히 고상한 이름 같지만, 당시에 마리아는 우리나라의 영이, 순이처럼 흔한 이름이었습니다. 공부를 특별히 많이 한 것도 아니었습니다. 그의 인물이 뛰어난 것도 아닙니다. 성경에는 그런 이야기가 한 줄도 없습니다. 성경에 마리아에 대한 과거의 이야기가 한 마디도 없고, 기적이나 특별한 이야기를 기록하지 않은 것은 사람을 우상화하지 말라는 것입니다.

그런데 하나님의 은혜를 입었습니다. 왜요? 마리아는 은혜 받을 아름다운 마음과 믿음과 순종이 있었기 때문입니다. 여러분, 우리가 은혜를 입은 것이 그런 것입니다. 은혜를 입으면 이름이 없던 사람도 복된 이름이 됩니다. 은혜를 입으면 라합 같은 기생도 복된 인생이 되고, 혼자 된 이도 룻과 같이 행복한 가정을 이루게 되는 것입니다. 은혜를 사모하시기 바랍니다. 그러면 해피엔딩이 되는 것입니다. 신앙생활하면서도 "나는 오늘 은혜 받아야 되겠다" 기도하고 나오셔야 합니다. "나는 오늘 나쁜 이야기는 한 마디도 하지 않겠다" 결심하고 나오셔야 합니다.

어떤 사람은 모든 것을 은혜로 보지 못하고 비판적으로 봅니다. 그러니 그 마음이 배배 꼬여 있는 것입니다. 교회에 나와 은혜를 받으려면 은혜 받을 그릇이 준비되어야 합니다. 그래야 하나님께서 그 그릇에 은혜를 부어주십니다. 예수님을 다 좋게 본 것이 아닙니다. 예수님을 따르던 많은 사람들이 있었지만 나쁘게 보는 유대인들이 있었습니다. 이들은 자기도 구원을 못 받고 이스라엘 백성들과 후손들에게 고통을 주었습니다. 모세를 다 좋게 본 것이 아닙니다. 모세를 따르던 백성들이 많았지만 모세를 미워하는 사람들도 있었습니다. 그래서 이들 때문에 이스라엘 백성들이 오랜 세월 고통을 당해야 했습니다.

여러분, 하나님께서 여러분에게 주신 것을 다 은혜로 보면 행복해지는 것입니다. 은혜를 깨달으면 항상 해피엔딩이 됩니다. 지금 잘되는 것이 중요한 것이 아닙니다. 말년이 불행하면 그것이 불행한 것입니다. 나는 잘되었는데 내 자녀가 망하면 그것은 불행한 것입니다. 아버지보다 자녀가 더 잘되는 것이 복된 것입니다. 아버지가 집사였는데 자녀가 믿음생활 잘하여 장로가 되면 그것이 복된 것입니다. 마리아는 은혜 받은 여인입니다. 그녀는 한때 사랑하는 아들을 십자가에 못 박는 것을 보고 고통스러워했지만 마지막이 잘되었습니다. 부활하신 예수님을 만나는 기쁨을 누렸습니다. 승천하시는 예수님을 보았습니다. 그리고 천국을 소망하며 살았고 오늘 전 세계 기독교인이 사랑하는 성모 마리아가 되었습니다. 여러분은 모두 은혜 받은 자인 줄로 믿습니다. 그 은혜가 날마다 더 풍성해지기를 바랍니다.

2. 마리아는 순종하는 믿음이 있었습니다.

남자를 한 번도 가까이 한 일이 없었지만 "네가 잉태하여 아들을 낳으리니 그 이름을 예수라 하라"(눅 1:31)는 음성을 듣고 믿었습니다. 지금 마리아가 듣고 있는 말씀이 어마어마한 말씀입니다. "그가 큰 자가 된다. 하나님의 아들이라 사람들에게 불려질 것이다. 다윗의 왕위를 그에게 줄 것이다" 하는 이야기를 듣고 어린 마리아는 까무러치게 놀랐을 것입니다. 역사가 요세푸스에 의하면 이 당시 마리아의 나이는 15세쯤으로 보고 있습니다. 요즘 중학생 정도 되는 나이입니다. 하나님의 아들이 나를 통해 세상에 올 것이고, 그 아들이 왕이 될 것이라는 이야기는 천기누설입니다. 누구에게도 할 수 없는 이야기입니다. 지금 이스라엘은 헤롯 왕이 통치하고 있습니다. 그런데 새로운 왕이 온다니 이것은 죽을 일입니다.

실제로 헤롯은 동방박사의 방문을 받고 나서 온 이스라엘의 남자 아기들을 다 죽였습니다. 이 땅에 왕이 오셨다고 하니 그 싹을 미리 자른 것입니다. 이 엄청난 일을 지금 시골에서 자란 한 여인이 듣고 있는 것입니다. 마리아는 지금 이 이야기가 무엇을 의미하는지 다 알고 있습니다. 처녀가 잉태하면 죽는 것입니다. 부모로부터 이런 율법교육은 수없이 받아왔습니다. 그래서 두려워 떨고 있는 것입니다. 그런데 천사가 "대저 하나님의 모든 말씀은 능하지 못하심이 없느니라"(눅 1:37)고 말하자 알겠습니다. "주의 여종이오니 말씀대로 내게 이루어지이다"(눅 1:38)라고 대답합니다. 하나님의 말씀이니 나는 죽겠다는 말입니다.

여러분, 하나님께서 마리아를 그저 택하신 것이 아닙니다. 하나님의 말씀이 임할 때에 "내가 죽을지라도 순종하겠습니다" 하는 믿음이 있었습니다. 오늘 말씀 바로 앞에 보면 제사장 사가랴는 천사로부터 부인에게 세례 요한이 잉태될 것임을 들었습니다. 그런데 사가랴는 믿지 않았습니다. 내가 늙어서 이제는 아기를 낳을 수 없는데 하고 육신의 눈으로 바라보았습니다. 하나님의 말씀의 능력을 믿지 못했습니다. 제사장도 못 믿는데 지금 처녀 마리아는 하나님의 말씀이니 다 이루어질 것이라는 믿음이 있었고 순종이 있었습니다.

믿음이 귀하면 순종이 저절로 따라 나오는 것입니다. 아무리 "주여 주여" 하여도 순종하지 않으면 그 믿음은 가짜입니다. 반짝인다고 다 금은 아닙니다. 교회 다닌다고 다 믿음이 있는 것은 아닙니다. 믿음은 내가 죽을지라도 하나님의 말씀대로 이루어질 것을 믿는 것입니다. 믿음이 없으면 작은 것에도 흔들립니다. 시험에 듭니다. 불평합니다. 우리는 이때에 다른 것을 말하지 말고 나의 믿음을 먼저 점검해 보아야 하는 것입니다.

오늘의 한국교회의 위기는 하나님의 말씀에 순종하지 않는 데서 시작이 되는 것입니다. 매일같이 언론에 나오는 이야기들이 우리를 부끄럽게 합니다. 목사님이 왜 그 많은 돈을 가지고 있어야 합니까? 그 많은 돈이 있으면 빨리 복음 전하는 일에 쓰고 어려운 교회 돕는 데 써야지 왜 돈 때문에 주님의 얼굴을 부끄럽게 만듭니까? 왜 부자세습의 이야기가 나옵니까? 옛날에 아버지를 이어 목회를 하는 것은, 어려운 교회를 공부 많이 한 목사님 아들이 다른 교회 가지 않고 맡아 교회를 부흥시키기 위한 것이었는데 지금은 그런 것이 아닙니다. 한국교회가 원하는 것이 아닙니다. 북한의 부자세습과 다를 바 있습니까? 한국교회 전체가 나락으로 떨어지게 되는 것입니다. 예수님이 다시 오실 대림절을 맞이하며 우리는 먼저 자신을 정결하게 해야 합니다.

성도들도 마찬가지입니다. 헛된 명예, 헛된 교만, 헛된 욕심을 버려야 합니다. 세상 사람들과 똑같이 생각하고, 똑같이 행동하고 똑같은 목표를 가져서는 안 됩니다. 기독교계에서도 무슨 장 하면 부회장들은 열 명씩 되고, 앞자리 앉고 이런 한국교회가 되어서는 안 됩니다. 이 종이 무슨 대회에 안 가려고 하는 이유가 우리 주님이 앉으실 자리에 앉고 싶지 않은 것입니다. 시골에서 목회할 때에도 제가 무슨 회장이다 해서 앞자리에 배정을 해놓습니다. 천여 명의 성도들은 차가운 콘크리트 바닥에 앉아있는데 앞에 의자에 앉아 있을 자신이 없었습니다. 그래서 한 번도 일찍 간 적이 없습니다. 늦게 가서 뒷자리에 신문을 깔고 앉아 고개를 숙이고 연합예배를 드렸습니다. 그랬더니 하나님께서 계속 높여 주셨습니다.

높은 자리 좋아하면 안 됩니다. 교회는 모두가 낮아지는 자리입니다. 모두가 섬기는 자리로 가야 합니다. 예수님처럼 마구간으로 가야 합니다. 이것이 대림절을 맞이하는 은혜의 모습입니다. 우리 교회 성도님들께 가끔 "주차장 봉사해 주십시오. 식당 맡아주십시오" 하고 불러서 부탁하는 경우가 있습니다. 이분은 이런 부탁을 드려도 '말씀대로 순종하겠습니다' 대답할 줄로 믿기 때문에 부탁하는 것입니다. 믿음은 가장 귀한 보배입니다. 믿음은 우리를 죄에서 구원하는 능력입니다. 믿음은 주님을 기쁘시게 하는 산 제물입니다.

성도 여러분, 대림절을 맞이하며 성탄절을 기다리는 우리의 모습이 마리아의 모습이기를 원합니다. '내가 은혜를 입었으니 주님의 말씀이 나를 통해 이 교회에 이루어지기를 원합니다'라고 고백하고 마리아처럼 큰 축복을 받는 성도들이 되십시다.

적 용

ⓐ 오늘 말씀의 주제 파악하기

ⓑ 오늘 말씀 중 은혜 받은 부분 나누기

ⓒ 삶에 구체적으로 적용하기

함께 드리는 기도제목

1. 주신 은혜를 받고 그 은혜가 날마다 더 풍성해지게 하옵소서.
2. 마리아처럼 하나님의 말씀에 철저히 순종하게 하옵소서.
3. 주님을 기쁘시게 하는 생활을 통해 마리아처럼 큰 축복을 받게 하옵소서.

44

예수님께 경배한 사람들

• 본 문: 마태복음 2장 9–12절
• 찬 송: 116장(동방에서 박사들, 통 116장)
• 요 절: 집에 들어가 아기와 그의 어머니 마리아가 함께 있는 것을 보고 엎드려 아기께 경배하고 보배합을 열어 황금과 유향과 몰약을 예물로 드리니라(마 2:11)

성탄절은 지구상의 가장 큰 절기입니다. 국가와 인종을 넘어서 지구상의 많은 사람들이 성탄을 기다립니다. 성탄절이 축제가 된 것은 325년 니케아회의 이후입니다. 성탄절이 언제인가에 대한 여러 가지 주장이 있었지만, 이때부터 12월 25일을 예수님이 탄생하신 날로 정하고 성탄의 예배를 드리기 시작했습니다. 처음의 성탄은 예수님께 예배드리기 위한 것이었습니다. 크리스마스라는 말은 그리스도께 예배한다는 말입니다. 오늘처럼 선물을 하고, 외식을 하고, 온 거리가 반짝거리는 그런 크리스마스가 아니었습니다. 성탄절을 이용해 물건을 많이 팔겠다는 상업주의가 오늘의 성탄을 떠들썩하게 만들었습니다.

우리는 성탄절을 기다리며 성탄의 본래 의미인 예수님께 예배드리기 위한 정신을 회복해야 할 것입니다. 무엇을 예배할 것입니까? 우리의 죄를 사해주시기 위해 이 땅에 찾아오신 예수님께 감사하고,

다시 오실 예수님을 기다리는 예배여야 하는 것입니다. 성탄절의 중심이 헌금을 드리고 축제를 하는 절기만이 아니라는 것입니다. 우리 교회는 교회의 교회다움을 회복하기 위해 늘 노력합니다. 그래서 성탄절 헌금은 모두 어려운 이웃을 향한 구제비 항목으로 사용하고 있습니다. 2천 년 전 예수님은 소외되고 가난했던 들판에서 양치는 목자들에게 오셨고, 예수님을 사모하며 먼 동방에서 찾아온 동방박사들에게 먼저 나타나셨던 것처럼, 오늘도 예수님이 오셔서 우리에게 평안과 안식을 주시길 간절히 사모하는 이웃들에게 이 예물이 목적 있게 사용되어야 한다는 것입니다.

여러분의 성탄 예물이 어려운 이웃들에게 전해져 예수님의 오심이 기쁨이 되고, 위로가 되기를 원합니다. 우리 교회는 늘 주는 교회가 되기를 원합니다. 빛이 되는 교회, 소금이 되는 교회가 되기를 원합니다. 병들고 가난하고 상처 입은 이들의 마음을 진정으로 위로하고 함께 아파하는 그리스도인들이 되기를 원합니다. 북녘 땅의 고통 속에 있는 동포들, 이슬람 지역에서 오늘도 예수 믿다가 돌에 맞고, 불에 태워지고 순교하는 성도들, 세월호로 자녀를 잃고 인양되지 못한 채 또 한 해를 지나가는 부모들의 마음을 위해 진정으로 기도하는 그리스도인이 되어야 합니다. 다른 사람들이 조선동포를 함부로 말해도 그들의 아픔을 함께 아파하고, 쉴 곳을 찾아 헤매는 노숙자들과 이 추운 겨울을 함께 보내려 하는 그리스도인들이 되어야 합니다. 예수님이 그런 사람들 속에 찾아오셨기 때문입니다. 추운 성탄의 계절에 세상을 향하여 따뜻한 손을 내미는 여러분의 마음이 될 수 있기를 바랍니다.

오늘 말씀에 동방의 박사들이 예루살렘 성을 찾아왔습니다. 찬송가에 나오는 가사처럼 수천 리 길을 산을 넘고 물을 건너 별을 따라왔습니다. 어디로 가는지 알 수가 없었습니다. 별이 산을 넘어가면 함께 산을 넘어야 했습니다. 별이 강을 지나면 배를 구하여 타고 따라가야 했습니다. 맹수의 위험과 강도의 위험, 배고픔과 추위를 참으며 예루살렘까지 온 것입니다. 왜 이들은 별을 따라왔습니까? 이들은 별을 연구하는 학자들입니다.

그런데 이상하고 신기한 별이 나타나 천천히 움직이니 그 별을 보고 따라온 것입니다. 이들은 이 별이 왕이 태어남을 예고하는 것이라 믿었습니다. 왕이 태어나든 말든 나와는 관계가 없다고 생각하지 않았습니다. 이 별이 무엇인가 특별히 의미하는 것이 있다고 이들은 생각했고 열정을 가지고 따라왔습니다. 별이 어떻게 계속해서 천천히 움직입니까? 조금씩 조금씩 이들의 길을 인도할 수 있습니까? 그러니까 신기한 별입니다. '하나님께서는 왜 별을 통해 예수님의 탄생을 알려주셨을까?'를 생각하면 참 신비합니다.

별은 하나님의 걸작품입니다. 우리가 우주에 대해 알아가면 알아갈수록 점점 더 신비한 것이 많습니다. 우리는 태양의 열로 살아가고 있는데 태양보다도 몇천만 배 더 큰 태양들이 수없이 많습니다. 태양도 하나의 별입니다. '루시'라고 불리는 별은 지구보다 약간 작은데 다이아몬드로 구성되어 있다고 합니다. 그거 가져오면 지구상의 다이아몬드 값은 폭락할 것입니다. 별은 셀 수 없을 정도로 많습니다. 옛날 온 가족이 돗자리를 깔고 누워 밤하늘의 별을 바라보면 참 신비했습니다. 별을 함께 바라보며 가족 간의 따뜻한 대화가 있었습니다. 그런데 현대인들은 별을 볼 여유가 없습니다. 집에 가족이 모이면 서로 다른 것을 바라봅니다. 텔레비전을 보고, 컴퓨터를 보고, 휴대폰을 들여다봅니다. 서울의 하늘은 오염되어 별도 잘 보이지 않습니다. 우리는 오늘 별을 바라보며 하늘의 신비를 생각할 여유를 가져야 합니다.

하나님께서는 아브라함에게 '하늘의 별을 보라 내가 네 자손을 하늘의 별과 같이 많게 하겠다'고 복을 약속해 주셨습니다. 그 다음부터 아브라함은 하늘의 별을 보며 소망을 가졌을 것입니다. 하나님의 약속을 되새겼을 것입니다. 오늘 우리에게는 별이 희미해지고 별이 사라져갑니다. 하늘의 별을 보면서도 주님이 오셨던 그날 밤을 생각하고, 아브라함에게 주셨던 축복을 생각하고 나에게 오실 예수님을 생생하게 생각해야 하는 것입니다. 예수님의 탄생에 나타난 별의 이야기를 생각하며 하늘의 별을 믿음으로 바라보는 성도들이 되시기를 바랍니다.

하나님께서는 크고 환한 별을 동방박사들에게 보여주셨습니다. 그런데 이들이 별을 따라 예루살렘 인근에 왔을 때 갑자기 별이 사라져 버렸습니다. 이들은 왕은 당연히 왕궁에 태어나야 할 것으로 생각하고 예루살렘 성에 들어가 "유대인의 왕으로 오신 이가 어디 계십니까?" 하고 물었습니다. 그러자 성 안에 큰 소동이 일어났습니다. 가장 놀란 사람은 헤롯 왕입니다. 내가 지금 왕인데 왕이 태어났으면 내가 죽는 것을 의미하는 것입니다. 새로운 왕은 옛 왕을 죽이고 왕으로 등극합니다. 그래서 헤롯은 모든 대제사장과 백성의 서기관들을 모아 "그리스도가 어디서 나겠느냐?"고 묻습니다.

동방박사들에게는 "가서 아기에 대하여 자세히 알아보고 찾거든 내게 고하여 나도 가서 그에게 경배하게 하라"고 말합니다. 이 말은 어디에서 왕이 났는지 알아보고 죽이겠다는 것입니다. 헤롯은 예루살렘 성전을 건축한 왕입니다. 하나님께 예배드리기 위하여 성전을 지은 것이 아니라 유대인들의 환심을 사기 위해 성전을 지었습니다. 성전이 무엇 하는 곳입니까? 하나님께 예배드리는 곳입니다. 성전을 지은 자였지만 그는 오시는 예수님을 예배할 마음이 없었습니다. 대제사장과 서기관들도 성경을 통해 메시아가 오실 것임을 잘 알고 있었습니다. 그런데 그들은 예수님이 오심을 기대하지 않았습니다. 정말로 기대하였더라면 그 동방박사들을 따라나섰어야 했습니다. 내가 먼저 가서 오시는 메시아를 경배해야겠다고 생각하는 것이 당연하지 않습니까? 그런데 이들에게는 그런 열정이 없었습니다.

헤롯이 불렀던 대제사장들, 서기관들은 권력에 밀착한 사람들이었습니다. 이들은 지금이 너무 좋았던 것입니다. 그래서 예수님이 오신다는 이야기를 듣고도 믿지도 않았고 따라나서지도 않았던 것입니다. 동방박사들의 수천 리 길을 인도한 별이 왜 갑자기 예루살렘에서 사라집니까? 이것은 이들로 하여금 왕궁에 들어가게 하시는 섭리입니다. 이들을 통해 이스라엘에게 메시지를 주시는 것입니다. 하나님은 산을 넘고 물을 건너 예수님을 찾으러 오는 열정을 가진 동방박사들을 통해 예수님을 보여주시고 유대인들에게 부끄러움을 준 것입니다.

오늘의 종교인들도 예수님의 오심을 기다리고 있지 않는 사람들이 많습니다. 예수님의 오심을 사모하고 기다린다면 예수님을 준비하는 삶을 살아야 맞습니다. 그런데 엉뚱한 것을 쫓아다니는 종교인들이 많습니다. 주님의 오심을 사모하고 준비하고 기다리지 않는 사람들은 그날에 부끄러움을 당하게 될 것입니다. 예수님께서는 이에 대해 비유의 말씀을 주셨습니다.

"그때에 두 사람이 밭에 있으매 한 사람은 데려가고 한 사람은 버려둠을 당할 것이요 두 여자가 맷돌질을 하고 있으매 한 사람은 데려가고 한 사람은 버려둠을 당할 것이니라 그러므로 깨어 있으라 어느 날에 너희 주가 임할는지 너희가 알지 못함이니라"(마 24:40-42)고 말씀하셨습니다. 더디 오리라 생각하고 놀던 자들은 슬피 울며 이를 갊이 있을 것이라고 하셨습니다. 성도 여러분, 주님의 오심을 사모하고, 준비하고, 기다리는 대림절이 되시기를 바랍니다.

오늘 동방박사들은 다시 별의 인도를 따라 아기 예수가 계신 마구간에 도착하게 되었습니다. 지금까지 수천 리 길을 낙타를 타고 산을 넘고 물을 건너 배고픔과 추위를 이겨내며 달려온 보람을 느끼고 감격하게 되었을 것입니다. 그래서 이들은 기뻐하고 기뻐하였다고 했습니다. 이 말씀을 들으며 우리 모두가 성탄의 메시지를 들으며 기뻐하고 또 기뻐할 수 있기를 바랍니다. 그리고 주님께 경배하는 예배가 되시기를 바랍니다. 동방박사 세 사람은 예수님께 엎드려 경배했습니다. 이제 소원이 이루어진 것입니다.

경배란 꿇어 엎드리는 것을 말하는데 최고의 존경을 나타냅니다. 경배하면 무릎을 꿇고 머리를 숙여 엎드립니다. 전쟁에 패하면 적의 장수나 왕이 나와 엎드립니다. 고개를 숙이고 있습니다. 이것은 '나는 이제 당신의 종입니다. 내 목이 당신 앞에 있으니 용서해 주시든지 치시든지 처분대로 따르겠습니다' 하는 의미입니다. 여러분, 경배는 예배의 핵심입니다. "나는 당신 앞에 아무것도 아닙니다. 당신이 말씀하시는 대로 따르겠습니다" 하는 의미입니다. 예배의 자세가 여기에 있습니다. 우리는 마음으로 무릎을 꿇는 것입니다. '하나님께서 말씀하시면 다 순종하겠습니다' 하는 마음으로 예배드려야 하는 것입니다.

교만한 사람은 목이 뻣뻣합니다. 경배하지 못합니다. 예배드리면서도 하나님 앞에 엎드리지 못합니다. '내가 이런 사람인데' 하는 사람은 경배하지 못합니다. 교회가 내 생각대로 이래야 한다고 교회가 틀렸다고 늘 말하는 사람이 있습니다. 그런 사람을 보면 참 불쌍하고 안타깝습니다. 교회를 바라보면 가슴이 뭉클해야 합니다. 감사한 마음이 솟아나야 합니다. 하나님께서 이 교회를 통해 나에게 영적인 양식을 주시고, 나의 영혼을 지켜주시고 복을 주시기 때문입니다. 이런 사람은 찬송을 불러도 감동이 됩니다. 말씀을 들어도 다 아멘이 됩니다. 그러니까 예배가 경배가 되는 것입니다.

동방박사들은 예수님께 경배하며 준비한 예물을 드렸습니다. 황금과 유향과 몰약입니다. 첫 번째 예물인 황금은 예로부터 왕들이 사용하는 옷이나 기구에 사용이 되었습니다. 황금은 왕의 권위를 상징하는 예물입니다. 고대인들은 왕을 알현할 때 황금을 드렸습니다. 이 황금은 이 땅에 만왕의 왕이요 만주의 주이신 예수님께 드린 예물입니다. 두 번째 예물인 유향은 우리로 말하면 송진입니다. 제단 위에서 태우는 향기로운 송진으로 예배에 드려졌습니다. 황금에 비하면 그리 비싼 것도 아닙니다. 좋은 것도 많이 있을 텐데 왜 유향을 준비했을까요? 그것은 이 땅에 희생제물로 찾아오신 예수님을 위한 것이었습니다. 유향을 드린 것은 희생의 제물로 드려질 예수님을 상징하는 것입니다.

세 번째 예물인 몰약은 콤미포라 뮈르하(commiphora myrrha) 나무에서 나오는 진액인데, 시체가 썩지 않도록 사용하는 방부제입니다. 예수님이 십자가에서 돌아가셨을 때에 니고데모는 몰약을 가지고 와서 예수님의 장사를 지냈습니다. 어린 아기 예수님께 왜 몰약이 필요했을까요? 이것은 십자가 대속을 위해 찾아오신 예수님을 의미하는 예물인 것입니다. '왜 이들이 많은 선물 가운데 이 세 가지 예물을 준비했을까?' 하는 마음이 듭니다. 하나님께서 이들의 마음을 감동시키신 것입니다. 우리가 하나님께 쓰임을 받게 되면 성령님께서 우리의 마음과 생각을 인도해 주십니다. 그래서 예물을 드려도 하나님께서 원하시는 예물을 드리는 것입니다.

우리 성도들 가운데 귀한 예물을 드리는 성도들이 있습니다. 모두가 마음과 정성을 모아 예물을 드리지만 특별한 감동으로 드리는 분들이 있습니다. 결혼 예물을 가져와 드리는 분도 있습니다. 노후에 살 돈을 정리한 것을 성전건축을 위해 다 드린 분도 있습니다. 그 돈을 자식들에게 나누어 주면 큰 사랑을 받을 것입니다. 회사를 경영하시는 어떤 분은 마음에 작정한 예물을 드리기 위해 아직 많이 남은 기간의 퇴직금까지 미리 다 정산하여 회사에서 받아 건축 예물로 드린 분도 있습니다. 돈이 많아서 그런 것이 아닙니다. 성령님의 감동이 없으면 안 되는 일입니다. 그러므로 예물을 드리는 마음이 이미 축복을 받은 것입니다.

동방박사의 예물은 예수님을 위해 정확하게 예비된 예물이었습니다. 성령님께서 감동해 주셨으니 그런 것입니다. 오늘 우리가 성탄절을 맞이하며 하나님께 드려야 할 예물이 무엇입니까? 예수님의 초림은 십자가의 대속을 위해 찾아오셨습니다. 이때에 동방박사는 세 가지 예물을 드렸습니다. 예수님의 재림은 심판주로 오십니다. 이때에 우리가 준비할 예물이 무엇입니까? "그러므로 형제들아 내가 하나님의 모든 자비하심으로 너희를 권하노니 너희 몸을 하나님이 기뻐하시는 거룩한 산 제물로 드리라 이는 너희가 드릴 영적 예배니라"(롬 12:1). 하나님께서 가장 기뻐하시는 예물은 여러분 자신입니다.

명절에 부모님을 찾아뵈러 가면 선물을 가지고 갑니다. 뒷집 철수도 아이들의 손을 붙잡고 찾아오고 옆집 민수도 아내와 함께 찾아오는데 정작 내 보고 싶은 아들은 오지 않습니다. 동구 밖을 하염없이 쳐다보며 기다리는데 택배회사에서 선물만 왔습니다. 그 안에는 아들의 편지가 쓰여 있습니다. "아버지 올해는 바빠서 못 가고 다음에 가겠습니다." 이때에 아버지의 얼굴이 어두워지는 것입니다. 선물을 기다린 것이 아닙니다. 아들의 얼굴을 보고 싶은 것입니다. 여러분, 우리 아버지 하나님께서 그렇습니다. 우리 몸으로 드리는 산 제사를 기뻐하십니다. 여러분의 얼굴을 보고 싶은 것입니다.

이제 성탄절이 다가왔습니다. 이스라엘에 그 수많은 정치인들과 종교인들이 있었지만 멀리서 찾아온 이방인 동방박사 세 사람만이 마구간의 예수님을 찾아왔습니다. 여러분은 이 성탄에 마구간을 찾아오시기 바랍니다. 다른 곳은 못 가더라도 주님이 탄생하신 날을 잊지 않아야 합니다. 여러분은 무슨 예물을 준비하시겠습니까? 성령님의 감동으로 여러분의 몸을 산 제사로 정결하게 드리시기 바랍니다. 신랑 되신 예수께서 강림하실 때 흰옷을 준비해야 합니다. 여러분의 마음이 정결해야 합니다. 겸손해야 합니다. 주님의 오심을 사모해야 합니다. 그래야 다시 오시는 주님을 만나고 엎드려 경배할 수 있습니다. 우리 성도들은 모두가 다시 오실 주님을 기쁨으로 만나 경배하는 정결한 성도들이 되십시다.

적 용

ⓐ 오늘 말씀의 주제 파악하기

ⓑ 오늘 말씀 중 은혜 받은 부분 나누기

ⓒ 삶에 구체적으로 적용하기

함께 드리는 기도제목

1. 성탄의 계절에 세상을 향하여 따뜻한 손을 내밀 수 있는 믿음을 주옵소서.
2. 주님의 오심을 사모하고, 준비하고, 기다리는 대림절이 되게 하옵소서.
3. 다시 오실 주님을 기쁨으로 만나 경배하는 정결한 성도가 되게 하옵소서.

45

세월을 아끼라

- 본 문: 에베소서 5장 15–17절
- 찬 송: 301장(지금까지 지내온 것, 통 460장)
- 요 절: 그런즉 너희가 어떻게 행할지를 자세히 주의하여 지혜 없는 자 같이 하지 말고 오직 지혜 있는 자같이 하여 세월을 아끼라 때가 악하니라(엡 5:15–16)

금년도 마지막 주일입니다. 한 해의 마지막 주일을 하나님 앞에 나와 예배드리는 여러분을 주님의 이름으로 축복합니다. 세월이 참 빠릅니다. 새해 출발이 엊그제 같았는데 벌써 마지막 주일을 맞이하게 됩니다. 모세는 120년을 살았는데 인생을 "그들은 잠깐 자는 것 같으며 아침에 돋는 풀 같으니이다 풀은 아침에 꽃이 피어 자라다가 저녁에는 시들어 마르나이다"(시 90:5-6)라고 고백했습니다. 잠깐 자는 것 같은 것이 인생입니다. 아침에 돋는 풀이 저녁에는 시들어 마르는 것이 인생입니다. 내가 인생의 꿈을 꾸고 애를 쓰는 때가 엊그제 같은데 은퇴할 나이가 되어 있는 것이 인생입니다. 그래서 정신 차리고 살아야 합니다. 그저 하루하루 되는대로 살아가다 보면 하나님께서 나에게 주신 세월이 다 지나가고 마는 것입니다.

하나님께서는 우리 모두에게 하루 24시간을 주셨는데 다 똑같이 사용하는 것은 아닙니다. 24시간을 허비하며 사는 사람도 있고, 충성스럽게 사용하는 사람도 있습니다. 성경은 우리 인생이 70이요 강건하면 80이라고 했습니다. 수천 년 전이나 지금이나 비슷합니다. 그런데 70이면 70년을 내가 다 사용한 것입니까? 70년을 살면 하루 8시간을 잔다고 할 때 20년은 잠자는 데 사용합니다. 식사하는 데만 3년을 사용합니다. 컴퓨터, 텔레비전 보는 데도 하루에 두세 시간을 사용하면 10년을 사용하는 것입니다. 이것저것 제하고 나면 우리 인생에 남는 시간이 별로 없습니다.

하나님께서 주신 시간을 가정의 화목을 위해서 사용하고, 다른 사람들에게 위로를 주는 데 사용하고, 복음 전하는 데 사용하고, 하나님께 가까이 가는 데 사용하는 시간이 실제로 많지 않습니다. 그래서 성경은 "세월을 아끼라"고 하셨습니다. 사람들은 소중한 것을 아낍니다. 보석을 소중하게 여기는 사람은 보석을 아끼고, 자녀를 소중하게 생각하는 사람은 자녀를 아낍니다. 그런데 성경은 "세월을 아끼라"고 말씀합니다. "세월을 아끼라"는 말은 잠도 두 시간만 자고, 걷지 말고 뛰고, 식사시간도 아끼고 그러라는 말이 아닙니다. 세월에는 책임이 있다는 말입니다. 그래서 세월을 아끼고 시간을 잘 사용해야 합니다.

성경에 나오는 시간 개념은 '카이로스'와 '크로노스'가 있습니다. 카이로스는 하나님의 시간 개념입니다. 이스라엘 백성들이 해방의 은총을 입었음에도 불평하다가 광야에서 40년을 보냈습니다. 이것은 인간의 시간 크로노스입니다. 그런데 하나님의 시간으로 보면 그것이 하루가 될 수도 있고 400년이 될 수도 있습니다. 오늘 "세월을 아끼라"고 할 때는 카이로스, 즉 하나님의 시간을 아끼라는 말씀입니다. 하나님께서 주신 시간을 잘 사용해야 합니다. 누가 여러분에게 돈을 달라고 해도 쉽게 주지 않습니다. 잘 빌려주지도 않습니다. 아끼기 때문입니다. 그런데 시간은 참 잘 내어줍니다. 텔레비전에 시간을 내어주고, 쓸데없는 논쟁에 시간을 내어주고, 그저 아무것도 하지 않고 시간을 잘 내어줍니다. 시간이 아까운 것을 모릅니다. 우리는 하나님께서 주신 세월을 아껴 쓰고 후회하지 않아야 합니다.

초등학교에서 6.25표어를 공모했는데 한 어린이가 "지난번은 무효다 다시 한 번 붙어보자"라고 해서 보고 웃은 적이 있습니다. 인생은 한번 지나가면 끝입니다. 다시 살아보고 싶다고 해서 다시 살 수가 없습니다. 돌아올 수 없는 세 가지가 있다고 했습니다. 첫째는, 입에서 나온 말입니다. 한번 입에서 나온 말은 다시 주워 담을 수가 없습니다. 둘째는, 활시위를 떠난 화살입니다. 다시 제자리로 돌려놓을 수가 없습니다. 셋째는, 지나간 버린 세월입니다. 내가 다시 고등학교 시절로 돌아갈 수 있다면 다 공부를 열심히 할 것입니다. 내가 다시 결혼할 수 있다면 어떻겠습니까? 지금의 남편과 아내와 결혼하겠습니까? 집에 가서 물어보시기 바랍니다. 그러나 가정의 평안을 위해서 반드시 그럴 거라고 대답하시기 바랍니다.

내가 자녀를 다시 키울 수 있다면 여러 가지 생각이 많을 것입니다. 하나님께서 주신 시간을 깨닫는다면 후회하지 않도록 인도해 주십니다. 우리가 살아온 것이 은혜이기 때문입니다. 인간의 불행과 고통이 어디에서 오는 것입니까? 하나님의 은혜를 떠난 데서 오는 것입니다. 우리가 남의 돈을 떼어먹는다면 그것은 죄입니다. 그런데 하나님께서 주신 시간을 떼어먹는다면 그것은 더 큰 죄임을 깨달아야 하는 것입니다.

우리는 하나님께서 시간을 무한정 주신 것으로 착각하며 살아갑니다. 그것이 내 시간인 양 착각하며 살아갑니다. 한 달이 너무나 아쉬운 사람이 있습니다. 아기가 태어났는데 아홉 달 만에 태어났다면 그 한 달이 너무나 아쉬울 것입니다. 1분이 아쉬운 사람이 있습니다. 열차를 타러 갔는데 1분이 늦었습니다. 1분이 늦어도 기차는 떠나갑니다. 1분 때문에 기차를 놓친 사람은 1분이 너무 아쉬운 것입니다. 0.1초도 아쉬운 사람이 있습니다. 올림픽에서 0.1초 차이로 100m 결승에서 은메달을 딴 선수는 0.1초가 아쉬워 후회할 것입니다.

"세월을 아끼라"는 말은 우선순위를 어디에 두고 사느냐의 뜻입니다. 예배시간에 늘 늦는 분이 있습니다. 사실은 우선순위의 문제입니다. 매일 출근하는 직장에는 그렇게 늦지 않습니다. 몇 번만 늦으면 회사에서 그만 나오라고 합니다. 그러니까 기를 쓰고 나갑니다. 밤을 새웠어도 나가고, 몸이 아파도 참고 나갑니다. 우선순위가 직장에 있기 때문입니다. 여러분, 하나님께 나오는 일에 우선순위를 두어야 합니다.

우리나라 최고의 여류기사로 조혜연 양이 있습니다. 운전하는 기사가 아니라 바둑기사입니다. 올해 조혜연 9단은 통산 500승을 달성했습니다. 조혜연 양은 임선근 9단의 연구생으로 들어가는 특혜를 얻었습니다. 아무나 연구생이 되는 것이 아닙니다. 그런데 조혜연 양의 어머니는 주일날 대국을 해야 하는 연구생은 할 수 없다고 말했습니다. 프로가 되어도 성공하는 것이 하늘의 별따기요, 주일날 대국을 하지 않는 기사는 존재할 수 없다는 임선근 프로의 설득에도 어머니는 한마디로 거절을 했습니다. 그때 조혜연 양은 사실 하나님보다 바둑을 더 사랑했다고 했습니다. 그래서 서운했습니다. 그리고 대회에는 거의 나갈 수가 없었습니다. 그런데 조혜연 양은 여류기사로서 11살에 최연소 프로로 입단하게 됩니다.

믿음이 들어가며 루이나이웨이 9단을 꺾고 결승에 진출하게 되었을 때 주일날 결승대국이 결정된 것을 알고 스스로 기권을 합니다. 그리고 마스터즈 결승대국이 주일날 잡힌 것을 뒤늦게 알고 기권을 합니다. 그래서 온 나라가 떠들썩했습니다. 광저우 아시안 게임에서도 주일날 경기 일정이 잡혀 있는 것을 알고 경기에 나가는 것을 포기했습니다. 그래서 네티즌의 집중포화를 맞았습니다. 그럼에도 불구하고 조혜연 9단은 주일날 대국을 하지 않습니다. 그러고도 대한민국 제일의 여류기사입니다. 조혜연 기사는 간증에서 "나는 주일성수다 이런 말 한 번도 한 적이 없습니다. 다만 나는 주님을 더 사랑하기 때문에 주일예배 드리는 기쁨을 그 무엇과도 바꿀 수 없다"고 했습니다. 우선순위가 주님께 있기 때문입니다.

경상북도 풍기라고 하는 작은 소도시는 큰 교회가 여러 개가 있습니다. 이 도시에 가서 놀란 것은 주일날은 상가가 거의 철시를 합니다. 예수 믿는 사람들이 주일날은 장사를 하지 않으니 시장이 제대로 형성이 되지 않는 것입니다. 불신자들이 처음에는 비난하다가 가만히 보니 자기들은 쉬지 않고 일하는데, 예수 믿는 사람들은 온 가족이 함께 주일날은 교회에 가고, 쉬고 하는 것이 참 부러운 것입니다. 그렇다고 장사가 안 되는 것이 아닙니다. 그래서 이들도 따라서 쉬게 되고 주일날은 쉬는 날로 인정이 된 것입니다.

하나님께서는 너희가 십일조를 드려 하나님을 시험해 보라고 하셨습니다. 십일조를 드려서 너희가 잘되는지 안 되는지 시험하여 보라는 것입니다. 주일을 지키라고 하실 때에는 복의 약속도 함께 주신 것입니다. 온 가족이 함께 모여 예배드리는 가정은 잘못될 수가 없는 것입니다. 우리 예수 믿는 사람들이 예수 믿는 믿음으로 살면서 잘되어야 합니다. 여러분 가정에서 대통령도 나오고, 장관도 나오고, 기업가도 나오고, 이 나라를 이끌어 가는 기둥들이 나오기를 꿈을 꾸며 나아가기를 바랍니다. 스포츠 스타도 나오고, 연예인도 많이 나오기를 바랍니다.

오늘 성경에 "세월을 아끼라"고 말씀하면서 "때가 악하기 때문이라"고 하셨습니다. 세상은 원래 악합니다. 2천 년 전에도 악했고 지금도 악합니다. 사람의 본성이 악하기 때문입니다. 우리가 하나님을 믿는다고 하면서, 이웃을 섬긴다고 하면서도 사실 우리 안에는 악한 것이 많습니다. 그래서 늘 하나님 앞에 나와 은혜를 구하여야 하는 것입니다. 예배는 우리의 악함을 믿음으로 이기게 해주시는 은혜의 통로입니다. 예배를 통하여 은혜를 입으면 세상의 죄악과 싸워 이기는 성도가 되는 것입니다. 예배에 실패하면 세상의 악함과의 싸움에도 실패하는 것입니다. 예배에 실패하고 다른 것에 성공하려는 생각을 버려야 합니다.

얼마 전 뉴스에 11살짜리 소녀가 아버지와 동거녀에게 매를 맞고 굶주림 속에 살다가 탈출한 사건은 우리 모두를 슬프게 했습니다. 갈비뼈가 부러지고 11살짜리 몸무게가 16Kg밖에 나가지 않았다는 것입니다. 이 소녀만이 아닙니다. 25개월 된 입양한 딸을 쇠파이프로 때려죽인 사건도 있었고, 18살짜리 딸을 때려죽인 사건도 있었습니다. 신고된 아동 학대 건수가 매년 1만 명이 넘습니다. 여중생들이 동급생을 붙들어다가 매춘을 시킨 일도 있습니다. 세상이 너무나 악해져가고 있습니다. 십 년 전에는 상상도 할 수 없었던 일들이 최근에 많이 일어나고 있습니다. 그러면 우리는 세월을 옛날보다 더 아껴야 하는 것입니다. 세월을 어떻게 해야 아낄 수 있습니까?

"그러므로 어리석은 자가 되지 말고 오직 주의 뜻이 무엇인가 이해하라"(엡 5:17)고 하셨습니다. 주의 뜻을 깨달아야 합니다. 오늘 이 세상의 문제가 어디에 있습니까? 오늘 교회의 문제가 어디에 있습니까? 하나님보다 세상을 더 사랑하기 때문에 문제가 일어나는 것입니다. 오늘의 세상이 옛날보다 어려운 것이 아닙니다. 오늘의 교회가 옛날보다 더 어려운 것이 아닙니다. 하나님께서 한국교회에 복을 주셔서 교회마다 넘쳐나고 있습니다. 그런데 더 많이 가지려고 합니다.

기독교의 모든 문제가 세상 사람들처럼 더 많은 것을 가지려고 하는 데서 오는 것입니다. 예수님은 그 귀한 몸을 우리에게 주시기 위하여 오셨습니다. 십자가에 그 몸을 주셨습니다. 그런데 우리는 교회 안에서도 주는 것이 아니라 자꾸만 더 가지려고 합니다.

한국교회에 일어나는 온갖 문제는 인간이 하나님의 것을 가지려고 하는 데에 있습니다. 우리 교회는 나의 것을 내려놓는 교회가 되기를 바랍니다. 주님은 새 계명을 우리에게 주시면서 "네 마음을 다하고 목숨을 다하고 뜻을 다하여 주 너의 하나님을 사랑하라 그리고 이웃을 네 몸과 같이 사랑하라"(마 22:37-39)고 하셨습니다. "이것이 율법이요 선지자의 강령이라"(마 22:40)고 하셨습니다. 이것만 지키면 율법도 다 지키는 것이요, 선지자들을 통해 주신 하나님의 말씀을 지키는 것이요, 모든 것이라 하셨습니다.

여러분, 세상이 악해질수록 하나님을 더욱 사랑하셔야 합니다. 가정에 문제가 일어날수록 하나님을 더 사랑하셔야 합니다. 그리고 더 나아가서 이웃을 내 몸처럼 사랑하는 것입니다. 이웃을 가장 사랑하는 것이 무엇입니까? 그들의 영혼을 구원하여 주는 일입니다. 하나님께서는 이 일을 위해 예수님을 이 땅에 보내주셨습니다. 하나님을 사랑하고 세상에서는 복음을 전하며 사는 것이 주의 뜻입니다. 이런 사람에게 하나님은 은혜와 복을 약속해 주셨습니다. 세상에서 지켜주신다고 하셨습니다. 여호와를 경외하고 사랑하는 자가 받는 복은 영원까지 미친다고 하셨습니다. 대를 이어 은혜를 입게 되는 것입니다. 우리는 하나님의 은혜로 오늘까지 왔습니다. 이것을 잊으면 안 됩니다.

개를 키우는 사람들이 하는 말이 "개는 절대로 주인을 배신하지 않는다"는 것입니다. 얼마 전에도 미국에서 주인을 공격하는 사람을 공격하다가 애완견이 죽었습니다. 개는 주인을 위해 목숨을 걸고 달려듭니다. 텔레비전 프로에 애완견을 섬에다 버리는 사람들의 이야기가 나왔습니다. 텔레비전 프로에 보니 작은 애완견 한 마리가 산에 구부러진 도로에서 서성이는 것입니다. 그렇게 있다가는 언젠가 차에 치여 죽을 것입니다. 그래서 구조하는 사람들이 개를 먹을 것으로 유인하여 잡았습니다. 개를 동네에 가지고 왔더니 동네 사람이 알아봅니다. 저 개가 우리 집에 오길래 먹을 것을 주었다는 것입니다. 그런데 그 개는 또 산으로 올라가 도로 위를 서성거립니다. 왜냐하면 그 산의 도로 위에서 어떤 차가 문을 열고 개를 내려놓고는 달아나 버렸다는 것입니다. 자기를 버린 주인을 찾아 이 어린 개는 산에 올라가 주인을 기다립니다. 차만 오면 주인의 차인가 하여 다가옵니다. 그것을 보며 가슴이 뭉클했습니다.

"소는 그 임자를 알고 나귀는 그 주인의 구유를 알건마는 이스라엘은 알지 못하고 나의 백성은 깨닫지 못하는도다"(사 1:3)라고 하셨는데, 바로 우리가 개만도 못하지 않은가 하는 마음이 드는 것입니다. 우리 주님이 날마다 우리를 부르시는데 우리는 그릇 행하여 제 갈 길로 가고 있었던 것입니다. 그래도 하나님은 우리를 참으시고 지난 1년 동안 은혜를 베풀어 주셨습니다. 그래서 마지막 주일까지 왔습니다. 여러분, 이제 올해 우리에게 주신 주일을 다시는 지킬 수가 없습니다. 오늘 이 시간이 마지막 주일입니다. 오늘 예배를 후회하지 않도록 드리시기 바랍니다. 우리의 지나가버린 시간도 다시 되돌릴 수가 없습니다. 남은 세월을 아끼시기 바랍니다.

"♬~살같이 빠른 광음을 주 위해 아끼세 온몸과 맘을 바치고 힘써서 일하세~♬"(450장)

성도 여러분, 세월이 악할수록 더 하나님께 가까이 나아오고 예배에 승리하여 다가오는 새해를 감사로 맞이하는 성도들이 되십시다.

적용

ⓐ 오늘 말씀의 주제 파악하기

ⓑ 오늘 말씀 중 은혜 받은 부분 나누기

ⓒ 삶에 구체적으로 적용하기

함께 드리는 기도제목

1. 삶의 우선순위를 오직 하나님께만 두게 하옵소서.
2. 예배를 통하여 은혜 받고 세상의 죄악과 싸워 이기는 성도가 되게 하옵소서.
3. 세상이 악해질수록 하나님을 더욱 사랑하게 하옵소서.

말씀과 기도가 있는 구역 만들기 8

하나님과 함께하는 사람들

1판 1쇄 인쇄 _ 2016년 12월 23일
1판 1쇄 발행 _ 2016년 12월 30일

지은이 _ 정명철
펴낸이 _ 이형규
펴낸곳 _ 쿰란출판사

주소 _ 서울특별시 종로구 이화장길 6
편집부 _ 745-1007, 745-1301~2, 747-1212, 743-1300
영업부 _ 747-1004, FAX 745-8490
본사평생전화번호 _ 0502-756-1004
홈페이지 _ http://www.qumran.co.kr
E-mail _ qrbooks@gmail.com / qrbooks@daum.net
한글인터넷주소 _ 쿰란, 쿰란출판사
등록 _ 제1-670호(1988.2.27)
책임교열 _ 이화정·김유미

 ISBN 978-89-6562-974-0 93230

책값은 뒤표지에 있습니다.

파본(破本)은 구입처에서 교환해 드립니다.